WILLIAM CEREJA
Professor graduado em Português e Linguística e licenciado em Português pela Universidade de São Paulo (USP).
Mestre em Teoria Literária pela Universidade de São Paulo (USP).
Doutor em Linguística Aplicada e Análise do Discurso pela Pontifícia Universidade Católica (PUC-SP).
Professor da rede particular de ensino em São Paulo, capital.

CAROLINA DIAS VIANNA
Professora graduada e licenciada em Português pela Universidade Estadual de Campinas (Unicamp).
Mestre em Linguística Aplicada pela Universidade Estadual de Campinas (Unicamp).
Doutora em Linguística Aplicada pela Universidade Estadual de Campinas (Unicamp).
Professora das redes pública e particular de ensino nos Estados de São Paulo e Minas Gerais.

Presidência: Mario Ghio Júnior
Vice-presidência de educação digital: Camila Montero Vaz Cardoso
Direção editorial: Lidiane Vivaldini Olo
Gerência de conteúdo e design educacional – Soluções completas: Viviane Carpegiani
Coordenação de núcleo: Viviane Carpegiani
Edição: Fênix Editorial
Planejamento e controle de produção: Flávio Matuguma (ger.), Juliana Batista (coord.) e Jayne Ruas
Revisão: Fênix Editorial
Arte: Fênix Editorial (edição de arte e diagramação)
Iconografia e tratamento de imagem: Roberta Bento (ger.), Claudia Bertolazzi (coord.) e Cristina Akisino (pesquisa iconográfica)
Licenciamento de conteúdos de terceiros: Roberta Bento (ger.), Jenis Oh (coord.), Liliane Rodrigues, Raísa Maris Reina e Cristina Akisino (analistas de licenciamento)
Ilustrações: Fênix Editorial
Design: Foca (Projeto gráfico de capa e miolo)
Foto de capa: Mehaniq/Shutterstock

Todos os direitos reservados por Somos Sistemas de Ensino S.A.
Avenida Paulista, 901, 6º andar – Bela Vista
São Paulo – SP – CEP 01310-200
http://www.somoseducacao.com.br

Dados Internacionais de Catalogação na Publicação (CIP)

```
Cereja, William Roberto
   Gramática reflexiva: texto, semântica e interação, volume
único / William Roberto Cereja, Carolina Dias Vianna. -- 5.
ed. -- São Paulo : Atual, 2021.

   Bibliografia
   ISBN 978-65-5945-028-2 (aluno)
   ISBN 978-65-5945-029-9 (professor)

   1. Língua portuguesa - Gramática (Ensino médio) I. Título II.
Vianna, Carolina Dias
21-3231                                              CDD 469.5
```

Angélica Ilacqua – Bibliotecária – CRB-8/7057

2021
1ª edição
1ª impressão
De acordo com a BNCC.

Impressão e acabamento: Gráfica Santa Marta

Apresentação

Prezado estudante,

No mundo atual, caracterizado pela diversidade de linguagens, pela comunicação eletrônica e pelo crescente uso das redes sociais, o emprego adequado e eficiente da linguagem verbal é cada vez mais necessário. Essa linguagem não se contrapõe a outras; ao contrário, hoje as linguagens verbais e não verbais se cruzam e se complementam, não apenas no âmbito das novas tecnologias, mas também no do cinema, dos quadrinhos, da publicidade e até da literatura e da pintura.

Para sermos capazes de ler e produzir textos de forma crítica e autônoma, faz muita diferença ter domínio de recursos e estratégias que regem os usos da língua. É estar mais preparado para interagir com outras pessoas, ter a possibilidade de influenciar o modo de agir e pensar daqueles com quem convivemos e, da mesma forma, conscientizarmo-nos de que também somos influenciados pelos diversos textos com os quais nos deparamos em nosso cotidiano. Língua é, pois, mudança, interação, transformação.

Durante longo tempo, acreditou-se que falar bem português era falar difícil, isto é, empregar frases de efeito, com estrutura complicada e vocabulário rebuscado. Hoje, pensa-se de modo diferente: usar bem a língua é saber adequá-la às diferentes situações sociais de que participamos, considerando com quem falamos, quais são nossos objetivos e quais possíveis efeitos podem ser construídos por meio do emprego de recursos linguísticos diversos.

Por exemplo, em situações formais, como em uma entrevista de trabalho, em um discurso público, em uma carta a um jornal ou em uma dissertação escolar, é desejável o uso de construções que considerem as regras da norma-padrão. Já em uma conversa com amigos íntimos ou familiares íntimos, em situações informais de interação, as regras da norma-padrão nem sempre são utilizadas e seu uso poderia acabar gerando um distanciamento artificial entre as pessoas.

Considerando todos esses fatores, a língua estudada nesta gramática é a *língua portuguesa viva*, isto é, a utilizada em suas variedades oral ou escrita, padrão ou não padrão, formal ou informal, regional ou urbana, etc. Buscamos analisar as construções linguísticas tal como elas ocorrem em nosso dia a dia, a língua com a qual nos deparamos nos jornais, na tevê, nos quadrinhos, nas canções, nos textos literários, nos anúncios publicitários, enfim, nos textos que circulam socialmente.

Esta gramática foi escrita para você, jovem ou adulto que, sem preconceitos, está sintonizado com os diferentes tipos de linguagem e deseja aprimorar sua capacidade de uso da língua portuguesa, seja falando e escrevendo, seja ouvindo e lendo.

Um abraço,

Os Autores

Conheça seu livro

Conheça a seguir a estrutura do livro, além do material complementar que pode ser adquirido separadamente em versão digital.

Abertura de unidade
As páginas de abertura de unidade são um convite para as descobertas que você fará ao longo da unidade.

Abertura de capítulo
A página de abertura de capítulo apresenta o(s) conceito(s) que será(ão) estudado(s) e as **habilidades da BNCC** que serão trabalhadas no capítulo.

Construindo o conceito
Por meio de atividades, o aluno é levado a construir ou a inferir o conceito estudado.

Conceituando
Nesta seção, o conceito construído é formulado e, posteriormente, ampliado com exemplos e explicações complementares, observações.

... na construção do texto
Esta seção explora as relações semântico-gramaticais entre a categoria gramatical estudada e a construção do(s) sentido(s) do texto.

Exercícios
Propõe atividades que contribuem para apreensão do conceito construído.

Semântica e discurso
Explora a produção de sentido(s) do texto, levando em conta relações entre elementos linguísticos e elementos enunciativos da situação de produção.

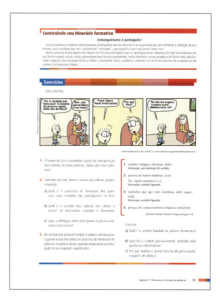

Construindo seu itinerário formativo
Ao longo do livro, há indicações de minicursos, disponíveis em versão digital, que podem ser adquiridos separadamente para o aluno construir seu Itinerário Formativo.

Em dia com o Enem e o vestibular
Esta seção reúne questões do Enem e dos últimos vestibulares.

Recursos digitais
Na plataforma Plurall, você encontrará recursos digitais complementares relacionados aos temas das unidades.

Minicursos de Gramática
Conheça os **minicursos** disponíveis para a construção de **Itinerário Formativos**. Em versão digital, esses conteúdos podem ser adquiridos separadamente.

Sumário

Unidade 1 — LÍNGUA E LINGUAGEM 10

Capítulo 1. Linguagem, comunicação e interação 11
- Construindo o conceito 11
- Conceituando 11
- Linguagem verbal e linguagem não verbal 12
  - Códigos 13
  - A língua 13
- A teoria da comunicação 14
  - Funções da linguagem 15
  - As funções dos textos e a concepção social da linguagem 19
- As funções da linguagem na construção do texto 19
- Semântica e discurso 21

Capítulo 2. Texto e discurso – Intertexto e interdiscurso 22
- Construindo o conceito 22
- Conceituando 23
- Textualidade, coerência e coesão 25
- Intertextualidade, interdiscursividade e paródia ... 27
- Construindo seu itinerário formativo:
- Publicidade em tempos de internet 30
- A coerência e a coesão na construção do texto 31
- Semântica e discurso 32

Capítulo 3. Variação linguística 33
- Construindo o conceito 33
- Conceituando 35
- Dialetos e registros 36
- Gíria 37
- As variedades linguísticas na construção do texto .. 39
- Semântica e discurso 40
- Em dia com o Enem e o vestibular 42

Unidade 2 — FONOLOGIA E QUESTÕES NOTACIONAIS 46

Capítulo 4. Sons e letras 47
- Construindo o conceito 47
- Conceituando 47
- Classificação dos fonemas 49
  - Vogais e semivogais 49
  - Consoantes 50
- Sílaba 50
  - Sílaba tônica e sílaba átona 50
- Encontros vocálicos 51
- Encontros consonantais 51
- Dígrafos 51
- Ortoepia e prosódia 53
- Sons e letras na construção do texto 55
- Semântica e discurso 56

Capítulo 5. Convenção ortográfica e outras questões notacionais 58
- Ortografia 58
- Construindo o conceito 58
- Conceituando 59
  - Casos principais 59
- Construindo seu itinerário formativo:
- Vamos escrever certo? 61
- Outras questões notacionais da língua 61
  - Emprego da palavra *porque* 64
  - Parônimos e homônimos 66
- Questões notacionais na construção do texto 68
- Semântica e discurso 69

Capítulo 6. Divisão silábica e acentuação 70
- Construindo o conceito 70
- Conceituando 71
- Regras de acentuação gráfica 72
  - Acento diferencial 73
- Divisão silábica e acentuação na construção do texto 76
- Semântica e discurso 76
- Em dia com o Enem e o vestibular 78

Unidade 3 — MORFOLOGIA 80

Capítulo 7. Estrutura e formação de palavras 81
- Estrutura de palavras 81
- Construindo o conceito 81
- Conceituando 82
- Tipos de morfema 83
  - Radical 83
  - Afixos 83
  - Vogal temática 83
  - Tema 83
  - Desinências 84
  - Vogais e consoantes de ligação 84
- Formação de palavras 86
  - Processos de formação de palavras 86
  - Empréstimos e gírias 90
- Construindo seu itinerário formativo:
- Estrangeirismo é português? 91
- Processos de formação de palavras na construção do texto 92
- Semântica e discurso 93

Capítulo 8. O substantivo 94
- Construindo o conceito 94
- Conceituando 95
- Flexão do substantivo 98
- O substantivo na construção do texto 101
- Semântica e discurso 102

Capítulo 9. O adjetivo, o artigo e o numeral ... 104
- Construindo o conceito 104
- Conceituando 106
- O adjetivo, o artigo e o numeral na construção do texto 113
- Semântica e discurso 115

Capítulo 10. O pronome 118
    Construindo o conceito 118
    Conceituando 119
    Pronomes pessoais, pronomes de tratamento
    e pronomes possessivos 119
    Pronomes demonstrativos, indefinidos e interrogativos 124
    Pronomes relativos 128
    O pronome na construção do texto 131
    Semântica e discurso 132

Capítulo 11. O verbo 133
    Construindo o conceito 133
    Conceituando 134
    Locução verbal 134
    Flexão dos verbos 134
        Número e pessoa 134
        Modo 135
        Tempo 135
        Voz verbal 137
    Formas nominais do verbo 138
    Classificação dos verbos 140
        Verbos regulares e irregulares 140
    Conjugações 141
    O verbo na construção do texto 144
    Semântica e discurso 145

Capítulo 12. O advérbio 147
    Construindo o conceito 147
    Conceituando 148
    Valores semânticos dos advérbios
    e das locuções adverbiais 148
    O advérbio na construção do texto 151
    Semântica e discurso 154

Capítulo 13. A preposição e a conjunção 155
    Construindo o conceito 155
    Conceituando 156
    A preposição 157
        Combinação e contração 157
        Os valores semânticos da preposição 160
    A conjunção 161
        Classificação das conjunções 161
        Os valores semânticos das conjunções coordenativas 163
        Os valores semânticos das conjunções subordinativas 164
    A conjunção na construção do texto 167
    Semântica e discurso 168

Capítulo 14. A interjeição 170
    Construindo o conceito 170
    Conceituando 170
    Classificação das interjeições 171
    A interjeição na construção do texto 172
    Semântica e discurso 174

Em dia com o Enem e o vestibular 175

Unidade 4 SINTAXE 179

**Capítulo 15. O modelo morfossintático:
o sujeito e o predicado** 180
    Morfossintaxe: a seleção e a combinação de palavras 180
    Construindo o conceito 180
    Conceituando 181
        Forma e função 181
    Frase - oração - período 182
    Conceituando 182
    Sujeito e predicado 185
    Construindo o conceito 185
    Conceituando 185
    A predicação 188
    Construindo o conceito 188
    Conceituando 188
        Verbos de ligação 189
        Verbos significativos 189
    O sujeito e o predicado na construção do texto 191
    Semântica e discurso 192

**Capítulo 16. Termos ligados ao verbo:
objeto direto, objeto indireto,
adjunto adverbial** 194
    Objeto direto e objeto indireto 194
    Construindo o conceito 194
    Conceituando 195
    Objeto direto preposicionado 196
    Objeto direto e objeto indireto pleonásticos .. 196
    Os pronomes oblíquos como objeto 197
    Adjunto adverbial 199
    Os termos ligados ao verbo na construção do texto 200
    Semântica e discurso 202

**Capítulo 17. Predicativo do sujeito,
predicativo do objeto e tipos
de predicado** 203
    Construindo o conceito 203
    Conceituando 203
    Tipos de predicado 205
    O predicado na construção do texto 208
    Semântica e discurso 210

Capítulo 18. Tipos de sujeito 211
    Construindo o conceito 211
    Conceituando 212
    Sujeito simples, composto e desinencial 212
    Sujeito indeterminado 214
    Oração sem sujeito 215
        Verbos impessoais 216
    Vozes do verbo 217
        Voz ativa 219
        Voz passiva 219
        Voz reflexiva 220
    O sujeito na construção do texto 221
    Semântica e discurso 224

**Capítulo 19. Termos ligados ao nome:
adjunto adnominal e complemento nominal** 225
    Construindo o conceito 225
    Conceituando 226
    Adjunto adnominal 226
    Complemento nominal 227
    O adjunto adnominal na construção do texto 232
    Semântica e discurso 233

Capítulo 20. Aposto e vocativo 234
Construindo o conceito............ **234**
Conceituando............ **234**
Aposto............ 234
Vocativo............ 235
O aposto na construção do texto............ **237**
Semântica e discurso............ **237**

Capítulo 21. Período composto por coordenação: as orações coordenadas 239
Construindo o conceito............ **239**
Conceituando............ **240**
Valores semânticos das orações coordenadas sindéticas...... 240
  Aditivas............ 240
  Adversativas............ 241
  Alternativas............ 242
  Conclusivas............ 242
  Explicativas............ 242
Orações intercaladas............ 243
As orações coordenadas na construção do texto............ **245**
Semântica e discurso............ **248**

Capítulo 22. Período composto por subordinação: as orações substantivas 249
Construindo o conceito............ **249**
Conceituando............ **250**
Classificação das orações substantivas............ 251
  Subjetiva............ 251
  Objetiva direta............ 251
  Objetiva indireta............ 251
  Predicativa............ 252
  Completiva nominal............ 252
  Apositiva............ 252
Orações substantivas reduzidas............ 253
As orações substantivas na construção do texto............ **256**
Semântica e discurso............ **257**

Capítulo 23. Período composto por subordinação: as orações adjetivas 259
Construindo o conceito............ **259**
Conceituando............ **260**
Valores semânticos das orações adjetivas............ 261
Classificação das orações adjetivas............ 262
  Restritivas............ 262
  Explicativas............ 262
Orações adjetivas reduzidas............ 262
  Funções sintáticas do pronome relativo............ 263
As orações adjetivas na construção do texto............ **267**
Semântica e discurso............ **268**

Capítulo 24. Período comoposto por subordinação: as orações adverbiais 271
Construindo o conceito............ **271**
Conceituando............ **272**
Valores semânticos das orações adverbiais............ 273
  Causais............ 273
  Consecutivas............ 273
  Conformativas............ 274
  Concessivas............ 274
  Comparativas............ 274

Condicionais............ 275
Finais............ 275
Proporcionais............ 275
Temporais............ 275
Orações adverbiais reduzidas............ 275
As orações adverbiais na construção do texto............ **278**
Semântica e discurso............ **279**

Capítulo 25. A pontuação............ 281
Construindo o conceito............ **281**
Conceituando............ **282**
Vírgula............ 284
  A vírgula entre os termos da oração............ 284
  A vírgula entre as orações............ 284
Ponto e vírgula............ 286
Ponto............ 286
Ponto de interrogação............ 286
Ponto de exclamação............ 287
Dois-pontos............ 287
Aspas............ 287
Parênteses............ 288
Travessão............ 288
Reticências............ 288
A pontuação na construção do texto............ **290**
Semântica e discurso............ **291**

Capítulo 26. Concordância verbal e concordância nominal............ 292
Construindo o conceito............ **292**
Conceituando............ **292**
Concordância verbal............ 293
  Concordância do verbo *ser*............ 296
  Casos especiais............ 297
Concordância nominal............ 299
  Regra geral............ 299
A concordância na construção do texto............ **303**
Construindo seu itinerário formativo:
Concordâncias e discordâncias............ 304
Semântica e discurso............ **305**

Capítulo 27. Regência verbal e regência nominal..... 307
Construindo o conceito............ **307**
Conceituando............ **308**
Regência verbal............ 309
Regência nominal............ 310
Crase............ 312
A regência na construção do texto............ **315**
Semântica e discurso............ **316**

Capítulo 28. A colocação – Colocação pronominal............ 317
Construindo o conceito............ **317**
Conceituando............ **318**
Colocação pronominal............ 318
Construindo seu itinerário formativo: "Me deixe-me ver...": colocação pronominal no português do Brasil............ 319

A colocação pronominal em relação aos tempos
　　compostos e às locuções verbais 321
　　A colocação pronominal na construção do texto **323**
　　Semântica e discurso **325**
Em dia com o Enem e o vestibular **326**

Unidade 5 — ESTUDOS DE LINGUAGEM E ESTILÍSTICA 333

Capítulo 29. Introdução à semântica 334
　　Construindo o conceito **334**
　　Conceituando **335**
　　Sinonímia e antonímia 335
　　Campo semântico, hiponímia e hiperonímia 336
　　Polissemia 337
　　A ambiguidade 338
　　　　A ambiguidade como recurso de construção 338
　　　　A ambiguidade como problema de construção 338
　　A ambiguidade na construção do texto **339**
　　Semântica e discurso **339**

Capítulo 30. Modalização e impessoalização da linguagem 341
　　Construindo o conceito **341**
　　Conceituando **343**
　　Construindo seu itinerário formativo:
　　Impessoalidade e (im)parcialidade na mídia 344
　　As estratégias de modalização e impessoalização na construção do texto **345**
　　Semântica e discurso **347**

Capítulo 31. Coesão e coerência 349
　　Coesão sequencial e referencial 349
　　Construindo o conceito **349**
　　Conceituando **350**
　　A coerência e o contexto discursivo 351
　　A coesão e a coerência na construção do texto **354**
　　Semântica e discurso **355**

Capítulo 32. Figuras de linguagem 356
　　Construindo o conceito **356**
　　Conceituando **357**
　　　　Comparação e metáfora 357
　　　　Metonímia 358
　　　　Antítese 359
　　　　Paradoxo 360
　　　　Personificação ou prosopopeia 360
　　　　Hipérbole 360
　　　　Eufemismo 361
　　　　Ironia 361
　　　　Elipse e zeugma 364
　　　　Inversão ou hipérbato 364
　　　　Assíndeto 364
　　　　Polissíndeto 365
　　　　Anáfora 365
　　　　Gradação 365
　　As figuras de linguagem na construção do texto ... **367**
　　Semântica e discurso **368**

Capítulo 33. Versificação 369
　　Construindo o conceito **369**
　　O verso e seus recursos musicais 370
　　　　O verso e a estrofe 371
　　　　Métrica 372
　　　　Ritmo 372
　　　　Rima 373
　　　　Aliteração 373
　　　　Assonância 374
　　　　Paronomásia 374
　　　　Paralelismo 374
　　O poema no espaço 376
　　A poesia de tradição oral: o cordel 377
　　Os recursos poéticos na construção do texto **378**
　　Semântica e discurso **380**

Capítulo 34. Análise linguística 381
Em dia com o Enem e o vestibular **390**

Apêndice 396

Capítulo 35. Tabelas 397
　　Classificação dos fonemas vocálicos 397
　　Classificação dos fonemas consonantais 397
　　O aparelho fonador 397
　　Símbolos utilizados internacionalmente
　　na transcrição gráfica 398
　　　　Fonemas vocálicos 398
　　　　Fonemas semivocálicos 398
　　　　Fonemas consonantais 398
　　Radicais, prefixos e sufixos 399
　　　　Radicais gregos 399
　　　　Radicais latinos 401
　　　　Prefixos gregos 402
　　　　Prefixos latinos 403
　　　　Correspondência entre radicais e prefixos
　　　　gregos e latinos 404
　　　　Sufixos 404
　　Coletivos 405
　　Locuções adjetivas e adjetivos correspondentes 406
　　Numerais 407
　　Formação dos tempos verbais simples 409
　　　　Tempos derivados do presente do indicativo 410
　　　　Tempos derivados do pretérito perfeito
　　　　do indicativo 410
　　　　Tempos derivados do infinitivo impessoal 411
　　Formação dos tempos verbais compostos 412
　　　　Modo indicativo 412
　　　　Modo subjuntivo 412
　　　　Formas nominais 412
　　Principais verbos irregulares 413
　　Principais verbos defectivos 415
　　Conjugação dos verbos auxiliares 416
　　Verbos que apresentam duplo particípio 418
　　Abreviaturas 419
　　Valores semânticos das conjunções coordenativas e
　　subordinativas 420
　　Orações coordenadas e subordinadas 421

Bibliografia **423**

(Disponível em: https://plataforma9.com/congressos/xv-forum-de-partilha-linguistica-novo-prazo.htm.)

1 LÍNGUA E LINGUAGEM

Quando estudamos uma gramática (especialmente a gramática da nossa língua), parece que a única vantagem seria preservar a língua — eventualmente, nossa nota e nossa cara.

Mas pode-se estudar gramática como se estuda biologia ou física, e não apenas como se estuda etiqueta — que é o reino mais típico do 'isso pode, isso não pode, isso pega bem, isso é coisa de caipira' [...]

Supomos que as gramáticas têm pouco a ver com as línguas. Se imaginássemos que as línguas são objetos complexos, tanto quanto a genética, ou mais, que estão sempre em construção, são faladas e eventualmente escritas, e que pode ser interessante conhecer como funcionam, compará-las, especular sobre suas relações com o cérebro e mente, por um lado, e com a cultura, por outro, talvez o campo nos parecesse mais interessante.

(Sírio Possenti. *Questões de linguagem: passeio gramatical dirigido.* São Paulo: Parábola Editorial, 2011. p. 21-22.)

CAPÍTULO 1

Linguagem, comunicação e interação

■ Construindo o conceito

Leia o anúncio publicitário:

1. Quanto à situação de comunicação relacionada ao anúncio, responda:
   a) Quem é o anunciante?
   b) A que tipo de público o anúncio se destina?
   c) O que o anúncio divulga?

2. Apesar de ter sido veiculado no Brasil, o anúncio tem em seu enunciado principal uma frase em inglês. Levante hipóteses:
   a) Por que o anunciante fez essa opção?
   b) O público-alvo do anúncio teria dificuldade para ler o enunciado escrito em língua estrangeira?

3. A frase "And the Oscar goes to..." ("E o Oscar vai para...") é tradicionalmente utilizada na noite da cerimônia do Oscar, no anúncio dos vencedores, completada pelo nome do ganhador do prêmio. Que efeito de sentido é criado pela substituição do nome de um vencedor pelo termo *beleléu*?

4. No texto da parte inferior do anúncio, lemos: "Golden Globe Awards, o terror do Oscar" e "100% atitude".
   a) Que relação se pode estabelecer entre o enunciado principal do anúncio e a expressão "Golden Globe Awards, o terror do Oscar"?
   b) E entre o enunciado principal e a expressão "100% atitude"?
   c) Que imagem de si o locutor pretende construir com esse anúncio?

■ Conceituando

No anúncio lido, o canal de TV, apesar de se dirigir a leitores brasileiros, utiliza uma frase em inglês, combinada com uma palavra em português que altera o sentido original do enunciado. Mesmo sendo falante de outro idioma, certamente o público-alvo do anúncio entende o que o texto diz, pois se trata de um enunciado muito conhecido dos espectadores de cinema, a quem o anúncio se dirige. Entretanto, como você viu ao responder às questões, para de fato compreender o anúncio como um todo, é preciso que o leitor não apenas entenda o texto em inglês e conheça a palavra em português, mas perceba como o efeito de sentido é construído ao se associarem todos os elementos que compõem o texto.

Assim, é possível considerar que o anúncio lido estabelece comunicação entre o locutor e o público, mas, para que haja uma comunicação bem-sucedida, é fundamental que os produtores dos textos e seus leitores/ouvintes compartilhem conhecimentos e conheçam as

---

Este capítulo favorece o desenvolvimento das habilidades

EM13LGG101
EM13LGG102
EM13LGG103
EM13LGG104
EM13LGG202
EM13LGG302
EM13LGG401
EM13LP01
EM13LP02
EM13LP06

convenções que regem as situações sociais de que participam. Palavras, gestos, expressões corporais e faciais fazem parte da linguagem e têm seus significados convencionados socialmente. Um mesmo gesto, por exemplo, pode ter significados opostos em comunidades diferentes.

> **Linguagem** é um processo comunicativo por meio do qual as pessoas interagem entre si.

Linguagem verbal e linguagem não verbal

Além da **linguagem verbal**, cuja unidade básica é a palavra (falada ou escrita), existem também as **linguagens não verbais**, como a música, a dança, a mímica, a pintura, a fotografia, etc., que possuem outros tipos de unidades — o gesto, o movimento, a imagem, etc. Há, ainda, as **linguagens multimodais ou multissemióticas**, como as histórias em quadrinhos, o cinema, o teatro e os programas de TV, que podem reunir diferentes linguagens, como o desenho, a palavra, o figurino, a música, o cenário, etc.

Com o aparecimento das novas tecnologias da informação e da comunicação, com a internet, os computadores e os *smartphones*, surgiu também a **linguagem digital**, que permite armazenar e transmitir informações em meios eletrônicos.

Durante muito tempo se pensou que a unidade básica dos textos fosse a palavra e que as outras unidades seriam supérfluas, acessórias. Sabemos hoje, entretanto, que todas se complementam na construção de sentidos de um texto, não sendo possível estabelecer uma hierarquia entre elas.

No anúncio lido na abertura deste capítulo, o anunciante prevê seu público-alvo e interage com ele por meio da linguagem, isto é, por meio de signos e construções compartilhadas por ambos (ainda que pertencentes a idiomas diferentes).

Assim, pode-se concluir que a comunicação se estabelece por meio de textos (orais, escritos, verbais, não verbais, etc.) produzidos e lidos por pessoas — os interlocutores do processo comunicativo — que compartilham conhecimentos comuns e que constroem, solidariamente ou não, os sentidos desses textos.

> **Interlocutores** são as pessoas que participam do processo de interação que se dá por meio da linguagem.

Exercícios

Leia os memes a seguir e responda às questões 1 a 3.

(Disponível em: https://pt-br.facebook.com/ArtesDepressao/photos/a.1061435717319192/1380417472087680/?type=3&theater. Acesso em: 11/2/2020.)

(Disponível em: https://www.facebook.com/esteealguem/photos/a.226248820863347/712598995561658/?type=3&theater. Acesso em: 11/2/2020.)

1. Que tipo de linguagem é utilizada nos memes? Justifique sua resposta.

2. O humor dos memes é construído a partir da relação entre diferentes linguagens. Troque ideias com os colegas e o professor:

a) Que adjetivos correspondem às imagens indicadas nos memes?

b) Quais elementos dos memes você levou em consideração para responder ao item **a**?

3. Como você responderia a cada um dos memes? Justifique sua escolha.

12 Unidade 1 • Língua e linguagem

Códigos

Código é uma convenção estabelecida por um grupo de pessoas ou por uma comunidade, com base em um conhecimento compartilhado, a fim de que a comunicação ocorra com maior rapidez. Por essa razão, é comum haver códigos em ruas, rodovias, rodoviárias, aeroportos, etc. São códigos os sinais de trânsito, os símbolos, o código Morse, as indicações de locais para estacionamento ou de caixas para clientes preferenciais, etc.

É comum a concepção da língua como código, uma vez que ela resulta de uma convenção social. Entretanto, trata-se de um código especial, estabelecido ao longo de um processo social e histórico complexo, pois a língua não só permite que seus falantes desenvolvam maneiras de falar do mundo, mas também influi diretamente em como eles se constituem como sujeitos sociais.

A língua

Sabemos que o idioma oficial do nosso país — e também de outros países colonizados por Portugal, como Moçambique, Angola, Cabo Verde, São Tomé e Príncipe, Guiné-Bissau (África) e Timor Leste (Ásia) — é o português, ao qual costumamos também chamar língua portuguesa. Mas em que consiste uma língua? Será que apenas no léxico, ou seja, em um conjunto de palavras?

A língua está presente em todas as interações sociais de que participamos em nosso cotidiano, e por meio dela nos constituímos como sujeitos sociais. A maneira como falamos das coisas influi diretamente nas concepções que temos delas. E, dependendo do meio social e cultural em que uma pessoa vive, a língua se desenvolve de um jeito ou de outro, de forma que os sujeitos sociais e sua linguagem se influenciam mutuamente em sua constituição.

Nas interações sociais de que participamos, podemos, por meio dos usos que fazemos da língua, abrir caminhos, atingir nossos objetivos, conquistar aqueles com quem interagimos ou, pelo contrário, perder oportunidades, ser malcompreendidos, criar inimizades ou antipatias.

A relação entre sociedades e línguas é constatada há muitos séculos. Entretanto, os estudos sobre língua só passaram a ser considerados científicos com o advento da linguística, que vem se firmando desde o início do século XX e tem como um de seus pioneiros o estudioso Ferdinand de Saussure.

A fim de definir o que é língua e analisar seus componentes, Saussure propõe uma separação entre língua e fala e considera como objeto de estudo da linguística apenas a língua.

Segundo a perspectiva adotada por esse estudioso, é possível considerar a língua um sistema de signos, regido por regras socialmente construídas, utilizado pelos falantes em suas interações.

As ideias de Saussure foram importantes para que a linguística moderna se tornasse uma ciência. Entretanto, a reflexão sobre os usos sociais da língua requer que se vá além da dissociação proposta por ele.

O signo linguístico

Para Saussure, o signo linguístico (a palavra) é constituído por dois componentes: o significado e o significante. O primeiro seria o conceito, e o segundo, a imagem acústica desse conceito.

Assim, quando ouvimos ou lemos uma palavra (significante), associamos esse som a um objeto do mundo (significado).

Exercícios

Leia a tira:

(Disponível em: http://depositodocalvin.blogspot.com/2010/01/calvin-haroldo-tirinha-571.html. Acesso em: 11/2/2020.)

1. No primeiro quadrinho, Calvin faz um pedido a sua mãe: "Posso fazer um lanche?". Com base no 3º quadrinho, responda:

   a) A quais objetos do mundo a palavra *lanche* remete Calvin?

   b) A quais objetos do mundo a palavra *lanche* remete a mãe de Calvin?

2. No último quadrinho, Calvin faz uma afirmação sobre sua comunicação com a mãe. Levante hipóteses: Por que o menino considera que ele e a mãe "não falam a mesma língua"?

3. Você concorda com a afirmação de Calvin? Justifique sua resposta.

A teoria da comunicação

Ao ler a tira e responder às questões, você viu que a palavra *lanche* pode assumir diferentes sentidos para pessoas diferentes, dependendo da posição social que cada uma ocupa. Para Calvin, uma criança, "fazer um lanche" fora do horário das refeições quer dizer comer bolachas, o que comprovamos com a imagem do 3º quadrinho. Já para a mãe do menino, como percebemos por sua fala no mesmo quadrinho, "fazer um lanche" fora do horário das refeições significa comer uma fruta ("uma maçã ou uma laranja").

Assim, percebemos que um mesmo significante pode remeter a significados distintos, dependendo de quem são os sujeitos envolvidos na interação, isto é, quem fala, para quem, com que objetivos, em que contexto. Daí a importância de considerarmos também esses outros elementos, e não só a língua, como um sistema de correspondências entre palavras e representações mentais de objetos no mundo, quando temos a intenção de analisar seus usos sociais.

Em uma das tentativas de analisar a língua em uso foi proposta por Roman Jakobson, que sugere, em sua **teoria da comunicação**, que a comunicação humana também é regida por regras e pode, sim, ser analisada, ao contrário do que postulava Saussure.

Em uma situação de comunicação, há pelo menos dois interlocutores, que podem alternar os papéis de locutor — aquele que produz o texto, oral ou escrito — e locutário — aquele a quem o texto se dirige.

Exercícios

Leia a tira:

(Disponível em: http://blog.diarinho.com.br/quadrinhos-136. Acesso em: 11/2/2020.)

1. Para que a comunicação aconteça, é importante que os interlocutores se compreendam mutuamente. No 1º quadrinho, o atendente faz uma pergunta ao cliente da padaria. Tendo em vista a situação de comunicação em que os interlocutores estão inseridos, o que se espera que o cliente responda?

2. No 2º quadrinho, percebe-se que o cliente ignora a situação de comunicação em que ele e seu interlocutor estão inseridos e responde considerando outras situações compatíveis com o verbo *desejar*. Com base nos diferentes sentidos que podem ser atribuídos a um mesmo termo, explique como se constrói o efeito de humor da tira.

3. Após ler toda a tira, levante hipóteses: O cliente teve dificuldade para entender a pergunta do garçom? Justifique sua resposta.

Funções da linguagem

Como foi visto, na tira acima os interlocutores participam de uma situação de comunicação. Para descrever e analisar uma situação de comunicação, Jakobson propõe, em sua teoria da comunicação, que se considerem seis elementos essenciais:

- o locutor (emissor): aquele que diz algo a alguém;
- o locutário (receptor): aquele a quem o texto do locutor se dirige;
- a mensagem: o texto produzido pelo locutor;
- o código: a língua, o conjunto de sinais estabelecidos por convenção e que permite compreender a estrutura da mensagem;
- o canal: o meio físico que conduz a mensagem (som, ar, papel, etc.);
- o referente: o contexto, o assunto, os objetos aos quais se refere a mensagem.

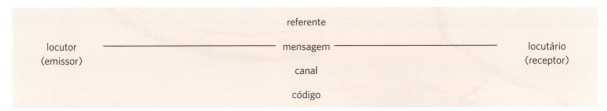

Tais elementos são representados na teoria da comunicação pelo esquema acima, e a cada um deles corresponde uma **função da linguagem**, dependendo da finalidade principal do texto produzido (expressar emoções, explorar recursos linguísticos, transmitir informações, etc.).

Segundo Jakobson, é possível determinar funções da linguagem com base nas características dos textos e nas intenções do locutor. Assim, a linguagem desempenharia uma ou outra função, de acordo com o elemento da comunicação posto em foco pelo locutor.

Capítulo 1 ▪ Linguagem, comunicação e interação 15

Desse modo, a cada um dos elementos da comunicação Jakobson associou uma função da linguagem: emotiva, conativa, referencial, metalinguística, fática e poética.

Função emotiva

O locutor é o foco, ou seja, ele determina as escolhas feitas na construção do texto.
Leia este poema, de Hilda Hilst:

Eu amo Aquele que caminha
Antes do meu passo
É Deus e resiste.

Eu amo a minha morada
A Terra triste.
É sofrida e finita
E sobrevive.

Eu amo o Homem-luz
Que há em mim.

É poeira e paixão
E acredita.
Amo-te, meu ódio-amor
Animal-Vida.
És caça e perseguidor
E recriaste a Poesia
Na minha Casa.

(XXIII. *Cantares de perda e predileção*. São Paulo: Massao Ohno & M. Lydia Pires e Albuquerque, 1983.)

O poema centra-se na expressão dos sentimentos, emoções e opiniões do eu lírico. Esse destaque dado ao eu que enuncia é reforçado pela presença de verbos e pronomes na 1ª pessoa: "Eu amo", "meu passo", "minha morada", "em mim", "meu ódio-amor", "Na minha Casa".

Como se trata de dar destaque às emoções, também é comum nos textos em que predomina esse tipo de função a presença de interjeições, além de, na pontuação, reticências e pontos de exclamação.

Os textos líricos que expressam o estado de alma do locutor são exemplos típicos da predominância da função emotiva.

Função conativa (ou apelativa)

O locutário (receptor) é o foco, ou seja, ele determina as escolhas feitas na construção do texto.
Leia o anúncio:

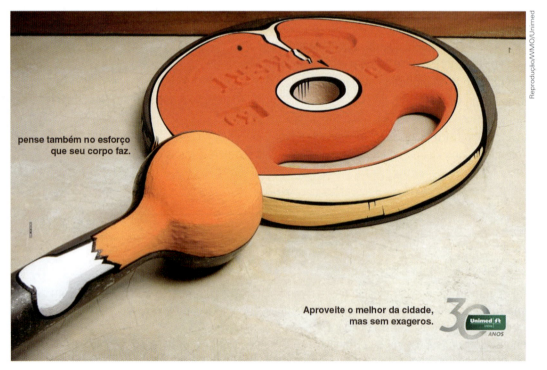

(Disponível em: http://www.mppublicidade.com.br/image.php?url=trabalhos/original/460.jpg&type=img . Acesso em: 11/2/2020.)

É possível considerar que o objetivo principal do anúncio é convencer o interlocutor de que ele deve pensar antes de escolher o cardápio de suas refeições, pois isso afeta sua saúde e seu bem-estar. Para tanto, o anunciante emprega vários recursos. Por exemplo, associa a coxa de frango e o pedaço de carne vermelha a pesos utilizados em academias de ginástica para exercícios de musculação, mostrando que são alimentos pesados e de difícil digestão. Essa ideia é reforçada pela imagem, com os desenhos das carnes pintados em pesos, e pelo enunciado "pense também no esforço que seu corpo faz". Também a frase "Aproveite o melhor da cidade, mas sem exageros" dirige-se ao interlocutor, sugerindo que ele cuide do corpo e não cometa exageros na alimentação.

É comum, nos textos em que a função conativa é predominante, o emprego de verbos no imperativo ("Pense", "Aproveite") e de verbos e pronomes na 2ª ou na 3ª pessoa ("*seu* corpo").

Nesse tipo de função pode ocorrer também a exploração de recursos sonoros. Os textos publicitários são exemplos típicos da predominância da função conativa, pois geralmente têm como objetivo persuadir os interlocutores a aderir a uma ideia ou comprar determinado produto.

Função referencial

O referente é o foco, ou seja, ele determina as escolhas feitas na construção do texto.
Leia o texto:

Há alguma razão para não haver janelas nos banheiros de avião?

Tem sim. E não é para evitar que algum passageiro de outro avião veja você em momentos íntimos. Os banheiros ficam em locais estratégicos — na frente, no fundo e também no meio. Nesses pontos está a junção reforçada da fuselagem da aeronave com o bico, com a cauda e com as asas. Perto dos sistemas hidráulicos e elétricos, essas áreas carregam um peso bem grande. Uma janela ali significaria recortes desnecessários e arriscados na estrutura, que poderiam fragilizar a aeronave e causar acidentes. Ou seja, aquela baita vista na hora do xixi não valeria a pena.

(Disponível em: http://revistagalileu.globo.com/Revista/Common/0,,EMI244164-17798,00-HA+ALGUMA+RAZAO+PARA+NAO+HAVER+JANELAS+NOS+BANHEIROS+DE+AVIAO.html. Acesso em: 11/2/2020.)

A função principal desse texto é informar o leitor. A resposta é direta e precisa ("Tem sim") e a justificativa procura ser objetiva ao descrever e explicar a situação.

Textos jornalísticos, científicos e didáticos são exemplos da predominância da função referencial.

Função metalinguística

O código é o foco, ou seja, ele determina as escolhas feitas na construção do texto.
Leia este texto, de Carlos Drummond de Andrade:

Poesia

Gastei uma hora pensando em um verso
que a pena não quer escrever.
No entanto ele está cá dentro
inquieto, vivo.

Ele está cá dentro
e não quer sair.
Mas a poesia deste momento
inunda minha vida inteira.

(*Alguma poesia*. São Paulo: José Olympio, 1930.)

A começar pelo título, "Poesia", percebe-se que o texto compõe-se de versos que falam sobre poesia. Nesse caso, no qual um poema fala de poesia, a função metalinguística é a predominante no texto.

É possível ainda encontrar a predominância da função metalinguística em, por exemplo, verbetes de dicionário, os quais utilizam palavras para explicar o sentido das palavras; filmes que tematizam o próprio cinema; programas de televisão que discutem a função social da televisão; gramáticas; etc.

Função fática

O canal é o foco, ou seja, ele determina as escolhas feitas na construção do texto.

Observe o diálogo que compõe o texto ao lado.

No diálogo que compõe o texto ao lado, é possível perceber que os interlocutores não se conheciam antes e naquele momento estão iniciando uma conversa. Portanto, não têm ainda um tópico sobre o qual desenvolver suas falas, o que permite considerar que estão testando o canal da comunicação.

Assim, os interlocutores buscam apenas manter a atenção um do outro ao dizerem "Oi.", "Você está esperando alguém?", "Bar legal, hein? Você vem sempre aqui?". No caso desse diálogo, componente de um anúncio que faz propaganda de uma marca de fio dental, a conversa é interrompida por um pequeno acidente, uma folhinha de alface no dente de um dos interlocutores, que acaba afastando o outro.

Exemplos típicos da predominância da função fática da linguagem são os cumprimentos diários ("Bom dia", "Boa tarde", "Oi", "Tudo bem?", "Como vai?"), as conversas de elevador ("Está quente, não?") ou as primeiras palavras de qualquer interação, quando não há ainda um assunto em foco e o objetivo dos interlocutores é começar a conversa.

(Disponível em: http://redacaopp220091.blogspot.com/. Acesso em: 11/2/2020.)

Função poética

A mensagem é o foco, ou seja, ela determina as escolhas feitas na construção do texto.

Leia o poema abaixo, de Augusto de Campos.

fer
ida
sem
ferida
tudo
começa
de novo
a cor
cora
a flor
o ir
vai
o rir
rói
o amor
mói
o céu
cai
a dor
dói

(Ferida. *Não poemas*. São Paulo: Perspectiva, 2003.)

Mais do que falar sobre uma ferida, o poeta busca construir sentidos a partir da exploração semântica de palavras e partes de palavras, bem como da estrutura e do formato visual do texto. Há um trabalho sugestivo com a sonoridade e com as imagens das palavras utilizadas (*ferida, ida, ir / vai, rói, cai, mói*) e ainda com a maneira como elas estão dispostas no papel (no formato de uma ferida, de um corte na pele).

O uso de recursos literários na construção do texto evidencia a predominância da função poética. Os textos literários, tanto em prosa quanto em verso, são exemplos típicos da predominância desse tipo de função da linguagem.

As funções dos textos e a concepção social da linguagem

A teoria da comunicação de Jakobson, embora tenha sido de enorme importância, não considera o processo dinâmico e interativo da linguagem. Nela, os elementos que compõem a comunicação (locutor, locutário, mensagem, etc.) são vistos de maneira estática, separados, o locutor ativo e o locutário passivo, e, com isso, ignora-se o fato de que estes se influenciam mutuamente no processo interativo, antes mesmo do início da interação propriamente dita.

Para entender melhor essa ideia, veja este texto:

Se procuramos apenas a "mensagem transmitida" pelo texto, vamos concluir que o locutor tenta convencer o locutário de que será fácil encontrar uma vaga porque muitos carros estão sendo roubados.

No entanto, se consideramos toda a situação de comunicação em que o texto se insere (quem o produziu, para quem, com quais objetivos, em que contexto social), percebemos que, na verdade, seu produtor se apropria de um pensamento do motorista que procura uma vaga na rua ("Logo, logo, aparece uma vaga.") para criar um efeito de ironia, isto é, dizer o contrário do que se quer: se a vaga aparecer é porque o carro que estava ali foi roubado. Assim, é melhor o motorista guardar seu veículo no estacionamento "com seguro total" do anunciante, em vez de deixá-lo na rua, sem segurança e exposto a roubo.

Uma leitura que considere esse texto um "incentivo" a quem está procurando uma vaga na rua para seu carro é superficial, pois tal leitura não é capaz de apreender a construção de sentidos proposta pelo produtor do texto no jogo social da linguagem.

É importante salientar, portanto, que compreendemos o conceito de língua sob uma perspectiva que leva em conta os textos associados aos demais elementos da situação de comunicação nos quais eles estão inseridos. Assim:

> **Língua** é um fenômeno simultaneamente social, cultural e cognitivo que resulta da interação verbal entre interlocutores e se manifesta por meio de enunciados concretos.

Por esse motivo, para um falante dominar uma língua não basta que ele conheça suas palavras e suas leis combinatórias, mas é preciso também que ele compreenda os textos levando em conta os diversos fatores socioculturais que os cercam. Daí que, ao analisar um texto (seja ele verbal, não verbal, misto, oral ou escrito), é extremamente importante levar em conta os aspectos da situação de comunicação em que ele foi produzido.

As funções da linguagem na construção do texto

1. Leia o texto:

> **Meu sonho era ser um origami**
>
> Vivi numa resma de papel sobre a enorme mesa de reunião de uma empresa multinacional. Sonhei com uma vida de artista, me tornar um origami, mas veio a decepção: após uma rápida reunião de **board** eu fui amassado e jogado aqui, na sarjeta. Um papel como eu, de origem nobre, não merecia acabar a vida nesse meio-fio, sendo pisado, chutado, esmagado.
>
> (Disponível em: www.putasacada.com.br/rio-eu-amo-eu-cuido-1121/. Acesso em: 12/2/2020.)

a) Qual dos elementos da comunicação propostos por Jakobson está em destaque nesse texto? Justifique sua resposta com palavras e expressões utilizadas no texto.

b) Tendo em vista sua resposta ao item anterior, conclua: Qual é a função da linguagem predominante nesse texto?

2. Agora leia o mesmo texto, porém situado no contexto do qual ele foi extraído:

Abaixo do trecho lido na questão 1, lemos o enunciado "Se uma bolinha de papel não merece isso, imagine a cidade mais bonita do mundo.".

a) A qual cidade o enunciado se refere? Que elementos do texto, verbais e não verbais, permitem chegar a essa conclusão?

b) Levante hipóteses: A que se refere o pronome *isso* em "não merece isso"?

3. Como é comum nos anúncios publicitários, há um cuidadoso trabalho com as linguagens verbal e não verbal no texto em estudo. Observe a imagem e responda:

a) Qual imagem está em primeiro plano na foto? Qual está em segundo plano?

b) É possível considerar que há uma inversão de foco no destaque dado às imagens da foto? Justifique sua resposta.

c) Qual é o efeito de sentido provocado por essa inversão de foco entre os dois planos da foto?

4. No anúncio, aparece o *slogan* de uma campanha: "Rio: eu amo, eu cuido. Amar é pouco. Cuide". Qual é a função da linguagem em destaque nesse enunciado? Justifique sua resposta.

5. Se você confrontar as respostas que deu à questão 1b e à questão 4, verá que um texto pode apresentar mais de uma função da linguagem. Contudo, para identificar qual delas é predominante, é necessário considerar a situação de produção, ou seja, quem são os interlocutores, qual é a finalidade principal do texto, o gênero, etc. Considerando esses elementos, responda:

a) Quem são os destinatários do anúncio?

b) Qual é a finalidade principal dele, como um todo?

c) Conclua: Que função da linguagem predomina no texto?

d) Explique: Que papel cumpre, no texto, o emprego de recursos como a função emotiva da linguagem, a sonoridade do *slogan*, o emprego de verbo no imperativo, a sobreposição de planos visuais e a personificação da bola de papel?

Semântica e discurso

Leia o anúncio a seguir para responder às questões.

(Disponível em: http://www.putasacada.com.br/wp-content/uploads/2018/08/livcultura-meia-noite-em-paris.jpg. Acesso em: 7/5/2020.)

1. O anúncio lido é um texto multissemiótico.
   a) Que tipo de linguagem ocupa um espaço maior do anúncio?
   b) Quem é o anunciante?

2. Releia a parte verbal do texto.
   a) Deduza: O que é *Meia Noite em Paris*?
   b) Levante hipóteses: Qual outra frase, subentendida no anúncio, completa o sentido da frase da parte superior?

3. Agora observe a parte não verbal do texto: Quais objetos estão representados pelos retângulos da imagem central?

4. O anúncio como um todo simula um texto relativamente comum nos dias de hoje. Troque ideias com os colegas e o professor e deduza:
   a) O que esse anúncio simula?
   b) Ele divulga um produto ou uma ideia? Justifique sua resposta.

5. A parte verbal superior interpela diretamente o leitor que "assistiu a Meia Noite em Paris". Considerando a análise feita do anúncio até aqui, conclua: Ele se dirige apenas a esses leitores? Justifique sua resposta.

CAPÍTULO 2

Texto e discurso — Intertexto e interdiscurso

Construindo o conceito

Leia o anúncio:

(Disponível em: http://picasaweb.google.com/lh/photo/wHS4Bqn-6sJ6VlpVG4aG8A. Acesso em: 10/2/2020.)

Este capítulo favorece o desenvolvimento das habilidades
EM13LGG101
EM13LGG102
EM13LGG103
EM13LGG104
EM13LGG202
EM13LGG302
EM13LP01
EM13LP02
EM13LP03
EM13LP04
EM13LP06
EM13LP08
EM13LP50

1. O anúncio tem um claro propósito comunicativo. Em relação a ele, responda:

a) Quem são os interlocutores?
b) Qual é sua finalidade principal?
c) De que tipos de linguagem ele é constituído?
d) Levante hipóteses: Em que veículos ele pode ter circulado?

2. A linguagem não verbal do anúncio é constituída por um desenho que faz referência ao quadro *Guernica*, de Pablo Picasso (abaixo), mundialmente conhecido por retratar os horrores da Guerra Civil Espanhola, ocorrida na década de 1930. Abaixo do desenho, lê-se: "Mudam os personagens, não muda a tragédia. Junte-se".

Guernica (1937), de Picasso, expressa a indignação do artista diante do bombardeio do pequeno povoado de Guernica, na região basca da Espanha, ordenado pelo general Franco. Naquele momento, Franco era apoiado pelo nazismo alemão e pelo fascismo italiano.

a) Observe novamente o desenho e compare-o ao quadro de Picasso. Que mudança principal pode ser observada em relação aos personagens?
b) Levante hipóteses: Por que, segundo o anúncio, a tragédia "não muda"?

3. Para que um anúncio seja bem-sucedido, é necessário que ele chame a atenção do público e conquiste sua simpatia para aderir à ideia veiculada.

a) Que estratégias de persuasão o anúncio lido utiliza?
b) Em sua opinião, tais estratégias são eficientes? Por quê?

Conceituando

O anúncio lido é um bom exemplo do uso que se pode fazer da linguagem multissemiótica, mesclando as linguagens verbal e não verbal para construir os efeitos de sentido pretendidos em determinadas situações.

Os textos estabelecem uma situação comunicativa em que locutor e locutário interagem por meio da linguagem. No caso do anúncio estudado, o locutor é a organização não governamental Greenpeace, e o locutário são os leitores. A linguagem é multissemiótica, simultaneamente verbal e não verbal. A parte verbal é constituída pelos enunciados "Desmatamento zero. É agora ou agora" e "Mudam os personagens, não muda a tragédia. Junte-se", e a não verbal, pelo desenho inspirado em um célebre quadro de Picasso. O anúncio, como um todo, pode ser considerado um enunciado.

> **Enunciado** é tudo o que o locutor enuncia, isto é, tudo o que ele diz ao locutário em uma situação concreta de interação pela linguagem.

> **Texto verbal** é uma unidade linguística concreta que é percebida pela audição (na fala) ou pela visão (na escrita) e tem unidade de sentido e intencionalidade comunicativa.

No anúncio lido, fica evidente que o texto verbal não é o único elemento responsável pela construção do sentido. A utilização de elementos da pintura de Picasso (fundo, cor, disposição, etc.) e de figuras de animais e de uma motosserra constrói o sentido de destruição do meio ambiente. O anúncio tem, portanto, uma intencionalidade clara, que é denunciar a destruição da natureza.

Ao conjunto de fatores que constituem a situação na qual é produzido um texto chamamos *contexto discursivo* ou *situação de produção*. E ao conjunto da atividade comunicativa, ou seja, o texto e o contexto discursivo, reunidos, chamamos **discurso**.

> **Discurso** é a atividade comunicativa capaz de gerar sentido desenvolvida entre interlocutores. Além do enunciado verbal, engloba também elementos extraverbais, isto é, elementos que estão na situação de produção (por exemplo, quem fala, com quem fala, com que finalidade, etc.) e que também participam da construção do sentido do texto.

Vimos que os textos são sempre produzidos em situações e contextos diferentes e cada um deles cumpre uma ou mais finalidade(s) específica(s), tendo em vista os elementos do discurso. Por exemplo, se o objetivo do locutor é instruir seu interlocutor, ele indica passo a passo o que deve ser feito para se obter um bom resultado. Se é expressar sua opinião e defender um ponto de vista sobre determinado assunto, ele produz um texto que se organiza em torno de argumentos. Se é contar fatos reais ou fictícios, ele pode optar por produzir um texto que apresente em sua estrutura os fatos, as pessoas ou os personagens envolvidos, o momento e o lugar em que os fatos ocorreram. Se é transmitir conhecimentos, o locutor deve construir um texto que exponha o conteúdo de forma precisa e direta.

Portanto, quando interagimos com outras pessoas, seja por meio de linguagem verbal, não verbal ou multissemiótica, seja oralmente ou por escrito, produzimos certos textos que se repetem ou variam no conteúdo, no estilo e na estrutura. Esses padrões de texto constituem os chamados **gêneros do discurso**.

Em uma situação de interação verbal, a escolha do gênero é feita de acordo com os diferentes elementos que participam do contexto, tais como: quem está produzindo o texto, para quem, com que finalidade, em que momento histórico, etc. Os gêneros discursivos geralmente estão ligados a **esferas de circulação**. Assim, na *esfera jornalística*, por exemplo, são comuns gêneros como notícia, reportagem, editorial, entrevista; na *esfera de divulgação científica*, são comuns gêneros como verbete de dicionário ou de enciclopédia, artigo ou ensaio científico, seminário e conferência. Além disso, um mesmo gênero pode circular em diferentes esferas, sofrendo ou não alterações de acordo com sua finalidade.

> **Gêneros do discurso** são padrões de textos que circulam em determinadas esferas de atividade humana e que, com algumas variações, apresentam conteúdo, estilo e estrutura semelhantes.

Os gêneros são historicamente criados e vão sendo modificados e reconstruídos pelo ser humano ao longo do tempo a fim de atender às necessidades de interação verbal. De acordo com o momento histórico, pode nascer um gênero novo, podem desaparecer gêneros de pouco uso ou, ainda, um gênero pode sofrer mudanças e até transformar sua função original.

O gênero do discurso e a situação de produção

Suponha que você esteja insatisfeito(a) porque sua rua tem sofrido constantes enchentes. Para resolver o problema, é necessário que uma reclamação oficial seja feita. Que gênero discursivo utilizar então?

Você poderia escrever uma **carta argumentativa de reclamação** à prefeitura de sua cidade ou ao governo de seu Estado. Contudo, esse não é um problema só seu. Logo, o documento teria mais força se tivesse o apoio de outros moradores da rua ou do bairro. Nesse caso, vocês poderiam lançar mão de um **abaixo-assinado** ou de uma **carta aberta** dirigida à população e aos governantes. A escolha dependeria de outros fatores, como o número de pessoas que poderiam assinar, se a carta aberta seria divulgada em uma assembleia ou manifestação, se haveria cobertura da imprensa, etc.

Observe que a escolha de determinado gênero discursivo depende em grande parte da **situação de produção**, ou seja, a finalidade do texto a ser produzido, quem são o(s) locutor(es) e o(s) interlocutor(es), o meio disponível para veicular o texto, etc.

Exercícios

Leia este texto:

(32º. *Anuário do Clube de Criação de São Paulo*, p. 288.)

1. Sobre a situação de comunicação desse texto, responda:

a) Quem é o locutor?

b) No texto do lado direito, na parte de baixo, lê-se: "Exija dos governantes ações concretas contra a destruição do meio ambiente". Conclua: A quem esse texto se destina?

c) Qual é a principal finalidade dele?

2. A parte não verbal do cartaz é constituída principalmente por um cano, uma torneira e uma figura que lembra uma gota de água. Sobre o cano aparecem árvores secas, e da torneira não sai água.

a) O que sugerem os elementos visuais situados no lugar de onde deveria sair água?

b) Que sentido essa parte não verbal constrói no texto?

3. Releia o texto verbal central, que utiliza como estratégia de persuasão a ambiguidade (duplo sentido) e a ironia (dizer o contrário do que se pretende).

a) Ele remete a um episódio bíblico, no qual Pilatos, prefeito da Judeia, literalmente lava as mãos diante da multidão e deixa que o povo decida o destino de Jesus. Que sentido é criado para a expressão *lavar as mãos*, considerando esse contexto?

b) Explique a ambiguidade explorada no texto em estudo.

c) Identifique a frase que contém ironia. Justifique sua resposta e explique o sentido que ela constrói no contexto.

d) Troque ideias com os colegas e o professor e, oralmente, imagine uma situação na qual a mesma frase identificada por você no item **c** seja empregada sem efeito irônico.

24 Unidade 1 • Língua e linguagem

Textualidade, coerência e coesão

Um texto não pode ser um punhado de frases soltas sem ligação entre si; ele precisa apresentar conexões, que podem ser gramaticais e/ou de ideias. Compreender essas conexões é essencial para ler e produzir textos com eficiência. Leia o poema a seguir.

Para sempre

Quando você disse que era para sempre,
Eu ri,
Mas acreditei.
Esqueci...
Já vivi esse para sempre outras vezes,
E desiludi.
O para sempre
Sempre para.

∞

(Paula Pimenta. *Confissão*. Belo Horizonte: Gutenberg, 2014.)

1. O primeiro verso se inicia com a palavra *quando*.

a) Entre as opções a seguir, indique que relação é instituída por essa palavra.
- espacial
- causal
- temporal

b) Que ações são colocadas em paralelo nessa relação?

2. O emprego da palavra *mas*, no 3º verso, revela algumas pistas sobre o conteúdo dos versos anteriores e sobre a postura do eu lírico na situação relatada.

a) Entre as opções a seguir, indique que relação é instituída por essa palavra entre os termos do texto que ela conecta.
- conclusão
- oposição
- adição

b) Troque ideias com os colegas e o professor: Que sentimento do eu lírico sobre sua relação com o interlocutor é enfatizado pelo emprego do *mas* nesse verso? Justifique sua resposta.

3. Os versos 4 e 5 também estabelecem relações de sentido entre si e com os versos anterior e posterior, embora não tenham sido empregadas em todos eles palavras que explicitam essas relações.

a) Entre as opções a seguir, indique os termos que cumprem tal papel, considerando os sentidos do texto.

> • Acreditei **quando** esqueci **que** já vivi esse para sempre outras vezes.

> • Acreditei, **mas** esqueci **quando** já vivi esse para sempre outras vezes.

> • Acreditei **porque** esqueci **que** já vivi esse para sempre outras vezes.

b) Troque ideias com os colegas e o professor e conclua: A ausência de conjunções prejudica o sentido do poema ou o deixa incoerente? Justifique sua resposta.

c) Entre as opções a seguir, indique qual relação é instituída pela conjunção *e* entre os versos que ela conecta.
- conclusão
- oposição
- adição

4. Os versos 3 a 7 retomam por elipse (omissão de um termo facilmente subentendido) um termo mencionado anteriormente.

a) Qual é esse termo?

b) Identifique, em cada um desses versos, quais palavras evidenciam que esse termo está em elipse, justificando sua resposta.

5. Releia duas expressões utilizadas no poema

> "esse para sempre"
> "o para sempre"

Troque ideias com os colegas e o professor: Qual é a diferença de sentido entre o emprego das palavras *esse* e *o* no contexto do poema em estudo?

6. Releia os dois últimos versos do poema e explique a alteração de sentido provocada pela troca de ordem dos termos *para* e *sempre* no contexto.

Capítulo 2 ▪ Texto e discurso — Intertexto e interdiscurso   25

Ao responder às questões anteriores, você percebeu que, para ler e compreender um texto, é importante buscar as relações entre suas partes, que podem estar ou não explicitadas por palavras que contribuem para estabelecer as conexões entre as ideias apresentadas (*quando, que, mas, esse, e*). Para um texto ter unidade de sentido, para ser um todo coerente, é necessário que apresente **textualidade**, isto é, que apresente conexões gramaticais e articulação de ideias. Em outras palavras, que apresente **coesão** e **coerência** textuais.

> **Coesão textual** são as conexões gramaticais existentes entre palavras, orações, frases, parágrafos e partes maiores de um texto.

As palavras que realizam articulações gramaticais, também chamadas *conectores*, são substantivos, pronomes, conjunções, preposições, etc. São comuns nesse papel palavras como *isso, então, aliás, também, isto é, entretanto, e, por isso, daí, porém, mas*, entre outras.

No verso "Já vivi esse para sempre outras vezes", por exemplo, o pronome demonstrativo *esse* é um conector, pois retoma a fala do interlocutor mencionada pelo eu lírico no primeiro verso.

Como os conectores são portadores de sentido, eles também contribuem para construir a coerência de um texto.

> **Coerência textual** é a estruturação lógico-semântica de um texto, isto é, a articulação de ideias que faz com que em uma situação discursiva palavras e frases componham um todo significativo para os interlocutores.

Pode haver coerência sem coesão?

Há textos que se organizam por justaposição ou com elipses e, mesmo assim, podem ser considerados textos por seus leitores/ouvintes, pois constituem uma unidade de sentido.

Você viu, no poema de Paula Pimenta analisado anteriormente, que um texto pode ser coerente sem necessariamente explicitar todos os termos que estabelecem coesão entre suas partes.

Outro exemplo é este poema do poeta Paulo Leminski:

sobressalto
esse desenho abstrato
minha sombra no asfalto

Um dos princípios básicos da coerência textual é a *não contradição*, ou seja, as ideias não podem ser contraditórias entre si nem apresentar incoerência em relação à realidade, a não ser que a contradição seja proposital.

Na unidade 5 deste volume, no capítulo 31, "Coesão e coerência", vamos aprofundar e ampliar o estudo desses conceitos.

Exercícios

Leia o texto:

> Era meia-noite. O Sol brilhava. Pássaros cantavam pulando de galho em galho. O homem cego, sentado à mesa de roupão, esperava que lhe servissem o desjejum. Enquanto esperava, passava a mão na faca sobre a mesa como se a acariciasse tendo ideias, enquanto olhava fixamente a esposa sentada à sua frente. Esta, que lia o jornal, absorta em seus pensamentos, de repente começou a chorar, pois o telegrama lhe trazia a notícia de que o irmão se enforcara num pé de alface. O cego, pelado com a mão no bolso, buscava consolá-la e calado dizia: a Terra é uma bola quadrada que gira parada em torno do Sol. Ela se queixa de que ele ficou impassível, porque não é o irmão dele que vai receber as honrarias. Ele se agasta, olha-a com desdém, agarra a faca, passa manteiga na torrada e lhe oferece, num gesto de amor.
>
> (Este texto reproduz aproximadamente versão ouvida junto a crianças de Araguari-MG).
>
> (*Apud* Ingedore Villaça Koch e Luiz Carlos Travaglia. *A coerência textual*. 11. ed. São Paulo: Contexto, 2001. p. 49-50.)

1. Observe se no texto há emprego adequado de sinais de pontuação, vocabulário culto e construções de acordo com a norma-padrão. Depois conclua: O autor do texto demonstra ter domínio da linguagem escrita? Justifique sua resposta com elementos do texto.

2. Além do domínio vocabular e sintático da língua, o texto apresenta também marcas de coesão. Identifique no texto:

a) dois exemplos de coesão, nos quais uma palavra (substantivo, pronome, numeral, etc.) retome um termo já expresso;

b) dois exemplos de marcadores temporais, por meio dos quais se tenha ideia de sequência de fatos;

c) um conector que estabeleça uma relação de explicação.

26 Unidade 1 • Língua e linguagem

3. Apesar de aparentemente bem-redigido, o texto apresenta sérios problemas de coerência.

a) A narração ocorre à meia-noite. No entanto, certas informações contradizem isso. Quais são essas informações?

b) Cite uma contradição relacionada ao cego e uma contradição relacionada à esposa.

c) Sabe-se que a Terra gira em torno do Sol. Que elementos do texto contrariam essa informação?

4. O texto foi produzido em uma brincadeira de crianças que incluía o relato de uma história absurda. Considerando que o objetivo era produzir humor, conclua: O texto é incoerente ou coerente?

Intertextualidade, interdiscursividade e paródia

Leia este meme:

(Disponível em: https://twitter.com/artes_depressao/status/677634917552021505. Acesso em: 11/2/2020.)

Você sabe quem é o homem que aparece na imagem? E sabe a qual "música do caminhão de gás" o texto verbal se refere? Para ser capaz de apreender o sentido desse meme é preciso recuperar alguns elementos do contexto de produção: é importante saber que a imagem de fundo é a tela *Beethoven*, do pintor alemão Joseph Karl Stieler, além de ter a informação de que, em muitas cidades brasileiras, o caminhão de gás, para ser facilmente reconhecido, anda pelas ruas tocando uma adaptação de um trecho de "Füer Elise" ("Por Elise"), célebre obra de Beethoven.

Assim como muitos outros memes, este constrói humor por meio de implícitos e quebra de expectativas. Obviamente, quando compôs "Por Elise", Beethoven não estava pensando que séculos depois ela seria utilizada no caminhão de gás. O leitor do meme que não conhece o homem retratado na tela nem sabe qual é a música do caminhão do gás, perde esses referenciais e não consegue fazer a leitura completa do texto. Podemos considerar, portanto, que os criadores do meme estabelecem um diálogo com esses outros textos, construindo humor com base neles. Quando um texto dialoga com outro, dizemos que entre eles existe **intertextualidade**.

> **Intertextualidade** é a relação entre dois textos caracterizada por um citar o outro, implícita ou explicitamente.

Há diferentes tipos de intertextualidade. A intertextualidade pode ter uma base *temática*, quando os textos apresentam em comum um tema, determinada ideologia ou visão de mundo; por exemplo, a que ocorre entre a tragédia grega *Medeia*, de Eurípedes, e a peça teatral *Gota d'água*, de Chico Buarque, uma versão moderna desse texto. Também pode ter uma base *estilística*, quando um texto apresenta certos procedimentos muito conhecidos em outro texto, como o emprego de palavras, expressões ou estruturas sintáticas similares.

Dialogismo: a linguagem são no mínimo dois

Segundo o teórico russo Mikhail Bakhtin, a linguagem é, por natureza, *dialógica*, isto é, sempre estabelece um diálogo entre pelo menos dois seres, dois discursos, duas palavras. Diz Bakhtin:

> Os enunciados não são indiferentes uns aos outros, nem autossuficientes; são mutuamente conscientes e refletem um ao outro... Cada enunciado é pleno de ecos e reverberações de outros enunciados, com os quais se relaciona pela comunhão da esfera da comunicação verbal [...]. Cada enunciado refuta, confirma, complementa e depende dos outros; pressupõe que já são conhecidos, e de alguma forma os leva em conta.
>
> (*Estética da criação verbal*. 2. ed. São Paulo: Martins Fontes, 1997. p. 316.)

Um tipo particular de relação entre textos é a paródia. Leia estes dois poemas:

As armas e os barões assinalados
Que, da ocidental praia lusitana,
Por mares nunca dantes navegados
Passaram ainda além da Taprobana,
Em perigos e guerras esforçados
Mais do que prometia a força humana
E entre gente remota edificaram
Novo Reino, que tanto sublimaram.
[...]

(Luís de Camões. *Os lusíadas*. São Paulo: Abril Cultural, 1979.)

As salas e becões assinalados
Da oriental praia paulistana
Partiram em missão desumana
A bater inimigos colorados.
Depois do empate duro e fero
Três a três em pleno alçapão,
Queriam ao menos 1 a 0,
e o sonho manter no coração.
[...]

(José Roberto Torero. *Jornal Folha de S.Paulo*, 8/3/2002.)

Os versos de Luís de Camões homenageiam o heroísmo dos navegantes portugueses, que, no século XV, saindo de Portugal (a "ocidental praia lusitana") com suas caravelas, conseguiram ultrapassar a Taprobana (ilha do Ceilão, limite oriental do mundo conhecido na época). O jornalista José Torero, referindo-se a um jogo entre Santos e Internacional, ocorrido em Porto Alegre pela Copa do Brasil, estabelece uma relação intertextual com o poema de Camões, transmitindo assim a noção de grandiosidade do jogo e, ao mesmo tempo, reverenciando os esforços do grupo santista, comparados aos feitos dos navegantes portugueses.

> **Paródia** é um tipo de relação intertextual em que um texto cita outro geralmente com o objetivo de fazer-lhe uma crítica, inverter ou modificar suas ideias.

Leia agora estes versos de dois poetas de épocas diferentes:

Poema de sete faces

Quando nasci, um anjo torto
desses que vivem na sombra
disse: Vai, Carlos! ser **gauche** na vida.

[...]

Meu Deus, por que me abandonaste
se sabias que eu não era Deus
se sabias que eu era fraco.

Mundo mundo vasto mundo,
se eu me chamasse Raimundo
seria uma rima, não seria uma solução.
Mundo mundo vasto mundo,
mais vasto é meu coração.

Eu não devia te dizer
mas essa lua
mas esse conhaque
botam a gente comovido como o diabo.

(Carlos Drummond de Andrade. Disponível em: http://www.algumapoesia.com.br/drummond/drummond01.htm. Acesso em: 11/2/2020.)

gauche: termo francês que significa esquerdo, canhestro, inseguro, inadequado.

Com licença poética

Quando nasci um anjo esbelto,
desses que tocam trombeta, anunciou:
vai carregar bandeira.
Cargo muito pesado pra mulher,
esta espécie ainda envergonhada.
Aceito os subterfúgios que me cabem,
sem precisar mentir.
Não sou feia que não possa casar,
acho o Rio de Janeiro uma beleza e
ora sim, ora não, creio em parto sem dor.
Mas o que sinto escrevo. Cumpro a sina.
Inauguro linhagens, fundo reinos
— dor não é amargura.
Minha tristeza não tem pedigree,
já a minha vontade de alegria,
sua raiz vai ao meu mil avô.
Vai ser coxo na vida é maldição pra homem.
Mulher é desdobrável. Eu sou.

(Adélia Prado. Disponível em: http://www.releituras.com/aprado_bio.asp. Acesso em: 11/2/2020.)

O primeiro texto é um trecho de um dos poemas mais conhecidos de Carlos Drummond de Andrade e foi publicado em 1930; o segundo é de Adélia Prado e foi publicado em meados da década de 1970. Embora não haja uma citação explícita, desde o título do poema de Adélia Prado, "Com licença poética", já é possível perceber a referência ao texto de Drummond, pois é como se ela pedisse licença para fazer sua própria versão do texto.

Observe, porém, que o segundo texto tem uma visão diferente da apresentada pelo primeiro. Neste, o anjo é torto, vive na sombra e prenuncia ao eu lírico que ele será *gauche* na vida, isto é, uma pessoa diferente, completamente inadequada no mundo. Essa visão é reforçada nas estrofes finais, especialmente nos versos "Meu Deus, por que me abandonaste", "se sabias que eu era fraco.", "mas essa lua/ mas esse conhaque/ botam a gente comovido como o diabo.". Já no segundo poema, o anjo é esbelto, toca trombeta e profetiza que o eu lírico "vai carregar bandeira", isto é, vai ter uma causa pela qual lutar e ser referência em seu meio, visão que também se confirma nos versos finais: "[...] Cumpro a sina.", "[...] minha vontade de alegria,/ sua raiz vai ao meu mil avô.", "Mulher é desdobrável. Eu sou.".

Observe que Adélia Prado não apenas cita o poema de Drummond, mas também critica a visão melancólica, introvertida e individualista do eu lírico masculino, contrapondo a ela sua visão feminina corajosa e vanguardista.

Nesse tipo de relação estabelecida entre os textos, não há apenas intertextualidade. Há uma relação mais abrangente, que envolve dois discursos poéticos distintos, os quais, por sua vez, refletem suas respectivas épocas. A de Drummond, um momento histórico entre guerras, de crise econômica, acirramento político e ideológico, de busca de caminhos; e a de Adélia Prado, um momento histórico de continuidade da forte expressão dos movimentos feministas da década de 1960, no qual as mulheres lutavam por se fazer ouvir e pelos direitos de igualdade de gênero. A esse tipo de relação entre discursos, quando se evidenciam os elementos da situação de produção — quem fez, para quê, em que momento histórico, com qual finalidade, etc. —, chamamos **interdiscursividade**.

> **Interdiscursividade** é a relação entre dois discursos caracterizada por um citar o outro, implícita ou explicitamente.

Além da relação de interdiscursividade, é possível considerar o texto de Adélia Prado uma paródia do texto de Drummond.

Construindo seu itinerário formativo

Publicidade em tempos de internet

Você já teve a sensação de estar sendo bombardeado por publicidade toda vez que navega na internet? Já observou que muitas vezes esses anúncios pretendem nem parecer propaganda? Já parou para pensar no que leva você a querer comprar algum produto? Seus hábitos de consumo são influenciados pelos perfis que você segue nas redes?

Considerando conceitos aqui desenvolvidos, tais como os de intertexto e interdiscurso, vamos neste minicurso analisar de forma mais aprofundada e crítica os textos publicitários em geral, partindo dos anúncios clássicos e chegando até as novas formas de publicidade disseminadas nas redes sociais, em postagens de fotos e vídeos publicados pelos chamados "influenciadores digitais".

Exercícios

Leia, a seguir, versos de uma canção de Chico Buarque e uma charge de Ziraldo, e responda às questões 1 e 2.

Quando o carnaval chegar

Quem me vê sempre parado, distante
Garante que eu não sei sambar
Tou me guardando pra quando o carnaval chegar
Eu tô só vendo, sabendo, sentindo, escutando
E não posso falar
Tou me guardando pra quando o carnaval chegar
[...]

(Disponível em: http://www.chicobuarque.com.br/letras/quandooc.htm. Acesso em: 11/2/2020.)

1. Em ambos os textos o tema é o carnaval.
   a) Que sentido tem o carnaval para o eu lírico da canção?
   b) E para o personagem da charge?

2. Sabendo que a canção de Chico Buarque foi produzida e divulgada antes da charge de Ziraldo, responda:
   a) Que texto estabelece uma relação intertextual com o outro?
   b) Essa relação pode ser considerada também interdiscursiva? Por quê?

3. A parte não verbal do texto de Ziraldo instaura um novo sentido para uma das palavras empregadas nos dois textos.
   a) Identifique essa palavra.
   b) Qual é o sentido dessa palavra na canção de Chico Buarque?
   c) Qual outro sentido dessa palavra está no desenho de Ziraldo?
   d) Explique como o texto de Ziraldo constrói humor combinando os elementos analisados por você nos itens anteriores.

4. Muitos tipos de intertextualidade implícita ocorrem por meio da substituição de um fonema ou uma palavra, por meio de acréscimo, supressão ou transposição.

   Leia os enunciados a seguir e descubra as frases originais com as quais eles mantêm relação intertextual.

   a) Penso, logo hesito.
   (Luis Fernando Verissimo, "Mínimas".)

   b) Quem vê cara não vê falsificação.
   (Anúncio dos relógios Citizen)

   c) Quem espera nunca alcança.
   (Chico Buarque)

   d) O Instituto de Cardiologia não vê cara, só vê coração.
   (Propaganda do Instituto de Cardiologia do Rio Grande do Sul)

   e) Para bom entendedor, meia palavra bas.
   (Luis Fernando Verissimo, "Mínimas".)

   f) Diga-me com quem andas e eu prometo que não digo a mais ninguém.
   (internet)

(Frases extraídas do capítulo 1 da obra *Intertextualidade — Diálogos possíveis*, de Ingedore G. Villaça et alii.)

A coerência e a coesão na construção do texto

Leia o texto:

Subi a porta e fechei a escada.
Tirei minhas orações e recitei meus sapatos.
Desliguei a cama e deitei-me na luz.
Tudo porque
Ele me deu um beijo de boa noite...

(Anônimo. *In*: Irandé Antunes. *Lutar com palavras — Coesão e coerência*. São Paulo: Parábola, 2005.)

1. Observe se no texto são empregados adequadamente os sinais de pontuação, se há alguma construção própria da norma-padrão, se é utilizada alguma conjunção como recurso coesivo. Depois, conclua: O autor demonstra ter domínio da linguagem escrita ou não? Justifique sua resposta com elementos do texto.

2. Releia as três primeiras linhas do texto:

> "Subi a porta e fechei a escada.
> Tirei minhas orações e recitei meus sapatos.
> Desliguei a cama e deitei-me na luz."

a) O trecho não apresenta problemas de escrita ou de pontuação, relativamente à norma-padrão. Entretanto, lido isoladamente, ele pode ser considerado coerente? Justifique sua resposta.

b) Os complementos dos verbos não dão sentido coerente aos enunciados. Indique a correlação lógica entre verbos e complementos:

1. subi   minhas orações
2. fechei   a luz
3. tirei   na cama
4. recitei   a escada
5. desliguei   a porta
6. deitei-me   meus sapatos

Capítulo 2 ▪ Texto e discurso — Intertexto e interdiscurso   31

3. Nas duas últimas linhas do texto, é revelado um fato que modifica o sentido das três linhas iniciais.

   a) Qual é esse fato?
   b) Esse fato afeta a coerência do texto como um todo? Justifique sua resposta.
   c) O que a construção dos três primeiros versos revela sobre o eu lírico?
   d) Qual é a importância dessa construção para o sentido do texto?

4. O texto é incoerente? Por quê?

■ Semântica e discurso

Leia o anúncio a seguir e responda às questões 1 a 3.

(*30º Anuário do Clube de Criação de São Paulo*, p. 186.)

1. Identifique a intertextualidade que há no anúncio. Depois responda: De que modo ela é indicada no anúncio?

2. Observe a frase que há na traseira do caminhão.

   a) Quais os sentidos do verbo *tomar* nessa frase?
   b) Que tipo de sabedoria a frase pretende transmitir?
   c) O consumo de bebidas alcoólicas é proibido para quem dirige. Considerando-se esse dado, que outro sentido a frase apresenta?

3. Troque ideias com os colegas e o professor:

   a) Quais costumam ser os conteúdos das típicas "frases de caminhão", geralmente pintadas nas traseiras desses veículos pelos motoristas?
   b) Por que a frase utilizada no anúncio difere das típicas "frases de caminhão"?

4. Para promover a imagem do produto anunciado, o anunciante utiliza como argumento um valor.

   a) Qual é esse valor?
   b) Por que a imagem do produto anunciado supostamente melhora quando agregada a esse valor?

CAPÍTULO 3

Variação linguística

■ Construindo o conceito

Leia, a seguir, a transcrição de um trecho de uma entrevista do escritor Fernando Sabino, do final da década de 1980.

> **Jornalista:** Em 1942 [...] um rapaz de 18 anos recebia na casa dele uma carta que tinha o seguinte remetente, o endereço: Rua Lopes Chaves, número cinco, quatro, meia. Eu queria que cê contasse quem era/quem era/quem lhe enviou a carta e que importância teve essa carta pro/pra tua vida literária.
>
> **Fernando Sabino:** [...] Talvez tenha sido a/o acontecimento mais importante da minha for/da minha vida literária, porque foi exatamente o início de uma correspondência com o morador desta casa Rua Lopes Chaves, cinco, quatro, meia [...], que é o Mário de Andrade. Eu tinha o quê? Quarenta e dois, eu estava com deze/dezoito anos, tinha acabado de publicá um livro de contos e tinha mandado esse livro pra ele, e ele me respondeu cu'essa carta que foi a... uma coisa fantástica pra minha vida... foi um... um grande acontecimento e a partir daí nós iniciamos u'a correspondência em que ele cu'a paciência bovina, né?, ele aguen/aguentô esse rapazelho, pernóstico e/e desaforado e/e metido e, sabe?, e atrevido e que escrevia perguntanu tudo e ele se dispôs a respondê tudo [...] Foi uma expe/presença absolutamente extraordinária e que jamais se repetirá com ninguém. Hoje eu até sofro um pouco isso porque às veze tem/eu num sô/tem pessoas que me escrevem carta, jovens, esperanu/tendo lido o livro das cartas dele esperanu que eu faça o mesmo papel e eu num sô/primeiro eu não sô Mário de Andrade, eu num tenho competência pra isso, eu ainda tô querenu recebê carta dos otos me ensinando as coisa, agora quem sô eu pra ensiná alguém alguma coisa...

Fernando Sabino no *Roda Viva*, em 1989.

Este capítulo favorece o desenvolvimento das habilidades

EM13LGG101
EM13LGG102
EM13LGG103
EM13LGG104
EM13LGG202
EM13LGG302
EM13LGG401
EM13LP01
EM13LP02
EM13LP06
EM13LP09
EM13LP10

1. O trecho lido corresponde a uma transcrição de falas espontâneas em uma situação relativamente formal — um conhecido programa de entrevistas da TV brasileira — e foi escrito com a finalidade de salientar alguns aspectos típicos da fala. Por esse motivo algumas palavras não estão escritas de acordo com a ortografia padrão.

a) Que palavras ou expressões escritas nessa transcrição de forma não padrão se aproximam da pronúncia cotidiana de muitos brasileiros ainda hoje?

b) A seguir estão descritos alguns fenômenos comuns à fala brasileira que aparecem nas falas da entrevista. Relacione-os aos termos e expressões listados por você no item **a**.

- O apagamento do /r/ final de algumas palavras, especialmente nas formas verbais do infinitivo.
- A terminação *-ndo* dos gerúndios (falando, comendo) é frequentemente pronunciada como "nu".
- A junção, na fala transcrita, de duas palavras em sequência pronunciadas de forma aglutinada.
- Outros tipos de redução de fonemas variados, como regra geral de economia na fala.

Capítulo 3 • Variação linguística 33

2. As colunas a seguir contêm, respectivamente, exemplos extraídos da entrevista e descrições de características típicas da fala. Estabeleça uma correlação entre elas, considerando apenas os termos em destaque.

a) "quem **lhe** enviou a carta e que importância teve essa carta pro/pra **tua** vida literária."

b) "**Eu tinha o quê?** Quarenta e dois, **eu estava com** deze/dezoito anos"

c) "ele cu'a paciência bovina, **né**?"

d) "pernóstico **e/e** desaforado **e/e** metido **e**, sabe?, **e** atrevido **e** que escrevia perguntanu tudo"

e) "Hoje eu até sofro um pouco isso porque às **veze tem/eu num sô/tem pessoas que me** escrevem carta"

f) "Me ensinando **as coisa**"

I. Utilização de termos que marcam a interação com o interlocutor

II. Repetições

III. Retomada do tópico sobre o qual se fala

IV. Marcação do plural apenas no primeiro elemento da expressão pluralizada

V. Emprego simultâneo de pronomes de 2.ª e 3.ª pessoa em referência ao interlocutor

VI. Correção e reelaboração imediata

3. Imagine que você fosse responsável por publicar esse trecho da entrevista de Fernando Sabino em um jornal escrito.

a) Para planejar sua versão escrita, troque ideias com os colegas e o professor: O que deve ser eliminado e o que pode ser mantido em relação à transcrição da fala?

b) Proponha uma versão escrita para o texto em seu caderno.

c) Compare as versões feitas por você e por seus colegas. Quais são as diferenças?

Fernando Sabino.

4. Fernando Sabino é um importante escritor brasileiro do final do século XX e faz parte de uma elite intelectual do país. Tomando por base a análise feita por você do trecho de entrevista em estudo, troque ideias com os colegas e o professor e indique, entre as afirmações a seguir, quais são falsas e quais são verdadeiras.

a) Há mais de 30 anos o brasileiro vem falando o português de forma errada, mesmo intelectuais em situações de fala pública.

b) Fala e escrita são modalidades diferentes da língua e, portanto, seguem regras de funcionamento também distintas.

c) Analisar a fala de um grande escritor permite compreender que o fato de determinadas construções serem consideradas erradas ou problemáticas nas falas de pessoas comuns é resultado de preconceito linguístico.

d) Analisar a fala de um grande escritor permite compreender que os intelectuais utilizam a linguagem de uma forma mais correta, com construções mais complexas, ao passo que as pessoas comuns frequentemente incorrem em erros gramaticais ao falar.

5. Combine com o professor e faça, com os colegas, gravações de falas de vocês em diferentes situações, menos e mais formais. Em seguida, transcrevam essas falas e concluam:

a) Quais características da fala analisadas neste estudo são também percebidas nas falas de vocês?

b) Há alguma grande diferença? Qual?

34 Unidade 1 • Língua e linguagem

Conceituando

Ao analisar um trecho de fala de uma entrevista do escritor Fernando Sabino, você percebeu que há características que são típicas da fala e que não são as mesmas dos textos escritos. Essa diferença entre as regras da fala e da escrita é um exemplo de **variação linguística**, fenômeno comum a todas as línguas, que variam por diversas razões: sociais, regionais, etárias, estilísticas, culturais.

Nascemos em meio a um mundo de linguagem, aprendemos a língua em contato com as pessoas que nos cercam e já estavam inseridas nessa linguagem. Desde bebês produzimos linguagem. Primeiramente alguns sons, que se transformam em palavras, enunciados. Nós nos apropriamos do vocabulário e das leis que regem nossa língua e seus usos ao mesmo tempo em que somos formados e vemos o mundo que nos cerca por meio dessa linguagem. Produzimos e lemos textos orais e escritos, nos comunicamos por gestos, lemos imagens, interpretamos sons.

Em contato com outras pessoas, na rua, na escola, no trabalho, observamos que nem todos falam como nós. Isso ocorre por diferentes razões: nascemos e crescemos em regiões e momentos diferentes; frequentamos a escola por menos ou mais tempo; convivemos em determinados grupos ou classes sociais. Essas diferenças no uso da língua constituem as **variedades linguísticas**. Cada falante tem a sua relação com a língua e um mesmo falante pode fazer uso de variedades distintas, dependendo da situação de comunicação em que se encontra.

Além das variedades que compõem a língua, em suas diversas manifestações concretas, existe também a **norma-padrão**, que não se constitui como uma variante linguística de fato, mas é uma referência abstrata, relacionada com os aspectos históricos, culturais, sociais e políticos de cada país. A norma-padrão é convencionada como tal com base em textos considerados clássicos e em variedades linguísticas das classes que detêm maior poder socioeconômico no momento de sua instituição. Com o passar do tempo, ela vai se tornando cada vez mais distante até mesmo da forma como as pessoas de classes de prestígio falam, pois sabemos que a língua está em constante evolução.

Como você viu no estudo introdutório deste capítulo, mesmo a fala de um grande escritor brasileiro proferida há mais de trinta anos contém construções que seriam consideradas desvios em relação às regras da norma-padrão, o que comprova que ela é fruto de uma abstração que não corresponde à realidade da língua viva e em uso. Portanto, mesmo as **variedades urbanas de prestígio** faladas por essas pessoas se distanciam das regras da norma-padrão.

O preconceito linguístico

Assim como há estigmas sociais, culturais, raciais, há também o estigma linguístico em nossa sociedade, que dá origem a situações de preconceito e discriminação que não podemos admitir.

Ridicularizar ou diminuir uma pessoa pelo modo como ela fala, assim como por suas crenças, por sua maneira de se vestir, pela cor de sua pele, etc. é uma atitude preconceituosa, que revela concepções superficiais do senso comum, sem nenhum embasamento científico. Pelo contrário, o que as pesquisas da Ciência Linguística vêm comprovando é que toda e qualquer variante linguística tem a sua lógica, as suas regras, servindo a contento a seus propósitos comunicativos.

Variedades ou variantes linguísticas: são as variações que uma língua apresenta, de acordo com as condições sociais, culturais, regionais e históricas em que é utilizada.

Norma-padrão: é uma abstração tomada como referência ou modelo a fim de tentar normatizar o uso da língua.

Variedades urbanas de prestígio: também chamadas por alguns de *norma culta*, são as variedades usadas por grupos sociais de centros urbanos que detêm certo prestígio social.

O uso de uma variedade de prestígio ou que busca se aproximar menos ou mais da norma-padrão está diretamente relacionado a diversos fatores: não apenas à origem do falante, mas também à prática social em que os interlocutores estão envolvidos, ao nível de formalidade exigido, aos papéis exercidos por esses sujeitos na situação de comunicação e ao gênero de texto que será produzido. Por exemplo, uma mesma história será contada de formas diferentes por uma mesma pessoa em situações de comunicação diversas: em uma conversa em casa com a família e amigos íntimos; em uma conversa formal, em ambiente de trabalho, com pessoas pouco conhecidas; em um júri popular ou tribunal.

Considerando o destaque que vem sendo dado à gramática normativa e à norma-padrão em algumas avaliações, em exames e concursos, a escola se propõe a ensiná-la a todas as crianças e jovens do país, pois, no atual contexto sociocultural, dominar as principais regras da norma-padrão pode ser uma das exigências para ingressar na vida profissional ou acadêmica.

Dialetos e registros

Há dois tipos básicos de variação linguística: os dialetos e os registros.

Os **dialetos** são variedades originadas das diferenças de região ou território, de idade, de sexo, de classes ou grupos sociais e da própria evolução histórica da língua. Por exemplo, ao lermos cantigas medievais perceberemos variação histórica do português.

O infográfico abaixo, por sua vez, contém alguns termos e gírias típicos de diferentes países e regiões falantes de português. Leia e veja se você já conhecia algum deles.

1. É o jeitinho piauiense de reforçar uma colocação
2. É uma expressão cuiabana para indicar indagação
3. É a maneira paulistana de dizer "Você sabe, né?"
4. Em Florianópolis-SC, significa que o João acertou em cheio
5. Quer dizer que a pessoa ouviu rumores
6. É o equivalente a passar uma rasteira
7. Quer dizer que ela se veste bem
8. É um jeito jovem de dizer que bebeu bastante
9. É um convite para o café da manhã
10. Quer dizer que o carro quebrou
11. É o jeito moçambicano de dizer "olha lá"
12. Do suáili, falado no norte de Moçambique, e significa "sem problemas"

(Disponível em: https://super.abril.com.br/mundo-estranho/quais-as-diferencas-entre-o-portugues-do-brasil-mocambique-e-angola/. Acesso em: 16/2/2020.)

Os **registros** são variações que ocorrem de acordo com o grau de formalidade existente na situação de comunicação. Como já mencionado, uma mesma pessoa pode ser menos ou mais formal em sua linguagem, dependendo dos objetivos que tem, das situações de comunicação em que se encontra e das diferentes esferas da sociedade nas quais circula.

O nível de formalidade pode variar independentemente de os textos produzidos serem orais ou escritos. Assim, pode haver textos orais extremamente formais, como uma conferência proferida em um grande evento, e textos escritos pouco formais, como um bilhete deixado na porta da geladeira de casa para alguém da família. O quadro a seguir mostra que as relações entre formal e informal e entre oral e escrito apresentam uma gradação e que os diversos textos que produzimos em nossa vida social variam desde o mais informal e oral, como o bate-papo e a fofoca, até o mais formal e escrito, como o relatório científico e a tese.

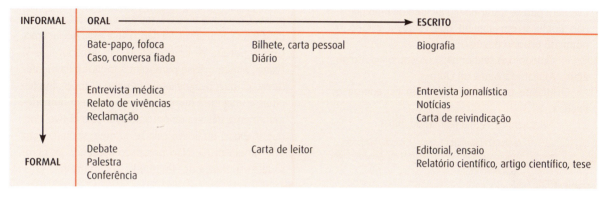

(Angela Kleiman. *Preciso ensinar o letramento — Não basta ensinar a ler e escrever?*. Campinas, SP: Cefiel/IEL/Unicamp, 2005-2010. p. 46.)

Gíria

A gíria é uma das variedades que uma língua pode apresentar. Quase sempre é criada por um grupo social, como o dos fãs de *rap*, de *funk*, de *heavy metal*, os surfistas, os skatistas, os grafiteiros, os *bikers*, os policiais, etc. Quando restrita a uma profissão, a gíria é chamada de **jargão**. É o caso do jargão dos jornalistas, dos médicos, dos dentistas e de outras profissões.

Veja as gírias de dois desses grupos:

(Fonte: Kárin Fusaro. *Gírias de todas as tribos*. São Paulo: Panda, 2001.)

Exercícios

1. Leia o texto:

> Quanto ao nome da Alfaiataria Aguia de Ouro cresci ouvindo meu pai contar que alguém de passagem por uma cidade do interior (nada contra as cidades do interior) e precisando de um alfaiate pediu informações e lhe foi recomendado um logo ali, muito bom. Ao ver a placa da alfaiataria disse ao proprietário lamentar muito, que embora lhe tivessem dito se tratar de um alfaiate de mão cheia, não confiava em alguém que escrevia errado o nome do próprio negócio.
> — O acento, o senhor não colocou o acento de águia, Alfaiataria Águia de Ouro.
> O alfaiate olha o visitante com estranheza e explica:
> — Não, senhor, Aguia [agúia] de Ouro.
>
> (www.iel.unicamp.br/cefiel/alfaletras/biblioteca_
professor/arquivos/49Textos%20de%20humor.pdf)

a) O texto constrói seu efeito de humor com base em elementos relacionados à variação linguística. Quais variedades são colocadas em oposição nessa construção?

b) No final do texto, o alfaiate explica o mal-entendido e mostra que o cliente é que não havia compreendido o texto da placa. Levante hipóteses: A explicação do alfaiate resolve o questionamento do cliente?

c) Qual personagem do texto revela ter uma visão permeada pelo preconceito linguístico? Justifique sua resposta.

2. Leia o trecho de uma carta de amor escrita por Olavo Bilac, poeta brasileiro que viveu entre o final do século XIX e o início do século XX.

> Excelentíssima Senhora. Creio que esta carta não poderá absolutamente surpreendê-la. Deve ser esperada. Porque V. Excia. compreendeu com certeza que, depois de tanta súplica desprezada sem piedade, eu não podia continuar a sofrer o seu desprezo. *Dizem* que V. Excia. me ama. z, porque da boca de V. Excia. nunca me foi dado ouvir essa declaração. Como, porém, se compreende que, amando-me V. Excia., nunca tivesse para mim a menor palavra afetuosa, o mais insignificante carinho, o mais simples olhar comovido? Inúmeras vezes lhe pedi humildemente uma palavra de consolo. Nunca a obtive, porque V. Excia. ou ficava calada ou me respondia com uma ironia cruel. Não posso compreendê-la: perdi toda a esperança de ser amado. Separemo-nos. [...]

a) Caracterize a variedade linguística e o grau de formalismo empregados pelo autor do texto.

b) Olavo Bilac viveu no final do século XIX e início do século XX. O texto é um bom exemplo de como as declarações amorosas eram feitas na época, nesse tipo de variedade linguística. Colocando-se no lugar do poeta, reescreva o texto, mantendo o conteúdo mas empregando uma variedade linguística que seria comum entre dois jovens nos dias de hoje. Ao concluir o texto, leia-o para a turma.

As variedades linguísticas na construção do texto

Leia o anúncio:

(Disponível em: http://lapublicidade.com/divulgacao-do-maximidia-%E2%80%9Ceverything-ages-fast%E2%80%9D/. Acesso em: 20/2/2020.)

1. O anúncio divulga um evento que aconteceu no ano de 2010. Entretanto, há no texto elementos que misturam a época atual com outra época, mais antiga.

    a) Quais são os elementos não verbais que nos remetem a essa época mais antiga?

    b) Quais são os elementos do texto verbal que nos remetem a essa época antiga?

2. Em relação aos termos listados por você no item **b** da questão anterior, responda:

    a) Alguns ainda são utilizados hoje em dia? Quais?

    b) Em que situações e por quem eles são utilizados?

3. Apesar de o texto da parte esquerda do anúncio ter a caracterização de uma época antiga, sobre que produto ele fala? Trata-se de um produto antigo?

4. No texto à direita do anúncio, lê-se o enunciado: "No mundo de hoje tudo envelhece muito rápido".

    a) Quem é o anunciante?

    b) A que público o anúncio é dirigido?

    c) Com base nesse enunciado e no estudo feito nas questões anteriores, justifique a opção do anúncio por caracterizar o produto anunciado como algo antigo.

Capítulo 3 ▪ Variação linguística

Semântica e discurso

1. O programa "Fala, maluco", de uma rádio paulistana, promoveu um concurso de gírias para premiar autores de frases curiosas produzidas no linguajar dos jovens e das ruas.

Leia, a seguir, as frases premiadas e reescreva-as de acordo com a norma-padrão.

> I. "Maior corre no meu trampo hoje, mas firmão. Vou colar na minha goma, bater uma xepa e mandar um salve pra galera da minha área."
>
> II. "Aê, tô zarpando fora que fiquei de cruzar com uns camaradas pra colar num pico classe A."
>
> III. "Aê, Tuquinha, se liga, lagarto, que eu vou marcar uma mão pra você devolver minha lupa."
>
> IV. "Dani, para de ser mamadeira e arruma um trampo logo."
>
> V. "Digo, se liga, você é mó talarico. Tentou furá os zoio do maluco da minha área. Se liga, meu!"
>
> Fonte: Revista *Língua Portuguesa*, n. 15.

Agora, troque ideias com os colegas e o professor:

a) Você costuma usar algum desses termos em seu dia a dia?

b) Há alguma palavra cujo significado você desconheça?

c) Estabeleça uma correspondência de sentido entre as frases premiadas e as frases a seguir, que não contêm gírias.

   A. Preste atenção: vou marcar um encontro para você devolver os meus óculos.

   B. Você é muito paquerador. Tentou roubar a namorada de um amigo lá da minha rua. Toma cuidado!

   C. Hoje, o trabalho foi muito corrido, mas está tudo bem. Vou para minha casa jantar e aproveito o espaço para mandar um oi para todo o pessoal da minha rua.

   D. Pare de depender dos outros e arrume logo um trabalho.

   E. Estou indo embora, porque combinei de encontrar alguns amigos para irmos a um lugar alto nível.

d) Como você reconstruiria essas frases empregando as gírias que costuma utilizar em seu dia a dia?

2. Além de palavras, toda língua possui também as **expressões idiomáticas**, ou seja, locuções ou conjuntos de palavras que são geralmente intraduzíveis para outras línguas. Partindo dessas expressões, os fotógrafos Marcelo Zocchio e Everton Ballardin tiveram a ideia de publicar o *Pequeno dicionário ilustrado de expressões idiomáticas*, um livro que reúne 50 fotos inspiradas no sentido literal de expressões idiomáticas do português. Veja como foi o percurso feito pelos fotógrafos para chegar a fotos bem diferentes:

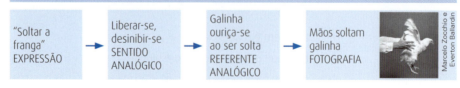

(Fonte: Revista *Língua Portuguesa*, n. 15.)

Observe as fotos a seguir e escreva a expressão idiomática equivalente a cada uma delas. Depois dê o sentido analógico das expressões.

a)

b)

c)

EM DIA COM O ENEM E O VESTIBULAR

1. (ENEM)

(Disponível em: http://jconlineinteratividade.ne10.uol.com.br. Acesso em: 17 set. 2015.)

Ao relacionar o problema da seca à inclusão digital, essa charge faz uma crítica a respeito da:

a) dificuldade na distribuição de computadores nas áreas rurais.
b) capacidade das tecnologias em aproximar realidades distantes.
c) possibilidade de uso do computador como solução de problemas sociais.
d) ausência de políticas públicas para o acesso da população a computadores.
e) escolha das prioridades no atendimento às reais necessidades da população.

2. (ENEM)

> Irerê, meu passarinho do sertão do Cariri,
> Irerê, meu companheiro,
> Cadê viola? Cadê meu bem? Cadê Maria?
> Ai triste sorte a do violeiro cantadô!
> Ah! Sem a viola em que cantava o seu amô,
> Ah! Seu assobio é tua flauta de irerê:
> Que tua flauta do sertão quando assobia,
> Ah! A gente sofre sem querê!
> Ah! Teu canto chega lá no fundo do sertão,
> Ah! Como uma brisa amolecendo o coração,
> Ah! Ah!
> Irerê, solta teu canto!
> Canta mais! Canta mais!
> Prá alembrá o Cariri!
>
> (VILLA-LOBOS, H. Bachianas Brasileiras n. 5 para soprano e oito violoncelos (1938-1945). Disponível em: http://euterpe.blog.br. Acesso em: 23 abr. 2019.

Nesses versos, há uma exaltação ao sertão do Cariri em uma ambientação linguisticamente apoiada no(a):

a) uso recorrente de pronomes.
b) variedade popular da língua portuguesa.
c) referência ao conjunto da fauna nordestina.
d) exploração de instrumentos musicais eruditos.
e) predomínio de regionalismos lexicais nordestinos.

3. (ENEM)

> O Instituto de Arte de Chicago disponibilizou para visualização on-line, compartilhamento ou download (sob licença *Creative Cornmons*), 44 mil imagens de obras de arte em altíssima resolução, além de livros, estudos e pesquisas sobre a história da arte.
>
> Para o historiador da arte, Bendor Grosvenor, o sucesso das colações on-line de acesso aberto, além de democratizar a arte, vem ajudando a formar um novo público museológico. Grosvenor acredita que quanto mais pessoas forem expostas à arte on-line, mais visitas pessoais acontecerão aos museus.
>
> A coleção está disponível em seis categorias: paisagens urbanas, impressionismo, essenciais, arte africana, moda e animais. Também é possível pesquisar pelo nome da obra, estilo, autor ou período. Para navegar pela imagem em alta definição, basta clicar sobre ela e utilizar a ferramenta de zoom. Para fazer o download, disponível para obras de domínio público, é preciso utilizar a seta localizada do lado inferior direito da Imagem.
>
> (Disponível em www.revistabula.com. Acesso em 5 dez 2018 – adaptado.)

A função da linguagem que predomina nesse texto se caracteriza por

a) evidenciar a subjetividade da reportagem com base na fala do historiador de arte.
b) convencer o leitor a fazer o acesso on-line, levando-o a conhecer as obras de arte.
c) informar sobre o acesso às imagens por meio da descrição do modo como acessá-las.
d) estabelecer interlocução com o leitor, orientando-o a fazer o download das obras de arte.
e) enaltecer a arte, buscando popularizá-la por meio da possibilidade de visualização on-line.

4. (ENEM)

Os tipos cheios de si
O difícil é encontrar quem nunca cruzou com (ou se passou por) um desses on-line

O TURISTA EM TEMPO INTEGRAL
Posta o ano inteiro fotos das férias (deste e de outros anos). Parece viver viajando

A ÚNICA BEM-AMADA
Só ela tem o parceiro mais especial. Porque momentos a dois são mesmo para divulgar

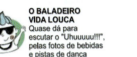
O BALADEIRO VIDA LOUCA
Quase dá para escutar o "Uhuuuuu!!!", pelas fotos de bebidas e pistas de dança

O EXIBIDO HUMILDE
Ele (acha que) disfarça ao dar dicas do próprio sucesso. Não engana ninguém

O BEM RELACIONADO DE OCASIÃO
Descobriu quem é o "famoso" que aparece na foto naquela hora. Mas não deixa passar

O GOURMET DE APARÊNCIAS
Por que ir a um restaurante se ninguém souber? É clique no prato

A MÃE ORGULHOSA DEMAIS
Faz questão de contar todas as gracinhas. Até as que só têm graça para a mãe

O(A) LINDO(A) DEMAIS PARA NÃO MOSTRAR
Acha que o dia de cabelo bom desculpa um autorretrato (selfie). Quem nunca, não é?

(Disponível em: http://epoca.globo.com. Acesso em 20 mar. 2014.)

De acordo com esse infográfico, as redes sociais estimulam diferentes comportamentos dos usuários que revelam:

a) exposição exagerada dos indivíduos.
b) comicidade ingênua dos usuários.
c) engajamento social das pessoas.
d) disfarce do sujeito por meio de avatares.
e) autocrítica dos internautas.

5. (ENEM)

Zé Araújo começou a cantar num tom triste, dizendo aos curiosos que começaram a chegar que uma mulher tinha se ajoelhado aos pés da santa cruz e jurado em nome de Jesus um grande amor, mas jurou e não cumpriu, fingiu e me enganou, pra mim você mentiu, pra Deus você pecou, o coração tem razões que a própria razão desconhece, faz promessas e juras, depois esquece.

O caboclo estava triste e inspirado. Depois dessa canção que arrepiou os cabelos da Neusa, emendou com uma valsa mais arretada ainda, cheia de palavras difíceis, mas bonita que só a gota serena. Era a história de uma boneca encantadora vista numa vitrine de cristal sobre o soberbo pedestal. Zé Araújo fechava os olhos e soltava a voz:

Seus cabelos tinham a cor/ Do sol a irradiar/ Fulvos raios de amor./ Seus olhos eram circúnvagos/ Do romantismo azul dos lagos/ Mãos liriais, uns braços divinais,/ Um corpo alvo sem par/ E os pés muito pequenos./Enfim eu vi nesta boneca/ Uma perfeita Vênus.

(CASTRO, N. L. *As pelejas de Ojuara: o homem que desafiou o diabo*. São Paulo: Arx, 2006 – adaptado.)

O comentário do narrador do romance "[...] emendou com uma valsa mais arretada ainda, cheia de palavras difíceis, mas bonita que só a gota serena" relaciona-se ao fato de que essa valsa é representativa de uma variedade linguística

a) detentora de grande prestígio social.
b) específica da modalidade oral da língua.
c) previsível para o contexto social da narrativa.
d) constituída de construções sintáticas complexas.
e) valorizadora do conteúdo em detrimento da forma.

6. (UNICAMP-SP)

— Pela milionésima vez, por favor, "se amostrar" não existe.

Não pega bem usar uma expressão incorreta como essa.

— Ora veja, incorreto para mim é o que não faz sentido, "se amostrar" faz sentido para boa parte do país.

— Por que você não usa um sinônimo mais simples da palavra? Que tal "exibido"? Todo mundo conhece.

— Não dá, porque quem se exibe é exibido, quem se amostra é amostrado. Por exemplo: quando os vendedores de *shopping* olham com desprezo para os meninos dos rolezinhos e moram no mesmo bairro deles, são exibidos. Eles acham que a roupa de vendedor faz deles seres superiores. Por outro lado, as meninas e os meninos dos rolezinhos vão para os *shoppings* para se amostrar uns para outros, e são, portanto, amostrados. Percebeu a sutileza da diferença?

— Entendo, mas está errado.

— Como é que está errado se você entende? Você não aceita a inventividade linguística do povo. "Amostrar" é verbo torto no manual das conjugações e "amostrado" é particípio de amostra grátis! Captou?

(Adaptado de Cidinha da Silva, *Absurdada*. Disponível em http://notarodape.blogspot.com/search/label/Cotidiano. Acessado em 22/5/2019.)

Considerando que a comparação entre modos de falar pode ser fonte de preconceito, o exemplo citado por uma das personagens da crônica:

a) reforça o preconceito em relação às turmas de jovens de um mesmo bairro, com base nos significados de "amostrado" e "exibido".
b) explicita o preconceito, valendo-se de "amostrado" e "exibido" para distinguir dois grupos de jovens do mesmo bairro.

c) dissimula o preconceito e reconhece que "se amostrar" é, de fato, um verbo que não está de acordo com as normas gramaticais.
d) refuta o preconceito e confirma o desconhecimento da regra de formação do particípio passado do verbo "se amostrar".

7. (ENEM)

(Disponível em: www.acnur.org. Acesso em: 11. dez. 2018.)

Nesse cartaz, o uso da imagem do calçado aliada ao texto verbal tem o objetivo de:

a) criticar as difíceis condições de vida dos refugiados.
b) revelar a longa trajetória percorrida pelos refugiados.
c) incentivar a campanha de doações para os refugiados.
d) denunciar a situação de carência vivida pelos refugiados.
e) simbolizar a necessidade de adesão à causa dos refugiados.

8. (UNICAMP-SP)

TEXTO 1

Os idiomas e suas regras são coisas vivas, que vão se modificando de maneira dinâmica, de acordo com o momento em que a sociedade vive. Um exemplo disso é a adoção do termo "maratonar", quando os telespectadores podem assistir a vários ou a todos os episódios de uma série de uma só vez. Contudo, ao que parece, a plataforma Netflix não quer mais estar associada à "maratona" de séries. A maior razão seria a tendência atual que as gigantes da tecnologia têm seguido para evitar o consumo excessivo e melhorar a saúde dos usuários.

(Adaptado de Claudio Yuge, "Você notou? Netflix parece estar evitando o termo 'maratonar'." Disponível em https://www.tecmundo.com.br/internet/133690-voce-notou-netflix-pareceevitando-termo-maratonar.htm. Acessado em 01/06/2019.)

TEXTO 2

(Disponível em: http://www.willtirando.com.br/anesia-417/. Acessado em 01/06/2019.)

Embora os dois textos tratem do termo "maratonar" a partir de perspectivas distintas, é possível afirmar que o Texto 2 retoma aspectos apresentados no Texto 1 porque:

a) esclarece o significado do neologismo "maratonar" como esforço físico exaustivo, derivado de "maratona".
b) deprecia a definição de "maratona" como ação contínua de superação de dificuldades e melhoria da saúde.
c) reflete sobre o impacto que a falta de exercícios físicos e a permanência em casa provocam na saúde.
d) menospreza o uso do termo "maratonar" relacionado a um estilo de vida sedentário, antagônico a maratona.

9. (ENEM)

(Disponível em: www.tecmundo.com.br Acesso em: 10. dez. 2018 – adaptado.).

O texto tem o formato de uma carta de jogo e apresenta dados a respeito de Marcelo Gleiser, premiado pesquisador brasileiro da atualidade. Essa apresentação subverte um gênero textual ao

a) vincular áreas distintas do conhecimento.
b) evidenciar a formação acadêmica do pesquisador.
c) relacionar o universo lúdico a informações biográficas.
d) especificar as contribuições mais conhecidas do pesquisador.
e) destacar o nome do pesquisador e sua imagem no início do texto.

10. (ENEM)

> Deficientes visuais já podem ir a algumas salas de cinema e teatros para curtir, em maior intensidade, as atrações em cartaz. Quem ajuda na tarefa é o aplicativo Whatscine, recém-chegado ao Brasil e disponível para os sistemas operacionais iOS (Apple) ou Android (Google). Ao ser conectado à rede *wi-fi* de cinemas e teatros, o *app* sincroniza um áudio que descreve o que ocorre na tela ou no palco com o espetáculo em andamento: o usuário, então, pode ouvir a narração em seu celular.
>
> O programa foi desenvolvido por pesquisadores da Universidade Carlos III, em Madri. "Na Espanha, 200 salas de cinema já oferecem o recurso e filmes de grandes estúdios já são exibidos com o recurso do Whatscine!", diz o brasileiro Luis Mauch, que trouxe a tecnologia para o país. "No Brasil, já fechamos parceria com a São Paulo Companhia de Dança para adaptar os espetáculos deles! Isso já é um avanço. Concorda?"
>
> (Disponível em: http://veja.abril.com.br. Acesso em: 25 jun. 2014 – adaptado.)

Por ser múltipla e apresentar peculiaridades de acordo com a intenção do emissor, a linguagem apresenta funções diferentes. Nesse fragmento, predomina a função referencial da linguagem, porque há a presença de elementos que:

a) buscam convencer o leitor, incitando o uso do aplicativo.
b) definem o aplicativo, revelando o ponto de vista da autora.
c) evidenciam a subjetividade, explorando a entonação emotiva.
d) expõem dados sobre o aplicativo, usando linguagem denotativa.
e) objetivam manter um diálogo com o leitor, recorrendo a uma indagação.

11. (ENEM)

> **As atrizes**
>
> Naturalmente
> Ela sorria
> Mas não me dava trela
> Trocava a roupa
> Na minha frente
> E ia bailar sem mais aquela
> Escolhia qualquer um
> Lançava olhares
> Debaixo do meu nariz
> Dançava colada
> Em novos pares
> Com um pé atrás
> Com um pé a fim
> Surgiram outras
> Naturalmente
> Sem nem olhar a minha cara
> Tomavam banho
> Na minha frente
> Para sair com outro cara
> Porém nunca me importei
> Com tais amantes
>
> [...]
> Com tantos filmes
> Na minha mente
> É natural que toda atriz
> Presentemente represente
> Muito para mim
>
> (CHICO BUARQUE. *Carioca*. Rio de Janeiro: Biscoito Fino, 2006 – fragmento).

Na canção, Chico Buarque trabalha uma determinada função da linguagem para marcar a subjetividade do eu lírico ante as atrizes que ele admira. A intensidade dessa admiração está marcada em:

a) "Naturalmente/ Ela sorria/ Mas não me dava trela".
b) "Tomavam banho/ Na minha frente/ Para sair com outro cara".
c) "Surgiram outras/ Naturalmente/ Sem nem olhar a minha cara".
d) "Escolhia qualquer um/ Lançava olhares/ Debaixo do meu nariz".
e) "É natural que toda atriz/ Presentemente represente/ Muito para mim".

2 FONOLOGIA E QUESTÕES NOTACIONAIS

O domínio da ortografia é, ao contrário do que nossa sociedade "pensa", um saber até pouco relevante, exceto por seu valor simbólico. Mesmo assim, ou até por isso mesmo, dá prestígio. Também outros aspectos das línguas estão relacionados com prestígio — e não, por exemplo, com características estruturais e com funções comunicativas ou cognitivas. "Boa pronúncia" ou "boas concordâncias" produzem boas representações dos falantes. A chamada linguagem "correta" é associada à inteligência e à capacidade de raciocínio, e a linguagem "errada", à incapacidade. Em geral, sem qualquer fundamento. Pode-se conhecer muito ou ser muito ignorante falando em qualquer língua ou dialeto.

(Sírio Possenti. *Aprender a escrever (re)escrevendo*. Campinas: Cefiel/Unicamp, 2005. p. 18.)

CAPÍTULO 4

Sons e letras

■ Construindo o conceito

Leia este poema, de José Paulo Paes:

Poética

conciso?
com siso
prolixo?
pro lixo

(Davi Arrigucci Jr., org. *Os melhores poemas de José Paulo Paes*. São Paulo: Global, 2003. p. 162.)

1. Os dois versos do poema são construídos a partir de um jogo entre sons e letras. Compare, do ponto de vista sonoro, os pares *conciso/com siso* e *prolixo/pro lixo*.

    a) No primeiro verso, "conciso" e "com siso" têm o mesmo som?

    b) E "prolixo" e "pro lixo", no segundo verso?

2. Considerando o aspecto semântico do texto, responda:

    a) Que diferença de sentido há entre "conciso" e "com siso"?

    b) Qual é o sentido da palavra *prolixo*?

3. Sabendo que um dos sentidos da palavra *poética* é o conjunto de princípios ou procedimentos que constituem a obra de um escritor ou um artista, interprete o poema e responda:

    a) O que o eu lírico pensa a respeito da *concisão*?

    b) E a respeito da *prolixidade*?

    c) O poema, em si, é um exemplo de princípio poético defendido pelo eu lírico em sua poética? Por quê?

Este capítulo favorece o desenvolvimento das habilidades

EM13LGG103
EM13LGG104
EM13LGG401
EM13LP01
EM13LP02
EM13LP03
EM13LP06
EM13LP09
EM13LP10
EM13LP46

■ Conceituando

A unidade básica utilizada na construção de sentenças é a palavra. A palavra pode ser dividida em unidades menores, como as sílabas e os sons.

Ao pronunciarmos a palavra *conciso*, que tem sete letras, produzimos seis sons: /kõsizu/. Já ao pronunciarmos a palavra *prolixo*, também de sete letras, produzimos oito sons: /proliksu/.

Ao contrapormos o par do primeiro verso do poema "Poética", é possível perceber que, no português do Brasil, tanto a palavra conciso quanto a expressão com siso têm a mesma pronúncia; entretanto, essa pronúncia pode ser realizada de maneiras distintas por falantes de regiões diferentes do país, como: /kõsizu/ ou /kũsizu/. Essa mudança na pronúncia, por sua vez, não diferencia as duas formas, apenas evidencia um traço comum da variação linguística.

Capítulo 4 ■ Sons e letras   47

No segundo verso do poema, se compararmos a pronúncia da palavra *prolixo* à pronúncia da expressão *pro lixo*, percebemos que em prolixo a letra *x* é pronunciada como /ks/, e em *pro lixo* a mesma letra é pronunciada como /ʃ/ (som de ch). Portanto, independentemente da origem do falante, a pronúncia se distingue.

As unidades sonoras que distinguem uma palavra ao serem pronunciadas são chamadas de **fonemas**.

Assim:

> **Fonema** é a menor unidade sonora distintiva das palavras.

Leia agora esta charge de Duke:

(Disponível em: https://angelorigon.com.br/2019/11/10/charge-1455/. Acesso em: 20/4/2021.)

A charge constrói humor com base na contraposição de duas palavras diferentes de pronúncia relativamente semelhante: *óleo* /oliu/ e *ódio* /odiu/. Ambas são escritas com quatro letras e constituídas de quatro fonemas cada uma, sendo que dois deles são os responsáveis pela distinção entre elas, os fonemas /l/ e /d/.

Assim, podemos concluir que o fonema exerce duas funções:
- sozinho ou ao lado de outros fonemas, constitui palavras;
- distingue uma palavra de outra.

Quando queremos representar na escrita os sons da fala, utilizamos as letras. Observe a correspondência entre fonemas e **letras** nestas palavras:

> /ĩtoksikadu/ intoxicado
> /vazamẽtu/ vazamento

Portanto:

> **Letra** é a representação gráfica dos fonemas da fala.

Classificação dos fonemas

Os fonemas classificam-se em: vogais, semivogais e consoantes.

Vogais e semivogais

Leia o texto:

> *Guia de sebos* (Nova Fronteira) é o guia pequeno e abrangente que o leitor esperava. Feito por Antonio Carlos Secchin, ele reúne endereços, serviços e comentários dos melhores sebos do Rio de Janeiro e de São Paulo, além de um anexo com indicações em outras cidades. Num país onde as livrarias cobram caro e não constituem acervo, e onde as bibliotecas são poucas e fracas, eis um mapa precioso para o amante da leitura.
>
> (*Classe*, p. 8.)

Por que, nesse texto, consta a palavra *país* e não *pais*? Qual é a diferença de pronúncia entre elas? Como podemos observar, nessas palavras, a letra *i* está representando fonemas diferentes. Em *país*, o fonema /i/ é pronunciado forte; já na palavra *pais*, o fonema /y/ (som *i*) é pronunciado fraco.

Os dois fonemas são vocálicos, pelo fato de não haver durante sua emissão nenhum obstáculo — língua, lábios, dentes — que se oponha à corrente de ar vinda dos pulmões. Porém, enquanto /i/ é uma **vogal**, sendo, por isso, capaz de constituir sílaba, /y/ é uma **semivogal**, não sendo, portanto, capaz de, sozinho, constituir sílaba. Assim:

> **Vogal** é o fonema produzido por uma corrente de ar que, vinda dos pulmões, passa livremente pela boca. As vogais funcionam como base da sílaba.
>
> **Semivogal** é o fonema produzido como vogal, porém pronunciado mais fraco, com baixa intensidade; por isso, não constitui sílaba sozinho e sempre acompanha uma vogal.

Os fonemas vocálicos podem ser orais e nasais. São **orais** quando em sua produção o ar sai exclusivamente pela boca; são **nasais** quando em sua produção o ar sai simultaneamente pela boca e pelo nariz. São nasais /ã/ na palavra t*a*mpa e /ẽ/ em juv*e*ntude, por exemplo.

Veja a correspondência entre fonemas vocálicos e letras:

fonemas vocálicos orais	letras correspondentes
/a/ /ɛ/ /e/ /i/ /ɔ/ /o/ /u/	a, é, e, i, ó, o, u

fonemas vocálicos nasais	letras correspondentes
/ã/ /ẽ/ /ĩ/ /õ/ /ũ/	ã, ẽ, ĩ, õ, ũ, am, an, em, en, im, in, om, on, um, un

As semivogais, embora sejam apenas os sons *i* e *u* (representados pelos símbolos /y/ e /w/, respectivamente), na escrita podem corresponder a mais de uma letra. Observe:

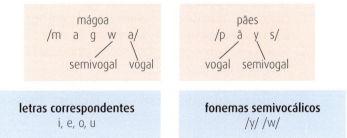

Saiba mais sobre as classificações dos fonemas e suas articulações nas páginas 397 a 399 do Apêndice.

Consoantes

Na produção desses fonemas, a corrente de ar vinda dos pulmões encontra obstáculos (língua, dentes, lábios). São consoantes: /b/, /d/, /f/, /l/, etc.

> **Observação**
>
> Com a reforma ortográfica de 2009, as letras *k*, *y* e *w* foram incorporadas ao nosso alfabeto. A letra *k* equivale sempre ao fonema /k/. Já as letras *y* e *w* podem representar diferentes fonemas.
>
> A letra *y* desempenha a função de fonema vocálico /i/, em palavras como *whisky* ou *hobby*; de fonema semivocálico /y/, em palavras como *motoboy*; e de ditongo /ay/, em palavras como *Byron*.
>
> A letra *w*, por sua vez, desempenha a função de fonema consonantal /v/, em palavras como *Wagner*; de vogal /u/, em palavras como *William*; e de semivogal /w/, em palavras como *windsurf* ou *download*.

Sílaba

Leia o texto:

> Aprendi que a maior das palavras da língua portuguesa era inconstitucionalissimamente, significando "de modo absolutamente inconstitucional". Pois lhes conto que, dois dias antes da recente suspensão das aulas, meu neto Victor, de seis anos e nove meses, aluno da 1ª série do Ensino Fundamental, apresentou-me um papel em que, na escola, ele escrevera — tudo em maiúsculas — uma palavra composta por 46 letras distribuídas em 20 sílabas: PNEUMOULTRAMICROSCOPICOSSILICOVULCANOCONIÓTICO.
>
> É claro que todos os nossos leitores terão lido a palavra acima com a maior facilidade... Mas quem não conseguiu pode tentar mais algumas vezes... (Risos!). [...]
>
> (Disponível em: https://www.jornaldocomercio.com/_conteudo/colunas/espaco_vital/2020/03/730299-a-maior-palavra.html. Acesso em: 20/4/2021.)

Observe que o narrador, para descrever a palavra escrita pelo neto, esclarece que ela tem 46 letras e 20 sílabas. Lendo a palavra pausadamente em voz alta, você pode fazer a separação das 20 sílabas: pneu-mo-ul-tra-mi-cros-co-pi-cos-si-li-co-vul-ca-no-co-ni-ó-ti-co. Ao fazer essa separação, é possível perceber que cada sílaba é pronunciada em uma só emissão de voz e que sua base é sempre uma vogal.

Assim:

> **Sílaba** é um fonema ou grupo de fonemas pronunciados em uma só emissão de voz. A base da sílaba é a vogal; sem ela não há sílaba.

Sílaba tônica e sílaba átona

Em uma palavra, nem todas as sílabas são pronunciadas com a mesma intensidade. Lendo em voz alta a palavra *inconstitucionalissimamente*, mencionada no texto, percebemos que a sílaba *men* é pronunciada com mais força que as outras.

De acordo com o modo como são pronunciadas, isto é, com maior ou menor intensidade, as sílabas classificam-se em **tônicas** e **átonas**.

> **Sílaba tônica** é a pronunciada com mais intensidade.
>
> **Sílaba átona** é a pronunciada com menos intensidade.

Assim:

átona	átona	átona	átona	átona	átona	átona	átona	átona	tônica	átona
in-	cons-	ti-	tu-	cio-	na-	lis-	si-	ma-	men-	te

Classificação das palavras quanto ao número de sílabas

De acordo com o número de sílabas, as palavras classificam-se em:
- **monossílabas**: são palavras de uma sílaba só: não, nem, que, sol;
- **dissílabas**: são palavras de duas sílabas: noite, assim, vocês, hino;
- **trissílabas**: são palavras de três sílabas: plácidas, estalar, retumbar;
- **polissílabas**: são palavras de mais de três sílabas: brasileiros, onomatopaica.

Classificação das palavras quanto à posição da sílaba tônica

Quanto à posição da sílaba tônica, as palavras classificam-se em:
- **oxítonas**: quando a sílaba tônica é a última sílaba da palavra: as*sim*, vo*cês*;
- **paroxítonas**: quando a sílaba tônica é a penúltima sílaba da palavra: cria*tu*ras, indepen*dên*cia;
- **proparoxítonas**: quando a sílaba tônica é a antepenúltima sílaba da palavra: *plá*cidas, dra*má*tico.

Encontros vocálicos

Encontro vocálico é a união de fonemas vocálicos — vogais ou semivogais — em uma mesma sílaba ou em sílabas diferentes. Há três tipos de encontro vocálico:

hiato
É o encontro de duas vogais. Como só pode haver uma vogal em cada sílaba, as vogais dos hiatos ficam sempre em sílabas diferentes.

d*u* *a*s
vogal + vogal

en j*o* *a*r
vogal + vogal

ca *í* da
vogal + vogal

ditongo
É o encontro de uma vogal e uma semivogal. Pelo fato de uma semivogal sozinha não poder constituir sílaba, não se pode dividir o ditongo silabicamente. Veja como são formadas as sílabas destas palavras:

can ç*ão*
vogal + semivogal

f*ai* xa
vogal + semivogal

tritongo
É o encontro de uma semivogal + uma vogal + uma semivogal, sempre nessa ordem. Por conter uma única vogal, o tritongo é indivisível silabicamente. Veja:

q*uais* quer
semivogal + vogal + semivogal

U ru g*uai*
semivogal + vogal + semivogal

Observação
Os ditongos classificam-se em:
- **crescentes**: quando pronunciamos primeiro a semivogal e depois a vogal (do som mais fraco para o mais forte): hist*ória* = semivogal /y/ + vogal /a/
- **decrescentes**: quando pronunciamos primeiro a vogal e depois a semivogal (do som mais forte para o mais fraco): c*ou*ro = vogal /o/ + semivogal /w/

Encontros consonantais

Encontro consonantal é o agrupamento de consoantes em uma palavra:

pa*tr*iotismo   *pl*ácidas   c*r*iaturas   *pn*eu

Dígrafos

Dígrafo é a combinação de duas letras que representam um único fonema:

Re*tum*bante   a*ss*alariado   rai*nh*a

Os dígrafos

lh /λ/ – ca*lh*a
nh /η/ – ba*nh*a
qu /k/ – *qu*eixo

gu /g/ – *gu*itarra
rr /R/ – ama*rr*ar
ss, sc, sç /s/ – pa*ss*ar, na*sc*er, de*sç*a

am, an /ã/ – t*am*pa, m*an*ta
em, en /ẽ/ – s*em*pre, l*en*to
im, in /ĩ/ – m*im*, c*in*to

om, on /õ/ – b*om*ba, c*on*ta
um, un /ũ/ – alg*um*, pres*un*to

Capítulo 4 ▪ Sons e letras   51

Exercícios

Leia o texto a seguir e responda às questões 1 a 5.

O que é revolução verde?

É um amplo programa idealizado para aumentar a produção agrícola no mundo por meio de melhorias genéticas em sementes, uso intensivo de insumos industriais, mecanização e redução do custo de manejo.

O programa teve início em meados do século 20, quando o governo mexicano convidou a Fundação Rockefeller, dos EUA, a fazer estudos sobre a fragilidade de sua agricultura. A partir daí, cientistas criaram novas variedades de milho e trigo de alta produtividade, que fizeram o México aumentar de forma vertiginosa sua produção. Essas sementes foram, em seguida, introduzidas e cultivadas em outros países, também com ótimos resultados. "O impacto social da revolução verde, na medida em que ajudou a erradicar a fome no mundo, fez com que Norman Ernest Borlaug, considerado o pai do movimento, ganhasse o Prêmio Nobel da Paz em 1970", diz o engenheiro agrônomo Fábio Faleiros, da Empresa Brasileira de Pesquisa Agropecuária (Embrapa).

Mais tarde, o programa passou a sofrer críticas, que persistem até hoje. "Muitos questionam a sustentabilidade de um projeto baseado em monoculturas e que faz uso em grande escala de fertilizantes, agrotóxicos e insumos de alto custo", afirma Faleiros. Outro ponto negativo são os maus-tratos ao meio ambiente decorrentes do avanço das fronteiras agrícolas.

(Yuri Vasconcelos. Revista *Vida Simples*, n. 56. Editora Abril.)

1. Das cinco palavras a seguir, qual apresenta 11 letras e 9 fonemas?

> mexicano — erradicar — engenheiro — decorrentes

2. Em qual das alternativas abaixo todas as palavras são paroxítonas?
   a) agrícola — genéticas — século — México — agrônomo
   b) amplo — início — milho — pecuária — escala
   c) partir — produção — também — Nobel — até

3. Em qual das alternativas a seguir todas as palavras apresentam hiato?
   a) melhorias — daí — criaram — países — ambiente
   b) início — redução — outros — meio — fronteiras

4. Reescreva as palavras a seguir, destacando os encontros consonantais.
   a) amplo
   b) produtividade
   c) impacto

5. Indique a alternativa em que todas as palavras apresentam dígrafo. Depois, reescreva as palavras, destacando os dígrafos.
   a) programa — produção — cultivadas — pai — hoje — outro
   b) intensivo — erradicar — ganhasse — engenheiro — questionam

Leia a tira a seguir e responda às questões 6 a 9.

(Disponível em: http://bichinhosdejardim.com/wp-content/uploads/2020/06/bdj-200620-web.jpg. Acesso em: 20/4/2021.)

6. Essa tira foi publicada em 2020, durante o período de isolamento social em razão da pandemia do coronavírus. Nos dois primeiros quadrinhos, a joaninha faz uma contraposição de sentimentos e sensações.

  a) Qual palavra a joaninha utiliza para descrever sua situação física e qual palavra utiliza para descrever como se sente?

  b) Descreva a diferença fonológica entre essas duas palavras ditas pela personagem e indique como elas se classificam quanto ao número de sílabas e à posição da sílaba tônica.

  c) O que essas palavras sugerem sobre os sentimentos da personagem?

7. Observe o comentário da minhoca no 3º quadrinho.

  a) Levante hipóteses: Por que a minhoca põe em dúvida o termo utilizado pela joaninha?

  b) Como se classificam as palavras *desolamento* e *desolação* quanto ao número de sílabas e à posição da sílaba tônica?

  c) Faça uma rápida pesquisa e troque ideias com os colegas e o professor: A minhoca tem razão em seu questionamento?

8. Deduza:

  a) Por que, no último quadrinho, a joaninha afirma que a minhoca "estragou" a fala dela?

  b) Qual é a função do questionamento da minhoca para a construção de humor do texto?

9. Releia a fala da minhoca no último quadrinho.

  a) O termo *xô* é uma redução típica da fala brasileira. Troque ideias com os colegas e o professor: a qual expressão ela corresponde?

  b) Identifique e classifique os ditongos existentes na expressão indicada por você no item **a**.

Ortoepia e prosódia

A pronúncia das palavras é bastante variável. Como se pronuncia a vogal *o* inicial nas palavras *ossos* e *ovos*? Com som aberto (ó) ou com som fechado (ô)? Como se pronuncia a palavra *Nobel*? Dando mais intensidade à sílaba *no* ou à sílaba *bel*? Para ajudar a esclarecer essas dúvidas, a fonologia desenvolve estudos sobre a pronúncia adequada das palavras, segundo a norma-padrão da língua portuguesa. Esses estudos chamam-se **ortoepia** e **prosódia**.

> A **ortoepia** trata da pronúncia adequada dos fonemas e das palavras, de acordo com a norma-padrão da língua.
>
> A **prosódia** trata da acentuação e da entoação adequadas dos fonemas, de acordo com a norma-padrão da língua.

Exercícios

Os exercícios a seguir referem-se a esse assunto. Em caso de dúvida, consulte os boxes da página seguinte e/ou o dicionário.

1. Há, na língua portuguesa, inúmeras palavras que são pronunciadas com a vogal *o* aberta (som *ó*), no feminino e/ou no plural, como, por exemplo, *famosa*, *tijolos*, e outras em que no feminino e no plural a vogal *o* é fechada (som *ô*), como, por exemplo, *rostos*, *pescoços*, *soltas*, etc.

   a) Leia em voz alta as palavras a seguir, uma vez na forma em que estão e outra vez passando-as para o plural.

   - desaforo – globo – engodo – esboço – estorno – rosto – transtorno
   - poço – grosso – fogo – corpo – morno – esforço – caroço – novo

   Em qual das sequências todas as palavras são pronunciadas com som fechado (*ô*) tanto no singular quanto no plural?

   b) Leia em voz alta também as seguintes palavras, adotando o mesmo procedimento indicado no item anterior.

   - desporto – destroço – imposto – socorro – caroço – miolo – despojo
   - suborno – desaforo – globo – forro – contorno – controle – canhoto

   Em qual das sequências todas as palavras são pronunciadas com vogal fechada (som *ô*) no singular e com vogal aberta (som *ó*) no plural?

2. Em qual das sequências a seguir a letra *x* tem, na pronúncia, o som /ks/?

   a) exímio – exalar – enxame – xampu – exceção – excursão – xingar
   b) axila – intoxicar – tóxico – nexo – ônix – sexagenário – tórax

3. Certas palavras são com frequência pronunciadas de maneira que fogem à forma que têm na norma-padrão. Nos pares de palavras a seguir, qual é a forma própria da norma-padrão?

   a) *beneficiente* ou *beneficente*?
   b) *meteorologia* ou *metereologia*?
   c) *sobrancelhas* ou *sombrancelhas*?
   d) *bandeja* ou *bandeija*?
   e) *esteje* ou *esteja*?
   f) *seje* ou *seja*?
   g) *estrupo* ou *estupro*?
   h) *má-criação* ou *mal-criação*?
   i) *previlégio* ou *privilégio*?
   j) *mendigo* ou *mendingo*?

4. Leia as palavras:

caracteres	gratuito	condor	meteorito
pudico	rubrica	hangar	filantropo
Nobel	recorde	filatelia	ínterim

Indique as que são:
- oxítonas
- paroxítonas
- proparoxítonas

5. Qual dos pares de palavras abaixo não admite dupla pronúncia?

   a) projétil – projetil
   b) réptil – reptil
   c) acróbata – acrobata
   d) fúnil – funil
   e) homilia – homília
   f) cacoépia – cacoepia
   g) amnésia – amnesia

Palavras que podem oferecer dúvida quanto à pronúncia

- É facultativo pronunciar o *u* depois de *g* e *q* em palavras como *antiguidade* e *líquido*.
- Não se recomenda pronunciar o *u* depois de *q* em *adquirir* e *questão*.
- Escreve-se *quatorze* ou *catorze*, mas pronuncia-se *catorze*.
- A letra *x* tem som /ks/ nas palavras *táxi*, *fixo*, *sexo*.
- Não se intercala *e* ou *i* nos encontros consonantais nas palavras *pseudônimo*, *pneu*, *absoluto*, *absurdo*, *admissão*, *frear*.
- São pronunciadas de acordo com a grafia as palavras bene*fic*ência, morta*d*ela, grat*ui*to (ui é ditongo), r*ui*m (ui é hiato), ir*r*equieto, sal*s*icha, ca*d*erneta.

Palavras que podem oferecer dúvida quanto à posição da sílaba tônica

- São oxítonas: *refém, sutil, ruim, mister.*
- São paroxítonas: *estratégia, fortuito, têxtil, fênix, clímax, edito, filantropo, sótão, quiromancia.*
- São proparoxítonas: *ínterim, álcool, ávido, bígamo, pântano, álibi, ômega, sílica.*
- Admitem dupla prosódia: *hieróglifo/hieroglifo, Oceânia/Oceania, zângão/zangão, xérox/xerox.*

Sons e letras na construção do texto

Leia este poema, de Arnaldo Antunes:

("Vejo miro". *Palavra desordem*. São Paulo: Iluminuras, 2002.)

1. Identifique os dois pares de palavras que constituem as rimas do poema.

2. Os pares de palavras que rimam no poema são construídos a partir de comparações, evidenciadas pela expressão "como um".

   a) Associe as palavras abaixo a cada um dos pares, tendo em vista os sentidos construídos pelas comparações.

   ágil   delicado   preciso   veloz   afetuoso

   b) Levante hipóteses: O que o eu lírico vê e o que ele mira?

3. Em um dos pares de palavras que rimam, além da diferença entre os fonemas iniciais, há uma diferença no interior das palavras.

   a) Descreva essa diferença.
   b) Uma das palavras indicadas no item **a** sofre uma mudança entre a maneira como é escrita e a maneira como é pronunciada em algumas variedades linguísticas. Qual é essa mudança e como ela contribui para a sonoridade do poema?

4. No outro par de palavras que rimam, a diferença entre as duas palavras deve-se unicamente a dois fonemas.

   a) Quais são eles?
   b) Que função essencial dos fonemas é evidenciada por essa oposição?

5. Como conclusão do estudo do poema, assinale a alternativa falsa:

   a) Os sons das letras *v/b* e *j* remetem ao som de um beijo, ao passo que o som das letras *m/t* e *r* remetem ao som de um tiro. Assim, ao ler as frases do poema, temos a impressão de ouvir o som de um beijo e o disparo de um tiro.
   b) O cruzamento sugerido pela espacialidade do poema reforça a ideia de olhares cruzados entre o eu lírico e a pessoa amada.
   c) A repetição de palavras de duas sílabas confere ao poema um ritmo veloz e intenso, o que contribui para construir a ideia da rapidez com que o eu lírico vê e mira seu alvo.
   d) Os versos do poema estão em posições diametralmente opostas, permitindo que ele seja lido de mais de uma maneira e em mais de uma sequência.
   e) A associação entre o verbo *ver* e a palavra *beijo*, apesar de contribuir para a sonoridade do poema, confere a ele estranhamento, porque a combinação entre essas duas palavras não é comum.

Para que servem os sons e as letras?

Os sons e as letras são a base da linguagem verbal. Sem os sons, não há a fala; sem as letras, não há a escrita.

Mesmo as formas mais modernas de comunicação, como o celular e a internet, dependem em grande parte dos sons e das letras que constituem a linguagem verbal.

Assim, os sons e as letras, como unidades básicas de construção da linguagem verbal, têm papel decisivo na preservação e na transmissão da cultura.

■ Semântica e discurso

Observe as fachadas de loja e quiosque a seguir e responda às questões 1 a 4.

(Disponível em: https://g1.globo.com/sp/sorocaba-jundiai/noticia/2020/08/22/vai-na-cabeleileila-leila-no-desamassandro-dono-de-funilaria-que-viralizou-com-trocadilho-fala-sobre-meme.ghtml. Acesso em: 20/4/2021.)

(Disponível em: https://www.opovo.com.br/noticias/fortaleza/2017/08/sobransheila-designer-de-sobrancelhas-cearense-conquista-web.html. Acesso em: 20/4/2021.)

(Disponível em: https://m.facebook.com/ToPassada/photos/a.439415002782033/3348052075251630/?type=3&source=48. Acesso em: 20/4/2021.)

1. Nesses casos é possível identificar ou deduzir a área de atuação dos estabelecimentos. Indique quais são essas áreas.

2. Os nomes desses estabelecimentos exploram os sons das letras e das sílabas para construir sentido.

   a) Troque ideias com os colegas e o professor e explique qual é a lógica que fundamenta a construção desses nomes.

   b) Estabeleça a correlação entre o nome dos estabelecimentos e a palavra a que ele faz referência.

   c) Descreva as diferenças fonéticas entre cada um dos pares identificados por você no item **b**.

3. Agora, leia os nomes de outros estabelecimentos:

(Disponível em: https://www.picuki.com/media/1901153544461717337. Acesso em: 20/4/2021.)

(Disponível em: https://www.facebook.com/106817217716771/photos/a.127054072359752/127054055693087/?type=1&theater. Acesso em: 20/4/2021.

(Disponível em: https://www.facebook.com/padariafelipaocamobi/. Acesso em: 20/4/2021.)

(Disponível em: https://lifestyle.r7.com/fotos/7-estabelecimentos-que-inspiraram-o-meme-cabeleleila-leila-28072020#!/foto/3. Acesso em: 20/4/2021.)

Indique qual deles não segue a mesma lógica identificada por você na questão anterior. Justifique sua resposta.

4. Considerando os nomes analisados ao longo deste estudo, troque ideias com os colegas e o professor e levante hipóteses: Como se chamaria o seu estabelecimento comercial? Em qual área você atuaria? Explique e justifique suas escolhas.

Leia o poema a seguir, do poeta pernambucano Ascenso Ferreira, e responda às questões 5 e 6.

Os engenhos de minha terra

Dos engenhos de minha terra
Só os nomes fazem sonhar:

— Esperança!
— Estrela d'Alva!
— Flor do Bosque!
— Bom-Mirar!

Um trino… um trinado… um tropel de
[trovoada…
e a tropa e os tropeiros trotando na estrada:

— Valo!
— Êh Andorinha!
— Êh Ventania!
— Êh…

"Meu alazão é mesmo bom sem conta!
Quando ele aponta tudo tem temor…
A vorta é esta: nada me comove!
Trem, outomove, seja lá o que for…"

"Por isso mesmo o sabiá zangou-se!
Arripiou-se foi cumer melão…
Na bananeira ele fazia: piu!
Todo mundo viu, não é mentira não…"

[…]

(*In*: Maria Magaly Trindade Gonçalves et al. *Antologia das antologias*. São Paulo: Musa, 1995. p. 463-464.)

5. Releia os versos da 3ª estrofe.

a) Que fonemas consonantais se repetem?

b) Como se chama o recurso sonoro que consiste em repetir um fonema consonantal?

c) De acordo com o conteúdo desses versos, o que a repetição desses fonemas imita?

6. Na 5ª e na 6ª estrofes há algumas palavras grafadas conforme a pronúncia da variedade linguística falada pelas pessoas da região referida pelo eu lírico.

a) Que palavras são essas?

b) Essas palavras apresentam divergências em relação à norma-padrão quanto à ortoepia ou à prosódia?

c) Como seriam pronunciadas e escritas essas palavras de acordo com a norma-padrão?

d) Em sua opinião, por que o eu lírico optou por misturar a norma-padrão da língua com uma variedade popular e regional?

Capítulo 4 ▪ Sons e letras   57

CAPÍTULO 5
Convenção ortográfica e outras questões notacionais

Ortografia

Construindo o conceito

Leia a placa ao lado:

1. Observe a parte verbal da foto. Troque ideias com os colegas e responda: Qual é o texto escrito em toda a parede da borracharia?

2. Comparando a palavra da parte superior da parede, acima da porta, e o texto à direita da porta, notamos níveis diferentes de domínio da língua escrita. Levante hipóteses:

(José Eduardo Rodrigues Camargo. *O Brasil das placas*. São Paulo: Panda Books, 2007.)

  a) O que pode explicar essa diferença?

  b) E o que pode explicar a presença de letras com cor diferente em *conserto*?

3. Observe o texto escrito à direita da porta.

  a) Que aspectos e palavras do texto não estão de acordo com as normas da língua escrita?

  b) Os elementos que você apontou no item anterior dificultam a leitura do texto? Se sim, qual deles compromete mais a leitura?

4. Agora leia esta tira:

(Jornal *Folha de S.Paulo*, 10/3/2005.)

  a) Se você fosse o revisor do jornal no qual essa tira foi publicada, que recomendação ortográfica teria feito ao autor dela?

  b) Levante hipóteses: Por que o autor da tira empregou essa palavra dessa maneira?

Este capítulo favorece o desenvolvimento das habilidades

- EM13LGG103
- EM13LGG104
- EM13LGG401
- EM13LP01
- EM13LP02
- EM13LP03
- EM13LP06
- EM13LP09
- EM13LP10
- EM13LP46

Conceituando

O texto que você examinou na foto e a palavra que você revisou na tira da seção anterior não seguem *regras ortográficas* da língua portuguesa, daí causarem estranhamento ou dificuldade na leitura.

> **Ortografia**, da combinação dos elementos de origem grega *orto-* (reto, direito, correto) + *-grafia* (representação escrita de uma palavra), é o sistema de escrita adotado na língua portuguesa.

O sistema de escrita do português origina-se, em grande parte, do latim. Por essa razão, a grafia das palavras é estabelecida com base na *etimologia* (origem) das palavras.

Por exemplo, a palavra *liso* é escrita com *s* porque provém da forma latina *lisus*. Da mesma forma, palavras derivadas de *liso*, como *alisar*, *alisante*, *alisável*, devem ser escritas com *s*.

São poucas as regras ortográficas; por isso, convém conhecê-las ou revisá-las. Contudo, em ortografia, são essenciais a memória visual, o treino e a consulta ao dicionário sempre que houver necessidade.

> **O tira-teima**
>
> Se o dicionário deixar dúvida quanto à ortografia de determinada palavra, pode-se consultar, ainda, o *Vocabulário ortográfico da língua portuguesa* (Volp), elaborado pela Academia Brasileira de Letras (ABL). Essa é uma obra de referência até mesmo para a criação de dicionários, pois traz a grafia atualizada das palavras (sem o significado).
>
> Na internet, o Volp encontra-se no endereço: www.academia.org.br/.

Casos principais

Emprego de *j* ou *g*

Emprega-se a letra **j**:
- nas palavras de origem árabe, africana e indígena: pa*j*é, *j*iboia, bi*j*u;
- nas palavras derivadas de outras que já possuem **j** em seu radical: laran*j*eira (laran*j*a), su*j*eira (su*j*o).

Emprega-se a letra **g**:
- nas terminações *-ágio, -égio, -ígio, -ógio, -úgio*: prest*í*gio, ref*ú*gio;
- geralmente nas terminações *-agem, -igem, -ugem*: gar*agem*, ferr*ugem* (exceções: p*ajem*; lamb*ujem*).

Emprego de *x* ou *ch*

Emprega-se a letra **x**:
- geralmente depois de ditongo: cai*x*a, pei*x*e, trou*x*a (exceções: cau*ch*o, recau*ch*utar, recau*ch*utagem);
- depois de *me-* inicial: me*x*er, me*x*ilhão (exceção: me*ch*a e seus derivados);
- depois de *en-* inicial: en*x*urrada, en*x*aqueca (exceções: en*ch*er, en*ch*arcar, en*ch*umaçar e seus derivados).

Emprego de *s* ou *z*

Emprega-se a letra **s**:
- nos sufixos *-ês, -esa* e *-isa*, usados na formação de palavras que indicam nacionalidade, profissão, estado social, títulos honoríficos: chin*ês*, chin*esa*, burgu*ês*, burgu*esa*, poet*isa*;
- nos sufixos *-oso* e *-osa* (que indicam "cheio de"), usados na formação de adjetivos: delici*oso*, gelatin*osa*.

Emprega-se a letra **z**:
- nos sufixos *-ez, -eza*, usados para formar substantivos abstratos derivados de adjetivos: rigid*ez* (rígido), rique*za* (rico);
- quando um verbo é formado a partir da soma de nome (substantivo ou adjetivo) + sufixo *-izar*: animal + *-izar* = animal*izar*;
- quando o verbo é formado a partir de nome + o sufixo *-ar*, mantém-se a grafia do radical. Exemplo: análise + ar = anali*sar*; a+ juiz+ ar = ajui*zar*.

Exercícios

1. Suponha que você tenha que escrever uma lista de compras com os itens que seguem. Escreva-os em seu caderno, completando-os adequadamente. Se necessário, consulte o dicionário.

☐en☐ibre   can☐ica   ☐abuticaba
☐ersal   ☐elatina   ☐iló
☐er☐elim   al☐icida para piscinas   espon☐a de aço
semente de ☐irassol   tira-manchas de ferru☐em
laran☐a   ☐elo

2. Fazendo as adaptações necessárias, forme adjetivos acrescentando -oso ao final destes substantivos: *preconceito, número, mistério, capricho, cobiça, valor, assombro, malícia.* Em seguida, escolha um adjetivo ou um substantivo e forme uma frase.

3. Considerando que se emprega *s* nas formas dos verbos *pôr* e *querer* e seus compostos, reescreva as frases a seguir, completando-as adequadamente com o verbo indicado entre parênteses.

   a) Se vocês ☐, podem sair para o recreio agora. (querer)
   b) Ele não ☐ ficar para jantar, porque já tinha um compromisso. (querer)
   c) Não seria melhor se nós ☐ o estoque agora e depois fôssemos almoçar? (repor)
   d) Se você ☐ a mesa enquanto eu preparo os sanduíches, poderemos lanchar imediatamente. (pôr)

4. Fazendo as adaptações necessárias, acrescente os sufixos *-ar* ou *-izar* às palavras a seguir. Atenção: emprega-se o sufixo *-ar* nos verbos derivados de palavras cujo radical contém *-s*. Caso contrário, emprega-se *-izar*. Por exemplo: eterno → eternizar.

ameno	raso	bis	real	estéril	polar	catálise
hospital	liso	fértil	vulgar	paralisia	nacional	institucional

5. No texto a seguir faltam certas letras de algumas palavras. Reescreva essas palavras, completando-as com *ss, ç, ch, x, s* ou *z*, de acordo com as normas ortográficas da língua portuguesa.

Um tenista pode ser expulso durante uma partida?

[...] No tênis, é mais correto falar descla☐ifica☐ão e não e☐-pul☐ão, pois o jogador é eliminado do torneio, e não apenas da partida. É uma puni☐ão pe☐ada, geralmente usada como último recur☐o contra os esquentadinhos. "Antes de ser descla☐ificado, um tenista recebe várias penalidades, como advertên☐ias verbais, perda de pontos e de games", afirma o árbitro Ricardo Reis. Os tenistas que têm mais chan☐es de ser mandados para o chuveiro são os que violam o código de conduta dos torneios. Essa lei proíbe, por exemplo, agre☐ões, palavrões e "abu☐o" de raquete — o popular ☐ilique, quando o jogador fica todo nervo-☐inho e arreme☐a a própria raquete no chão. [...]

(Guilherme Castellar. *Mundo Estranho*, n. 44.)

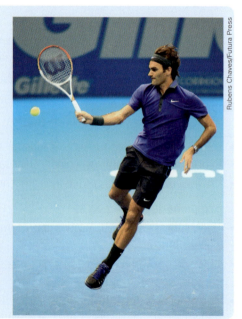

Unidade 2 • Fonologia e questões notacionais

6. Das duas formas entre parênteses, indique aquela que substitui corretamente a lacuna.

a) Você sempre gosta de ☐ as coisas. (dramatizar — dramatisar)
b) Os jesuítas vieram ao Brasil para ☐ os índios. (catequizar — catequisar)
c) A isenção do imposto certamente vai ☐ o crescimento da economia. (catalizar — catalisar)
d) Iniciativas como essa vão ☐ a população. (aterrorizar — aterrorisar)

Leia a tira a seguir, de Angeli, e responda às questões 7 e 8.

(Jornal Folha de S.Paulo, 12/4/2007.)

7. Na tira, Moska afirma que antes não reconheceria a importância do ócio em sua vida.

a) O que quer dizer *ócio*?
b) As ações do personagem são compatíveis com o sentido dessa palavra? Por quê?

8. Moska diz que antes supunha que a palavra *ócio* fosse escrita com dois *s*.

a) Com que outra palavra *ócio* se assemelharia, caso fosse escrita desse modo?
b) Esse desconhecimento das normas da língua escrita confirma ou nega a familiaridade do personagem com o ócio? Justifique sua resposta.

Construindo seu itinerário formativo

Vamos escrever certo?

Você costuma observar toda escrita a sua volta? Já viu ou compartilhou textos que fazem piada com placas e recados em razão de desvios ortográficos? Por que será que esse assunto gera tanta repercussão e curiosidade?

Considerando os estudos deste capítulo, vamos analisar de forma crítica e aprofundada, neste minicurso, o prestígio social da grafia correta das palavras, discutindo a natureza dos desvios ortográficos, suas motivações e as crenças da sociedade em torno do tema. Com isso, você vai aguçar seu olhar científico e analítico para os fenômenos da linguagem, explorando os critérios de convenção ortográfica, aprofundando a discussão sobre os desvios ortográficos, bem como sua relação com preconceito linguístico.

Outras questões notacionais da língua

a fim de / afim

- **a fim de:** indica finalidade: Não estou *a fim* de sair hoje.
- **afim:** semelhante, com afinidade: Sempre tivemos ideias *afins*.

ao invés de / em vez de

- **ao invés de:** ao contrário de: Ao *invés* de sair, entrou.
- **em vez de:** em lugar de: *Em vez de* reclamar, ajude-nos.

debaixo / de baixo

- **debaixo:** em posição ou em situação inferior:
  Saiu emburrado, com os cadernos *debaixo* do braço.
- **de baixo:** indica origem e significa "a partir de baixo":
  O vento vinha *de baixo* e subia até o telhado da casa.

há / a

Emprega-se **há**:

- com referência a tempo passado: Não o vejo *há* muitos anos.
- quando se trata de forma do verbo *haver*: *Há* um artigo interessante nesta revista.

Emprega-se **a**:

- com referência a tempo futuro:
  A dois minutos da peça, o ator ainda retocava a maquilagem.
- com referência a distância: Morava *a* cinco quadras daqui.

mal / mau

Na dúvida, convém adotar esta regra prática: **mal** é oposto de *bem*; **mau** é oposto de *bom*. Observe a substituição: *mal-humorada* (*bem-humorada*), *mal-estar* (*bem-estar*), *mau agouro* (*bom agouro*).

Mau é adjetivo e, portanto, modifica um substantivo: Ele é um *mau* companheiro. Nesse caso, ocorre variação de gênero: *má companheira, má-criação*.

Mal pode ser:

- substantivo: Não há *mal* que sempre dure.
  Nesse caso, ocorre variação de número: *males*.
- advérbio: O jogador comportou-se *mal*.
- conjunção (corresponde a *quando*): *Mal* cheguei, ele saiu.
- prefixo: *mal-educado, malcriado*.
  Nesse caso, há exigência de hífen quando à palavra segue-se outra iniciada por *vogal* e *h*: *mal-*agradecido, *mal-*humorado; nos demais casos: *mal*feito, *mal*passado.

mas / mais

- **mas**: porém, contudo, todavia:
  Gostaria de ir, *mas* não posso.
- **mais**: indica quantidade; é o contrário de *menos*:
  Gostaria de ficar *mais* com você, mas não posso.

meio / meia

- **meio** é advérbio quando equivalente a *mais ou menos, um pouco*:
  A janela *meio* aberta deixava ver o interior da casa.
- **meia** é adjetivo quando equivalente a *metade*. Nesse caso é variável:
  Comprei *meio* quilo de carne e *meia* dúzia de ovos.
  Já é *meio*-dia e *meia* (hora).

Exercícios

Leia estas tiras:

(Alexandre Beck. Disponível em: https://tirasarmandinho.tumblr.com/. Acesso em: 6/5/2020.)

DAIQUIRI CACO GALHARDO

(Caco Galhardo. *Jornal Folha de S.Paulo*, 21/11/2011.)

1. Observe, nas duas tiras, o emprego da palavra *há*.

  a) Em ambos os casos, a grafia dessa palavra está de acordo com a norma-padrão? Se não, qual(quais) delas foge(m) às normas ortográficas da língua?

  b) Se você fosse um(a) revisor(a), faria alguma mudança em uma das tiras ? Em caso afirmativo, qual?

  c) Em qual delas a forma *há* pode ser substituída por outro verbo? Qual seria esse verbo?

2. Quando se faz referência a tempo passado, a gramática normativa recomenda não empregar o advérbio *atrás*, para evitar redundância. Nesse caso, recomenda apenas o emprego de *atrás* ou apenas da forma verbal *há*.

  a) Leia o texto a seguir e depois, considerando essa informação, indique como ficaria a primeira frase, se o narrador tivesse optado pelo emprego de *há*.

  > Alguns anos atrás, um iogue indiano chamado Rao chocou o mundo ao dizer que iria fazer uma demonstração pública de como andar sobre a água. Na presença de 600 testemunhas ao redor de uma piscina de 2 metros de profundidade em Mumbai, na Índia, ele entoou mantras, pôs o pé direito na água, depois o esquerdo... e afundou imediatamente.
  >
  > (Adaptado de "54 histórias inacreditáveis". *In: Mundo Estranho*, nº 53.)

  b) Troque ideias com os colegas e o professor: O uso de uma forma redundante é necessariamente ruim? Que efeito de sentido o emprego da redundância pode conferir a um texto?

Capítulo 5 ▪ Convenção ortográfica e outras questões notacionais

3. Reescreva as frases a seguir, completando-as com *mal* ou *mau*, conforme convier. Na dúvida, adote esta regra prática: *mal* é oposto de *bem*; *mau* é oposto de *bom*.

a) O jogador caiu de ☐ jeito.

b) Hoje me levantei ☐-humorado.

c) Ele é ☐-educado e ☐criado.

d) O muro ruiu, porque foi ☐construído.

4. Leia esta tira, de Fernando Gonsales:

(Jornal *Folha de S.Paulo*, 7/1/2010.)

No segundo quadrinho, que palavra ou expressão completa adequadamente a frase do primeiro balão: *debaixo* ou *de baixo*?

5. Use uma das formas indicadas entre parênteses, conforme convier. Se necessário, consulte o dicionário.

a) A matemática e a física são ciências ☐. (a fim/afim)

b) Cheguei mais cedo à escola, ☐ de preparar a sala de vídeo. (a fim/afim)

c) Procure conversar menos e trabalhar ☐. (mais/mas)

d) Ele pretendia apoiá-la em seu projeto, ☐ na hora desistiu. (mais/mas)

e) ☐ baixar, o preço dos legumes subiu nesta semana. (Em vez de/Ao invés de)

f) ☐ ir para a praia, foi para a casa dos tios em Minas. (Em vez de/Ao invés de)

g) Ela está ☐ aborrecida com isso tudo. (meio/meia)

h) Rápido, Ana, já é ☐-dia e ☐. (meio/meia)

Emprego da palavra *porque*

Usa-se **por que**:

- nas interrogativas diretas e indiretas:
Por que você demorou tanto?
Quero saber *por que* meu dinheiro está valendo menos.

- sempre que estiverem expressas ou subentendidas as palavras *motivo*, *razão*:
Não sei *por que* ele se ofendeu.
Eis *por que* não lhe escrevi antes.

- quando a expressão puder ser substituída por *para que* ou *pelo qual, pela qual, pelos quais, pelas quais*:
A estrada *por que* passei está esburacada.

64 Unidade 2 • Fonologia e questões notacionais

Usa-se **por quê**:

- quando a expressão aparecer em final de frase ou sozinha:
  Ria, ria, sem saber *por quê*.
  Brigou de novo? *Por quê*?

Usa-se **porque**:

- quando a expressão equivaler a *pois*, *uma vez que*, *para que*:
  Não responda, *porque* ele está com a razão.

Usa-se **porquê**:

- quando a expressão for substantivada, situação em que é sinônimo de *motivo*, *razão*:
  O diretor negou-se a explicar o *porquê* de sua decisão.

Exercícios

1. Leia esta tira de Caco Galhardo:

(Jornal *Folha de S.Paulo*, 12/2/2017.)

a) Na parte superior da tira, há duas legendas nas quais foi empregada a forma *por que*. Esse emprego está de acordo com as normas ortográficas da língua? Justifique.

b) Que outra redação poderia ser dada às legendas, utilizando outra forma da palavra *porque* e mantendo o sentido e a correção ortográfica?

2. Observe, agora, os balões da tira. Neles, foi empregada a palavra *porque*. Esse emprego está de acordo com as regras ortográficas? Justifique sua resposta.

3. Reescreva as frases, completando-as com *por que*, *por quê*, *porque* ou *porquê*:

a) Eles resolveram partir ☐ já era muito tarde.
b) Retiraram-se da assembleia sem dizer ☐.
c) Você fala demais. Eis ☐ não entende o que o professor explica.
d) O diretor gostaria de saber ☐ vocês sempre chegam atrasados às quartas-feiras.
e) O título da reportagem é: ☐ o novo Código de Trânsito tem falhas.
f) Não sei ☐ estou tão aborrecida hoje.
g) Ela não tem consciência do ☐ de sua atitude.
h) Você é contra a liberdade de imprensa? ☐?

Parônimos e homônimos

Algumas palavras, como *infringir* e *infligir*, podem nos deixar em dúvida quando escrevemos textos, porque, embora tenham sentidos diferentes, apresentam semelhança na grafia e na pronúncia — palavras **parônimas** — ou diferença na grafia e semelhança na pronúncia — palavras **homônimas**.

As palavras desse tipo empregadas com mais frequência são:

acender: pôr fogo a
ascender: subir

acento: inflexão da voz; sinal gráfico
assento: lugar em que se assenta

acético: relativo ao vinagre
ascético: relativo ao ascetismo
asséptico: relativo à assepsia

caçar: perseguir a caça
cassar: anular

censo: recenseamento
senso: juízo claro

cé(p)tico: que ou quem duvida
sé(p)tico: que causa infecção

cessão: ato de ceder; doação
seção ou secção: corte; divisão
sessão: reunião; assembleia

comprimento: extensão
cumprimento: saudação

concertar: harmonizar; combinar
consertar: remendar; reparar

coser: costurar
cozer: cozinhar

delatar: denunciar
dilatar: estender; retardar

descrição: representação
discrição: ato de ser discreto; reserva

descriminar: inocentar
discriminar: distinguir

discente: relativo a alunos
docente: relativo a professores

emergir: vir à tona
imergir: mergulhar

emigrante: que sai do próprio país
imigrante: que entra em país estrangeiro

eminente: alto; excelente
iminente: que está prestes a ocorrer

empoçar: formar poça
empossar: dar posse a

espiar: espreitar
expiar: sofrer pena ou castigo

espirar: soprar; respirar; estar vivo
expirar: expelir o ar dos pulmões; morrer; terminar

estada: ato de estar, permanecer ou demorar (sempre em referência a pessoas e a animais)
estadia: tempo de permanência de veículos em garagem ou estacionamento

estrato: camada sedimentar; tipo de nuvem
extrato: o que foi tirado de dentro; fragmento

flagrante: ato de ser surpreendido em alguma situação; evidente; patente
fragrante: perfumado

infligir: aplicar (pena, repreensão)
infringir: violar; transgredir; desrespeitar

intenção ou tenção: propósito
intensão ou tensão: intensidade

intercessão: rogo; súplica
interse(c)ção: ponto em que duas linhas se cortam

mandado: ordem judicial
mandato: período de missão política

prescrição: ordem expressa
proscrição: eliminação, expulsão

ratificar: confirmar
retificar: corrigir

tachar: censurar; notar defeito em
taxar: estabelecer o preço ou imposto

tráfego: movimento, trânsito
tráfico: comércio ilegal e clandestino

vultoso: volumoso
vultuoso: atacado de vultuosidade (congestão da face)

Exercícios

1. Leia esta tira:

POLITICOPATAS CJ

(Jornal Folha de S.Paulo, 4/11/2017.)

A tira contrapõe duas palavras que apresentam semelhança na grafia e sentidos diferentes: *legar* e *legal*. Na tira:

a) Qual é o sentido da palavra *legar*?

b) E o sentido da palavra *legal*?

2. Há, no texto, uma palavra que é da mesma família de *legar*.

a) Qual é essa palavra?

b) Com que sentido ela foi empregada pela garota no 1º quadrinho?

c) Considerando sua resposta ao item **b**, por que a fala do menino, no último quadrinho, é responsável pelo humor da tira?

3. Empregue uma das formas indicadas entre parênteses:

a) Sejam educados! Usem de ☐. (descrição/discrição)

b) A empresa gastou uma soma ☐ em lazer para seus funcionários. (vultuosa/vultosa)

c) Em minha última viagem à costa brasileira, a ☐ do navio em Salvador permitiu que se prolongasse nossa ☐ naquela magnífica cidade. (estadia/estada)

d) A Câmara ☐ os direitos políticos de muitos deputados. (cassou/caçou)

e) Durante o assalto, os ladrões foram presos em ☐. (flagrante/fragrante)

f) Pedro trabalha na ☐ de secos e molhados. (cessão/sessão/seção)

g) Gosto de ir ao cinema na ☐ das dez. (cessão/sessão/seção)

h) Palmas para o nadador que acaba de ☐ e já acena para o público! (emergir/imergir)

i) O motoqueiro ☐ as leis de trânsito e o guarda ☐ a ele uma multa bem pesada. (infringiu/infligiu)

Capítulo 5 ▪ Convenção ortográfica e outras questões notacionais 67

Questões notacionais na construção do texto

Leia a crônica a seguir, de Rubem Alves, e responda às questões 1 a 6.

Camelos e beija-flores...

A revisora informou delicadamente que era norma do jornal que todas as "estórias" deveriam ser grafadas como "histórias". É assim que os gramáticos decidiram e escreveram nos dicionários.

Respondi também delicadamente: "Comigo não. Quando escrevo 'estória' eu quero dizer 'estória'. Quando escrevo 'história' eu quero dizer 'história'. Estória e história são tão diferentes quanto camelos e beija-flores..."

Escrevi um livro baseado na diferença entre "história" e "estória". O revisor, obediente ao dicionário, corrigiu minhas "estórias" para "história". Confiando no rigor do revisor, não li o texto corrigido. Aí, um livro que era para falar de camelos e beija-flores, só falou de camelos. Foram-se os beija-flores engolidos pelo camelo...

Escoro-me no Guimarães Rosa. Ele começa o *Tutameia* com esta afirmação: "A estória não quer ser história. A estória, em rigor, deve ser contra a história".

Qual é a diferença? É simples. Quando minha filha era pequena eu lhe inventava estórias. Ela, ao final, me perguntava: "Papai, isso aconteceu de verdade?" E eu ficava sem lhe poder responder porque a resposta seria de difícil compreensão para ela. A resposta que lhe daria seria: "Essa estória não aconteceu nunca para que aconteça sempre..."

A história é o reino das coisas que aconteceram de verdade, no tempo, e que estão definitivamente enterradas no passado. Mortas para sempre. [...]

Mas as estórias não aconteceram nunca. São invenções, mentiras. O mito de Narciso é uma invenção. O jovem que se apaixonou por sua própria imagem nunca existiu. Aí, ao ler o mito que nunca existiu eu me vejo hoje debruçado sobre a fonte que me reflete nos olhos dos outros. Toda estória é um espelho. [...]

[...]

A história nos leva para o tempo do "nunca mais", tempo da morte. As estórias nos levam para o tempo da ressurreição. Se elas sempre começam com o "era uma vez, há muito tempo" é só para nos arrancar da banalidade do presente e nos levar para o tempo mágico da alma.

Assim, por favor, revisora: quando eu escrever "estória" não corrija para "história". Não quero confundir camelos e beija-flores...

(Jornal *Folha de S.Paulo*. Disponível em: https://www1.folha.uol.com.br/fsp/cotidian/ff1411200602.htm. Acesso em 25/8/2020.)

1. O texto comenta uma oposição de natureza ortográfica que, ao ser desconsiderada, resulta, na opinião do autor, em perdas de sentido. De acordo com o texto:

a) Por que a revisora corrigiu a palavra *estória*, mudando-a para *história*?

b) Por que o autor da crônica não concorda com o procedimento da revisora?

2. Associe os termos *história* e *estória* às palavras e expressões abaixo, de acordo com o texto:

a) história   b) estória

1. invenções, mentiras
2. reino das coisas que aconteceram de verdade
3. tempo do "nunca mais"
4. tempo da ressurreição
5. tempo mágico da alma
6. tempo da banalidade do presente

3. Conclua: Para o autor do texto, qual é a diferença de sentido entre *história* e *estória*?

4. O autor conta que escreveu um livro baseado na diferença entre *história* e *estória*. Segundo ele:

a) Por que, quando publicado, o livro falava só de camelos?

b) O que esse fato revela sobre a compreensão do texto pela revisora?

c) Levando em conta a analogia estabelecida pelo autor do texto entre *história/estória*, de um lado, e *beija-flor/camelo*, de outro lado, interprete a afirmação: "Foram-se os beija-flores engolidos pelo camelo".

5. O autor do texto diz escorar-se na afirmação de Guimarães Rosa: "A estória não quer ser história. A estória, em rigor, deve ser contra a história". Os argumentos apresentados por Rubem Alves acerca da diferença de sentido entre *história* e *estória* confirmam o ponto de vista de Guimarães Rosa? Por quê?

6. Troque ideias com os colegas: Colocando-se na posição do autor, da revisora e dos gramáticos, a quem você daria razão? Por quê?

Semântica e discurso

Leia o anúncio a seguir.

1. O anúncio faz uso de uma linguagem que não é comum na esfera publicitária. Esse tipo de linguagem rompe com as convenções da escrita da língua portuguesa para criar convenções próprias.

    a) Em que outra esfera e gêneros esse tipo de linguagem costuma ser utilizado?
    b) A parte não verbal do anúncio confirma sua resposta anterior? Por quê?

2. Releia o enunciado verbal central do anúncio.

    a) Reescreva-o de acordo com as convenções tradicionais de escrita da língua portuguesa.
    b) Nesse contexto, que sentido têm as palavras *geralw* e *dixavar*?
    c) Segundo o anúncio, por que as pessoas escrevem dessa forma? Você concorda com essa afirmação?
    d) Levante hipóteses: Quais podem ser outros motivos que levam as pessoas a escrever dessa forma no contexto explorado no anúncio?

3. Mesmo que o texto verbal central estivesse adequado às convenções da escrita de nossa língua, é possível notar que ele utiliza uma linguagem de um grupo específico.

    a) Que variedade linguística é utilizada no texto?
    b) Deduza: Qual é o perfil do público que o anúncio pretende atingir?
    c) Com que finalidade o anunciante se apropriou desse tipo de linguagem para construir o anúncio?

4. O enunciado verbal inferior do anúncio corresponde ao *slogan* utilizado na campanha publicitária do produto anunciado.

    a) Qual é esse *slogan*?
    b) Relacione-o ao enunciado verbal central e explique de que forma eles se complementam.
    c) Conclua: Qual imagem o anunciante pretende construir de si mesmo com uma campanha como essa?

Divisão silábica e acentuação

■ Construindo o conceito

Leia este poema, de Arnaldo Antunes:

(Disponível em: http://arnaldoantunes.blogspot.com/2010/08/o-que.html. Acesso em: 18/7/2020.)

Este capítulo favorece o desenvolvimento das habilidades

EM13LGG103
EM13LGG104
EM13LGG401
EM13LP01
EM13LP02
EM13LP03
EM13LP06
EM13LP09
EM13LP10
EM13LP46

1. O poema é composto por duas palavras. Que diferenças as palavras apresentam entre si quanto:

a) aos fonemas que as constituem?

b) à sílaba tônica de cada uma?

2. Se retirarmos os acentos das duas palavras, elas continuam sendo termos existentes na língua portuguesa.

a) Desenhe em seu caderno uma tabela como a seguinte e distribua nela as palavras *mascara*, *rasgará* e *rasgara*, levando em conta os critérios de tonicidade das sílabas e classificação morfológica. Veja, como modelo, a classificação da palavra *máscara*.

	Posição da sílaba tônica	Classe morfológica
máscara	proparoxítona	substantivo simples comum

b) Embora as palavras *máscara*, *mascara*, *rasgará* e *rasgara* tenham três sílabas e terminem em *a*, elas variam quanto à acentuação e à posição da sílaba tônica. A partir da tabela que você montou, tente deduzir algumas regras de acentuação.

3. Observe novamente o poema.

a) De que material são constituídas as letras que compõem as palavras?

b) Levante hipóteses: Ao associar as palavras *máscara* e *rasgará*, da maneira como estão formadas, que sentido o poema constrói?

Unidade 2 ▪ Fonologia e questões notacionais

■ Conceituando

Para analisar o poema estudado na seção anterior, você separou as sílabas das palavras: *más-ca-ra*, *mas-ca-ra*, *ras-ga-rá* e *ras-ga-ra*. Ao dividir uma palavra em sílabas, devemos lembrar que:

- quando inicia uma palavra, a consoante não seguida de vogal fica junto da sílaba que a segue: psi-ca-ná-li-se, gno-mo.
- no interior do vocábulo, a consoante não seguida de vogal fica na sílaba que a precede: ca-rac-te-res, ap-to.
- nunca se separam:
    a) os **ditongos** e os **tritongos**: lei-tu-ra, en-xa-guei.
    b) os **dígrafos** *lh*, *nh*, *ch*, *qu*, *gu*: pa-lha, a-char, quen-te.
    c) os **encontros consonantais** constituídos de *consoante + r* e *consoante + l*: a-fri-ca-no, cla-ro.

Quando, porém, o *l* e o *r* dos grupos consonantais *br* e *bl* são pronunciados separadamente, compõem sílabas distintas: sub-lo-car, sub-li-nhar.

Observe, neste cartum, que a substituição de sílabas acaba por provocar uma crítica bem-humorada ao sistema educacional universitário.

- separam-se:
    a) os **hiatos**: a-in-da, vo-ou.
    b) os **dígrafos** *rr*, *ss*, *sc*, *sç*, *xc* e os **encontros consonantais** *cc* e *cç*: car-ro, pas-so, nas-cer, des-ça, ex-ce-to, oc-ci-pi-tal, in-te-lec-ção.
    c) os **prefixos** *bis*, *dis*, *cis*, *trans* e *ex*, quando seguidos de vogal; se seguidos de consoante, não se formará nova sílaba: bi-sa-vó / bis-ne-to; di-sen-te-ri-a / dis-rit-mi-a; ci-sal-pi-no / cis-pla-ti-no; tran-sa-tlân-ti-co / trans-por-te; e-xau-rir / ex-por-tar.

Você também viu, ao estudar o poema de Arnaldo Antunes, que:

- algumas palavras têm *acento gráfico* e outras não;
- na pronúncia das palavras, ora se dá maior *intensidade sonora* a uma sílaba, ora a outra.

Assim, as palavras da nossa língua têm dois tipos de acento, de naturezas distintas: o tônico e o gráfico.

> O **acento tônico** corresponde à maior intensidade sonora com que se pronuncia uma das sílabas das palavras, a **sílaba tônica**.
>
> O **acento gráfico** é um sinal utilizado para indicar a sílaba tônica de algumas palavras.

No estudo do poema, você viu a oposição entre *máscara* e *mascara*. Na fala, essas palavras distinguem-se pela maior intensidade sonora com que se pronuncia a sílaba tônica. Na escrita, como as palavras têm a mesma grafia, a distinção entre elas é feita por meio do acento gráfico.

O papel do acento gráfico é, portanto, evidenciar, na escrita, a sílaba tônica de uma palavra.

O acordo ortográfico de 2009

Em 2009, entrou em vigor o Acordo Ortográfico da Língua Portuguesa assinado em 1990 pelos países lusófonos: Brasil, Portugal, Moçambique, Angola, Guiné-Bissau, Cabo Verde, Timor Leste e São Tomé e Príncipe. Desde 2016, as alterações constantes no acordo passaram a ser obrigatórias.

Para nós, brasileiros, as mudanças foram pequenas e afetaram apenas 0,5% das palavras, sendo que grande parte delas diz respeito à acentuação gráfica. É importante salientar que o acordo unifica o sistema de escrita, e não a língua portuguesa tal como é falada nos diferentes países lusófonos, os quais obviamente vão continuar tendo suas particularidades linguísticas.

Entre as grandes vantagens dessa unificação está a maior força política que o português ganha internacionalmente, pois, com uma ortografia comum, os documentos oficiais escritos em português não precisam mais ter versões diferentes, como ocorria anteriormente, e constrói-se assim uma identidade mais forte para o idioma no cenário mundial.

Exercícios

1. Leia o texto a seguir.

> **Saiba como criar uma senha segura para redes sociais**
>
> [...]
> Escolha de sílabas de palavras de frases conhecidas é uma dica para evitar sequências óbvia, diz especialista.
> — Na época do vestibular, muita gente formava frases com as sílabas que dão nomes aos elementos da tabela periódica para decorar as famílias. Dá pra fazer isso para criar senhas fortes, o que garante uma complicação a mais pra quem tentar violá-las. Outra sugestão: troque algumas letras por números.
>
> (Disponível em: https://www.nsctotal.com.br/noticias/saiba-como-criar-uma-senha-segura-para-redes-sociais. Acesso em: 20/4/2021.)

a) Qual é a dica dada pelo especialista entrevistado para criar uma senha segura?

b) Construa senhas seguindo a orientação dada no texto, tomando como base as seguintes frases:
- Onde há fumaça há fogo.
- Pimenta nos olhos dos outros é refresco.
- Em terra de cego, quem tem um olho é rei.

c) Agora, faça uma senha seguindo a mesma lógica, mas utilizando como base um verso de sua música favorita.

2. Indique os itens nos quais há palavra(s) separada(s) em desacordo com as regras de divisão silábica:

a) pers-pi-caz, ca-a-tin-ga, vo-o
b) ma-go-a, má-goa, hec-ta-re
c) ex-ces-si-vo, pa-ra-guai-o, ses-são
d) flui-do, fric-cio-nar, ru-im
e) né-ctar, subs-tân-cia, su-bs-cre-ver
f) piau-i-en-se, cis-an-di-no, fri-ís-si-mo

Regras de acentuação gráfica

1. Acentuam-se os monossílabos tônicos terminados em *a(s)*, *e(s)*, *o(s)* e em ditongos abertos *éi(s)*, *éu(s)* e *ói(s)*:

pá – pás	méis
pé – pés	céu – véus
pó – pós	mói – sóis

> **O que são monossílabos tônicos e monossílabos átonos?**
> 1. Chamam-se *monossílabos tônicos* as palavras de uma única sílaba que têm intensidade sonora forte. Os *monossílabos átonos*, por terem intensidade sonora fraca, acabam por apoiar-se em outras palavras tônicas. Além do aspecto fonético, diferenciam-se também pelo significado: os monossílabos tônicos têm significação própria, enquanto os monossílabos átonos só assumem significado quando estabelecem relação entre outras palavras.
> 2. Os monossílabos que pertencem às classes dos substantivos, adjetivos, advérbios, além de alguns pronomes, etc., são *tônicos*. Por exemplo: *flor, má, dá, três*.
> 3. São monossílabos átonos as preposições, as conjunções, os artigos e alguns pronomes oblíquos, como, por exemplo, *me, nos, lhe, mas, de, o*.

2. Acentuam-se as palavras **oxítonas** terminadas em *a(s)*, *e(s)*, *o(s)* e *em(ens)* e nos ditongos abertos *éi(s)*, *éu(s)*, *ói(s)*:

Amapá	até	capô	também	anéis	herói(s)
babás	vocês	paletós	armazéns	chapéu(s)	

Unidade 2 ▪ Fonologia e questões notacionais

3. Acentuam-se as **paroxítonas** terminadas em *l, n, r, x, ã(s), ão(s), i(s), ei(s), um(uns), us, ps*:

dócil	ímã(s)	álbum
hífen	órfão(s)	álbuns
açúcar	júri(s)	vírus
ônix	jóquei(s)	bíceps

> Conforme o acordo ortográfico, não se acentuam os ditongos abertos *ei* e *oi* nas palavras paroxítonas: assembleia, ideia, boia, heroico.

4. Acentuam-se todas as palavras **proparoxítonas**:

lâmpada   cédula   público

5. Acentuam-se as vogais *i* e *u* tônicas dos hiatos, seguidas ou não de *s*, nas palavras oxítonas e paroxítonas:

aí   baú   sanduíche   graúdo   país

> Conforme o último acordo ortográfico, não se acentuam as vogais *i* e *u* tônicas precedidas de ditongo das palavras paroxítonas: feiura, baiuca.

Exceção: Quando seguida de *nh* na sílaba seguinte, a vogal *i* tônica não é acentuada: rainha, bainha, tainha.

Acento diferencial

O verbo *pôr* é acentuado para diferenciar-se da preposição *por*:

Vou pôr a mesa imediatamente.
A sobremesa foi feita por mim.

> **O trema caiu**
> Conforme o acordo ortográfico, o trema deixou de existir na língua portuguesa. Assim, por exemplo, hoje se grafam: frequente, tranquilo, aguentar, sagui.

A forma verbal *pôde* (pretérito perfeito) diferencia-se de *pode* (presente do indicativo) por meio do acento circunflexo:

Ontem ele não pôde assinar os documentos.

Vem ou *vêm*? *Tem* ou *têm*? *Intervém* ou *intervêm*?

1. Os verbos **vir** e **ter** na 3ª pessoa do plural do presente do indicativo, apesar de serem monossílabos tônicos terminados em *-em*, recebem o acento circunflexo para diferenciarem-se da 3ª pessoa do singular:

ele vem — eles vêm
ele tem — eles têm

Os verbos derivados de *ter* e *vir*, como **deter**, **manter**, **reter**, **intervir**, **convir**, etc., por não serem monossílabos, obedecem à regra das oxítonas. Na 3ª pessoa do plural, entretanto, usa-se o acento circunflexo para a diferenciação:

ele intervém — eles intervêm
ele mantém — eles mantêm

2. Não se deve confundir o plural dos verbos citados com o dos verbos **crer**, **ler**, **ver** e **dar**:

ele crê — eles creem   ele vê — eles veem
ele lê — eles leem   ele dê — eles deem

Exercícios

1. No texto a seguir, foram propositalmente omitidos os acentos gráficos de algumas palavras. Leia o texto integralmente e, em seu caderno, reescreva essas palavras, levando em conta as regras de acentuação da língua portuguesa.

Estudo mostra que jogar Wii não eleva atividade fisica de criança

Boxe, tenis e dança virtuais de videogames podem não estar ajudando as crianças a satisfazerem suas necessidades diarias de exercícios.

Crianças que jogam videogames ditos "ativos" em um Nintendo Wii não realizam mais atividades fisicas moderadas ou vigorosas do que aquelas que jogam titulos nos quais ficaram sentadas no sofá, segundo um estudo da Baylor College of Medicine (Texas, EUA).

Alguns pesquisadores de saude publica tinham esperança de que os videogames ativos servissem como alternativa a brincadeiras ao ar livre e esportes [...]. Em especial, aquelas que vivem em bairros pouco seguros, em que nem sempre e viavel brincar na rua.

"Esperavamos que jogar videogames pudesse de fato resultar em elevação consideravel da atividade fisica das crianças", afirmou Tom Baranowski, lider da equipe de pesquisa do Baylor.

"Francamente, ficamos chocados ao constatar que não existe qualquer diferença", acrescentou.

(Disponível em: https://f5.folha.uol.com.br/estranho/1054724-estudo-mostra-que-jogar-wii-nao-elva-atividade-fisica-decrainca.shtml. Acesso em: 15/7/2020).

Leia as placas a seguir e responda às questões de 2 e 3.

(Disponível em: https://buzzfeed.com.br/post/20-faixas-placas-e-cartazes-que-precisam-urgentemente-de-um-autocorretor. Acesso em: 15/7/2021.)

(Disponível em: http://placaserradasdss.blogspot.com/2012/06/placas-de-transito-com-erro-de-grafia.html. Acesso em: 15/7/2021.)

(Disponível em: http://placaserradasdss.blogspot.com/2012/06/placas-de-transito-com-erro-de-grafia.html. Acesso em: 15/7/2021.)

(Disponível em: https://nossaonda.blogspot.com/2010/11/nossa-contribuicao_2410.html. Acesso em: 15/7/2021.)

74 Unidade 2 • Fonologia e questões notacionais

2. Localize as palavras que foram grafadas inadequadamente e, em seu caderno, construa uma tabela, identificando os desvios quanto à acentuação e à regra que não foi levada em conta. Veja, como modelo, a palavra *Massaguaçú*:

Palavra na placa	Grafia padrão	Regra de acentuação não respeitada
Massaguaçú	Massaguaçu	Acentuam-se apenas as oxítonas terminadas em *a*, *e*, *o*, *em*, seguidos ou não de *s*.

3. Releia estas palavras, empregadas em uma das placas:

obrigatória(s)
vázio(s)

PARADA OBRIGATÓRIA
1-Caminhões (mesmo vázios)
2-Outros veículos com carga

Conforme você observou, uma delas não deveria ser acentuada. Tendo em vista que as duas palavras são terminadas em *-ia/-io*, explique por que uma é acentuada e a outra não.

4. Observe a sílaba tônica destacada nestas palavras:

*d*edo   á*r*abe   *á*lbum

Indique o item em que a sílaba tônica das palavras esteja na mesma posição das relacionadas acima:

a) álcool – rubrica – tulipa
b) látex – pudico – avaro
c) celtibero – pêndulo – quilômetro
d) ibero – álibi – aziago

5. Observe a sílaba tônica destacada nestas palavras:

m*a*nhã   ref*é*m   l*ê*vedo

Indique o item em que a sílaba tônica das palavras esteja na mesma posição das relacionadas acima:

a) Nobel – mister – protótipo
b) ureter – necropsia – fôlego
c) sutil – cânon – Niágara
d) recém – néctar – erudito

6. Algumas palavras admitem dupla prosódia (pronúncia), ambas consideradas corretas. Transforme em paroxítonas as oxítonas:

zangão   projetil   reptil   soror

7. Ocorre dupla prosódia também com palavras que podem ser paroxítonas e proparoxítonas. Transforme em proparoxítonas as paroxítonas:

acrobata   alopata   hieroglifo   nefelibata

8. Dê as formas verbais que completam convenientemente as frases:

a) Eu pude, mas ele nunca (poder).
b) Eles (ter, pres. ind.) sabedoria, mas não (reter) na memória o que o mais simples dos homens (reter).
c) Ele só (intervir, pres. ind.) quando os outros não (intervir) por ele.

Divisão silábica e acentuação na construção do texto

Leia este anúncio:

> O Banco Volkswag-
> en ganhou o Prêmi-
> o Top de Marketing
> pelo case Financiam-
> ento Total. (Deve se-
> r porque nós dividi-
> mos tudo o que é p-
> ossível dividir.)
>
> Com o financiamento Total Banco Volkswagen, o consumidor financia muito mais do que a compra do carro. Aqui ele pode parcelar o pagamento de todas as despesas extras: acessórios, seguro, IPVA, emplacamento e até as primeiras revisões.
>
> Banco Volkswagen

(Disponível em: https://www.putasacada.com.br/banco-volkswagen-almapbbdo/. Acesso em: 15/7/2021.)

1. O anúncio faz uso de um recurso gramatical para chamar a atenção do leitor.

  a) Qual é esse recurso?

  b) Como esse texto deveria ter sido escrito de modo que não chamasse a atenção?

  c) Por que a palavra *possível* está acentuada?

2. Releia o texto inferior do anúncio.

  a) Identifique nele uma palavra que recebe acento pela mesma regra da palavra *prêmio*, do enunciado principal, e explique qual é essa regra.

  b) Explique por que a palavra *e* desse trecho não recebe acento e a palavra *é* do enunciado central recebe.

3. No enunciado principal do anúncio se lê: "dividimos tudo o que é possível dividir".

  a) Qual é a divisão que o anúncio procura divulgar?

  b) Por que o enunciado, do modo como está escrito, representa uma contradição?

  c) Levante hipóteses: Por que somente a palavra *dividimos* foi dividida de acordo com as regras gramaticais?

Semântica e discurso

Leia a seguir trechos de um texto que circula na internet e costuma ser compartilhado por redes sociais. Em seguida, responda às questões 1 e 2.

> Um poeta escreveu: "Entre doidos e doídos, prefiro não acentuar".
> Eu, por exemplo, prefiro a carne ao carnê.
> Eu não me medico. Eu vou ao médico.
> Seus pais vêm do mesmo país?
> O que há em comum entre o camelo e o camelô?
> Tudo que se musica vira música?

(Disponível em: http://vozdopara.com.br/a-lingua-portuguesa-nao-e-para-amadores/. Acesso em: 20/4/2021.)

76 Unidade 2 ▪ Fonologia e questões notacionais

1. Para chamar a atenção do leitor, o texto explora a contraposição de alguns pares de palavras.
   a) Identifique quais são esses pares em cada uma das frases.
   b) Considerando as regras de acentuação que você estudou neste capítulo, escolha três pares entre os indicados por você no item **a**, para justificar por que uma palavra é acentuada e a outra, não.

2. Troque ideias com os colegas e o professor e explique o sentido da primeira frase, supostamente atribuída a "um poeta".

3. Leia o texto a seguir.

   > O cobogó é um elemento construtivo vazado, empregado como divisor de ambientes, sejam eles externos ou internos. Seu nome original vem da junção das sílabas dos sobrenomes dos engenheiros Amadeu Oliveira Coimbra, português, Ernest August Boeckmann, alemão, e Antônio de Góis, brasileiro. Foi o trio quem, em 1929, teve a ideia de patentear o produto e vendê-lo em escala industrial.
   >
   > (Disponível em: https://emais.estadao.com.br/noticias/casa-e-decoracao,cobogo-um-classico-brasileiro,70003120667. Acesso em: 20/4/2021).

   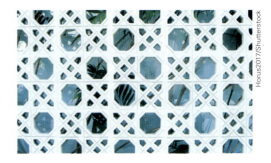

   a) Segundo o texto, qual é a origem do nome *cobogó*?
   b) Classifique a palavra *cobogó* quanto à posição da sílaba tônica.
   c) Levante hipóteses: Se o sobrenome do terceiro engenheiro fosse *Gomes*, a palavra que dá nome ao produto criado pelo trio seria escrita sem acento. Nesse caso, qual seria a sua classificação quanto à posição da sílaba tônica? Justifique sua resposta.
   d) Escolha dois colegas da turma e, tomando como base a lógica de criação do nome *cobogó*, crie o nome de um produto imaginário patenteado por vocês.

4. Leia este quadrinho, de Caco Galhardo:
   a) O cartunista se refere a três regras do último Acordo Ortográfico. Quais são essas regras?
   b) Cite mais duas palavras — que antes eram acentuadas e deixaram de ser — para exemplificar alterações introduzidas por este acordo.

Capítulo 6 ▪ Divisão silábica e acentuação   77

EM DIA COM O ENEM E O VESTIBULAR

1. (FUVEST-SP)

> Terça é dia de Veneza revelar as atrações de seu festival anual, cuja 77ª edição começa no dia 2 de setembro, com a dramédia "Lacci", do romano Daniele Luchetti, seguindo até 12/9, com 50 produções internacionais e uma expectativa (extraoficial) de colocar "West Side Story", de Steven Spielberg, na ribalta.
>
> Rodrigo Fonseca. "À espera dos rugidos de Veneza". *O Estado de S. Paulo*. Julho/2020. Adaptado.

Um processo de formação de palavras em língua portuguesa é o *cruzamento vocabular*, em que são misturadas pelo menos duas palavras na formação de uma terceira. A força expressiva dessa nova palavra resulta da síntese de significados e do inesperado da combinação, como é o caso de "dramédia" no texto. Ocorre esse mesmo tipo de formação em:

a) "deleitura" e "namorido".
b) "passatempo" e "microvestido".
c) "hidrelétrica" e "sabiamente".
d) "arenista" e "girassol".
e) "planalto" e "multicor".

2. (UNICAMP-SP)

> Há dois tipos de palavras: as proparoxítonas e o resto. As proparoxítonas são o ápice da cadeia alimentar do léxico.
> As palavras mais pernósticas são sempre proparoxítonas. Para pronunciá-las, há que ter ânimo, falar com ímpeto – e, despóticas, ainda exigem acento na sílaba tônica! Sob qualquer ângulo, a proparoxítona tem mais crédito. É inequívoca a diferença entre o arruaceiro e o vândalo. Uma coisa é estar na ponta – outra, no vértice. Ser artesão não é nada, perto de ser artífice.
> Legal ser eleito Papa, mas bom mesmo é ser Pontífice.
>
> (Adaptado de Eduardo Affonso, "Há dois tipos de palavras: as proparoxítonas e o resto". Disponível em www.facebook.com/eduardo22affonso/.)

Segundo o texto, as proparoxítonas são palavras que:

a) garantem sua pronúncia graças à exigência de uma sílaba tônica.
b) conferem nobreza ao léxico da língua graças à facilidade de sua pronúncia.
c) revelam mais prestígio em função de seu pouco uso e de sua dupla acentuação.
d) exibem sempre sua prepotência, além de imporem a obrigatoriedade da acentuação.

3. (FUVEST-SP)

> **amora**
>
> a palavra amora
> seria talvez menos doce
> e um pouco menos vermelha
> se não trouxesse em seu corpo
> (como um velado esplendor)
> a memória da palavra amor
>
> a palavra amargo
> seria talvez mais doce
> e um pouco menos acerba
> se não trouxesse em seu corpo
> (como uma sombra a espreitar)
> a memória da palavra amar
>
> Marco Catalão, *Sob a face neutra*.

É correto afirmar que o poema:

a) aborda o tema da memória, considerada uma faculdade que torna o ser humano menos amargo e sombrio.
b) enfoca a hesitação do eu lírico diante das palavras, o que vem expresso pela repetição da palavra "talvez".
c) apresenta natureza romântica, sendo as palavras "amora" e "amargo" metáforas do sentimento amoroso.
d) possui reiterações sonoras que resultam em uma tensão inusitada entre os termos "amor" e "amar".
e) ressalta os significados das palavras tal como se verificam no seu uso mais corrente.

4. (ENEM)

SILVA, I.; SANTOS, M. E. P.; JUNG, N. M. *Domínios de Lingu@gem*, n.4, out.-dez. 2016 (adaptado).

A fotografia exibe a fachada de um supermercado em Foz do Iguaçu, cuja localização transfronteiriça é marcada tanto pelo limite com Argentina e Paraguai quanto pela presença de outros povos. Essa fachada revela o(a)

a) apagamento da identidade linguística.
b) planejamento linguístico no espaço urbano.
c) presença marcante da tradição oral na cidade.
d) disputa de comunidades linguísticas diferentes.
e) poluição visual promovida pelo multilinguismo.

5. (FUVEST-SP) Examine o anúncio.

Ministério Público do Trabalho no Rio Grande do Sul.

No contexto do anúncio, a frase "A diferença tem que ser só uma letra" pressupõe a:

a) necessidade de leis de proteção para todos que trabalham.
b) existência de desigualdade entre homens e mulheres no mercado de trabalho.
c) permanência de preconceito racial na contratação de mulheres para determinadas profissões.
d) importância de campanhas dirigidas para a mulher trabalhadora.
e) discriminação de gênero que se manifesta na própria linguagem.

6. (FGV-SP) O prefixo de origem grega que entra na formação da palavra "periferia", e de outras como "perímetro" e "perífrase", tem o mesmo sentido que o prefixo de origem latina que forma a palavra:

a) transatlântico.
b) circum-navegação.
c) ambivalente.
d) península.
e) infra-assinado.

(UFSM-RS) Texto para as questões 7 e 8.

> Os mensaleiros, os sanguessugas, os corruptos de todas as grandezas continuam aí, expondo suas *caras-de-pau* envernizadas, afrontando os que pensam e agem honestamente. Tudo isso, entretanto, não é motivo para anular o voto ou votar em branco
>
> (Sergio Blattes, *Diário de Santa Maria*, 3 de agosto de 2006.)

7. A palavra *sanguessuga* possui 11 letras, 8 fonemas e 3 dígrafos; *democracia* tem 10 letras, 1 encontro consonantal e 1 hiato. Relacione as duas colunas a seguir e depois assinale a alternativa com a sequência correta.

1. república   4. candidatos
2. hábito   5. corrupção
3. reeleição   6. excessivo

- 9 fonemas, 1 dígrafo
- 7 fonemas, 2 dígrafos
- 8 fonemas, 1 dígrafo, 1 encontro consonantal
- 9 fonemas, 1 encontro consonantal
- 9 fonemas, 2 ditongos, 1 hiato
- 5 fonemas

a) 6 - 4 - 1 - 5 - 3 - 2   d) 4 - 6 - 5 - 1 - 3 - 2
b) 2 - 4 - 5 - 6 - 3 - 1   e) 3 - 5 - 2 - 6 - 4 - 1
c) 5 - 1 - 6 - 4 - 2 - 3

8. Usualmente uma expressão linguística é usada para falar de coisas, mas também pode ser mencionada, isto é, podemos falar a respeito dela. Com base nessa distinção, é correto afirmar que o modo como as palavras *sanguessuga*, *fonemas* e *dígrafos* estão sendo empregadas no enunciado da questão anterior chama-se respectivamente.

a) menção – uso – uso
b) uso – menção – uso
c) uso – menção – menção
d) uso – uso – menção
e) menção – menção - uso

3 MORFOLOGIA

> É certamente oportuno que, chegando ao final do ensino médio, os nossos alunos tenham uma visão clara do tipo de informações que podem encontrar nos compêndios de gramática, nos dicionários e em outros materiais de consulta, e para isso um conhecimento sistemático de gramática pode ser útil. O problema é que só faz sentido sistematizar aquilo que já se conhece [...].
>
> Num país como o Brasil, a prática da língua traduz-se muitas vezes na capacidade de tomar partido diante das representações correntes dos fenômenos linguísticos, denunciando o preconceito e trabalhando no sentido de entender e resolver problemas que envolvam o uso da linguagem. [...]
>
> O estudo gramatical tem levado as pessoas a preocupar-se com algumas peças dessa máquina que é a linguagem, perdendo de vista como ela funciona e para que serve. [...]
>
> (Rodolfo Ilari e Renato Basso. *O português da gente: a língua que estudamos e a língua que falamos.* São Paulo: Contexto, 2009. p. 233, 235, 241.)

CAPÍTULO 7

Estrutura e formação de palavras

Estrutura de palavras

■ Construindo o conceito

Leia o anúncio:

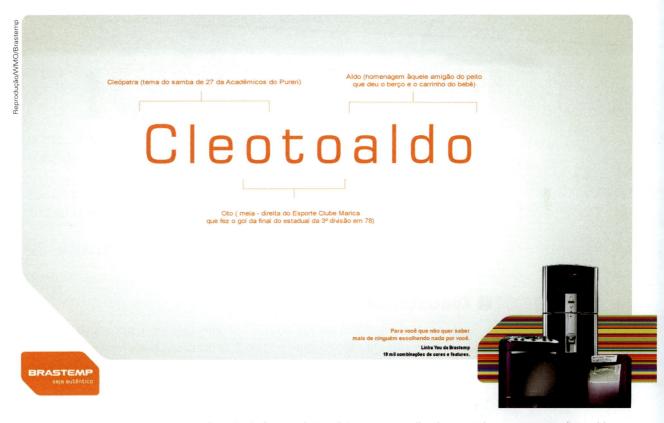

1. O texto do anúncio faz uma brincadeira com a escolha do nome de uma pessoa: *Cleotoaldo*.

   a) Qual é o enunciado do texto que permite inferir essa informação?

   b) Levante hipóteses: Quem escolheu o nome dessa pessoa? Justifique sua resposta com base no texto.

   c) Releia todo o texto e conclua: Como o nome *Cleotoaldo* foi formado?

2. Assim como o nome do anúncio, as palavras da nossa língua também podem ser segmentadas em unidades portadoras de sentido. Observe as palavras abaixo, empregadas no texto:

   amigão   carrinho

   Ambas podem ser fragmentadas fonologicamente em /a/ /m/ /i/ /g/ /ã/ /w/ e /k/ /a/ /R/ /i/ /ɲ/ /u/, ou em sílabas: a-mi-gão e car-ri-nho. Em uma e outra forma de segmentação, as unidades menores são portadoras de sentido?

Este capítulo favorece o desenvolvimento das habilidades

EM13LGG103
EM13LGG602
EM13LP01
EM13LP02
EM13LP06
EM13LP46
EM13LP49

Capítulo 7 ■ Estrutura e formação de palavras   81

3. As palavras *amigão* e *carrinho* também podem ser segmentadas nas seguintes unidades: amig-ão e carr-inh-o. Nesse caso, temos dois elementos mórficos na primeira palavra e três na segunda.

a) Tente formar outras palavras a partir das unidades *amig-* e *carr-*.

b) Deduza: Que sentido contém cada uma dessas unidades?

- amig-
- carr-

4. Observe as unidades *-ão* e *-inh* nestas palavras:

pedaç*ão*	pedac*inho*
cadern*ão*	cadern*inho*
estoj*ão*	estoj*inho*
amig*ão*	amigu*inho*
carr*ão*	carr*inho*

a) A unidade *-inh* geralmente confere às palavras o sentido de "pequeno(a)". Entre as palavras da segunda coluna, identifique ao menos uma em que seja possível apreender também outro sentido para a unidade *-inh*. Qual é esse sentido?

b) A unidade *-ão* geralmente confere às palavras o sentido de "grande". Entre as palavras da primeira coluna, identifique ao menos uma em que seja possível apreender também outro sentido para a unidade *-ão*. Qual é esse sentido?

c) Se em vez de *carrinho* tivéssemos *carrinhos*, o sentido da palavra seria alterado. Que informação é dada pela unidade *-s*?

■ Conceituando

Você observou que uma palavra pode ser segmentada em letras e sílabas e que essas unidades não são portadoras de sentido. E também que outra forma de segmentação de palavras possibilita obter unidades portadoras de sentido.

As unidades *amig-* e *carr-*, das palavras *amigão* e *carrinho*, por exemplo, podem aparecer em outras palavras, como *amiguinho, amiga, amigar, amigado* e *carreta, carreata, carrão, carroça*, a primeira delas sempre relacionada com o sentido de "aquele que está junto de", e a segunda, com o sentido de "meio de transporte mecânico". As unidades *-inh* e *-ão* também têm sentido, informando sobre tamanhos. Unidades como essas, portadoras de sentido, chamam-se **morfemas**.

> **Morfema** é a menor unidade portadora de sentido de uma palavra.

Tipos de morfema

Radical

É o morfema que informa sobre o sentido básico da palavra:

carr - inh - o   *pequen* - o

Com base no radical, podemos formar outras palavras. Do radical *pequen-*, por exemplo, podemos formar: *pequeninho, pequenez, pequenino, pequenito, pequenice, pequenote, apequenar, apequenado*, etc. O conjunto de palavras que têm um radical comum denomina-se **família de palavras** ou **palavras cognatas**.

Alguns radicais podem apresentar variações. É o caso, por exemplo, do radical *vit/vid*, nas palavras *vital, vitalício, revitalizar, vidinha, vidão, vidaço, vidaça*. Apesar das diferenças de sentido, essas palavras têm um núcleo significativo comum, que é o radical. Por isso, elas são palavras cognatas.

Afixos

São morfemas que se juntam ao radical, modificando seu sentido básico. Quando são colocados antes do radical, chamam-se *prefixos*; quando colocados depois do radical, chamam-se *sufixos*. Veja:

a	*pequen*	*ar*
prefixo	radical	sufixo

Conheça alguns dos principais radicais, sufixos e prefixos gregos e latinos utilizados na formação de palavras do português no Apêndice, nas páginas 399 a 404.

Vogal temática

É a vogal que sucede o radical de verbos e nomes. Em verbos, indica a conjugação a que eles pertencem. São vogais temáticas de verbos:

- **-a**, que indica a 1ª conjugação: começ *a* mos
- **-e**, que indica a 2ª conjugação: com *e* ndo
- **-i**, que indica a 3ª conjugação: produz *í* ssemos

> O verbo *pôr* e seus compostos pertencem à 2ª conjugação. Observe, por exemplo, que na forma verbal *pus* **e** *mos* a vogal temática é *e*.

Em nomes, há três vogais temáticas:

- **-a**: cas *a*, folh *a*
- **-e**: dent *e*, pel *e*
- **-o**: med *o*, carr *o*

São chamadas de *atemáticas* as palavras oxítonas terminadas em *a, e, i, o, u*, como *alvará, candomblé, avó, tupi, urubu*, e as palavras terminadas em consoantes, como *feliz, mulher, flor*, que recuperam a vogal temática no plural: *felizes, mulheres, flores*.

Tema

É o radical somado à vogal temática:

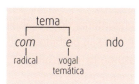

Desinências

São morfemas que se colocam após os radicais.
As **desinências nominais** informam sobre o *gênero* e o *número* dos nomes:

Nesse caso, de acordo com o gramático Evanildo Bechara, o morfema *a* é desinência nominal de gênero e é, cumulativamente, vogal temática. O mesmo ocorre com o morfema *o* da palavra *garot***o**.

As **desinências verbais** informam sobre o modo, o tempo, o número e a pessoa dos verbos:

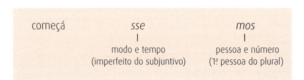

> Não só a desinência é portadora de informação. A ausência de desinência também informa: *começasse* (desinência número-pessoal zero: 1ª ou 3ª pessoa do singular); *garoto* (desinência de número zero: singular).

DESINÊNCIAS VERBAIS	
Modo-temporais	Número-pessoais
-va/-ia: imperfeito do indicativo (amava, partia)	1ª pessoa do singular: desinência zero ou -o (amo, presente do indicativo) ou -i (amei, pretérito perfeito)
-ra: mais-que-perfeito do indicativo (amara)	
-sse: imperfeito do subjuntivo (amasse)	
-ria: futuro do pretérito do indicativo (amaria)	2ª pessoa do singular: -s (amas)
-ra/-re: futuro do presente do indicativo (amará/amaremos)	3ª pessoa do singular: -φ (amaφ)
-r: futuro do subjuntivo (quiser)	1ª pessoa do plural: -mos (amamos)
-a/-e: presente do subjuntivo (peça, ame)	2ª pessoa do plural: -is/-des (amais/amardes)
-u: pretérito perfeito do indicativo (amou)	3ª pessoa do plural: -m (amam)

Observações

1ª) As desinências *-ste* e *-stes* acumulam as funções número-pessoal e modo-temporal no pretérito perfeito do indicativo: quise*ste*, quise*stes*.

2ª) As chamadas formas nominais do verbo, o *infinitivo*, o *gerúndio* e o *particípio*, são marcadas respectivamente pelas desinências verbo-nominais *-r*, *-ndo* e *-do(a)*: senti*r*, chega*ndo*, desta*cado*.

Vogais e consoantes de ligação

São elementos que aparecem no interior dos vocábulos apenas para facilitar a pronúncia ou ligar morfemas. Não constituem morfemas, porque não são portadoras de informações nem modificam o radical.

Existe vogal de ligação em: gas*ô*metro, cafe*i*cultura.

Há consoante de ligação em: mama*d*eira, cha*l*eira.

Exercícios

Poemas concretos são aqueles cuja construção se baseia na utilização de recursos visuais, sonoros e gráficos. Leia o poema concreto abaixo, do poeta e compositor Arnaldo Antunes.

(2 ou + corpos no mesmo espaço. São Paulo: Perspectiva, 1997. p. 55.)

Arnaldo Antunes.

1. O poema está organizado em duas partes, ou duas estrofes não convencionais, cada uma com o formato de um círculo. Observe as palavras e as expressões que formam o círculo da esquerda, lidas no sentido horário: *gera, degenera, já era, regenera*. Sabendo que o verbo *gerar* origina-se da forma latina *generare*, responda:

   a) As palavras *gerar, degenerar* e *regenerar* podem ser consideradas cognatas entre si? Por quê?

   b) Que figura de linguagem se verifica na oposição entre *degenerar* e *regenerar*?

   c) Que palavra desse círculo mantém com a expressão *já era* o mesmo tipo de oposição?

2. Observe o sentido dos prefixos *de-* e *re-*:

> *de-*: movimento de cima para baixo; origem, procedência; afastamento; extração; intensidade; significação contrária
> *re-*: movimento para trás; repetição; intensidade; reciprocidade; mudança de estado

   a) Com quais sentidos esses prefixos foram empregados no texto?

   b) Entre esses prefixos existe uma relação de oposição ou de semelhança?

3. A expressão *já era* não possui vínculos etimológicos com as demais do círculo da esquerda; no entanto, apresenta sonoridade e sentido que se aproximam dos de outras palavras desse círculo.

   a) Que palavra do círculo se aproxima sonoramente da expressão *já era*?

   b) E semanticamente?

4. O círculo da direita é formado pela repetição da palavra *zera*, uma forma verbal de *zerar*. Veja alguns dos sentidos da palavra *zero* registrados no *Novo dicionário Aurélio*:

> Ponto em que se principiam a contar os graus e que corresponde, em alguns termômetros, à temperatura de gelo fundente; ponto inicial da maioria dos instrumentos de medição; pessoa ou coisa sem valor, sem préstimo.

Comparando as duas estrofes, responda:

   a) Visualmente as duas estrofes se igualam ou se diferenciam?

   b) Que relação existe entre a palavra *zero* e o círculo formado pela palavra *zera*?

   c) Considerando os sentidos da palavra *zero*, aponte semelhanças entre as duas estrofes quanto ao significado.

5. Imagine um corpo se movimentando num círculo: ele só terá completado uma volta inteira quando passar novamente pelo ponto de partida. Nesse sentido, o ponto de partida e o de chegada são o mesmo. Ao empregar palavras como *gera* e *degenera*, o autor trabalha com a oposição entre vida e morte. Considerando essas informações, responda:

   a) Por que o autor teria escolhido o círculo como forma para dispor seu poema?

   b) Pela perspectiva do texto, a vida se esgota com a morte?

Formação de palavras

Uma sociedade em permanente mudança, que cria a todo instante novas necessidades e novos objetos de consumo, precisa ter também uma linguagem dinâmica, que acompanhe as transformações.

Assim, sempre que for necessário um nome para designar uma ideia ou um objeto novo, o falante de uma língua poderá criar uma palavra a partir de elementos já existentes na língua, importar um termo de uma língua estrangeira ou alterar o significado de uma palavra antiga. Tais palavras são denominadas **neologismos**. Os avanços na área da informática nos últimos tempos, por exemplo, acabaram por incorporar à língua portuguesa inúmeros termos novos.

Há, na língua portuguesa, muitos processos pelos quais se formam palavras. Entre eles, os dois mais comuns são a *derivação* e a *composição*.

Processos de formação de palavras

Derivação

Derivação é o processo pelo qual a partir de uma palavra se formam outras, por meio do acréscimo de elementos que lhe alteram o sentido primitivo ou lhe acrescentam um sentido novo.

A palavra assim formada chama-se *derivada*; a que lhe dá formação é denominada *primitiva*.

As palavras *contrapor, arvoredo, engarrafar* e *consumo*, por exemplo, originaram-se de outras já existentes na língua, ou seja, são derivadas.

Os processos de derivação são de vários tipos.

- **Derivação prefixal**: ocorre quando há acréscimo de um prefixo a um radical:

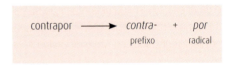

- **Derivação sufixal**: ocorre quando há acréscimo de um sufixo a um radical:

- **Derivação parassintética**: ocorre quando há acréscimo simultâneo de um prefixo e de um sufixo a um radical:

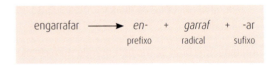

As formas parassintéticas são constituídas por substantivos e adjetivos e podem ser nominais, como *alinhamento, embarcação, desalmado*, e verbais, como *anoitecer, enraivecer, endurecer*.

Os prefixos que geralmente são empregados na formação de parassintéticos verbais são *es-, em-, a-*.

- **Derivação prefixal e sufixal**: ocorre quando há acréscimo não simultâneo de um prefixo e de um sufixo a um radical:

> ***Animalzinho*: grau diminutivo ou derivação sufixal?**
>
> As gramáticas tradicionais costumam classificar os diminutivos como um dos tipos de flexão (de grau) dos nomes, assim como as flexões de gênero e número.
>
> Os linguistas, entretanto, criticam essa visão, pois entendem que em *animalzinho*, por exemplo, o emprego do sufixo *-zinho* forma uma nova palavra. Para eles, não se trata de flexão da palavra *animal*, e sim de uma nova palavra, derivada de *animal*. Logo, *animalzinho* seria um caso de derivação sufixal.

> **Observação**
>
> Atente para o fato de que a condição para a existência da parassíntese é a *simultaneidade* da anexação do prefixo e do sufixo ao radical. Se eliminarmos, por exemplo, qualquer um dos afixos da palavra *empobrecer*, o que resta não constitui palavra existente na língua:
>
> em/pobrecer ⟶ pobrecer (forma inexistente)
> empobr/ecer ⟶ empobr(e) (forma inexistente)
>
> Entretanto, em *imperdoável* não ocorre parassíntese, pois existe *perdoável*.

- **Derivação regressiva**: ocorre quando há eliminação de elementos terminais (sufixos, desinências):

    consumir ⟶ consumo

Os derivados regressivos são, em sua maioria, substantivos formados pela junção das vogais temáticas nominais *-a*, *-e*, *-o* ao radical de um verbo. Esses substantivos recebem o nome de *deverbais*. Observe:

    sobrar ⟶ sobra

Alguns substantivos deverbais apresentam, simultaneamente, formas masculinas e femininas:

    custar ⟶ custo/custa

- **Derivação imprópria**: ocorre quando há mudança de sentido e de classe gramatical:

    Só compramos coisas *baratas* na feira.
    adjetivo

    Cara, a festa estava um tremendo *barato*.
    substantivo

Composição

Leia a tirinha a seguir.

(Disponível em: https://www.humorcomciencia.com/tirinhas/guarda-a-chuva/#http-www-humorcomciencia-com-wp-content-uploads-2015-08-tirinha-guarda-a-chuva-jpg-288977. Acesso em: 16/2/2020.)

Na tira, que ironiza as mudanças climáticas e a falta de água, a palavra *guarda-chuva* é formada por dois radicais, *guard-* e *chuv-*, que isoladamente têm significação própria.

Capítulo 7 • Estrutura e formação de palavras

O processo de formação de palavras resultante da união de dois radicais é denominado **composição**.
Conforme o modo como se dá a fusão dos elementos componentes, a composição ocorre por *justaposição* ou por *aglutinação*.

- **Composição por justaposição**: as palavras associadas conservam sua autonomia fonética, isto é, cada componente conserva seu acento tônico e seus fonemas:

    pé-de-meia   passatempo

- **Composição por aglutinação**: as palavras associadas se fundem em um todo fonético, e o primeiro componente perde alguns elementos, geralmente o acento tônico, as vogais e as consoantes:

    planalto (plano + alto)   fidalgo (filho + de + algo)

Hibridismo

Inúmeros radicais gregos e latinos também participam da formação de palavras, como primeiro ou como segundo elemento da composição. Veja a composição destas palavras:

bis- + -avô > bisavô
radical latino

crono- + -metro > cronômetro
radical latino radical grego

As palavras formadas por elementos provenientes de línguas diferentes denominam-se **hibridismos**:

automóvel (grego + português)
burocracia (francês + grego)

Tu hablas portunhol?

Além dos processos clássicos de formação de palavras, há também neologismos formados a partir do cruzamento de vocábulos. É o que ocorre, por exemplo, em palavras como *chafé* (chá + café), *portunhol* (português + espanhol), *brasiguaio* (brasileiro + uruguaio).

Exercícios

Leia as tiras a seguir, de Bob Thaves:

1. O humor da primeira tira é construído a partir da oposição semântica entre as palavras *fundar* e *afundar*. Ambas as palavras apresentam a mesma origem latina (*fundus, fundare*), porém historicamente ganharam sentidos diferentes.

    a) Que diferença de sentido há entre essas palavras?

    b) Que elemento mórfico é responsável pela oposição de sentido entre as palavras?

2. A palavra *fundador*, empregada na primeira tira, apresenta o sufixo *-dor*. Compare essa palavra a estas outras: vendedor, elevador, catador, fiador, agitador. Que sentido o sufixo *-dor* acrescenta ao radical de todas essas palavras?

3. O humor da segunda tira também está relacionado com o sentido e a origem das palavras.

    a) Que palavras, na visão do primeiro monge, estariam ligadas pelo mesmo radical?

    b) A que classes de palavras elas pertencem?

    c) Que substantivo deu origem à palavra canonizar?

    d) Que verbo poderia ser formado a partir da palavra *cano*?

    e) Sabendo que várias palavras da língua se formam pelo acréscimo do sufixo *-izar* a um nome (canal + izar = canalizar; humano + izar = humanizar; banal + izar = banalizar), levante hipóteses: Qual foi o raciocínio do monge para chegar à conclusão de que *canonizar* seria "entrar pelo cano"?

4. Observe os elementos mórficos que compõem estas palavras:

    fundador
    afundar
    canonizado
    encanar
    canalizar

    Quais dessas palavras se formaram a partir do acréscimo:
    a) de apenas sufixo?
    b) de prefixo e sufixo?

Onomatopeia

Leia esta tira, de Nik:

(*Gaturro*. Cotia-SP: Vergara e Riba, 2008. n. 1, p. 34.)

As palavras empregadas nos três primeiros quadrinhos são onomatopeias.

Onomatopeias são palavras criadas com a finalidade de imitar sons e ruídos produzidos por armas de fogo, sinos, campainhas, veículos, instrumentos musicais, vozes de animais, etc. São onomatopeias: *fru-fru, pingue-pongue, zum-zum* (substantivos), *ciciar, tilintar, cacarejar, ronronar* (verbos), *pá!, pow!, zás-trás!* (interjeições).

Redução

Um dos processos de formação de palavras consiste em reduzi-las com o objetivo de economizar tempo e espaço na comunicação falada e escrita. São tipos especiais de redução as *siglas*, as *abreviações* e as *abreviaturas*.

- **Siglas**: são empregadas principalmente como redução de nomes de empresas, firmas, organizações internacionais, partidos políticos, serviços públicos, associações estudantis e recreativas:

> Ibope (Instituto Brasileiro de Opinião Pública e Estatística)

Às vezes, as siglas provêm de outras línguas:

> CD — *compact disc*
> Aids — *acquired immunological deficiency syndrome*

Observação

A sigla pode funcionar como palavra primitiva, tornando-se capaz, portanto, de formar derivados: *petista*, *peemedebista*, etc.

- **Abreviações**: consistem na redução de palavras até limites que não comprometam sua compreensão. Por exemplo: *moto* (motocicleta), *metrô* (metropolitano), *ônibus* (auto-ônibus), *foto* (fotografia), *quilo* (quilograma).
- **Abreviaturas**: consistem na redução principalmente de nomes científicos e gramaticais, de Estados e territórios, profissões, pronomes de tratamento:

> PB (Paraíba)   av. (avenida)

Eu vou de refri!

Algumas palavras sofrem um processo de redução chamado *truncamento*. Essa redução ocorre quando há perda de fonemas no final da palavra, como é o caso, por exemplo, de *portuga* (português), *Maraca* (Maracanã), *estranja* (estrangeiro), *refri* (refrigerante).

Empréstimos e gírias

Além dos processos de formação de palavras, outros meios de enriquecimento vocabular muito explorados são os *empréstimos* e as *gírias*.

- **Empréstimos**: são palavras estrangeiras que entram na língua em consequência de contatos entre os povos. Alguns desses empréstimos se aportuguesam, como ocorreu, por exemplo, com *iogurte* (do turco *yoghurt*), *chique* (do francês *chic*); outros mantêm sua grafia original, como, por exemplo, *apartheid*, *diesel*, *shopping center*, *outdoor* e *office boy* (do inglês), *telex*, *bon vivant* e *belle époque* (do francês).
- **Gírias**: são palavras ou expressões de criação popular que nascem em determinados grupos sociais ou profissionais e que, às vezes, por sua expressividade, acabam se estendendo à linguagem de todas as camadas sociais. Uma das características dessa variedade linguística é seu caráter passageiro; algumas não chegam a durar mais do que alguns meses.

Gíria dos skatistas

Baba-egg: pessoa muito bajuladora, tipo puxa-saco.
Chupar uma manguita: se dar mal, cair.
É novas: todo mundo já sabe.
Madonna: manobra radical.
Morcegar: andar de *skate* à noite.
Pleiba: rico que anda de *skate*.

Radical: no *skate*, tudo é radical. Pode ser usado como bom e ruim. Por exemplo: uma manobra radical e uma garota radical de feia.
Tá na hands: está tudo certo.
Tem jeito?: tudo bem?

(Marcelo Duarte. *O guia dos curiosos*. 3. ed., atualizada. São Paulo: Panda Books, 2005. p. 564.)

Construindo seu itinerário formativo

Estrangeirismo é português?

Você já reparou se costuma utilizar palavras estrangeiras em seu dia a dia? E já viu pessoas que são contrárias à utilização desses termos, pois acreditam que eles "contaminam", "estragam" o português? O que você pensa sobre isso?

Muitas palavras do português têm origem em formas estrangeiras que se aportuguesaram. Algumas até hoje são utilizadas em sua forma original; outras, apresentam duas formas coexistentes. Neste minicurso, vamos pesquisar de forma mais aprofundada a questão dos estrangeirismos e refletir criticamente sobre a polêmica em torno do processo de incorporação de palavras estrangeiras à língua portuguesa.

Exercícios

Leia a tirinha:

1. O humor da tira é construído a partir da contraposição dos sentidos de duas palavras. Quais são essas palavras?

2. Sabendo que *teo*, *demo* e *cracia* são radicais gregos, responda:

a) Qual é o processo de formação das palavras cujos sentidos são contrapostos na tira?

b) Qual é o sentido dos radicais *teo*, *demo* e *cracia*? Se necessário, consulte o dicionário.

c) Logo, a definição dada pelo garoto à palavra *teocracia* está correta?

3. Ao atribuir um possível sentido à palavra *democracia*, o garoto levou em conta um processo de formação de palavras. A palavra *demo*, quando empregada sozinha, pode ter os seguintes significados:

1 espírito maligno; demônio, diabo
Derivação: por extensão de sentido.

2 pessoa de índole maldosa, cruel
Ex.: *aquele assassino é o d.*
Derivação: sentido figurado.

3 indivíduo que age com esperteza, ardil, sagacidade
Derivação: sentido figurado.

4 pessoa de comportamento inquieto, turbulento

(*Dicionário eletrônico Houaiss da língua portuguesa 1.0*)

Conclua:

a) Qual é o sentido habitual da palavra *democracia*?

b) Qual foi o sentido provavelmente atribuído pelo garoto ao radical *demo*?

c) Por que motivo o garoto teria ficado preocupado, segundo ele afirma?

Capítulo 7 • Estrutura e formação de palavras

Processos de formação de palavras na construção do texto

Leia, a seguir, um trecho da canção "Samba do *approach*", de Zeca Baleiro.

Venha provar meu *brunch*
Saiba que eu tenho *approach*
Na hora do *lunch*
Eu ando de *ferryboat*...

Eu tenho *savoir-faire*
Meu temperamento é *light*
Minha casa é *hi-tech*
Toda hora rola um *insight*
[...]

(Disponível em: http://letras.terra.com.br/zeca-baleiro/43674/. Acesso em: 16/2/2020.)

Em cada um desses versos da canção há uma palavra estrangeira. Algumas delas já foram incorporadas à língua portuguesa e podem tanto ser consideradas neologismos como estrangeirismos. Em grupo, troque ideias com os colegas sobre o assunto e façam o que é pedido.

1. Montem uma tabela, distribuindo em colunas as palavras estrangeiras utilizadas na canção, o significado que elas têm e frases em que poderiam ser empregadas. Observem, como exemplo, a palavra *light*:

PALAVRA	SIGNIFICADO	EXEMPLO DE EMPREGO
light	leve, sem gordura	Só como alimentos *light*.

2. Discutam e levantem hipóteses:

   a) Que efeito de sentido o autor da canção pretende construir ao utilizar tantas palavras e expressões em inglês?

   b) Que explicação pode ser dada para o uso tão frequente de palavras como essas e a sua rápida incorporação ao vocabulário dos usuários da língua portuguesa no Brasil?

3. Alguns estudiosos da língua portuguesa condenam o uso de estrangeirismos, enquanto outros o veem como inevitável. Qual é a opinião do grupo sobre esse uso?

Para que servem os processos de formação de palavras?

Independentemente de o falante de uma língua ter ou não conhecimento deles, os processos de formação de palavras existem e são responsáveis pela criação e pela incorporação de novas palavras à língua.

Em um mundo em constante transformação, com objetos e conceitos que surgem a cada dia no campo da tecnologia e da ciência, a língua igualmente se transforma, se recria constantemente, adaptando-se às novas necessidades de comunicação.

Se você fosse inventor, que nome daria, por exemplo, a uma máquina que fosse capaz de trocar lâmpadas sozinha? Conhecer os processos de formação de palavras nos habilita a utilizá-los de forma mais eficiente e criativa.

■ Semântica e discurso

Leia a tira a seguir, de Laerte, e responda às questões 1 a 3.

1. É possível perceber que a tira retrata uma situação administrativa, em que um funcionário preenche uma ficha com os dados pessoais de um cliente. O cliente compreende claramente as perguntas do funcionário? Justifique sua resposta.

2. O humor da tira é construído a partir de um mal-entendido entre os dois personagens, causado pela dupla possibilidade de segmentação da sequência sonora *assina*.

    a) Como o cliente entendeu o que o funcionário disse?
    b) Qual era a intenção do funcionário?
    c) As palavras *assina* e *sina* têm o mesmo radical?

3. Em qual alternativa os morfemas que compõem as palavras *assina* e *sina* estão segmentados corretamente?

    a) assina → a (prefixo) + ssin (radical) + a (vogal temática)
       sina → sin (prefixo) + a (vogal temática)
    b) assina → a (prefixo) + ssin (radical) + a (sufixo)
       sina → sin (prefixo) + a (sufixo)
    c) assina → assin (radical) + a (vogal temática)
       sina → sin (radical) + a (vogal temática)

Capítulo 7 ▪ Estrutura e formação de palavras   93

CAPÍTULO 8

O substantivo

Este capítulo favorece o desenvolvimento das habilidades

EM13LGG101
EM13LGG102
EM13LGG103
EM13LGG104
EM13LGG202
EM13LGG203
EM13LGG302
EM13LGG401
EM13LGG402
EM13LP01
EM13LP02
EM13LP03
EM13LP06
EM13LP07
EM13LP09
EM13LP10
EM13LP24
EM13LP46

Construindo o conceito

Leia o anúncio:

www.ponto.com.br

ARVORECASAPERDIOINDUSTRIAPRATAFE
IRAPADARIASUPERMERCADOPRAÇAFOR
UMRESTAURANTELAVANDERIABARLOJAC
ALÇADALANCHONETEVAGAPONTEVIAD
UTOMOTOCARTAZMONTANHAAVENIDAP
ASSARELACLINICAFACHADAESQUINAPE
DESTRECANAL OUTDOOR CLUBEFARMAC
IAMURATERRENOGALERIASHOPPINGSEM
AFOROPLACAPOSTEFIOSPORTAOONIBUS
CARRTELHADOPICHAÇOESPEDRACAC
HORROPIPOQUEIROGUARDACATADORC
AMINHAODELIXOVANACADEMIALUMIN
OSABANCAESCRITORIOBOITECINEMAFA
IXAEMPENAOFICINABANCOSORVETERIA
OBRAUNIVERSIDADEROTATORIACANTEI
ROJARDIMHOSPITALSALAOCAIXAELETR
ONICOESTACIONAMENTORELOGIOD

Apareça.   Outdoor é **PONTO**
             2121 7006

Ponto de Propaganda

1. Há, no anúncio, uma enumeração de palavras.

a) As palavras que compõem essa enumeração dizem respeito a que tipo de paisagem?

b) Entre as palavras, identifique as que nomeiam:

- seres animados
- objetos
- estabelecimentos comerciais
- meios de transporte

2. Observe estas duas palavras da enumeração:

| BANCA | BANCO |

a) É possível considerar que, no contexto do anúncio, essas palavras correspondem às formas masculina e feminina de um mesmo nome? Justifique sua resposta.

b) Entre as palavras seguintes, indique duas em que a relação entre a forma feminina e a forma masculina é a mesma que há entre *banca* e *banco*.

- casa
- farmácia
- pedra
- montanha
- lixo

Unidade 3 • Morfologia

3. A palavra *outdoor*, no anúncio, está destacada das outras. Releia os enunciados da parte inferior do anúncio:

> "Apareça.
> Outdoor é Ponto"

a) Levante hipóteses: Qual é o ramo de atividade da empresa anunciante?
b) Qual é o efeito de sentido criado no anúncio pela relação entre o destaque dado à palavra *outdoor* e o enunciado "Apareça"?
c) No contexto do anúncio, a palavra *Ponto* é substantivo próprio. O que justifica essa classificação?

■ Conceituando

Para identificar os seres, nomear os objetos e lugares, designar sentimentos, ações, etc., necessitamos de certo tipo de palavras, como *pedestre*, *cachorro*, *placa*, *fio*, *restaurante*, *bar*, *dor*, etc. Essas palavras são denominadas **substantivos**.

> **Substantivos:** são palavras que designam seres — visíveis ou não, animados ou não —, objetos, lugares, ações, estados, sentimentos, desejos, ideias.

Morfossintaxe: forma e função

Falar é uma atividade tão habitual e natural que raramente o usuário de uma língua se dá conta dos mecanismos que regem qualquer ato de fala.

Todos os falantes inconscientemente *selecionam* e *combinam* palavras de acordo com determinadas regras interiorizadas por aqueles que se utilizam da língua.

Ao selecionar as palavras, o falante, além de considerar o sentido, leva em conta a *forma* das palavras (artigo, substantivo, verbo, etc.) em virtude da *função* (sujeito, objeto direto, predicativo, etc.) que elas assumem na oração.

Leia esta tira:

Comparando a frase do rei com o texto não verbal, percebe-se que o efeito de humor é construído por uma inversão na combinação entre os verbos e seus complementos ("casar com a princesa" e "matar o dragão").

Há palavras que podem ocupar mais de um lugar na estrutura dos enunciados, implicando ou não alteração de sentido nas frases. Por exemplo, em "o cavaleiro português", o ente nomeado é *cavaleiro*, e *português* é um adjetivo que restringe o nome *cavaleiro*, indicando sua nacionalidade. Em "o português cavaleiro", o ente nomeado é *português*, e *cavaleiro* é o adjetivo que restringe o nome *português*, indicando sua ocupação/profissão.

Entre o substantivo e os artigos que o (in)determinam, estes virão sempre em primeiro lugar, não é possível alterar essa ordem no português. O artigo sempre precede o substantivo, com o qual concorda em gênero e número — o(s) cavaleiro(s), a(s) princesa(s) —, nunca sendo possível o substantivo preceder o artigo.

	SUJEITO		PREDICADO		
Função	adjunto adnominal	núcleo do sujeito	núcleo do predicado	objeto direto	
Forma	artigo	substantivo	verbo	artigo	substantivo
	O	cavaleiro	matou	a	princesa

	SUJEITO		PREDICADO			
Função	adjunto adnominal	núcleo do sujeito	núcleo do predicado	objeto indireto		
Forma	artigo	substantivo	verbo	preposição	artigo	substantivo
	O	cavaleiro	casou	com	o	dragão

Em um ato de fala, a seleção e a combinação ocorrem simultaneamente. Assim, ao estudar a forma e a função das palavras, não se pode desvincular o estudo de uma do estudo da outra, pois forma e função coexistem e seus papéis só se definem solidariamente.

De acordo com a forma que apresentam, as palavras classificam-se em: substantivos, adjetivos, numerais, artigos, pronomes, verbos, advérbios, preposições, conjunções e interjeições.

A parte da gramática que estuda a *forma* das palavras recebe o nome de **morfologia**. A que estuda a *função* das palavras na oração recebe o nome de **sintaxe**.

Função sintática do substantivo

O substantivo figura na frase como núcleo das seguintes funções sintáticas: sujeito, objeto direto, objeto indireto, predicativo do sujeito e do objeto, complemento nominal, adjunto adverbial, agente da passiva, aposto e vocativo.

Observe a relação entre *forma* (classe gramatical) e *função* na análise dos substantivos destas frases:

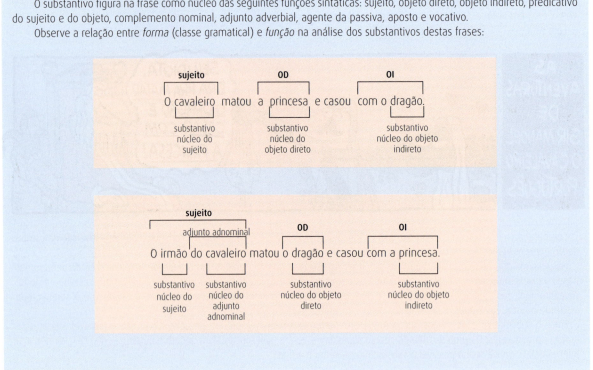

Exercícios

Leia esta tira, de Quino:

(Disponível em: http://dropsculturais.wordpress.com/2012/03/15/parabens-mafalda/. Acesso em: 12/4/2012.)

1. A tira mostra claramente a diferença entre as duas personagens quanto a valores. Qual é essa diferença?

2. Contrapondo-se aos valores de Mafalda, Susanita argumenta: "Se você sair na rua sem cultura, a polícia te prende? Experimenta sair sem vestido".

   a) Do ponto de vista morfológico, como se classificam os substantivos *vestidos* e *cultura*?

   b) A argumentação de Susanita baseia-se em algo concreto: vestidos. Explique como a classificação morfológica de *cultura* contribui para a construção do humor do texto.

> **Classificação do substantivo**
>
> Os substantivos classificam-se em:
> - **comuns**: referem-se a qualquer ser de uma espécie, sem particularizá-lo: *açúcar, bolo*.
> - **próprios**: nomeiam um ser em particular, destacando-o dentro da espécie ou do grupo; são grafados com letra maiúscula: *Japão, Campinas*.
> - **concretos**: nomeiam seres com existência própria, isto é, que não dependem de outro ser para existir: *lápis, gato*.
> - **abstratos**: nomeiam ações, qualidades, estados, sentimentos, isto é, seres que só existem em outros ou a partir da existência de outros seres: *ensino, bravura, pobreza*.
> - **coletivos**: designam uma pluralidade de seres da mesma espécie: *multidão, antologia*.

No Apêndice, na página 405, você encontrará uma lista com os coletivos mais usados no português.

3. Observe que, no texto a seguir, há uso excessivo do pronome relativo *que*. Em muitos casos esse *que* pode ser substituído por um substantivo, procedimento que é chamado de **nominalização**. A fim de deixar o texto mais fluente, substitua a palavra *que* e os verbos destacados por substantivos abstratos. Faça as adaptações necessárias.

> O jornalista *que redigiu* a matéria que sugeria *que os* políticos acusados *eram inocentes* falou *que espera que o* público *o compreenda e que pretende* mover uma ação contra os *que o delataram*. A população, por sua vez, quer *que o* jornalista *seja condenado porque suprimiu* informações essenciais ao caso e *porque comportou-se como* se fizesse parte da quadrilha.

4. Complete adequadamente as manchetes de jornal a seguir com um dos substantivos coletivos do quadro.

> quadrilha   colmeia   antologia   frota
> tripulação   fauna   Pinacoteca

   a) Prefeitura estuda a instalação de GPS na ☐ de táxis da capital
   b) ☐ expõe obras de Tarsila do Amaral
   c) A ☐ não informou os passageiros sobre problemas no voo
   d) Pessoas que tentaram pôr fogo em ☐ são atacadas por abelhas
   e) Biólogos revelam que construção de hidrelétrica ameaça ☐
   f) Lançamento de ☐ comprova perspicácia de Stanislaw Ponte Preta
   g) Polícia civil prende ☐ envolvida em desvio de cargas e roubo de caminhões

> **Classificação do substantivo quanto à formação**
>
> Quanto à formação, os substantivos classificam-se em:
> - **primitivos**: são aqueles que dão origem a outras palavras: *livro, pedra*.
> - **derivados**: são os que se originam de outras palavras: *livraria, pedregulho*.
> - **simples**: são os formados por apenas uma palavra: *terra, homem*.
> - **compostos**: são os formados por mais de uma palavra: *beija-flor, lobisomem*.

Flexão do substantivo

Leia este poema, de Ferreira Gullar:

> **Ocorrência**
>
> Aí o homem sério entrou e disse: bom dia.
> Aí outro homem sério respondeu: bom dia.
> Aí a mulher séria respondeu: bom dia.
> Aí a menininha no chão respondeu: bom dia.
> Aí todos riram de uma vez
> Menos as duas cadeiras, a mesa, o jarro, as flores
> as paredes, o relógio, a lâmpada, o retrato, os livros
> o mata-borrão, os sapatos, as gravatas, as camisas, os lenços.
>
> *(Melhores poemas de Ferreira Gullar. Seleção de Alfredo Bosi. 7. ed. São Paulo: Global, 2004. p. 54.)*

1. Os substantivos utilizados no poema ajudam na construção dos efeitos de sentido e do cenário em que a situação narrada ocorre. Levante hipóteses:

a) Qual fato narrado fez com que todos rissem de uma vez? Por que esse fato é engraçado?

b) Em que lugar se passa a cena? Justifique sua resposta com substantivos do texto.

c) Por que não riram os seres nomeados do sexto verso em diante?

d) Como se classificam os substantivos que nomeiam esses seres?

> **Sexo e gênero**
>
> Não se deve confundir sexo com gênero, pelas seguintes razões:
> - O gênero diz respeito a todos os substantivos de nossa língua, quer se refiram a seres animais providos de sexo, quer designem apenas "coisas": o gato/a gata; o banco, a casa.
> - Mesmo substantivos referentes a animais ou pessoas apresentam, muitas vezes, discrepância entre gênero e sexo: *cobra* é sempre feminino; *cônjuge* é sempre masculino.
>
> O gênero dos substantivos é um princípio puramente linguístico, convencional.

2. Alguns substantivos têm uma forma para o masculino e outra para o feminino.

a) Identifique no poema um par de substantivos com formas diferentes no masculino e no feminino.

b) Como é formado o masculino do substantivo *menina*?

c) Nos três últimos versos, identifique três substantivos masculinos e três substantivos femininos.

d) Nesses substantivos, as terminações *-a* ou *-o* também podem ser associadas a gênero?

e) Com base nas respostas às perguntas anteriores, conclua: Em português, existe um único modo de formar o feminino dos substantivos?

3. No quarto verso, é empregado o substantivo *menininha*.

a) Qual sentido o acréscimo do sufixo *-inha* confere ao substantivo *menina*?

b) O acréscimo do sufixo *-inha* ao substantivo *mulher* produz a mesma alteração de sentido que em *menina*?

> **Gênero do substantivo**
>
> A flexão de gênero é uma só, com pouquíssimas variações: forma-se o feminino pela troca das vogais *o* e *e* por *a* ou pelo acréscimo da desinência *-a*:
>
> > lobo – loba   mestre – mestra   autor – autora
>
> *Exceções:* avô – avó; órfão – órfã; leão – leoa; valentão – valentona.

Exercícios

Leia as manchetes e os trechos de notícias a seguir e responda às questões 1 a 4.

I. PM inicia maratona de atendimentos médicos no Verão 2020

[...] Coordenadora do programa, a capitão Ana Carolina de Miranda explica que a estrutura dos consultórios itinerantes chama a atenção das pessoas, em geral.

(Disponível em: https://agenciapara.com.br/noticia/20534/. Acesso em: 20/4/2021.)

II. Capitã da PM representa Segurança Pública em livro que trata da atuação feminina em Direitos Humanos

(Disponível em: https://www.portalt5.com.br/noticias/policia/2020/8/363877-capita-da-pm-representa-seguranca-publica-em-livro-que-trata-da-atuacao-feminina-em-direitos-humanos. Acesso em: 21/4/2021.)

III. Foto de sargento amamentando bebê viraliza nas redes sociais

Uma policial militar foi flagrada amamentando um bebê, que chorava de fome, na Delegacia de Mulheres em Belo Horizonte. O ato de solidariedade ganhou as redes sociais e conquistou o coração de muita gente.

(Disponível em: https://noticias.r7.com/minas-gerais/balanco-geral-mg/videos/foto-de-sargento-amamentando-bebe-viraliza-nas-redes-sociais-25022020. Acesso em: 20/4/2021.)

IV. Patrulha Maria da Penha de Sinop promove lives no mês de combate à violência doméstica

[...] A coordenadora da Patrulha, a sargenta da PM Lucélia, disse que durante o mês Lilás serão debatidos os avanços da Lei Maria da Penha, como as medidas protetivas de urgência, além de políticas públicas voltadas à prevenção da violência contra a mulher no município de Sinop.

(Disponível em: http://circuitomt.com.br/editorias/cidades/154500-patrulha-maria-da-penha-de-sinop-promove-lives-no-mes-de-combate-a-violencia-domestica.html. Acesso em: 20/4/2021.)

V. Morte de soldada de 20 anos expõe a violência sexual nas Forças Armadas dos EUA

(Disponível em: https://www.pragmatismopolitico.com.br/2020/07/morte-de-soldada-de-20-anos-expoe-a-violencia-sexual-nas-forcas-armadas-dos-eua.html. Acesso em: 20/4/2021.)

VI. Família de soldado desaparecida nos EUA diz que exército americano mentiu

(Disponível em: https://noticias.uol.com.br/internacional/ultimas-noticias/2020/07/02/familia-de-soldado-desaparecida-nos-eua-diz-que-exercito-americano-mentiu.htm?cmpid=copiaecola. Acesso em: 20/4/2021.)

1. Todos os trechos ou manchetes lidos fazem referência a mulheres do exército ou da polícia que ocupam cargos de patente nessas instituições. Identifique como cada um dos textos lidos nomeia essas patentes.

2. Embora o Vocabulário Ortográfico da Língua Portuguesa registre os nomes femininos das patentes, é mais comum ver a utilização das formas masculinas nesse contexto.

  a) Levante hipóteses: Por que as formas masculinas prevalecem?

  b) Explique como cada um dos textos que utiliza as formas masculinas explicita que faz referência a uma mulher.

3. Releia os textos que optam por formas femininas e observe seu conteúdo. Em seguida, troque ideias com os colegas e o professor e levante hipóteses: Por que a forma feminina foi utilizada nesses casos?

4. Identifique, entre as opções a seguir, a que contém substantivos cujas formas podem ser diferentes no masculino e no feminino.

  a) vítima, dentista, artista
  b) gerente, agente, atendente
  c) mestre, parente, gigante
  d) jornalista, jovem, policial

amig@s, amigxs, amigues

Tem sido cada vez mais recorrente a discussão sobre a utilização de um "gênero neutro" em português, e atualmente é possível encontrar publicações e textos de redes sociais que utilizam formas como as do título deste boxe para fazer referência a um grupo de pessoas sem gênero determinado.

É importante salientar que essa discussão vai além da questão puramente gramatical, pois coloca em debate a visibilidade de grupos socialmente marginalizados que buscam representatividade. Desse ponto de vista, portanto, fazer uma avaliação e correção estritamente gramatical é analisar a situação de forma muito simplista, pois sabemos que a língua reflete comportamentos sociais e é também modificada pela sociedade. Essa discussão mostra que estamos presenciando em tempo real uma dessas possíveis mudanças.

Capítulo 8 ▪ O substantivo

5. Leia o texto abaixo, observando no enunciado o emprego de *pezinho*, forma diminutiva do substantivo *pé*.

(Disponível em: http://www.memoriadapropaganda.org.br/noticias/noticia.php?newsId=20090826B&Img=2. Acesso em: 13/4/2012.)

a) Como se dá a formação da palavra *pezinho*?
b) Além de diminuição, o diminutivo pode expressar outras ideias. Quais são essas outras ideias, habitualmente?
c) Qual sentido pode ser atribuído ao diminutivo *pezinho*, no contexto do anúncio?

6. Nos últimos tempos, muitos substantivos de origem estrangeira têm sido incorporados ao nosso léxico. Alguns mantêm sua forma original, como, por exemplo, *outdoor*, *know-how*, *shopping center*, outros já se aportuguesaram e se flexionam em número, como os demais substantivos de nossa língua: zíper, pôster, frízer, chisbúrguer, suéter, destróier. Dê o plural dessas palavras.

7. Explique o que acontece com a pronúncia dos seguintes substantivos ao serem pluralizados:

a) imposto – ovo – povo – socorro – esforço – corpo – reforço
b) acordo – transtorno – choro – esboço – gosto – rolo conforto

8. Em quais das sequências a seguir o plural de todos os substantivos compostos está de acordo com a norma-padrão da língua? Indique-as e depois reescreva adequadamente os substantivos que estão flexionados em desacordo com a norma-padrão.

a) lenga-lengas, abaixo-assinados, alto-falantes, quartas-feiras
b) bem-te-vis, águas-de-colônia, públicos-alvo, corre-corres
c) salário-mínimos, decretos-lei, segundas-feira, bem-te-vis
d) cartões-postais, cirurgiões-dentistas, quebra-cabeças, para-raios
e) vales-transportes, curto-circuitos, portas-mala, toca-fitas

9. Nos substantivos compostos, a palavra *guarda* pode ser forma verbal (do verbo *guardar*) ou substantivo. Para identificá-la morfologicamente, é útil fazer a seguinte observação: se o segundo elemento for substantivo, *guarda* é verbo; se o segundo elemento for adjetivo, *guarda* é substantivo. Com base nessa distinção, dê o plural dos seguintes substantivos compostos:

a) o guarda-roupa
b) o guarda-costas
c) o guarda-noturno
d) o guarda-chuva

Número do substantivo simples

O plural dos substantivos simples se faz pelo acréscimo da desinência *-s*:

peixe – peixes

Há, entretanto, alguns substantivos simples que fazem o plural de outras maneiras, dependendo de suas terminações. Por exemplo:
- os substantivos terminados em *-r*, *-s* ou *-z* fazem o plural acrescentando-se *-es*:

açúcar – açúcares   vez – vezes   mês – meses

- os substantivos terminados em *-l* fazem geralmente o plural substituindo-se o *-l* por *-is*:

canal – canais   lençol – lençóis

Plural dos substantivos compostos

- Pluralizam-se as palavras variáveis (substantivo e adjetivo) e não se pluralizam as invariáveis (verbos, advérbios e interjeições) que compõem o substantivo composto:

tenentes-coronéis   pequenos-burgueses   beija-flores
subst. subst.   adj. subst.   verbo subst.

- Pode-se pluralizar apenas o primeiro substantivos e o segundo funcionar como *especificador*, com ou sem o auxílio de preposição:

pés-de-meia   pombos-correio

- Nos compostos formados por palavras repetidas ou onomatopeias, pluraliza-se o segundo elemento:

corre-corres   tico-ticos

- Não se pluraliza o adjetivo contraído *grã(o)*:

grão-duques   grã-cruzes

- Nos nomes dos dias da semana pluralizam-se os dois elementos:

terças-feiras   quartas-feiras

10. Observe esta placa:

(José Eduardo Camargo. *O Brasil das placas*. São Paulo: Panda Books, 2007.)

a) A forma plural *irmões* está de acordo com a norma-padrão? Por quê?

b) Das palavras a seguir, quais formam o plural da mesma forma que irmão?
- corrimão
- latão
- anão
- cidadão

11. No poema a seguir, o poeta Carlos Saldanha brinca com as palavras, usando-as no aumentativo e no diminutivo, expressos por meio de sufixos. Para obter o poema em sua forma original, passe para o aumentativo as palavras que estão entre parênteses, empregando os sufixos aumentativos *-orra, -arra, -arrão, -ázio* ou *-anzil*. Depois, leia-o integralmente.

De binóculo

Abaixando o (copo)
Empunhando o espadim
Levantando o (corpo)
Indiferente ao poviléu
O (homem) abriu a (boca)
fitando admirado
O (navio) do (capitão)

(*In*: Heloisa Buarque de Hollanda, org. *26 poetas hoje*. 4. ed. Rio de Janeiro: Aeroplano, 2001. p. 27.)

Flexão do substantivo ou derivação?

Há uma polêmica entre os pesquisadores sobre o grau do substantivo. Alguns consideram os aumentativos e diminutivos uma flexão do substantivo. Outros, entretanto, como Joaquim Mattoso Camara Jr., consideram o aumentativo e o diminutivo como uma derivação.

Nos substantivos, a ideia de aumento ou diminuição das proporções se expressa por meio de adjetivos ou de sufixos:

homem *grande*	homem *pequeno*
(enorme, imenso)	(miúdo)
homen*zarrão*	homen*zinho*

As ideias de grandeza e pequenez emprestam às vezes aos substantivos um valor pejorativo ou depreciativo: *cabeçorra, politicão, livreco*; outras vezes, simpatia, afeição: *filhinha, benzinho*.

O substantivo na construção do texto

Leia a letra de uma canção do grupo Titãs e responda às questões propostas.

O pulso

O pulso ainda pulsa
O pulso ainda pulsa...

Peste bubônica
Câncer, pneumonia
Raiva, rubéola
Tuberculose e anemia
Rancor, cisticercose
Caxumba, difteria
Encefalite, faringite
Gripe e leucemia...

E o pulso ainda pulsa
E o pulso ainda pulsa

Hepatite, escarlatina
Estupidez, paralisia
Toxoplasmose, sarampo
Esquizofrenia
Úlcera, trombose
Coqueluche, hipocondria
Sífilis, ciúmes
Asma, cleptomania...

E o corpo ainda é pouco
E o corpo ainda é pouco
Assim...

Reumatismo, raquitismo
Cistite, disritmia
Hérnia, pediculose
Tétano, hipocrisia
Brucelose, febre tifoide
Arteriosclerose, miopia
Catapora, culpa, cárie
Cãibra, lepra, afasia...

O pulso ainda pulsa
E o corpo ainda é pouco
Ainda pulsa
Ainda é pouco

Pulso
Pulso
Pulso
Pulso

Assim...

(Arnaldo Antunes, Marcelo Fromer, Tony Bellotto. Disponível em: http://letras.terra.com.br/titas/48989/. Acesso em: 17/4/2012.)

1. A letra da canção é construída a partir de um processo chamado **enumeração**, que consiste em uma exposição ou relação metódica de vários elementos.

    a) Que classe de palavras predomina nessa enumeração?
    b) Como consequência, o texto é predominantemente nominal ou verbal?
    c) Entre os termos a seguir, de significação mais genérica, indique o que pode englobar a maioria das palavras enumeradas na canção.

    • problemas   • imprevistos   • doenças   • dificuldades

2. Entre as palavras listadas na canção, há pelo menos cinco que podem ser consideradas "estranhas" à enumeração.

    a) Quais são essas palavras?
    b) Qual termo de significação mais genérica você utilizaria para se referir a essas palavras?
    c) Há, no texto, uma palavra que pode ser considerada polissêmica, isto é, pode ter mais de um sentido no contexto. Qual é essa palavra e quais são seus sentidos possíveis?
    d) Levante hipóteses: Que efeito de sentido é produzido na canção com a enumeração dessas palavras em um único conjunto?

3. Além de fazer várias enumerações, o texto repete, com pequena variação, estes enunciados:

    "O pulso ainda pulsa"   "E o corpo ainda é pouco"

    Levante hipóteses: Que relação pode ser estabelecida entre os nomes que compõem as enumerações e os enunciados acima?

Para que serve o substantivo?

O substantivo é uma das classes de palavras essenciais da língua. É responsável pela nomeação dos seres e coisas que estão à nossa volta, bem como de nossos sentimentos e ideias. Além disso, é essencial para atender à necessidade humana de ordenar, classificar, distinguir, hierarquizar, etc. Sem os substantivos, como faríamos a distinção, por exemplo, entre peixe e homem, terra e mar, sal e mel?

Ligados diretamente à experiência e à cultura de um povo, substantivos de uma língua às vezes não encontram correspondência em substantivos de outras línguas. A palavra *saudade*, por exemplo, quase não encontra correspondência perfeita em outras línguas.

■ Semântica e discurso

Leia o anúncio abaixo e responda às questões 1 e 2.

(Disponível em: http://www.putasacada.com.br/cancer-laiaute-bahia. Acesso em: 21/9/2021.)

1. O enunciado principal do anúncio é constituído por uma única palavra: *esperança*.

   a) De que material essa palavra é formada?
   b) Como se classifica morfologicamente a palavra *esperança*?

2. No enunciado da parte inferior do anúncio, lê-se:

> "Sem a sua ajuda, as vítimas do câncer têm muito mais a perder."

Esse enunciado confere ao enunciado principal um novo sentido. Considerando esse novo sentido, responda:

   a) Que tipo de tratamento de câncer está implícito no anúncio?
   b) Sendo ajudadas, o que as vítimas de câncer perdem, em sentido concreto?
   c) E sem ajuda, o que elas perdem?

3. A diferença entre substantivo concreto e substantivo abstrato às vezes é sutil e deve sempre ser considerada no contexto em que eles são empregados. Observe o conjunto de substantivos derivados do verbo *plantar* e seus respectivos empregos:

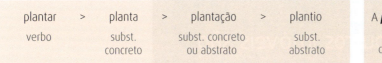

plantar	>	planta	>	plantação	>	plantio
verbo		subst. concreto		subst. concreto ou abstrato		subst. abstrato

A **planta** crescia assustadoramente.
subst. concreto

O **plantio** terá início em novembro.
subst. abstrato (ação/processo)

Os trabalhadores deram início à **plantação**.
subst. abstrato (processo)

A **plantação** ficava toda verdinha no mês de abril.
subst. concreto

Crie frases em que os substantivos a seguir sejam empregados como concretos e depois como abstratos.

   a) solução
   b) ferimento
   c) casamento
   d) comemoração

4. *Hipônimos* são palavras que, embora apresentem sentidos diferentes uma da outra, pertencem ao mesmo campo semântico. Por exemplo, as palavras *cão, gato, cabrito, elefante, leão* e *tigre* são hipônimas do substantivo *animais*. Já *animais*, por englobar as demais, é *hiperônima* delas. Leia estas sequências de substantivos:

- piloto, pedestre, médico, dentista, engenheiro
- feijoada, vinho, chá, café, refrigerante, suco
- botas, sandálias, chinelos, tênis, meias, coturnos
- infância, adolescência, viuvez, puberdade, juventude, velhice
- almoço, café, lanche, restaurante, jantar, merenda

   a) Em cada uma das sequências, qual é o único substantivo que não é hipônimo?
   b) Excluindo esse substantivo, que outro substantivo ou expressão hiperônima poderia englobar todos os restantes, em cada sequência?

Capítulo 8 • O substantivo   103

CAPÍTULO 9

O adjetivo, o artigo e o numeral

▮ Construindo o conceito

Leia o anúncio a seguir.

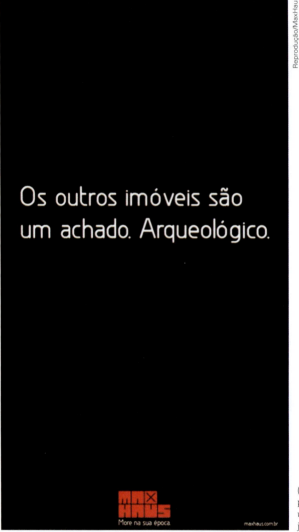

(Disponível em: http://www.putasacada.com.br/wp-content/uploads/2014/05/maxhaus-titulo01.jpg. Acesso em: 21/4/2021.)

Este capítulo favorece o desenvolvimento das habilidades

EM13LGG101
EM13LGG102
EM13LGG103
EM13LGG104
EM13LGG202
EM13LGG203
EM13LGG302
EM13LGG401
EM13LGG402
EM13LP01
EM13LP02
EM13LP03
EM13LP06
EM13LP07
EM13LP09
EM13LP10
EM13LP36
EM13LP38
EM13LP45
EM13LP46

1. Sobre a situação de comunicação na qual o anúncio circulou, responda:

a) Quem é o anunciante e qual é a sua área de atuação?
b) A quem o anúncio se dirige?
c) Qual é o produto anunciado?

2. Releia a primeira frase do enunciado central.

a) Troque ideias com os colegas e o professor: Qual é o sentido da palavra *achado*, nessa primeira frase, se lida isoladamente?
b) Quais são "os outros imóveis" a que o anunciante se refere? Explique o sentido dessa primeira frase lida isoladamente.

104 Unidade 3 ▪ Morfologia

c) Reescreva-a:
- colocando a palavra *imóveis* no singular e fazendo as alterações necessárias, de acordo com as regras da norma-padrão;
- substituindo a palavra *imóveis* pela palavra *casas* e fazendo as alterações necessárias, de acordo com as regras da norma-padrão.

d) Conclua: Quais outras palavras concordam com a palavra *imóveis* nessa frase? Justifique sua resposta.

3. Agora, observe a palavra que compõe a segunda frase do enunciado central.

a) A qual outra palavra da frase anterior ela se refere? Justifique sua resposta com base na forma das palavras do anúncio.

b) Reescreva todo o enunciado central em uma única frase, colocando a palavra *achado* no plural e fazendo as alterações necessárias, de acordo com as regras da norma-padrão.

c) Compare o texto do anúncio à frase escrita por você no item **b**, troque ideias com os colegas e o professor e explique por que o isolamento da palavra *arqueológico* em outra frase contribui para construir certo efeito de humor no contexto do anúncio.

4. Leia as frases a seguir:
I. **Imóveis** são um achado.
II. **Os imóveis** são um achado.
III. **Uns imóveis** são um achado.
IV. **Imóvel** é um achado.
V. **O imóvel** é um achado.
VI. **Um imóvel** é um achado.
VII. **Um imóvel** é um achado. Dois, então, nem se fala.

Troque ideias com os colegas e o professor:

a) Levante hipóteses: Em quais contextos essas frases poderiam ser ditas, por quem, para quem, com qual intenção?

b) Classifique os termos em destaque nas frases de I a VII de acordo com os seguintes critérios:
- Apontam para um ou mais elementos específicos do mundo ou generalizam o sentido do referente.
- Não fazem referência a um elemento específico do mundo.
- Priorizam um sentido genérico, sem usar nenhuma palavra determinante.
- Quantificam o referente.

5. Leia as manchetes de jornal a seguir.

Melhor que isso, só dinheiro achado

(Disponível em: http://www.pocosja.com.br/2019/01/07/melhor-do-que-isso-so-dinheiro-achado/. Acesso em: 21/4/2021.)

Registros de apropriação de coisa achada revela falta de civilidade

(Disponível em: https://amazonasatual.com.br/registros-de-apropriacao-de-coisa-achada-revela-falta-de-civilidade/. Acesso em: 21/4/2021.)

a) Qual é o sentido da palavra *achado/achada* em cada uma das manchetes?

b) Explique por que, na primeira manchete, ela foi empregada no masculino e, na segunda, no feminino.

c) Compare os empregos da palavra *achado/achada* nas manchetes e no anúncio e explique a diferença entre eles.

■ Conceituando

Ao responder às questões anteriores, você viu que há palavras que se ligam ao substantivo para determiná-lo, indeterminá-lo, diferenciá-lo, especificá-lo, generalizá-lo, particularizá-lo, quantificá-lo.

Todos os seres que nos circundam podem ser diferenciados ou particularizados por características que lhes são próprias, circunstanciais ou fruto de nossa percepção. No estudo do anúncio, por exemplo, você viu que a caracterização de um imóvel como *arqueológico, velho, antiquado* ou como *novo, atual, contemporâneo*, depende tanto dos atributos da construção quanto do ponto de vista de quem faz tal avaliação. As palavras *arqueológico, velho, antiquado, novo, atual, contemporâneo* são **adjetivos**.

Você também observou que algumas palavras que antecedem o substantivo, como *um*, em "um imóvel", podem modificar-lhe o sentido. Podemos entender a expressão como "um imóvel qualquer" e também como "um único imóvel". Na primeira situação, a palavra *um* é **artigo**; na segunda, *um* é **numeral**.

> **Adjetivos** são palavras que designam condição ou estado provisórios ou permanentes, caracterizando e particularizando os seres. Podem expressar fatos ou percepções subjetivas. Referem-se sempre a um substantivo explícito ou subentendido na frase, com o qual concordam em gênero e número.

> **Artigo** é a palavra que antecede o substantivo, definindo-o ou indefinindo-o.
> **Numeral** é a palavra que expressa quantidade exata de pessoas ou coisas ou o lugar que elas ocupam em uma determinada sequência.

Como os substantivos, os **adjetivos** podem ser, quanto à *formação*: **primitivos** (estreito, liso), **derivados** (estreitador, alisado), **simples** (científico, literário, azul, marinho) e **compostos** (científico-literário, azul-marinho).

Os **artigos** classificam-se em:
- **definidos**: *o, a, os, as*
  Definem o substantivo, indicando que se trata de um ser conhecido que já foi mencionado antes: *A* cidade amanheceu em festa.
  Também são usados para fazer referência ao substantivo de forma genérica: *A* mente humana é realmente incrível.
- **indefinidos**: *um, uma, uns, umas*
  Indefinem o substantivo, indicando um ser qualquer entre vários da mesma espécie ou um ser ao qual ainda não se fez menção: Há *um* homem na sala de espera querendo falar com você.

Os **numerais** classificam-se em:
- **cardinais**: designam uma quantidade de seres: Nessa carteira só há *duas* notas de *cinco* reais.
- **ordinais**: indicam série, ordem, posição: A *primeira* proposta foi aceita pela maioria dos alunos.
- **multiplicativos**: expressam aumento proporcional a um múltiplo da unidade: Comprou na feira o *dobro* de livros que pretendia.
- **fracionários**: denotam diminuição proporcional a divisões (frações) da unidade: Coube a ela *um terço* da herança dos avós.

Funções sintáticas do adjetivo, do artigo e do numeral

O *adjetivo* e a *locução adjetiva* podem exercer na oração as funções de *adjunto adnominal, predicativo do sujeito* e *predicativo do objeto*.

O *artigo*, definido ou indefinido, exerce na oração a função sintática de *adjunto adnominal*.

Para saber a função sintática do *numeral*, precisamos observar se, na oração, seu papel é de adjetivo ou substantivo.

Leia os exemplos abaixo. No primeiro caso, o numeral assume a função sintática de adjunto adnominal; no segundo caso, ele desempenha uma função sintática própria do substantivo, ou seja, de *núcleo* de um *sujeito*, de um *objeto direto*, de um *objeto indireto*, etc. Observe também nessas frases a relação entre *forma* (classe gramatical) e *função* na análise dos artigos, dos numerais e dos adjetivos.

numeral	adjetivo	artigo	numeral	artigo
ad. adn.	adj. adn.	adj. adn.	núcleo do sujeito	adj. adn.

artigo	adjetivo	artigo	artigo	adjetivo
adj. adn.	predicativo do sujeito	adj. adn.	adj. adn.	predicativo do objeto

Dá-se o nome de *locução adjetiva* à expressão com valor de adjetivo formada por preposição + substantivo. Nos títulos de filmes a seguir, as expressões *da verdade, da justiça* e *de um casamento* constituem locuções adjetivas.

Nas páginas 406 e 407, no Apêndice, você vai encontrar uma lista de locuções adjetivas e adjetivos correspondentes.

É comum o artigo ter o papel de substantivar uma palavra ou expressão. Por exemplo, a palavra *melhor*, empregada geralmente como adjetivo, está substantivada pelo artigo definido *o* na capa da revista ao lado. Também é comum os artigos aparecerem unidos a preposições, como no anúncio à direita, em que o artigo *o* está unido à preposição *de*, formando a combinação *do*.

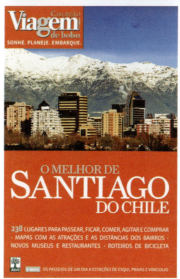

Capítulo 9 • O adjetivo, o artigo e o numeral   107

Exercícios

Leia o texto a seguir e responda às questões 1 a 4.

A maratona do herói

A maratona é a mais longa, difícil e emocionante prova olímpica. Desde 1908, seu percurso é de 42.195 m. Tudo começou no ano de 490 a.C., quando soldados gregos e persas travaram uma batalha que se desenrolou entre a cidade de Maratona e o mar Egeu.

A luta estava difícil para os gregos. Comandados por Dario, os persas avançaram seu exército em direção a Maratona. Milcíades, o comandante grego, resolveu pedir reforço. Chamou Fidípides, um de seus valentes soldados. Ótimo corredor, ele levou o apelo de cidade em cidade até chegar em Atenas, 40 km distante. Voltou com 10 mil soldados e os gregos venceram a batalha, matando 6.400 persas.

Entusiasmado com a vitória, Milcíades ordenou que Fidípides fosse correndo até Atenas outra vez para informar que eles tinham vencido a batalha. Fidípides foi de novo, sem parar. Quando chegou ao seu destino, só teve forças para dizer uma palavra: "Vencemos!". E caiu morto. Em 1896, durante os primeiros Jogos Olímpicos da era moderna, Fidípides foi homenageado com a criação da prova. No início, a distância a ser percorrida era de 40 km, a mesma que separava Maratona de Atenas.

(Marcelo Duarte. *O guia dos curiosos*. 3. ed. São Paulo: Panda Books, 2005. p. 245.)

1. Quais adjetivos são utilizados no texto para caracterizar a prova olímpica da maratona?

2. Observe estas frases:

> "soldados **gregos** e **persas** travaram uma batalha"
>
> "os **persas** avançaram"
>
> "os **gregos** venceram a batalha"

Os termos destacados nas frases são substantivos ou adjetivos?
Justifique sua resposta.

3. Leia o boxe **Grau do adjetivo** abaixo e responda.

a) Qual grau foi empregado na primeira frase do texto?

b) Identifique no texto o uso de uma variação do grau do adjetivo *bom*.

c) Troque ideias com os colegas e o professor: Qual efeito as construções observadas por você nos itens **a** e **b** constroem no texto?

Grau do adjetivo

Grau é uma categoria gramatical que nos adjetivos exprime quantidade e intensidade.

Os graus do adjetivo são o **comparativo** (quando se comparam dois elementos) e o **superlativo** (quando se destaca determinada característica em relação a uma pessoa ou a um grupo). Veja o esquema:

Comparativo
- de igualdade: *tão* fácil *quanto (como)*...
- de superioridade: *mais* fácil *(do) que*...
- de inferioridade: *menos* fácil *(do) que*...

Superlativo
- relativo
  - de superioridade: *o mais* fácil *de*...
  - de inferioridade: *o menos* fácil *de*...
- absoluto
  - analítico: *muito (bastante, extremamente, bem)* fácil
  - sintético: fac*ílimo*, paupérrimo, altíssimo

108 Unidade 3 • Morfologia

Os adjetivos *bom*, *mau*, *grande* e *pequeno* formam o comparativo e o superlativo de modo especial:

ADJETIVO	COMPARATIVO DE SUPERIORIDADE	SUPERLATIVO Absoluto	SUPERLATIVO Relativo
bom	melhor	ótimo	o melhor
mau	pior	péssimo	o pior
grande	maior	máximo	o maior
pequeno	menor	mínimo	o menor

4. Releia os seguintes trechos:

I. "soldados gregos e persas travaram **uma** batalha"
II. "só teve forças para dizer **uma** palavra"

a) Em qual trecho a palavra *uma* é empregada como numeral? E em qual ela é empregada como artigo indefinido? Justifique sua resposta.

b) Perceba que no trecho I a expressão *soldados gregos e persas* é empregada sem artigos. Releia o segundo parágrafo do texto e identifique os termos que retomam esses nomes.

c) Discuta com os colegas e o professor os sentidos das expressões observadas por você no item **b**. Explique a diferença de sentido no emprego dessas formas no texto.

5. Grande parte dos adjetivos pátrios são simples, mas há também compostos, por exemplo, *anglo-francês*, *euroasiático*, *indo-europeu*. Nesses casos, o primeiro elemento do adjetivo composto apresenta uma forma reduzida, de origem geralmente erudita. Veja as principais:

afro	africano	indo	indiano
anglo	inglês	ítalo	italiano
austro	austríaco	luso	lusitano
euro	europeu	nipo	nipônico, japonês
franco	francês	sino	chinês
greco	grego	teuto	teutônico, alemão
hispano	hispânico, espanhol		

Forme os adjetivos pátrios compostos referentes a:

a) império chinês e japonês
b) conflitos alemães e brasileiros
c) línguas indianas e europeias
d) literatura francesa e provençal
e) atlas italiano e suíço
f) trovadores galegos e portugueses
g) Antiguidade grega e latina
h) ginásio inglês e espanhol
i) acordos portugueses e brasileiros
j) relações africanas e europeias

Gênero

O gênero diz respeito a muitas palavras de nossa língua, sendo um princípio puramente linguístico, convencional. No capítulo anterior, você viu que o artigo e o numeral que antecedem os nomes têm papel importante na demarcação do gênero. Há casos nos quais apenas a troca do gênero do artigo determina mudança no sentido de uma palavra, como em o *cabeça* (líder, chefe) e a *cabeça* (parte do corpo).

O gênero dos adjetivos em português, assim como o dos substantivos, segue um princípio básico, com algumas variações: em geral, forma-se o feminino pela troca das vogais *o* e *e* por *a* ou se acrescenta a desinência *-a*. Há também alguns adjetivos que têm uma só forma para o masculino e para o feminino.

> O lobo pequeno – A loba pequena   O lobo feroz – A loba feroz
> O antigo mestre – A antiga mestra   O grande mestre – A grande mestra
> O autor famoso – A autora famosa   O célebre autor – A célebre autora

Os adjetivos compostos formam o feminino variando apenas o segundo elemento:

> quadro político-econômico – integração político-econômica

Confira outros processos de formação de substantivos femininos: avô – avó; órfão – órfã; leão – leoa; valentão – valentona.

6. No texto a seguir, os adjetivos estão entre parênteses. Observe os substantivos a que eles se referem e flexione-os adequadamente em gênero e número.

E aquilo se foi constituindo numa (grande) lavanderia, (agitado) e (barulhento) com as suas cercas de varas, as suas hortaliças (verdejante) e os seus jardinzinhos de três e quatro palmos, que apareciam como manchas (alegre) por entre a negrura das (limoso) tinas (transbordante) e o revérbero das (claro) barracas de algodão (cru), armadas sobre os (lustroso) bancos de lavar. E os (gotejante) jiraus, cobertos de roupa (molhado), cintilavam ao sol, que nem lagos de metal (branco).

E naquela terra (encharcado) e (fumegante), naquela umidade (quente) e (lodoso), começou a minhocar, a esfervilhar, a crescer, um mundo, uma coisa (vivo), uma geração, que parecia brotar (espontâneo), ali mesmo, daquele lameiro, e multiplicar-se como larvas no esterco.

(Aluisio Azevedo. *O cortiço*. 2. ed. São Paulo: Saraiva, 2009. p. 20.)

7. Leia a tira:

(Disponível em: http://pseudouniverso.blogspot.com.br/2011/02/aline.html. Acesso em: 23/4/2012.)

a) Qual adjetivo Aline utilizou para caracterizar a minissaia que ela vestia no 1º quadrinho?

b) E para caracterizar a nova saia que ela tem nas mãos no 2º quadrinho? Em que grau o adjetivo está empregado?

c) Se Aline vestisse um *short*, em vez de uma minissaia, como seriam flexionados os adjetivos que ela utiliza nas suas falas?

d) Observe o 3º quadrinho. Aline resolveu o problema inicial? Justifique sua resposta.

Número

O plural dos artigos e dos adjetivos se faz pelo acréscimo da desinência -s e, segundo a concordância da norma-padrão, todos os elementos que compõem uma expressão nominal devem ser pluralizados: o peixe suculento – os peixes suculentos.

Entre os adjetivos, assim como ocorre com os substantivos, há algumas variações na formação do plural, dependendo da terminação das palavras. Por exemplo:

- se terminados em -r, -s ou -z, fazem o plural com acréscimo de -es;
- se terminados em -l, fazem o plural com acréscimo de -is:

- açúcar prejudicial – açúcares prejudiciais
- voz saudável – vozes saudáveis
- mês atual – meses atuais

8. Suponha que você tivesse que empregar no plural as expressões:

| saias azul-clar☐ | relações lus☐-brasileir☐ |
| problemas polític☐-econômic☐ | escolas médic☐-cirúrgic☐ |

a) Como ficariam os adjetivos?

b) Conclua: Qual é o princípio que rege o plural dos adjetivos compostos?

9. Observe que nas três frases seguintes o adjetivo está no grau comparativo. Em qual delas a comparação expressa superioridade?

a) Ela é menos alta do que seu namorado.

b) Sou mais tímido que você.

c) Essa anedota é tão velha quanto o mundo.

10. Nas frases a seguir, o adjetivo está no grau superlativo:

I. Pelo jeito, você foi o menos dedicado dos alunos.
II. Essa dupla sertaneja é muito popular.
III. Você não acha que ela é a mais elegante de todas?
IV. Esse livro é ótimo.

a) Em qual delas o adjetivo está no superlativo absoluto analítico?

b) Em qual delas o adjetivo está no superlativo relativo de inferioridade?

11. Na linguagem oral e coloquial, há diversas maneiras de intensificar o grau de um adjetivo sem flexioná-lo nas formas convencionais, de acordo com a norma-padrão. Reescreva as frases a seguir, usando nas formas recomendadas pela norma-padrão os superlativos subentendidos.

a) Aquela garota é bonita pra caramba!

b) Esse sujeito é podre de rico!

c) Meu primo é mó inteligente!

d) Quando viu a cobra, o menino ficou branco de susto.

e) Ela disse que o café está caro? Põe caro nisso.

Mais bom, mais mau, mais grande, mais pequeno?

As formas analíticas *mais bom*, *mais mau* e *mais grande*, correspondentes, respectivamente, aos adjetivos *bom*, *mau* e *grande*, podem ser empregadas quando se confrontam qualidades do mesmo ser. Veja:

> Pedro é bom e atencioso: mais bom do que atencioso.

Pode-se usar também *mais pequeno*, em lugar de *menor*, superlativo do adjetivo *pequeno*. Trata-se de uma forma usada comumente em Portugal e geralmente evitada no Brasil.

A forma "mais pequeno" em título de edição portuguesa.

Leitura ou escrita dos numerais

- **Cardinais**: coloca-se a conjunção *e* após as centenas e dezenas:

> Paguei *mil trezentos* **e** *trinta* **e** *quatro reais* pelo computador. (1334)

- **Ordinais:**

a) os inferiores a 2 000 são lidos ou escritos como ordinais:

> Ela é a *milésima octingentésima quinquagésima sexta* classificada. (1856ª)

b) os superiores a 2 000 são lidos de forma mista, o primeiro algarismo como cardinal e os demais como ordinais:

> Sou o *dois milésimo centésimo primeiro* classificado. (2 101º)

Na página 407, no Apêndice, você encontrará uma tabela de numerais para consultar.

12. Em relação à leitura e à escrita dos numerais, deve-se observar que:

- na designação de papas, reis, séculos, partes de obras e artigos de lei, indicados por algarismos romanos, estes devem ser lidos como numerais ordinais até *décimo* e daí por diante como cardinais;
- na indicação dos dias do mês (excetuando-se o primeiro dia), anos e horas, usam-se os cardinais;
- na numeração de páginas e folhas de livros, como na de casas, apartamentos, quartos de hotel, cabines de navio, poltronas de teatro e equivalentes, empregam-se os cardinais; porém, estando o numeral anteposto ao substantivo, utilizam-se os ordinais.

Considerando esses usos, indique como devem ser lidos os algarismos empregados nas frases a seguir.

a) A Idade Média compreende o período que vai da Queda do Império Romano, no século V, até a Tomada de Constantinopla pelos turcos, no século XV.
b) O livro que você me indicou é tão interessante que, em poucas horas, já li até o capítulo XXII.
c) Quem proclamou a Independência do Brasil foi D. Pedro I ou D. Pedro II?
d) Por favor, abram o livro na 33ª página.
e) Você pode me buscar no aeroporto? Eu telefono avisando se regresso no dia 31 de janeiro ou 1º de fevereiro.
f) A citação encontra-se na página 25 do capítulo LXXIX.
g) Era a 213ª pessoa da fila

13. Conforme vimos, o artigo, definido ou indefinido, caracteriza-se por ser a palavra que introduz o substantivo, indicando-lhe o gênero e o número. Assim, seu emprego permite a distinção de substantivos homônimos, ou seja, palavras de origem e significados diferentes, mas com a mesma pronúncia e grafia, como *o grama* (medida de massa) e *a grama* (capim).

Dê o significado dos seguintes homônimos:

a) o cabra – a cabra
b) o cisma – a cisma
c) o coma – a coma
d) o moral – a moral
e) o foca – a foca
f) o caixa – a caixa
g) o guarda – a guarda
h) o nascente – a nascente

O adjetivo, o artigo e o numeral na construção do texto

Leia o texto a seguir, reproduzido com algumas supressões de palavras.

O homem nunca pisou na Lua?

Há quem afirme de pés juntos que a conquista do nosso satélite foi mais uma farsa do governo americano – dirigido por ninguém menos que o cineasta Stanley Kubrick

Da redação – Atualizado em 31 out 2016, 18h53 – Publicado em 30 set 2004, 22h00
Alexandre Petillo

Esqueça tudo o que lhe ensinaram na escola: o homem nunca pisou na Lua. A ☐ imagem da nave ☐ pousando em nosso satélite no dia 20 de julho de 1969, o passo em câmera ☐ de Neil Armstrong, a bandeira do Tio Sam fincada no solo ☐ ...Tudo isso foi encenado em um estúdio ☐ no Estado de Nevada, nos Estados Unidos. Para ganhar contornos ainda mais ☐, as filmagens foram dirigidas por ninguém menos que o cineasta Stanley Kubrick.

É o que defendem muitos paranóicos de carteirinha e, também, simpatizantes do socialismo soviético. [...] Essa tese também é defendida pelo escritor Bill Kaysing em seu livro We Never Went to the Moon ("Nunca Fomos à Lua"). Segundo Kaysing, a Nasa, agência ☐ americana, não tinha tecnologia para colocar o homem na Lua em 1969. Mas precisava fazer isso de qualquer maneira. Tudo porque, em abril de 1961, o cosmonauta ☐ Yuri Gagarin conseguira entrar para a história como o primeiro homem a viajar pelo espaço. Para não ficar atrás, o presidente dos Estados Unidos, John Kennedy, fez uma promessa: até o final da década, o país mandaria astronautas para a Lua.

Mas a década de 60 chegou ao fim e os americanos ainda não tinham tecnologia para chegar lá. Por isso, a Apollo 11 realmente foi lançada — mas pousou no Pólo Sul. Os astronautas Neil Armstrong, Buzz Aldrin e Michael Collins foram levados secretamente a um estúdio de TV e encenaram a conquista da Lua. [...]

(Disponível em: https://super.abril.com.br/ciencia/o-homem-nunca-pisou-na-lua/. Acesso em: 21/4/2021.)

1. O título da matéria faz referência a um fato histórico muito famoso.

a) Qual é esse fato?

b) Segundo o título, o responsável por esse feito seria "o homem". Classifique o artigo utilizado nessa expressão.

c) Deduza: A expressão "o homem" refere-se unicamente ao astronauta que pisou na Lua?

2. Releia o título do texto: "O homem nunca pisou na Lua?"

a) Uma das funções específicas do artigo é a de generalizar. Compare os empregos dos artigos *o* e *a* no título do texto. Em qual das duas expressões destacadas há generalização?

b) Qual é o efeito de sentido criado por esse uso do artigo?

c) Qual é a função do artigo na outra expressão?

3. A seguir estão listadas as palavras que foram suprimidas do texto. Leia-as.

americana lunar célebre espetaculares espacial lenta soviético de TV

a) A qual classe de palavras elas pertencem?

b) Em grupo, releia o texto e, com os colegas, identifique onde se encaixa cada uma das palavras suprimidas.

c) Com toda a turma, discuta quais foram os critérios utilizados por vocês para identificar o lugar de cada palavra.

d) Releia o texto, incorporando a ele as palavras suprimidas. Depois, discuta com os colegas e o professor: Quais dessas palavras contêm em si uma avaliação pessoal explícita do autor do texto e quais não expressam essa opinião explícita, apenas indicando uma classificação possível para o substantivo ao qual se referem?

4. Releia esta frase:

> "É o que defendem muitos paranoicos de carteirinha e, também, simpatizantes do socialismo soviético."

a) Troque ideias com os colegas e o professor: Qual é a classificação morfológica dos termos *paranoicos* e *simpatizantes* nessa frase? Justifique sua resposta.

b) Reescreva a frase sem alterar significativamente seu conteúdo e empregando as palavras classificadas por você no item **a** como adjetivos.

5. Com base em sua resposta às questões anteriores, conclua: O autor do texto concorda com a visão de que o homem nunca pisou na lua? Justifique sua resposta.

6. Explique por que só é possível o emprego do artigo definido, e não do indefinido, nas expressões destacadas neste trecho:

> "Em abril de 1961, *o cosmonauta soviético Yuri Gagarin* conseguira entrar para *a história* como *o primeiro* homem a viajar pelo *espaço*."

7. Identifique, entre as afirmações que seguem, aquelas que se referem apropriadamente ao papel que têm na construção de sentidos do texto os artigos empregados nestas expressões:

- na escola
- a célebre imagem
- a bandeira do Tio Sam
- um estúdio de TV no Estado de Nevada
- os americanos

a) Os artigos definidos das expressões "na escola", "a célebre imagem" e "a bandeira do Tio Sam" têm o papel de generalizar os termos que eles antecedem, fazendo referência a todas as escolas, todas as imagens célebres e todas as bandeiras americanas.

b) O artigo definido da expressão "na escola" generaliza o termo que ele antecede, fazendo referência a toda e qualquer escola em que o leitor tenha estudado. O mesmo acontece com o artigo definido de "os americanos", que faz referência a todos os americanos.

c) Os artigos definidos das expressões "a célebre imagem" e "a bandeira do Tio Sam" particularizam os termos que eles antecedem, isto é, fazem referência a uma imagem e a uma bandeira específicas, que todos conhecem e sempre veem nas fotos que divulgam o evento mencionado no texto.

d) O uso do artigo indefinido na expressão "um estúdio de TV no Estado de Nevada" reforça a ideia de que a gravação foi feita em um único estúdio, sem a necessidade de utilizar outros cenários ou instalações diferentes.

e) O uso do artigo indefinido na expressão "um estúdio de TV no Estado de Nevada" não define em qual estúdio exatamente foi feita a encenação, reforçando a ideia de mistério que cerca o assunto de que trata o texto.

> **Para que servem os artigos?**
>
> Os artigos não são apenas meros acompanhantes dos substantivos. Quase sempre, a presença ou a ausência de artigo assume um papel decisivo na precisão do sentido que se pretende dar a um texto. O artigo pode, por exemplo, particularizar ou generalizar, como em *Gostaria de ter um filho novamente / Gostaria de ter o filho novamente*; pode se referir à parte ou ao todo, como em *A comissão foi formada por moradores da rua* (alguns) / *A comissão foi formada pelos moradores da rua* (todos).

■ Semântica e discurso

Leia a tira:

ZOÉ & ZEZÉ

RICK KIRKMAN & JERRY SCOTT

(Disponível em: http://bibliocomics.blogspot.com.br/2010_09_01_archive.html. Acesso em: 29/5/2012.)

1. No 1º quadrinho, Zezé faz um pedido à irmã.

a) Identifique os artigos utilizados na fala de Zezé, classifique-os e justifique seu emprego.

b) O que a resposta de Zoé permite ao leitor concluir sobre o comportamento do irmão?

c) As frases a seguir apresentam formas diferentes de dizer a mesma fala de Zoé nesse quadrinho. Reescreva-as, substituindo os quadradinhos por numerais.

> • Mas não é a ☐ vez que isso acontece, Zezé!
>
> • Mas já é a ☐ vez que isso acontece, Zezé!
>
> • Isso já aconteceu mais de ☐ vez, Zezé!
>
> • Isso já aconteceu mais de ☐ vezes, Zezé!

2. Observe a fala de Zoé no 2º quadrinho:

> "Vou te ajudar a achar seu estúpido livro da biblioteca!"

a) A que termo da frase se refere o adjetivo *estúpido*?
b) Por que Zezé se ofende com a fala da irmã?

3. Diante da reclamação de Zezé, Zoé se desculpa e reformula sua frase. Observe a fala de Zoé no 4º quadrinho:

> "Vou te ajudar a achar seu livro da biblioteca, estúpido!"

a) A quem se refere o adjetivo estúpido, nesse caso?
b) Zezé não reclama mais da fala da irmã. Levante hipóteses: Por que Zezé reage dessa forma e como seu comportamento contribui para a construção de humor na tira?

4. Observe a variação na ordem do emprego dos adjetivos e substantivos nas expressões a seguir.

I. livro estúpido	estúpido livro	livro muito estúpido
II. livro científico	científico livro	livro muito científico
III. livro contábil	contábil livro	livro muito contábil
IV. livro bom	bom livro	livro muito bom
V. livro ficcional	ficcional livro	livro muito ficcional
VI. livro pequeno	pequeno livro	livro muito pequeno

a) Troque ideias com os colegas e o professor: Todas essas expressões soam familiares a você?
b) Divida os itens de I a VI em dois grupos, segundo estes critérios:
  • Expressões nas quais os adjetivos contêm uma avaliação sobre os substantivos aos quais se referem.
  • Expressões nas quais os adjetivos não contêm avaliação, mas apenas indicam uma classificação possível para os substantivos a que se referem.
c) Conclua: Qual relação pode ser estabelecida entre os dois grupos listados por você no item **b** e a ordem no emprego do substantivo e do adjetivo?

5. Em conversas do dia a dia, certos adjetivos, quando empregados no diminutivo ou no aumentativo, nem sempre indicam tamanho, podendo expressar outras ideias. Observe o diminutivo nestas duas situações:

> — Como é o escritório novo?
> — É *arrumadinho*.

> — E aí, gostou do escritório novo?
> — Gostei. É *bonzinho*.

a) Em qual delas o emprego do diminutivo expressa também uma ideia de restrição?
b) Que ideia o outro diminutivo traduz?

Leia o texto a seguir e responda às questões 6 e 7.

> **Construir ciclovias e calçadas gera emprego e combate a mudança do clima**
>
> Giovana Girardi, *O Estado de S. Paulo*. 29 de agosto de 2020 | 05h00
>
> Apesar de no Brasil a **principal** fonte de emissão de gases de efeito estufa ser o desmatamento, seguido da agropecuária, nas cidades o problema recai sobre energia, categoria que inclui o transporte. A queima de combustíveis **fósseis** em caminhões, ônibus e veículos responde por quase um quarto das emissões **brasileiras** do setor **de energia**. [...]
>
> Reduzir essas emissões é, portanto, parte **importante** dos esforços para combater as mudanças **climáticas**, mas são ações que também podem ser aliadas de uma retomada **verde** e da melhoria da saúde da população. [...]
>
> "Isso fez o transporte **ativo**, por bicicleta ou a pé, ganhar força internacionalmente", comenta Andrea Santos, pesquisadora da Coppe/UFRJ e secretária-executiva do Painel Brasileiro de Mudanças Climáticas. [...]
>
> "E é **essencial** nas discussões de cidades **sustentáveis**, **inteligentes**, **resilientes** ao clima que se incentive mais espaço para pedestres, para a bicicleta", complementa Andrea. [...]
>
> (Disponível em: "https://sustentabilidade.estadao.com.br/noticias/geral,construir-ciclovias-e-calcadas-gera-emprego-e-combate-a-mudanca-do-clima,70003417595" https://sustentabilidade.estadao.com.br/noticias/geral,construir-ciclovias-e-calcadas-gera-emprego-e-combate-a-mudanca-do-clima,70003417595. Acesso em: 21/4/2021.)

6. Ao fazer referência a um substantivo, um adjetivo pode indicar diferentes propriedades, tais como tamanho, cor, tipo, forma, qualidades, defeitos, etc. Muitas vezes, em grandes veículos de mídia, evita-se empregar adjetivos que deixem muito explícita uma avaliação subjetiva dos fatos narrados, a fim de dar uma impressão de impessoalidade e objetividade aos textos.

   a) Entre os adjetivos em destaque no texto acima, indique os que expressam e os que não expressam claramente uma opinião.

   b) Troque ideias com os colegas e o professor e crie contextos em que adjetivos empregados de forma impessoal no texto sejam utilizados para expressar claramente uma opinião.

7. No 1º parágrafo do texto foi empregada uma expressão numérica.

   a) Qual é ela?

   b) Troque ideias com os colegas e o professor: No contexto, o emprego dessa expressão tem por finalidade indicar uma quantidade pequena ou considerável? Justifique sua resposta.

8. Muitos adjetivos têm mais de um significado, dependendo da posição que ocupam em relação aos substantivos. Assim, por exemplo, o adjetivo *alto*, anteposto ao substantivo *funcionário*, significa "funcionário de posição elevada"; se posposto, significa "funcionário de estatura elevada".

   Dê o significado dos adjetivos nos pares de expressões a seguir:

   a) bravo garoto / garoto bravo
   b) santa mulher / mulher santa
   c) simples exercício / exercício simples
   d) pobre gente / gente pobre

CAPÍTULO 10

O pronome

Construindo o conceito

Leia a tira:

(Disponível em: http://giscreatio.blogspot.com/2010/09/palestra-com-cartunista-caco-galhardo.html.)

1. A tira retrata uma conversa entre duas pessoas.

a) Onde essas pessoas estão e qual é a relação que existe entre elas? Justifique sua resposta com termos do texto.

b) Observe os gestos e expressões do homem ao longo dos quatro quadrinhos. Ele fica satisfeito com as respostas que recebe? Justifique.

c) Levante hipóteses: Quais respostas eram esperadas pelo homem?

2. Releia as falas do homem no 1º e no 3º quadrinho.

a) Além de chamá-la pelo nome, quais outras palavras ele utiliza para se referir à mulher, isto é, à 2ª pessoa do discurso, aquela com quem se fala?

b) E quais palavras ele utiliza para se referir a si mesmo, isto é, à 1ª pessoa do discurso, aquela que fala?

3. No 3º quadrinho, ao retrucar a resposta de sua interlocutora, o homem utiliza uma palavra de sentido genérico, impreciso, ao tentar explicar melhor a pergunta.

a) Qual é essa palavra?

b) Explique por que o sentido impreciso dessa palavra, associado à resposta dada pela mulher, contribui para a construção de humor na tira.

Este capítulo favorece o desenvolvimento das habilidades

EM13LGG101
EM13LGG102
EM13LGG103
EM13LGG104
EM13LGG202
EM13LGG203
EM13LGG302
EM13LGG401
EM13LGG402
EM13LP01
EM13LP02
EM13LP03
EM13LP06
EM13LP07
EM13LP09
EM13LP10
EM13LP24
EM13LP45
EM13LP46

Conceituando

Na tira lida, há nas falas do personagem referência às três pessoas do discurso:

- 1ª pessoa: quem fala, o *locutor*;
- 2ª pessoa: com quem se fala, o *locutário* ou *interlocutor*;
- 3ª pessoa: de que ou de quem se fala, o *assunto* ou *referente*.

Na tira, o homem exerce em suas falas o papel de locutor (1ª pessoa) e a mulher, de locutária ou interlocutora (2ª pessoa), e o assunto central é o interesse da mulher na empresa. As palavras *me, te, seu* e os termos *eu* e *você* (implícitos nas formas verbais *diga* e *falo*) são utilizados por ele para fazer referência a si próprio e a sua interlocutora.

A palavra *nesta* situa o lugar onde estão os personagens, enquanto a palavra *algo* faz uma referência imprecisa na pergunta feita pelo homem, assim como a palavra *que*, no 1º quadrinho, que introduz a dúvida colocada por ele.

As palavras *eu, você, me, te, seu, nesta, algo* e *que* são todas pronomes.

> **Pronomes** são palavras que substituem ou acompanham outras palavras, principalmente substantivos, fazendo referência às pessoas do discurso. Podem também remeter a palavras, orações e frases expressas anteriormente.

Os pronomes que, na frase, funcionam como substantivos são considerados *pronomes substantivos*, e os que acompanham substantivos, *pronomes adjetivos*.

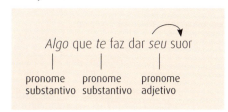

Existem diferentes tipos de pronome, cuja classificação varia de acordo com sua função e seu sentido nos enunciados. São eles: pronomes pessoais, pronomes de tratamento, pronomes possessivos, pronomes demonstrativos, pronomes indefinidos, pronomes interrogativos e pronomes relativos.

Pronomes pessoais, pronomes de tratamento e pronomes possessivos

Leia a seguir trechos de três textos de Vinícius de Moraes.

Miragem

Não direi que a tua visão desapareceu dos meus olhos sem vida
Nem que a tua presença se diluiu na névoa que veio.
Busquei inutilmente acorrentar-te a um passado de dores
Inutilmente.
Vieste — tua sombra sem carne me acompanha
Como o tédio da última volúpia.
Vieste — e contigo um vago desejo de uma volta inútil
E contigo uma vaga saudade...
És qualquer coisa que ficará na minha vida sem termo
Como uma aflição para todas as minhas alegrias.
Tu és a agonia de todas as posses
És o frio de toda a nudez
E vã será toda a tentativa de me libertar da tua lembrança.

[...]

Vinicius de Moraes.

Orfeu da Conceição

[...]
ORFEU (as mãos sobre os olhos, como ofuscado)
Quem sois vós? Quem sois vós, Senhora Dama?

A DAMA NEGRA
Eu sou a Dama Negra. Não me chamo.
Vivo na escuridão. Vim porque ouvi
Alguém que me chamava.
[...]

Mensagem a Rubem Braga

A meu amigo Rubem Braga
Digam que vou, que vamos bem: só não tenho é coragem de escrever
Mas digam-lhe. Digam-lhe que é Natal, que os sinos
Estão batendo, e estamos no Cavalão: o Menino vai nascer
Entre as lágrimas do tempo. Digam-lhe que os tempos estão duros
Falta água, falta carne, falta às vezes o ar: há uma angústia
Mas fora isso vai-se vivendo. Digam-lhe que é verão no Rio
[...]

(Disponível em: www.viniciusdemoraes.com.br/site/. Acesso em: 2/4/2020.)

1. Há, nos textos, palavras que se referem às três pessoas do discurso, isto é, quem fala (1ª pessoa), com quem se fala (2ª pessoa) e de que se fala (3ª pessoa).

a) Quais palavras e expressões o poeta empregou para se referir a cada uma das três pessoas do discurso?

b) Troque ideias com os colegas e o professor e explique os efeitos de sentido construídos pelas diferentes escolhas.

2. Entre as palavras indicadas por você no item **a** da questão anterior, há algumas que são utilizadas com a função de interpelar o interlocutor.

a) Identifique-as.

b) Embora todas elas se dirijam à 2ª pessoa do discurso, nem todas são usadas na 2ª pessoa. Explique essa afirmação.

3. Releia estes versos:

- "A *meu amigo* Rubem Braga"
- "*Tua* visão desapareceu dos *meus* olhos sem vida"
- "És qualquer coisa que ficará na *minha* vida"

a) Indique, em cada verso, os elementos que são colocados em relação pelas palavras *meu, tua, meus, minha*.
b) Troque ideias com os colegas e o professor: Quais relações essas palavras estabelecem entre os dois elementos que conectam em cada situação?

Como você viu ao responder às questões sobre os poemas de Vinícius de Moraes, os pronomes pessoais designam as pessoas do discurso; os pronomes de tratamento são utilizados por quem fala para se dirigir a seu interlocutor; e os pronomes possessivos estabelecem algum tipo de relação entre os elementos que conectam (entre elas, a de posse, daí o nome *possessivo*).

> **Pronomes pessoais** são aqueles que indicam as três pessoas do discurso.

> **Pronomes de tratamento** são palavras e expressões empregadas para tratar de modo familiar ou cerimonioso o interlocutor.

> **Pronomes possessivos** são aqueles que indicam relações diversas, tais como a de posse, entre os elementos por eles conectados.

O sistema de pronomes pessoais do português brasileiro vem sofrendo mudanças há muito tempo e já é descrito pelos linguistas de modo diferente do da gramática normativa. Os pronomes *você* e *(o) senhor/ (a) senhora*, por exemplo, tradicionalmente classificados como pronomes de tratamento, são com frequência empregados como pronomes pessoais.

Os pronomes pessoais classificam-se em retos e oblíquos, de acordo com a função que desempenham na oração. Os retos exercem a função de sujeito ou predicativo do sujeito, e os oblíquos funcionam como complemento. O pronome oblíquo que se refere ao mesmo ser indicado pelo pronome reto é chamado de pronome reflexivo.

Função sintática dos pronomes pessoais

Conforme você deve ter observado:
1º) os pronomes pessoais são sempre pronomes substantivados;
2º) para distingui-los e empregá-los, é necessário saber que função sintática desempenham na oração.

Assim:

- Os *pronomes retos* empregam-se como sujeito e predicativo do sujeito:

Eu sou *eu*, ora.
 S   PS

- Os *pronomes oblíquos* (átonos ou tônicos) geralmente exercem na frase a função de objeto direto ou indireto.
- Os *átonos* de 3ª pessoa *o, a, os, as* funcionam como objeto direto; *lhe, lhes*, como objeto indireto; os demais, *me, te, se, nos, vos*, podem ser objeto direto ou indireto, dependendo da predicação do verbo que completam:

Convidou-*me/os* a sair.   Emprestaram-*me/lhe* os livros.
        OD   OI

Capítulo 10 • O pronome   121

> Os *tônicos* são sempre precedidos de preposição. Por isso, sua função sintática só pode ser determinada pela predicação do verbo ou nome ao qual servem de complemento:
>
> Carolina é fiel *a ele*.
>   CN
>
> O trabalho foi feito *por mim*.
>   agente da passiva
>
> Em muitos casos, o pronome oblíquo pode equivaler a um pronome possessivo, situação em que exerce a função de adjunto adnominal:
>
> Rasgara-*me* o livro → Rasgara o *meu* livro.
>   adj. adn.   adj. adn.

Os pronomes de tratamento, por sua vez, são todos conjugados na 3ª pessoa, ainda que no discurso façam referência à 2ª, isto é, à pessoa com quem se fala, tal como se observa no verso "Digam-lhe que é Natal", que emprega tanto o verbo quanto o pronome na 3ª pessoa do plural.

Os pronomes de tratamento são empregados precedidos da forma *Sua* quando o enunciador se refere à pessoa; e precedidos de *Vossa* quando o enunciador se dirige diretamente ao interlocutor, por exemplo, em uma situação profissional, se duas pessoas tratam da sentença dada por um juiz, poderão dizer: "Sua excelência determinou que o acusado pague integralmente o valor cobrado no processo", ao passo que, se alguém fala diretamente com o juiz, dirá "Vossa Excelência já tem o seu veredicto?".

Veja, a seguir, um quadro que contrapõe a classificação dos pronomes pessoais segundo a norma-padrão e segundo as pesquisas linguísticas.

Número	Pessoa	Segundo a gramática normativa/norma-padrão [Português brasileiro formal]*			Português brasileiro informal	
		Retos/Sujeitos	Oblíquos/Complementos Usados sem preposição (átonos)	Oblíquos/Complementos Usados com preposição (tônicos)	Sujeitos	Complementos
singular	1ª	eu	me	mim, comigo	eu, a gente	eu, me, mim, prep. + eu, mim
singular	2ª	tu [você, o senhor, a senhora]	te	ti, contigo [prep. + o senhor, com a senhora]	você/ocê/cê, tu	você/ocê/cê, te, ti, prep. + você/ocê
singular	3ª	ele, ela	o, a, lhe, se	si, ele, ela, consigo	ele/ei, ela	ele/ei, ela, lhe, prep. + ele/ei, ela
plural	1ª	nós	nos	nós, conosco	a gente	a gente, prep. + a gente
plural	2ª	vós [os senhores, as senhoras]	vos	vos, convosco [prep. + os senhores, as senhoras]	vocês/ocês/cês	vocês/ocês/cês, prep. + vocês/ocês
plural	3ª	eles, elas	os, as, lhes, se	si, eles, elas, consigo	eles/eis, elas	eles/eis, elas, prep. + eles/eis, elas

* As formas indicadas no quadro entre colchetes são amplamente utilizadas no português brasileiro, mesmo em situações formais e em textos escritos, embora ainda não tenham sido incorporadas pelo quadro clássico da norma-padrão.

(Quadro elaborado com base em: Ataliba T. de Castilho. *Nova gramática do português brasileiro*. São Paulo: Contexto, 2010. p. 477.)

> **Observações:**
> - Os pronomes oblíquos *o, a, os, as* assumem as formas *lo, la, los, las* após as formas verbais terminadas em *r, s* ou *z*, e as formas *no, na, nos, nas*, após fonemas nasais (*am, em, õe, etc.*).
> - Quando em uma oração ocorrem dois pronomes átonos, um com a função de objeto direto e outro com a função de objeto indireto, eles podem combinar-se: Devolveram-me a revista → Devolveram-ma.

Agora, veja o quadro dos pronomes de tratamento e seus usos.

Formas de tratamento		
Tratamento	Abreviatura	Usado para
você	v.	pessoas com quem temos intimidade
Vossa Alteza	V. A.	príncipes, duques
Vossa Eminência	V. Em.ª	cardeais
Vossa Excelência	V. Ex.ª	altas autoridades do governo e das forças armadas
Vossa Magnificência	V. Mag.ª	reitores de universidades
Vossa Majestade	V. M.	reis, imperadores
Vossa Santidade	V. S.	papa
Vossa Senhoria	V. S.ª	funcionários públicos graduados, oficiais (até coronel) e pessoas de cerimônia
senhor, senhora	sr., sra.	geralmente pessoas mais velhas que nós ou a quem queremos tratar com distanciamento e respeito; a forma *senhorita*, já caindo em desuso, é empregada para moças solteiras

Eis o quadro dos pronomes possessivos, referentes às três pessoas do discurso:

Pronomes possessivos					
		Singular		Plural	
Número	Pessoa	Masculino	Feminino	Masculino	Feminino
Singular	1ª	Meu	Minha	Meus	Minhas
	2ª	Teu	Tua	Teus	Tuas
	3ª	Seu	Sua	Seus	Suas
Plural	1ª	Nosso	Nossa	Nossos	Nossas
	2ª	Vosso	Vossa	Vossos	Vossas
	3ª	Seu	Sua	Seus	Suas

Pronomes demonstrativos, indefinidos e interrogativos

Leia este anúncio:

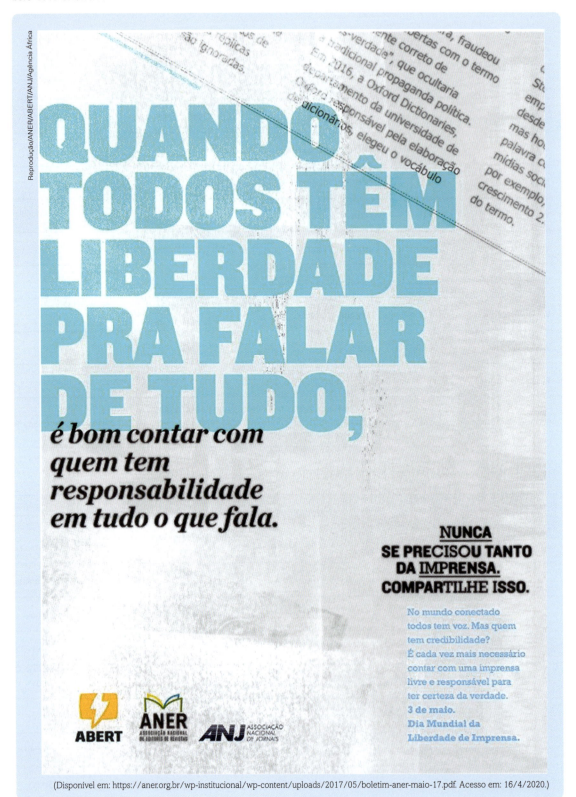

(Disponível em: https://aner.org.br/wp-institucional/wp-content/uploads/2017/05/boletim-aner-maio-17.pdf. Acesso em: 16/4/2020.)

1. No enunciado central, em letras azuis e pretas, o anúncio emprega as palavras *todos*, *tudo* e *quem*. Troque ideias com os colegas e o professor:

   a) É possível identificar a quem exatamente esses termos se referem? Justifique sua resposta.

   b) Quais outros trechos do anúncio dão indícios sobre os referentes dessas palavras no mundo?

2. Observe o termo *isso*, empregado no enunciado inferior do anúncio. A que ele se refere, no contexto?

As palavras que você analisou nas questões anteriores também são pronomes: *isso* é um pronome demonstrativo e *todos*, *tudo* e *quem* são pronomes indefinidos.

> **Pronomes demonstrativos** são aqueles que situam pessoas ou coisas em relação às três pessoas do discurso. Essa localização pode se dar no tempo, no espaço ou no próprio texto.

> **Pronomes indefinidos** são aqueles que fazem referências vagas, imprecisas e genéricas a substantivos.

Os pronomes demonstrativos podem ser utilizados para retomar textualmente outras palavras, frases ou ideias, assim como podem ser utilizados para fazer referências temporais ou espaciais. Veja a seguir um quadro que resume o emprego do pronome demonstrativo de acordo com as regras da norma-padrão.

Pronomes demonstrativos			
Formas masculina, feminina e invariável	**Pessoa**	**Relação espacial**	**Relação temporal**	**Relação textual**
este, esta, isto	1ª	Próximo de quem fala: Este celular que está na minha mão é o seu?	Presente, tempo atual: Esta semana estamos muito atarefados.	Referência ao que ainda não foi mencionado (catáfora): Este é o meu *hobby* favorito: costurar!
esse, essa, isso	2ª	Próximo da pessoa com quem se fala: Esse celular que está na sua mão é o meu?	Ideia de passado relativamente próximo ou de futuro distante: Eu me lembro desse dia em que fomos ao parque. Ainda vai chegar esse dia em que viajaremos juntos.	Referência ao que acabou de ser mencionado (anáfora): Costurar, esse é o meu *hobby* favorito!
aquele, aquela, aquilo	3ª	Distante de ambos: Aquele celular em cima da mesa é o meu?	Ideia de passado remoto: Eu me lembro daquele dia em que fomos ao parque.	Contraposição entre um elemento distante no texto e outro imediatamente anterior referido por *este(a)(s)*: Aos finais de semana, costumo ficar na cozinha e na costura. Esta, faço por *hobby*; aquela, por obrigação.

Veja, a seguir, os quadros dos pronomes indefinidos.

Pronomes indefinidos	
Variáveis	**Invariáveis**
algum, nenhum, todo, outro, muito, pouco, certo, vário, tanto, quanto, qualquer, qual	alguém, ninguém, tudo, outrem, nada, cada, algo, que, quem

O pronome *quem*, analisado anteriormente, também pode ser empregado em perguntas, por exemplo: "Quem veicula notícias com responsabilidade?". Outros pronomes indefinidos têm essa mesma possibilidade, entre eles: "[O] Que as pessoas falam na internet?", "Quanta(s) informação(ões) não é/são verdadeira(s)?", "Quero saber quais informações não são verdadeiras.". Nesses casos, *quem*, *[o] que*, *quanta*, *quantas* e *quais* são pronomes interrogativos.

> **Pronomes interrogativos** são os pronomes indefinidos *quem*, *que*, *qual* e *quanto* (e variações), quando empregados em perguntas, diretas ou indiretas.

Eis o quadro dos pronomes interrogativos:

Pronomes interrogativos	
Variáveis	Invariáveis
Qual, quanto	Que, quem

Exercícios

Leia estas tiras:

(Fernando Gonsales, *Jornal Folha de S.Paulo*, 30/6/2008.)

(Laerte, *Folha de S.Paulo*, 25/2/2012.)

1. Observe a situação de comunicação retratada em cada tira.

   a) Em qual delas existe maior formalidade no discurso? Justifique sua resposta.

   b) Levante hipóteses: A que você atribui essa formalidade?

2. Observe o emprego do pronome demonstrativo no 1º balão da primeira tira e no 2º balão da segunda tira.

   a) O uso desses pronomes está de acordo com a norma-padrão? Por quê?

   b) Considerando o emprego dos pronomes segundo as regras da norma-padrão, é possível afirmar que há incoerência em uma das tiras lidas. Explique qual é essa incoerência.

   c) Troque ideias com os colegas e o professor e levante hipóteses: Considerando todo o contexto, por que a tira apontada por você no item **b** foi escrita com essas formas pronominais?

> **Pronomes demonstrativos: um sistema em mudança**
>
> A maior parte dos falantes brasileiros, mesmo aqueles que utilizam variedades urbanas de prestígio, não faz uma distinção rigorosa entre os demonstrativos de 1ª e 2ª pessoas, principalmente em textos orais.
>
> Para alguns linguistas, isso é sinal de que o sistema ternário desses pronomes está se transformando em um sistema binário. Essa constatação quer dizer que, na prática, os pronomes estão sendo utilizados do seguinte modo: de um lado, os pronomes de 1ª ou 2ª pessoa; de outro, os pronomes de 3ª pessoa. Assim, um falante tende a dizer, indiferentemente, *Nesse momento* ou *Neste momento*, e o que vai determinar se ele se refere ao momento presente ou a um momento anterior ao enunciado no discurso é o contexto.
>
> Apesar dessa tendência da língua, em muitos textos escritos essa distinção ainda é feita e, especialmente em situações de avaliação, tais como concursos e exames, tende a ser considerada.

3. Na segunda tira, um dos personagens emprega uma forma pronominal em desuso na língua atual: "*vo-lo* trouxesse". Em relação à forma *vo-lo*, responda:

   a) Como é constituída essa forma pronominal?

   b) A que ou a quem ela se refere?

4. Compare as tiras. O que elas têm em comum quanto ao conteúdo?

5. Identifique uma ocorrência de pronome interrogativo nas tiras e justifique o uso.

Leia os quadrinhos a seguir e responda às questões 6 a 10.

(Disponível em: http://chadameianoite.blogspot.com.br/2010/11/calvin-and-hobbes.html. Acesso em: 16/4/2020.)

6. Na tira, Calvin conversa com as flores e utiliza alguns pronomes para se referir a si mesmo.

   a) Explique a diferença de emprego entre os pronomes pessoais *eu* e *mim* nas falas de Calvin, considerando a classificação e os usos desses pronomes segundo as regras da norma-padrão.

   b) Quais entes são colocados em relação pela forma pronominal *minhas*? Classifique-a e indique o tipo de relação que ela estabelece entre esses termos.

   c) Se no 1º quadrinho Calvin fosse usar um pronome demonstrativo para se referir ao regador, qual seria, considerando as regras da norma-padrão? Justifique.

7. Observe os pronomes empregados no 2º quadrinho para fazer referência às flores.

   a) Qual forma de tratamento Calvin utiliza para se referir a suas interlocutoras?

   b) Quais outros pronomes ele utiliza em referência às flores?

   c) Identifique os termos que são colocados em relação pelas formas pronominais indicadas por você no item **b**.

   d) Os pronomes empregados por Calvin em referência a suas interlocutoras são de 2ª ou 3ª pessoa? Justifique sua resposta e o emprego desses pronomes no contexto da tira.

8. Agora observe o pronome *quem* utilizado por Calvin no 2º quadrinho.

   a) Qual é a classificação desse pronome na tira?

   b) A quem ele se refere nesse contexto?

   c) Reescreva a fala de Calvin, sem alterar substancialmente o sentido, empregando essa mesma palavra como pronome interrogativo.

9. Calvin estabelece uma situação de relação direta entre ele e suas interlocutoras, as flores.

   a) Na relação com as flores, Calvin se coloca em posição de superioridade ou igualdade? Por que ele se coloca assim?

   b) Tendo em vista o que acontece no último quadrinho, conclua: A afirmação feita por Calvin era verdadeira?

10. Observe as falas e as fisionomias de Calvin. É possível considerar que há uma gradação no comportamento do garoto nos três primeiros quadrinhos, interrompida por um desfecho inesperado no 4º quadrinho.

   a) Descreva sucintamente a gradação na fisionomia de Calvin nos três quadrinhos iniciais.

   b) No último quadrinho, qual sentimento é explicitado na fisionomia de Calvin?

   c) Com humor, o autor da tira retrata e ironiza uma característica que não é exclusiva do personagem. Qual é essa característica?

Função sintática dos pronomes

Os pronomes possessivos, demonstrativos, indefinidos e interrogativos, quando são *adjetivos*, desempenham na oração a função de adjunto adnominal; quando são *substantivos*, desempenham na oração as funções próprias dos substantivos, ou seja, de sujeito, objeto direto, objeto indireto, etc. Veja os exemplos:

Empreste-me *seu* caderno. (adj. adn. / pron. poss. adj.) Esqueci o *meu* em casa. (OD / pron. poss. subst.)

Ninguém (S / pron. indef. subst.) imaginava *quem* (S / pron. inter. subst.) era *aquele* (adj. adn. / pron. demonstr. adj.) ilustre visitante.

Pronomes relativos

Leia a tira a seguir.

(Jornal *Folha de S.Paulo*, 21/2/2003.)

1. No 2º e no 3º quadrinho, Jon e Garfield empregam alguns pronomes em suas falas.

   a) Qual forma pronominal acompanha o substantivo *garotas* na fala de Jon no 2º quadrinho? Dê a classificação dela e indique qual pronome do mesmo tipo foi empregado no 3º quadrinho. Em seguida, justifique o emprego dessas formas no contexto.

   b) E quais pronomes são utilizados por Garfield? Identifique o referente de cada um deles no contexto.

   c) Troque ideias com os colegas e o professor e explique de que forma as falas de Garfield nesses quadrinhos contribuem para a construção do humor do texto.

2. Observe as frases a seguir:

   • Liguei para todas as garotas — conheço *todas as garotas*
   • Até para algumas — não conheço *algumas*

   a) Deduza: Qual palavra utilizada nas falas de Jon no 2º e no 3º quadrinho foi empregada para substituir os termos em destaque na segunda frase de cada par?

   b) Una as frases a seguir utilizando essa mesma palavra ou outra que cumpra o mesmo papel.

   • Vamos visitar nossos amigos — não vemos nossos amigos há muito tempo.
   • Visitei a casa — minha mãe morou na casa quando criança.
   • Veja o livro — comprei o livro ontem.

   c) Troque ideias com os colegas e o professor e explique a função das palavras utilizadas por você no item **b**.

128 Unidade 3 ▪ Morfologia

Quando substitui uma palavra ou expressão antecedente, isto é, já mencionada, a palavra *que* é um pronome relativo. O pronome *que*, analisado por você na questão 2 da página anterior, é um *pronome relativo*.

> **Pronome relativo** é aquele que liga orações e se refere a um termo anterior — o antecedente.

Eis o quadro dos pronomes relativos:

Pronomes relativos				
Variáveis				Invariáveis
Masculino		Feminino		
Singular	Plural	Singular	Plural	
o qual	os quais	a qual	as quais	que
cujo	cujos	cuja	cujas	quem
quanto	quantos	—	quantas	onde

Os pronomes relativos podem ser precedidos ou não de preposições. Veja:

> Ligou para as garotas *que* conhecia.
> Ligou para as garotas *com quem* queria marcar um encontro.
> |
>   preposição

Função sintática dos pronomes relativos

Os pronomes relativos assumem um duplo papel no período: representam um antecedente e servem de elemento de subordinação na oração que iniciam. Por isso, sempre desempenham uma função sintática nas orações que iniciam: pode ser de sujeito, objeto direto, objeto indireto, predicativo, adjunto adnominal, adjunto adverbial, complemento nominal e agente da passiva. Observe:

> O remédio custa muito caro. Eu preciso do *remédio*.
> |
>   OI
>
> O remédio *de que* preciso custa muito caro.
> |
>   OI

O pronome relativo *cujo* funciona geralmente como adjunto adnominal; e o relativo *onde*, como adjunto adverbial:

> A família a *cujo* imóvel se referem mudou-se do Brasil.
> |
>   adj. adn.
>
> A cidade *onde* nasci é muito calma e agradável.
> |
>   adj. adv.

Exercícios

1. O pronome relativo *onde* deve ser empregado em contextos nos quais faz referência a um lugar. Leia as manchetes de jornal a seguir.

> I. AGED-MA interdita área onde seria realizada vaquejada no Maranhão
>
> (Disponível em: https://g1.globo.com/ma/maranhao/noticia/2020/09/01/aged-ma-interdita-area-onde-seria-realizada-vaquejada-no-maranhao.ghtml. Acesso em: 21/4/2021.)
>
> II. O país onde há mais sacerdotes mulheres do que homens
>
> (Disponível em: https://www.bbc.com/portuguese/geral-53950073. Acesso em: 21/4/2021.)
>
> III. Netflix apresenta pesquisa onde 7 em cada 10 jovens procuram se ver na série ou filme
>
> (Disponível em: https://geekpublicitario.com.br/44007/netflix-pesquisa-representatividade/. Acesso em: 21/4/2021.)
>
> IV. Lei onde é permitido o desembarque fora do ponto da EMTU é sancionada
>
> (Disponível em: https://noticiando.net/lei-onde-e-permitido-o-desembarque-fora-do-ponto-da-emtu-e-sancionada/. Acesso em: 21/4/2021.)

a) Entre as manchetes lidas, há algumas nas quais o pronome não retoma antecedentes indicadores de lugares. Identifique-as e justifique sua resposta.

b) Reescreva as manchetes indicadas por você no item **a**, eliminando o pronome *onde* e fazendo as alterações necessárias.

c) Agora, leia esta manchete:

> 6 jogadores que se tornaram presidentes dos clubes onde brilharam
>
> (Disponível em: https://www.90min.com/pt-BR/posts/6-jogadores-que-se-tornaram-presidentes-dos-clubes-onde-brilharam. Acesso em: 21/4/2021.)

Troque ideias com os colegas e o professor: O pronome relativo *onde* foi empregado de acordo com a norma-padrão? Justifique sua resposta.

2. Leia os trechos a seguir.

> Embora existam vários fatores que podem causar enxaqueca, a má alimentação está frequentemente no topo. Existem alimentos que impedem que a enzima que metaboliza a histemia no intestino delgado seja devidamente removida, acumulando-se no sangue progressivamente e resultando em uma terrível dor de cabeça.
>
> (Disponível em: https://www.metrojornal.com.br/estilo-vida/2020/09/01/5-alimentos-que-voce-deve-evitar-se-tiver-enxaqueca.html. Acesso em: 21/4/2021.)

> Um novo estudo aponta que pessoas que realmente acreditam que são mais jovens do que a idade que consta em suas certidões de nascimento têm uma taxa de mortalidade mais baixa comparadas com aquelas que sentem a idade ou que até mesmo que se sentem mais velhas do que realmente são.
>
> (Disponível em: https://hypescience.com/mentir-sobre-idade-e-bom-para-voce/. Acesso em: 21/4/2021.)

a) Ambos os trechos apresentam uma repetição desnecessária da palavra *que*. Identifique quais dessas palavras são pronomes relativos e quais são seus referentes em cada ocorrência.

b) Proponha reescritas para os trechos, eliminando parte das repetições.

O pronome na construção do texto

Leia a tira:

(Nik. *Gaturro*. Cotia-SP: Vergara & Riba, 2008. p. 89.)

1. A situação retratada na tira ocorre em um escritório. No 1º quadrinho, o homem de cabelo e bigode branco diz:

"Quem foi o culpado?"

a) Levante hipóteses: Que relação há entre esse homem e as outras pessoas?

b) O que justifica semântica e morfologicamente o emprego da palavra *quem*?

2. No último quadrinho, Gaturro conclui:

"Nada melhor do que um escritório para aprender os pronomes."

a) Que tipos de pronome foram empregados na tira?

b) A que pessoas do discurso pertencem os pronomes?

c) O que essa diversidade de pronomes mostra quanto à postura das pessoas que respondem à pergunta feita no 1º quadrinho?

3. Considerando os pronomes pessoais do caso reto, qual deles o homem gostaria de ouvir como resposta?

Para que servem os pronomes

Pronomes são palavras que exercem papel fundamental nas interações verbais. São eles que indicam as pessoas do discurso, expressam formas sociais de tratamento e substituem, acompanham ou retomam palavras e orações já expressas. Contribuem, assim, para garantir a síntese, a clareza, a coerência e a coesão do texto.

Semântica e discurso

Leia os memes a seguir.

(Fonte: instagram @artesdepressão.)

1. Os memes, em geral, buscam descrever, com humor, sentimentos e relações interpessoais universais, a fim de que um grande número de pessoas se reconheça em seu conteúdo.

   a) Compare os textos verbais situados na parte superior e na parte inferior de cada um dos memes: Que relação eles estabelecem entre si?

   b) Troque ideias com os colegas e o professor e imagine situações nas quais cada um deles poderia ser utilizado.

2. Entre os memes acima:

   a) Identifique aqueles nos quais o enunciador fala sobre si mesmo. Justifique sua resposta indicando as palavras do texto que a comprovam.

   b) Quais interpelam diretamente o interlocutor? Justifique sua resposta indicando as palavras do texto que a comprovam.

   c) Em quais se faz uma afirmação sobre um fato do mundo, sem referência direta ao enunciador ou ao interlocutor?

3. Observe o emprego da expressão *a gente* no meme III.

   a) Explique o sentido e a classificação dessa expressão no contexto, considerando o que você estudou sobre o emprego dos pronomes no português brasileiro na atualidade.

   b) Troque ideias com os colegas e o professor: A quem essa expressão se refere no contexto do meme?

4. Compare os memes que interpelam diretamente o interlocutor.

   a) Levante hipóteses: Por que são empregados termos diferentes para fazer referência ao interlocutor em cada um deles?

   b) Reescreva-os trocando as formas pronominais empregadas e fazendo as devidas correções. Em seguida, troque ideias com os colegas e o professor: De que forma a inversão provocou mudanças no sentido dos memes?

5. Releia os memes nos quais são feitas afirmações gerais sobre fatos do mundo.

   a) Identifique neles as palavras que contribuem para construir um sentido ainda mais universal e generalizante.

   b) Como se classificam morfologicamente essas palavras?

CAPÍTULO 11

O verbo

■ Construindo o conceito

Leia o anúncio a seguir.

Nunca ignorar.
Nunca deixar pra lá.
Nunca desistir.
Nunca escolher um lado.
Nunca se intimidar.
24 horas.
A todo instante.
Por todos os ângulos.

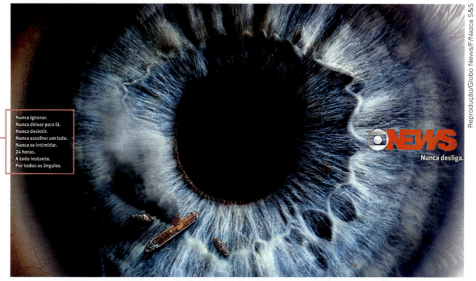

(Disponível em: https://exame.abril.com.br/marketing/globo-news-lanca-campanha-do-seu-novo-on-air/.)

Este capítulo favorece o desenvolvimento das habilidades

EM13LGG101
EM13LGG102
EM13LGG103
EM13LGG104
EM13LGG202
EM13LGG203
EM13LGG302
EM13LGG401
EM13LGG402
EM13LP01
EM13LP02
EM13LP03
EM13LP06
EM13LP07
EM13LP09
EM13LP10
EM13LP24
EM13LP36
EM13LP46

1. Sobre o contexto de circulação do anúncio, responda:

a) Quem é o anunciante e a quem ele se dirige?

b) Qual é a área de atuação do anunciante?

2. Observe a parte não verbal do anúncio.

a) É possível considerar que ela é ambígua, isto é, pode ser lida e interpretada de duas formas. Indique quais são essas duas formas.

b) Relacione as duas possibilidades de leitura indicadas por você no item **a** com o anúncio e explique o que cada uma delas representa no contexto.

3. Agora, releia a parte verbal do anúncio.

a) Identifique as palavras que indicam ações enumeradas no texto.

b) Levante hipóteses: No contexto do anúncio, quem é o agente ou responsável por essas ações?

c) A palavra *nunca* se repete algumas vezes. Indique, entre as opções a seguir, qual sentido ela acrescenta às palavras que acompanha:

| • dúvida | • lugar | • negação | • modo |

4. Compare as palavras que indicam ação que estão na lateral esquerda do anúncio com a palavra que indica ação que está na lateral direita. Troque ideias com os colegas e o professor:

a) Qual é a diferença entre elas quanto à terminação?

b) Qual é a diferença de sentido entre elas? Justifique sua resposta.

5. Releia as três últimas linhas do texto da esquerda. Construa frases nas quais essas expressões poderiam ser utilizadas, tendo em vista o sentido do anúncio como um todo.

6. Levando em conta a análise feita nas questões anteriores, conclua: Que imagem o anunciante constrói de si mesmo ao associar o texto verbal à imagem?

Capítulo 11 • O verbo 133

◼ Conceituando

Ao analisar o anúncio da página anterior, você viu que há palavras que indicam ações atribuídas a um sujeito; no caso, as palavras *ignorar*, *deixar*, *desistir*, *escolher*, *intimidar*, *desligar* são atribuídas à empresa anunciante. Tais palavras são **verbos**.

> **Verbos** são palavras que exprimem ação, estado, mudança de estado e fenômenos meteorológicos, sempre em relação a um determinado tempo.

Veja alguns exemplos de verbos:

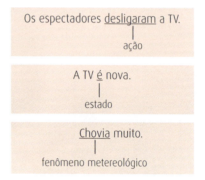

Locução verbal

Observe a forma verbal destacada nesta frase:

> As pessoas *estão acompanhando* o noticiário.

Estão acompanhando é uma expressão formada por dois verbos — *estão* (verbo *estar* no presente do indicativo) + *acompanhando* (verbo *acompanhar* no gerúndio) — com valor de um, pois equivale a *acompanham*. Esse tipo de expressão é chamada de **locução verbal**.

Nas locuções verbais, conjuga-se apenas o verbo auxiliar, pois o verbo principal vem sempre em uma das formas nominais: infinitivo, gerúndio ou particípio.

Os verbos auxiliares de uso mais frequente são *ter*, *haver*, *ser*, *estar* e *ir*. No Apêndice, na página 416, há tabelas com a conjugação completa de alguns desses verbos.

Quando a locução verbal é constituída de formas dos verbos auxiliares *ter* e *haver* mais o particípio do verbo principal, temos um tempo composto. Veja este exemplo:

> Ele já *tinha saído* (ou *havia saído*) para o trabalho quando o fato foi noticiado.

Nessa frase, a forma verbal destacada está no pretérito mais-que-perfeito composto do indicativo e corresponde, na forma simples, ao pretérito mais-que-perfeito do indicativo:

> Ele já *saíra* para o trabalho quando o fato foi noticiado.

Flexão dos verbos

Os verbos flexionam-se em número, pessoa, modo, tempo e voz.

Número e pessoa

As três pessoas do verbo são as mesmas do discurso, ou seja, aquelas que envolvem todo ato de comunicação, e podem estar no singular ou no plural. Observe as variações de pessoa e de número relativas ao presente do verbo *escrever*, por exemplo:

- *1ª pessoa* (quem fala): *Eu* escrevo bem. / *Nós* escreve*mos* bem.
- *2ª pessoa* (com quem se fala): *Tu* escreve*s* bem. / *Vós* escreve*is* bem.
- *3ª pessoa* (de quem ou de que se fala): *Ele(a)* escreve bem. / *Eles(as)* escreve*m* bem.

Modo

- **Indicativo**: É o modo da certeza, o que expressa algo que seguramente acontece, aconteceu ou acontecerá:

   Eu *leio* todos os dias.

- **Subjuntivo**: É o modo da dúvida, o que expressa a incerteza, a possibilidade de algo vir a acontecer:

   Meus pais querem que eu *leia* todos os dias.

- **Imperativo**: É o modo geralmente empregado quando se tem a finalidade de exortar o interlocutor a cumprir a ação indicada pelo verbo. É o modo da persuasão, da ordem, do pedido, do conselho, do convite:

   Leia todos os dias, nem que seja um pequeno texto!

Que modo usar nas orações subordinadas substantivas?

Emprega-se o indicativo geralmente nas orações que completam o sentido de verbos como *afirmar, compreender, comprovar, crer* (no sentido afirmativo), *dizer, pensar, ver, verificar*. Emprega-se o subjuntivo depois de verbos ligados à ideia de ordem, proibição, pedido, súplica, condição e outros semelhantes, como *desejar, duvidar, implorar, lamentar, negar, ordenar, pedir, proibir, querer, suplicar*. Veja os exemplos:

Afirmo que ele *vem* à reunião de formatura.
Duvido que ele *venha* à reunião de formatura.

Tempo

Leia estas frases:

   Disse adeus aos pais e *partiu* com a caravana.

   Este *é* aquele com quem *viverei* de agora em diante.

Observe que cada uma das formas verbais destacadas transmite uma noção temporal diferente. Na primeira frase, as formas verbais *disse* e *partiu* se referem a fatos que já aconteceram; na segunda, a forma verbal é se refere a algo que ocorre no momento em que se fala, enquanto a forma *viverei* se refere a um fato que ainda vai acontecer. Assim, os verbos *dizer* e *partir* estão no pretérito, também chamado de *passado* (*disse, partiu*), o verbo *ser* está no presente (*é*) e o verbo viver, no futuro (*viverei*).

Os verbos apresentam flexão de tempo nos modos indicativo e subjuntivo.

(*29.º Anuário do Clube de Criação de São Paulo*. p. 238.)

O modo imperativo é muito usado nas propagandas, uma vez que elas têm por objetivo influenciar o interlocutor, persuadi-lo ou mesmo fazer-lhe um apelo.

Flexões de tempo no modo indicativo

Os tempos do modo indicativo são:

- **presente**: expressa uma ação que está ocorrendo no momento em que se fala ou uma ação que se repete ou perdura:

   Nós *moramos* aqui.

- **pretérito**: subdivide-se em:
  - **pretérito perfeito**: transmite a ideia de uma ação completamente concluída:

  > Eu *joguei* bola ontem.

  - **pretérito imperfeito**: transmite a ideia de uma ação habitual ou contínua ou que vinha acontecendo, mas foi interrompida por outra:

  > Ele sempre me *visitava* aos domingos. (ação contínua)

  > Nós *fechávamos* a porta quando as visitas chegaram. (ação interrompida)

  - **pretérito mais-que-perfeito**: expressa a ideia de uma ação ocorrida no passado, mas anterior a outra ação, também passada:

  > Quando ele saiu, eu já *fizera* minha lição.

- **futuro**: subdivide-se em:
  - **futuro do presente**: expressa a ideia de uma ação que ocorrerá em um tempo futuro em relação ao tempo atual:

  > Eu *irei* à praia amanhã.

  - **futuro do pretérito**: expressa a ideia de uma ação que ocorreria desde que certa condição tivesse sido atendida:

  > Eu *iria* à praia, se estivesse em férias.

Flexões de tempo no modo subjuntivo

Os tempos do modo subjuntivo são:

- **presente**: indica um fato incerto no presente ou um desejo, sendo empregado geralmente depois de expressões como convém que, *é necessário que, é possível que, tomara que, talvez*:

  > Talvez eu *faça* um curso de inglês este ano.

- **pretérito imperfeito**: indica um fato incerto ou improvável ou um fato que poderia ter ocorrido mediante certa condição:

  > Se ele *pensasse* no futuro, estudaria mais.

- **futuro**: expressa a ideia de um acontecimento possível no futuro:

  > Quando ele *chegar*, nós iniciaremos a reunião.

Na página 409, no Apêndice, há tabelas de formação dos tempos verbais simples para consulta.

Voz verbal

A voz do verbo indica o tipo de relação que o sujeito mantém com o verbo. São três as vozes verbais:

- **ativa**: o sujeito pratica a ação verbal e, por isso, é um sujeito agente:

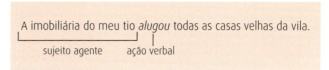

- **passiva**:
  - **analítica**: formada pelo verbo *ser* ou *estar* mais o particípio do verbo principal:

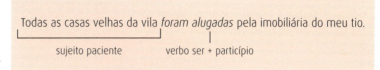

  - **sintética**: formada pelo acréscimo do pronome apassivador, geralmente em frases nas quais o verbo precede o sujeito paciente:

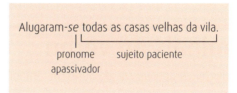

Voz passiva sintética ou sujeito indeterminado?

Alguns linguistas da atualidade, como Ataliba de Castilho, Sírio Possenti e Marcos Bagno questionam o conceito de voz passiva sintética da gramática normativa, pois entendem que a frase "Alugaram-se todas as casas velhas da vila" está na voz ativa e que o pronome *se* tem o papel de indeterminar o sujeito. Desse ponto de vista, não haveria inadequação gramatical em frases como "Alugou-se todas as casas velhas da vila", uma vez que todas as casas velhas da vila seria objeto direto, e não sujeito da oração.

- **reflexiva**: o sujeito pratica e recebe a ação verbal:

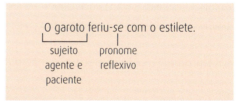

Exercícios

Leia a anedota a seguir e responda às questões 1 a 3.

> Dois camaradas se <u>encontram</u> quando estão passeando com seus cachorros na rua.
> Um deles, muito convencido, diz:
> — O meu cachorro <u>consegue</u> ler!
> O outro, mais convencido ainda:
> — Eu já <u>sabia</u>. O meu me <u>contou</u>!
>
> (Amir Mattos, org. *Brincadeiras, pegadinhas e piadas da Internet.* Belo Horizonte: Leitura, 2001. p. 12.)

1. Reconheça o tempo em que estão as formas verbais sublinhadas na anedota.

2. Identifique a locução verbal que aparece na anedota e substitua-a por uma forma verbal simples de sentido equivalente

3. A mesma anedota pode ser contada de diferentes maneiras.

   a) Reescreva a anedota lida, passando as formas verbais para o passado e o diálogo para o discurso indireto. Escolha os tempos verbais que julgar mais adequados.

   b) Troque ideias com os colegas e o professor e comente as diferenças de sentido entre a versão original e a versão escrita por você no item **a**, relacionando essas diferenças ao emprego dos diferentes tempos verbais.

4. Complete as frases, empregando no futuro do pretérito os verbos indicados:

   a) Se ela trouxesse as chaves, nós ☐ entrar no salão. (poder)

   b) Se eles deixassem, vocês ☐ as cartas. (escrever)

   c) Eu ☐ o convite, se pudesse. (aceitar)

   d) Se nós disséssemos isso, certamente eles se ☐ (ofender)

5. Leia as frases a seguir, nas quais as formas verbais estão conjugadas no imperativo segundo a norma-padrão.
   I. Esqueçamos nossas obrigações e sejamos bons alunos.
   II. Sê íntegro, cumpre tuas promessas.
   III. Vá, mas não demore para voltar.
   IV. Empreste-me seu lápis, Augusto.
   V. Ouçamos o que eles têm a dizer e sigamos à risca as instruções.

   a) Alguma delas soa estranha para você?

   b) Imagine contextos do dia a dia nos quais essas frases poderiam ser ditas e troque ideias com os colegas e o professor: Como você falaria caso fosse o enunciador?

Formas nominais do verbo

Leia, a seguir, o trecho inicial do livro *Nu, de botas*, de Antonio Prata.

> No princípio, era o chão.
> No piso do quintal, ladrilhado com cacos de cerâmica vermelha, via um elefante de três pernas, um navio, um homem de chapéu fumando cachimbo. Na manhã seguinte, as imagens haviam mudado: o homem de chapéu era um bolo mordido; o elefante, parte de um olho enorme — a tromba, um cílio —; o navio zarpara, deixando para trás apenas cacos de cerâmica vermelha no piso do quintal.
> Na sala, com uma tampa de Bic levantava os tacos soltos para espiar o que se escondia embaixo: uma mosca morta, uma unha cortada, um grampo — pequenos achados arqueológicos estudados com perícia através da lupa.

(Antonio Prata. *Nu, de botas*. São Paulo: Companhia das Letras, 2013. p. 9.)

Observe que, no trecho, aparecem, entre outras, estas três formas verbais:

> "as imagens haviam *mudado*"
> "o navio zarpara, *deixando* para trás apenas cacos de cerâmica vermelha no piso do quintal"
> "levantava os tacos soltos para *espiar*"

As formas destacadas acima chamam-se, respectivamente, **particípio**, **gerúndio** e **infinitivo** e constituem as **formas nominais** dos verbos, pois podem desempenhar também a função de um nome. Veja nestes outros trechos do texto:

> "um homem de chapéu *fumando* um cachimbo" — um homem de chapéu que *fumava* um cachimbo.
> | |
>   forma nominal   verbo
> correspondente a adjetivo

138 Unidade 3 • Morfologia

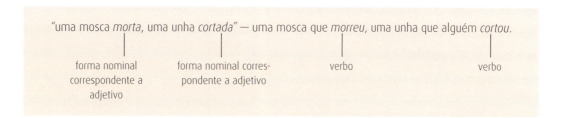

As formas nominais do verbo derivam do tema (radical + vogal temática) acrescido das desinências:

-r: para o *infinitivo*: atravess*ar*, conhec*er*, part*ir*
-do: para o *particípio*: atravessa*do*, permaneci*do*, escolhi*do*
-ndo: para o *gerúndio*: anda*ndo*, permanece*ndo*, parti*ndo*

As formas nominais não podem exprimir por si nem o tempo nem o modo. Seu valor de modo e tempo depende do contexto em que aparecem.

O **infinitivo** apresenta o processo verbal em potência, exprimindo a ação verbal propriamente dita; aproxima-se, desse modo, do substantivo. Veja:

> *Observar* era um passatempo para o menino.

O **gerúndio** transmite a ideia de que a ação verbal está em curso; desempenha, assim, as funções exercidas pelo advérbio e pelo adjetivo. Observe:

> *Espiando* o quintal, o menino viu um navio que zarpou *deixando* para trás os cacos de cerâmica.

O **particípio** transmite a ideia de que o processo da ação verbal chegou ao fim; pode desempenhar a função de um adjetivo e, nesse caso, concorda em gênero e número com o substantivo a que se refere. Veja:

> Os objetos eram *estudados* com perícia pelo menino.

Exercícios

Leia esta tira, de Fernando Gonsales:

(*Níquel Náusea – Minha mulher é uma galinha*. São Paulo: Devir, 2008. p. 14.)

1. Em que tempo e modo se encontram as formas verbais do 1º quadrinho?

2. Releia a frase do 2º quadrinho.
   a) Identifique e classifique as formas verbais empregadas.
   b) Explique o sentido que o emprego dessas formas verbais constrói no contexto da tira.

3. Em cada fala do 4º quadrinho, há uma forma verbal omitida, identificável pelo contexto. Qual é ela? Em que tempo e modo ela está?

4. Como é característico das tiras, o último quadrinho surpreende o leitor. Qual é o elemento responsável por essa surpresa e por que ele provoca humor?

Classificação dos verbos

Os verbos classificam-se, quanto à flexão, em *regulares*, *irregulares*, *anômalos*, *defectivos* e *abundantes*; e, quanto à função, em *auxiliares* e *principais*.

Verbos regulares e irregulares

Leia a tira abaixo:

(Disponível em: http://bichinhosdejardim.com/page/4/. Acesso em: 20/4/2021.)

Na tira, são empregadas as formas verbais *veja*, *somos*, *é*, *sei*, *usar*. Se conjugarmos os verbos *ver*, *ser*, *saber* e *usar*, veremos que apenas o último se encaixa no padrão da conjugação que você viu no quadro-resumo da página 142. Isso ocorre porque o verbo *usar* é regular: se o conjugarmos no presente, no imperfeito e no futuro do indicativo veremos que ele não apresenta alterações no radical e que as desinências variam de acordo com o modelo do quadro. Todos os verbos que seguem esse modelo são chamados de **regulares**.

Muitos verbos sofrem alteração no radical ou se afastam do modelo de conjugação ao qual pertencem, e por isso são chamados de **irregulares**. É esse o caso de verbos como *caber* (caibo, coube), *poder* (podemos, puder), *ter* (tenha, tivesse), *dizer* (diga, disseram), *haver* (hei, houve), *ir* (fui, vamos), *vir* (vim, veio, viesse), *ver* (vejo, visse, vir), etc.

Para saber se um verbo é regular ou irregular, basta conjugá-lo no presente ou no pretérito perfeito do indicativo. Se esses dois tempos seguirem o modelo dos verbos regulares, os outros tempos também seguirão. Se não, é sinal de que são irregulares.

Os morfemas dos verbos

- **Radical**: contém a significação básica da palavra; geralmente ele se repete em todos os modos e tempos, sem sofrer modificações. No verbo *atravessar*, por exemplo, o radical é atravess-.
- **Vogal temática**: é a vogal que se segue ao radical dos verbos e indica a conjugação a que eles pertencem: *-a* indica a 1ª conjugação: am*a*r; *-e* indica a 2ª conjugação: beb*e*r; *-i* indica a 3ª conjugação: part*i*r.
- **Tema**: é o radical somado à vogal temática: atravess + a = atravessa.
- **Desinências**: são morfemas que indicam a pessoa do discurso (1ª, 2ª ou 3ª), o número (singular ou plural), o tempo e o modo do verbo: atravessa + re + mos.

Os verbos irregulares que apresentam alterações profundas no radical, são considerados verbos **anômalos**. Veja:

ÁGUIAS CROCITAM, ANUNS PIAM,
ARARAS CHALRAM, ANDORINHAS CHILREIAM,
ARIRANHAS REGOUGAM, EMAS SUSPIRAM,
GAFANHOTOS CHICHIAM, GAVIÕES GUINCHAM,
BÚFALOS BRAMAM, CAMELOS BLATERAM,
CACHORROS LATEM, CEGONHAS GLOTERAM,
LOBOS ULULAM, CISNES ARENSAM,
CUCOS CUCULAM, ELEFANTES BARREM,
CORDEIROS BERREGAM, DONINHAS CHIAM,
GRILOS ESTRIDULAM, JURITIS TURTURINAM,
PAPAGAIOS PALREIAM, PAVÕES PUPILAM,
VACAS MUGEM, PATOS GRACITAM,
PERNILONGOS ZUNZUNAM, PACAS ASSOBIAM,
ONÇAS ESTURRAM, AZULÕES CANTAM,
PASSARINHOS GORJEIAM, GATOS MIAM,
SERES HUMANOS FALAM
E
EMPRESAS ANUNCIAM, PORQUE ESSA
É A NATUREZA DE CADA UM.

(*O Globo*, 1º/3/2004.)

Observe, nesse anúncio, o emprego de vários verbos que designam vozes de animais — *crocitar, chalrar, chilrear*... Esses verbos são defectivos, pois só são conjugados na 3ª pessoa, em virtude de sua significação.

- *ser:* presente do indicativo: sou, és, é, somos, sois, são
  pretérito perfeito do indicativo: fui, foste, foi, fomos, fostes, foram
  pretérito imperfeito do indicativo: era, eras, era, etc.

- *ir:* presente do indicativo: vou, vais, vai, vamos, ides, vão
  pretérito perfeito do indicativo: fui, foste, foi, fomos, etc.
  pretérito imperfeito do indicativo: ia, ias, ia, íamos, etc.

Defectivos são os verbos que, ao serem conjugados, não apresentam todos os tempos, modos ou pessoas. Na maioria dos casos, a defectividade verbal é devida à eufonia ou à significação. O verbo *abolir*, por exemplo, não é conjugado na 2ª pessoa do singular do presente do indicativo porque, por tradição, soa mal.

Os verbos *reaver* e *precaver(-se)* só têm, no presente do indicativo, a 1ª e 2ª pessoas do plural — *nós reavemos, vós reaveis, nós precavemos, vós precaveis*. Quando necessário, suprimos a ausência das outras pessoas empregando um sinônimo — eu *recupero* (para *reaver*) — ou uma forma equivalente — eu *consigo reaver*.

Esses verbos apresentam o imperativo afirmativo: *reavei* vós, *precavei* vós; faltam-lhes, entretanto, o imperativo negativo e o presente do subjuntivo. Nos demais tempos verbais, conjugam-se normalmente: *reouve, reaverei, reouvesse*, etc.

Abundantes são verbos que apresentam duas ou mais formas equivalentes: *havemos* e *hemos*; *entopem* e *entupem*; *matado* e *morto*.

Geralmente, a abundância ocorre no *particípio*: um regular, terminado em *-ado* (1ª conjugação) ou *-ido* (2ª e 3ª conjugações), e outro irregular, proveniente do latim ou de nome que passou a ter aplicação como verbo.

Na página 413, no Apêndice, há tabelas com a conjugação dos principais verbos irregulares do português. Na página 418, você encontra uma tabela com alguns verbos que apresentam duplo particípio.

Os particípios regulares geralmente são empregados na construção dos tempos compostos da voz ativa e, portanto, acompanham os verbos auxiliares *ter* e *haver*. Os particípios irregulares acompanham *ser* e *estar*. Veja os exemplos:

A direção *tinha suspendido* as aulas por falta de energia.

As aulas *foram suspensas* por falta de energia.

Conjugações

Conjugar um verbo é flexioná-lo em alguns de seus modos, tempos, pessoas, números e vozes. O conjunto de todas essas flexões, de acordo com determinada ordem, chama-se **conjugação**. Todos os verbos da língua portuguesa pertencem a três conjugações, caracterizadas pela vogal temática:

- *1ª conjugação:* os verbos que têm a vogal temática *-a*: pens *a* r;
- *2ª conjugação:* os verbos que têm a vogal temática *-e*: entend *e* r;
- *3ª conjugação:* os verbos que têm a vogal temática *-i*: reflet *i* r.

> O verbo *pôr*, do mesmo modo que seus derivados, como *repor, supor, compor, apor, antepor*, etc., pertence à 2ª conjugação, pois historicamente perdeu a vogal temática *-e*. Observe a evolução da forma latina de *pôr* para a forma atual: ponere > poer > pôr.

Como a vogal temática aparece com mais clareza no infinitivo, costuma-se geralmente indicar pela terminação dessa forma verbal (vogal temática + desinência *-r*) a conjugação a que um dado verbo pertence. Assim, os verbos terminados em *-ar* no infinitivo pertencem à 1ª conjugação; os terminados em *-er*, à 2ª; os terminados em *-ir*, à 3ª.

Para formar cada tempo verbal, acrescentam-se ao radical as devidas desinências de modo e tempo. Veja, por exemplo, a formação de alguns tempos verbais do verbo *amar*:

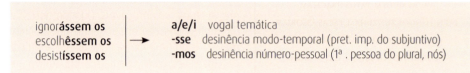

ama + ria = amaria (pretérito imperfeito do indicativo)
ama + sse = amasse (pretérito imperfeito do subjuntivo)
ama + r = amar (futuro do subjuntivo).

A seguir você vai ver um quadro-resumo com as conjugações dos tempos verbais da norma-padrão do português brasileiro. Observe que as terminações se repetem nos mesmos tempos e modos verbais e nas mesmas pessoas do discurso; pois essas terminações justamente equivalem às desinências indicadoras do modo, do tempo, do número e da pessoa do discurso ao qual a forma verbal se refere. Observe:

ignoro/escolho/desisto: o — desinência indicadora da 1ª pessoa do singular, *eu*

ignor**á**ssem os
escolh**ê**ssem os → a/e/i   vogal temática
desist**í**ssem os   -sse   desinência modo-temporal (pret. imp. do subjuntivo)
                          -mos   desinência número-pessoal (1ª. pessoa do plural, nós)

Modo	Tempo	1ª conjugação (terminação -ar)	2ª conjugação (terminação -er + pôr e derivados)	3ª conjugação (terminação -ir)
Indicativo	Presente	ignoro, ignoras, ignora, ignoramos, ignorais, ignoram	escolho, escolhes, escolhe, escolhemos, escolheis, escolhem	desisto, desistes, desiste, desistimos, desistis, desistem
	Pretérito perfeito	ignorei, ignoraste, ignorou, ignoramos, ignorastes, ignoraram	escolhi, escolheste, escolheu, escolhemos, escolhestes, escolheram	desisti, desististe, desistiu, desistimos, desististes, desistiram
	Pretérito imperfeito	ignorava, ignoravas, ignorava, ignorávamos, ignoráveis, ignoravam	escolhia, escolhias, escolhia, escolhíamos, escolhíeis, escolhiam	desistia, desistias, desistia, desistíamos, desistíeis, desistiam
	Pretérito mais-que-perfeito	ignorara, ignoraras, ignorara, ignoráramos, ignoráreis, ignoraram	escolhera, escolheras, escolhera, escolhêramos, escolhêreis, escolheram	desistira, desistiras, desistira, desistíramos, desistíreis, desistiram
	Futuro do presente	ignorarei, ignorarás, ignorará, ignoraremos, ignorareis, ignorarão	escolherei, escolherás, escolherá, escolheremos, escolhereis, escolherão	desistirei, desistirás, desistirá, desistiremos, desistireis, desistirão
	Futuro do pretérito	ignoraria, ignorarias, ignoraria, ignoraríamos, ignoraríeis, ignorariam	escolheria, escolherias, escolheria, escolheríamos, escolheríeis, escolheriam	desistiria, desistirias, desistiria, desistiríamos, desistiríeis, desistiriam
Subjuntivo	Presente	ignore, ignores, ignore, ignoremos, ignoreis, ignorem	escolha, escolhas, escolha, escolhamos, escolhais, escolham	desista, desistas, desista, desistamos, desistais, desistam
	Pretérito imperfeito	ignorasse, ignorasses, ignorasse, ignorássemos, ignorásseis, ignorassem	escolhesse, escolhesses, escolhêssemos, escolhêsseis, escolhessem	desistisse, desistisses, desistisse, desistíssemos, desistísseis, desistissem
	Futuro	ignorar, ignorares, ignorar, ignorarmos, ignorardes, ignorarem	escolher, escolheres, escolher, escolhermos, escolherdes, escolherem	desistir, desistires, desistir, desistirmos, desistirdes, desistirem

142 Unidade 3 ▪ Morfologia

Imperativo	Afirmativo	—, ignora, ignore, ignoremos, ignorai, ignorem	—, escolhe, escolha, escolhamos, escolhei, escolham	—, desiste, desista, desistamos, desisti, desistam
	Negativo	—, não ignores, não ignore, não ignoremos, não ignoreis, não ignorem	—, não escolhas, não escolha, não escolhamos, não escolhais, não escolham	—, não desistas, não desista, não desistamos, não desistais, não desistam
Formas nominais	Infinitivo	ignorar	escolher	desistir
	Gerúndio	ignorando	escolhendo	desistindo
	Particípio	ignorado	escolhido	desistido

Nas páginas 412 a 415 do Apêndice, você vai encontrar a explicação completa sobre a formação de cada um dos tempos verbais.

Exercícios

Leia o poema a seguir, de Mário Quintana, e responda às questões 1 a 3.

Quem ama inventa

Quem ama inventa as coisas que ama...
Talvez chegaste quando eu te sonhava.
Então de súbito acendeu-se a chama!
Era a brasa dormida que acordava...
E era um revoo sobre a ruinaria,
No ar atônito bimbalhavam sinos,
Tangidos por uns anjos peregrinos
Cujo dom é fazer ressurreições...
Um ritmo divino? Oh! Simplesmente
O palpitar de nossos corações
Batendo juntos e festivamente,
Ou sozinhos, num ritmo tristonho...
Oh! meu pobre, meu grande amor distante,
Nem sabes tu o bem que faz à gente
Haver sonhado... e ter vivido o sonho!

(*A cor do invisível*. São Paulo: Global, 2005. p. 58.)

1. Numere os versos do poema e observe o tempo, o modo e a pessoa em que estão os verbos, em especial os que aparecem nos versos 2 e 14.

a) A quem se dirige o eu lírico?
b) Em que pessoa verbal o eu lírico trata seu interlocutor?
c) O eu lírico mantém coerência nesse tratamento que dá ao seu interlocutor? Por quê?

2. As formas verbais *chegaste* e *sabes* estão, respectivamente:

a) no pretérito perfeito do indicativo e no imperativo negativo.
b) no pretérito imperfeito do indicativo e no presente do indicativo.
c) no pretérito perfeito do indicativo e no presente do indicativo.
d) no pretérito mais-que-perfeito do indicativo e no imperativo negativo.

3. Dê uma interpretação para o título do poema.

Capítulo 11 • O verbo   143

O verbo na construção do texto

Leia, ao lado, um anúncio que divulga um jornal de TV.

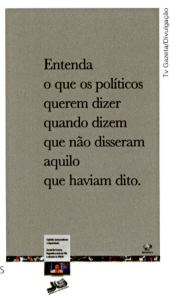

1. Releia o enunciado principal do anúncio:

> "Entenda o que os políticos *querem dizer* quando *dizem* que não *disseram* aquilo que *haviam* dito."

Associe as colunas, relacionando as formas verbais destacadas no enunciado ao sentido que pode ser atribuído a cada uma:

a) querem dizer   1. a fala dos políticos
b) dizem   2. a verdadeira intenção dos políticos
c) não disseram   3. as falsas promessas dos políticos
d) haviam dito   4. o assunto do discurso dos políticos

2. O anúncio sugere que o jornal divulgado por ele pode ajudar seus telespectadores.

a) Em que, segundo ele, consiste essa ajuda?
b) O que é sugerido pelo anúncio sobre a fala dos políticos?

3. Na parte inferior do anúncio, lê-se:

> "Opinião, independência e objetividade. Jornal da Gazeta. Segunda a sexta às 19h e sábados às 19h30".

a) A que ou a quem dizem respeito os substantivos *opinião*, *independência* e *objetividade*?

b) Que relação há entre esses substantivos e a ideia veiculada pelo anúncio?

Para que serve o verbo?

O verbo está diretamente relacionado com a existência e com a ação do homem no mundo. Por exemplo, toda vez que queremos dizer que alguém *fez* alguma coisa ou que alguém *é*, empregamos verbos. Assim, juntamente com o nome, o verbo é a base da linguagem verbal.

4. Observe as formas verbais *disseram* e *haviam dito*.

a) Em que tempo e modo elas estão?
b) *Haviam dito* é uma forma verbal composta. A qual forma simples ela equivale?
c) Leia novamente o anúncio em estudo e levante hipóteses: Por que, no enunciado principal, foi feita a opção pela forma composta *haviam dito* e não pela simples equivalente a ela?

5. Os verbos *entender* e *dizer* têm papel fundamental na construção de sentidos no anúncio.

a) O que a repetição do verbo *dizer* sugere quanto ao discurso da maioria dos políticos?
b) Por que o verbo *entender* foi empregado uma única vez?

6. Em sua opinião, é possível um jornal impresso ou de TV veicular notícias com absoluta imparcialidade?

Semântica e discurso

Leia o cartaz ao lado, de Ziraldo:

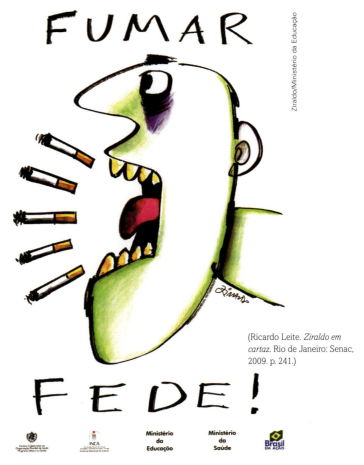

(Ricardo Leite. *Ziraldo em cartaz.* Rio de Janeiro: Senac, 2009. p. 241.)

1. Dependendo de sua finalidade, um cartaz pode assumir um caráter argumentativo. No cartaz lido:

a) O que os logotipos na parte de baixo informam sobre quem é o locutor?

b) Quem são os destinatários?

c) Qual é a finalidade?

d) Qual é o principal argumento utilizado?

e) Qual é a relação semântica entre a imagem e o enunciado verbal?

2. O enunciado verbal do cartaz é constituído basicamente pelos verbos *fumar* e *feder*.

a) Em que modo ou forma nominal eles estão empregados?

b) Um desses verbos, no contexto, assume o papel de um nome. Qual é esse verbo? Que papel ele assume?

3. Nos gêneros argumentativos, como o anúncio publicitário, o texto de campanha comunitária e certos cartazes, é comum o emprego de verbos no imperativo.

a) No cartaz em estudo, que enunciado verbal o locutor poderia ter utilizado, se tivesse optado por empregar esse modo verbal?

b) Por que, no cartaz em estudo, o anunciante optou por não empregar o modo imperativo?

Capítulo 11 ▪ O verbo   145

Leia o texto a seguir e responda às questões 4 a 6.

> Juntando tudo, Virgínia fez uma bola e atirou-a no cesto. Meu Deus, que distante lhe parecia aquele tempo. Aquela gente. Bruna casada com Afonso e com uma filha começando a fazer perguntas. Otávia prometendo para breve uma exposição de pintura. Natércio já aposentado, cada vez mais casmurro. Mais fechado. Letícia já famosa, segundo Bruna sugeriu. Conrado enfurnado na chácara, tocando piano e criando pombos Na casa, em lugar de Frau Berta, ficara uma portuguesa chamada Inocência. Sim, tudo mudara e ficara longe.
>
> (Lygia Fagundes Telles)

4. Observe que o narrador, nesse texto, lembrando-se de alguns fatos do passado, emprega muitos verbos nas formas nominais, omitindo os verbos auxiliares.

   a) Que verbo auxiliar poderia ser empregado com as formas nominais *casada, prometendo, aposentado, fechado* e *enfurnado*?

   b) De acordo com o contexto, em que tempo e modo esse verbo seria empregado?

5. O gerúndio é uma forma nominal que exprime a ideia de que a ação verbal está ocorrendo naquele momento, enquanto o particípio transmite a ideia de que o processo verbal chegou ao fim.

   a) Que personagens, citadas no texto, dão ao leitor a ideia de estarem estabilizadas, em uma situação definitiva? Qual dessas formas nominais é empregada em referência à condição dessas personagens?

   b) Que personagens, ao contrário, dão ao leitor a ideia de que estão ativas, em permanente ação? Qual dessas formas nominais é empregada em referência a essas personagens?

   c) Que formas nominais são empregadas para caracterizar o personagem Conrado?

6. Observe estas frases do texto:

   "Natércio já aposentado"   "Letícia já famosa"

   De acordo com o contexto, que circunstância o emprego da palavra *já* (advérbio) expressa nessas frases?
   - a permanência de um estado
   - a chegada a determinado ponto que causa mudança de estado
   - a chegada a determinado ponto que indica o término de um processo

7. Leia os dois textos seguintes e responda às questões propostas.

> Num domingo de sol, à tarde, uma turma de meninos e meninas conversa preguiçosamente na praça, sem decidir o que fazer. De repente, um deles diz:
> — E se fôssemos passear de bicicleta ou nadar no clube?

> Pai e filho discutiam sobre um problema qualquer.
> O filho, teimoso, falava sem parar. O pai, já muito bravo e cheio, diz:
> — E se você fechasse a boca e fosse para o seu quarto?

   a) Qual é a intenção do falante em cada uma das frases interrogativas nesses contextos?

   b) Substituindo o imperfeito do subjuntivo por outro tempo verbal, transforme as frases interrogativas dos dois textos em outras de sentido equivalente.

CAPÍTULO 12

O advérbio

Construindo o conceito

Leia, a seguir, uma dica para economizar espaço ao arrumar a mala.

(Disponível em: https://twitter.com/alleta_tur/status/965595643711500289/photo/1. Acesso em: 20/4/2021.)

Este capítulo favorece o desenvolvimento das habilidades

EM13LGG101
EM13LGG102
EM13LGG103
EM13LGG104
EM13LGG202
EM13LGG203
EM13LGG302
EM13LGG401
EM13LGG402
EM13LP01
EM13LP02
EM13LP03
EM13LP06
EM13LP07
EM13LP09
EM13LP10
EM13LP24
EM13LP46

1. Ao sugerir a utilização de organizadores para malas, o texto faz uma suposição sobre a relação do leitor com esses organizadores. Qual é a frase que contém essa suposição?

2. A frase indicada por você na questão 1 contém palavras que expressam circunstâncias em relação à afirmação do enunciador. Identifique, nessa frase, qual palavra:

a) indica uma circunstância de tempo em relação ao fato de o leitor conhecer os organizadores.

b) indica circunstâncias de tempo e negação em relação ao fato de o leitor usar os organizadores.

c) indica que se trata de uma hipótese do enunciador, que não é necessariamente verdadeira.

3. Releia o texto verbal na parte inferior da imagem. Segundo o trecho:

a) O leitor teria por hábito guardar as roupas na mala de que forma? Justifique sua resposta.

b) De que modo deve ser feita a separação das roupas na mala?

c) Qual será o resultado se o leitor seguir as sugestões dadas?

4. Observe a seguinte frase:

"encontre tudo de que precisa com rapidez e facilidade"

a) A expressão *com rapidez e facilidade* se refere a qual outro termo da frase? Justifique sua resposta.

b) Reescreva essa frase, eliminando a palavra *com* e fazendo as alterações necessárias, sem mudar o sentido.

Capítulo 12 • O advérbio 147

Conceituando

Na seção anterior, você observou que há palavras e expressões que alteram o sentido da ação verbal ou de um enunciado, acrescentando algumas circunstâncias. Por exemplo, os termos *já, durante a viagem* indicam tempo, o termo *nunca* indica, simultaneamente, tempo e negação; a expressão *com rapidez e facilidade* (assim como as palavras *rapidamente* e *facilmente*) indica o modo como o leitor vai encontrar seus pertences na mala. A palavra *provavelmente* indica a circunstância de quase certeza sobre um enunciado. As palavras *já, nunca, rapidamente, facilmente, provavelmente* são **advérbios**.

Advérbios são palavras que indicam principalmente as circunstâncias em que se dá a ação verbal.

O conjunto de duas ou mais palavras que têm valor de advérbio denomina-se **locução adverbial**:

O jogador pega cartas escondidas *com astúcia*.

Portanto, as expressões *durante a viagem, como de costume* e *com rapidez e facilidade* são locuções adverbiais.

O advérbio modifica apenas o verbo?

Etimologicamente, *advérbio* (*ad*, "junto de" + verbo) significa "termo que acompanha o verbo". Apesar disso, os advérbios de intensidade podem acompanhar, além de verbos, substantivos, adjetivos e advérbios. Veja:

Quase médico, já consulta com eficiência.
adv. subst.

O menino tem olhos *muito* claros, expressivos.
        adv.   adj.

A vida lhe corre *muito* bem.
        adv.   adv.

Alguns advérbios podem, ainda, se referir a uma oração inteira:

Felizmente, tudo se resolveu.
adv.   oração

Valores semânticos dos advérbios e das locuções adverbiais

Os advérbios e as locuções adverbiais são classificados de acordo com seu valor semântico, isto é, com o sentido que apresentam ou a circunstância que indicam.

Alguns dos valores semânticos dos advérbios e das locuções adverbiais são estes:

- **tempo**: *ontem, hoje, agora, antes, depois*: "O que aconteceu? Você chegou *cedo*!".
- **modo**: *bem, mal, assim, depressa* e quase todos os advérbios terminados em *-mente*, como, por exemplo, *felizmente, suavemente*: "Saiu *repentinamente* da reunião e não se justificou".
- **lugar**: *aqui, ali, lá, abaixo, acima, longe, fora, dentro*: "Meus tios moraram *perto* de nós durante muitos anos".
- **dúvida**: *possivelmente, porventura, quiçá*: "*Talvez* chegue a tempo para assistir ao casamento".
- **afirmação**: *decerto, certamente, realmente, efetivamente*: "*Sim*, senhor, eu vi tudo".
- **negação**: *não, nem, nunca, tampouco*: "Ela *não* está bem de saúde hoje".

Além de ter esses valores semânticos, as locuções adverbiais podem indicar ainda outras circunstâncias, como: assunto, companhia, fim, etc. Veja alguns exemplos:

O conferencista falou sobre *literatura brasileira*. (assunto)
Foi ao teatro *com os amigos*. (companhia)
Foi, *apesar da proibição*. (concessão)
Só sairá da escola *com autorização*. (condição)
Fez o edifício *conforme o projeto*. (conformidade)
Preparou-se com afinco *para os exames vestibulares*. (fim)
Redigiu o texto final *com uma caneta-tinteiro*. (instrumento)

Função sintática do advérbio

O *advérbio* e a *locução adverbial* desempenham na oração a função de adjunto adverbial, classificando-se de acordo com as circunstâncias que acrescentam ao verbo, ao adjetivo e ao advérbio:

Meio tonta, deixou-se cair na cama.
       adj. adv. de intensidade

Advérbios interrogativos

Os advérbios interrogativos *onde*, *quando*, *como* e *por que* são empregados nas orações interrogativas diretas e indiretas em referência, respectivamente, a lugar, tempo, modo e causa. Observe, na tira a seguir, o emprego dos advérbios interrogativos *onde* e *por que*, indicando, respectivamente, lugar e causa.

(Bill Watterson. *O progresso científico deu "tilt"*. São Paulo: Best, 1991. v. 2, p. 25.)

Exercícios

1. O poema a seguir, de Arnaldo Antunes, é construído quase inteiramente com advérbios e locuções adverbiais. Leia-o.

Em cima de cima assim e acima sobre
do alto e de alto a baixo *debaixo* ao lado
atrás e de lado a lado detrás e sob *acolá*
e além de *ali* depois pelo centro entre
de fora dentro *na frente* e *já* de agora
em frente e *daqui defronte* através
e rente no fundo no fundo no fundo
em pé *de repente perto* envolvido em
torno envolvendo em volta e de volta
já e também no meio na mosca no
alvo na hora fora daqui mas a poucos

pés *pouco a pouco* aos pés através
atrás de viés e em e ainda *mais* e ainda
agora e a cada vez de uma vez ainda
no fundo no fundo no fundo ante e
antes de então e então durante e enquanto
aqui *por enquanto adiante* avante
acerca e portanto ao largo ao redor e lá
e *nos arredores* nos cantos cá de
passagem logo tangente longe distante e
onde no mundo *no mundo* no mundo

(*Melhores poemas*. Seleção de Noemi Jaffe.
São Paulo: Global, 2010. p. 95.)

a) Classifique os advérbios e as locuções adverbiais em destaque no texto, de acordo com os valores semânticos que exprimem no contexto.

b) Troque ideias com os colegas: Considerando-se que advérbios e locuções adverbiais geralmente exprimem circunstâncias relativas a ações expressas por verbos e que o poema termina com "no mundo no mundo no mundo", que interpretação pode ser dada ao poema?

Leia a tira a seguir e responda às questões 2 e 3.

(Disponível em: http://www.willtirando.com.br/casamentos/. Acesso em: 25/8/2021.)

2. O efeito de humor da tira é construído com base em diferentes formas contemporâneas de casamento mencionadas pelo narrador.

a) Quais são essas formas?

b) Como essas formas são avaliadas pelo narrador?

3. Em todos os quadrinhos são empregados advérbios na fala do narrador.

a) Identifique esses advérbios.

b) Explique de que forma esses advérbios contribuem para construir certa expectativa no leitor e para a construção do efeito de humor da tira.

Flexão do advérbio

Os advérbios são palavras invariáveis em gênero e número. Observe:

> Há *menos* pessoas naquela fila.   Eles moram *longe* da escola.

Entretanto, podem sofrer variação de grau, apresentando-se nos graus *comparativo* e *superlativo*. Esses graus são formados por processos análogos aos da flexão de grau dos adjetivos.

Comparativo

- de superioridade: Falou *mais* baixo que (ou *do que*) o colega.
- de igualdade: Falou *tão* baixo quanto (ou *como*) o colega.
- de inferioridade: Falou *menos* baixo que (ou *do que*) o colega.

Superlativo

- sintético: Falou *baixíssimo* (*altíssimo*, *dificílimo*, etc.).
- analítico: Falou *muito baixo* (*extremamente* baixo, *consideravelmente* alto, *muito* difícil, etc.).

4. Há palavras que em determinados contextos são adjetivos (portanto, variáveis) e em outros são advérbios (portanto, invariáveis). Observe:

> Você comeu *rápido* demais.   Viajamos para *longe*, para terras estranhas.
> advérbio   advérbio
>
> Vocês são *rápidos* demais para comer.   Viajamos por terras *longes* e estranhas.
> adjetivo   adjetivo

Identifique nas frases seguintes se a palavra destacada é adjetivo ou advérbio.

a) As crianças vão *melhor*, obrigada. Já estão sem febre.

b) O molho de tomate está *melhor* agora, mais saboroso, você não acha?

c) Ana, Carla, Joana e Rose são as *melhores* alunas do 2º ano.

d) Visitei-os ontem e encontrei-os *pior*, mais abatidos e aflitos.

e) Tente elaborar outro plano, porque este apresentou os *piores* resultados.

Melhor, pior / mais bem, mais mal

Melhor e *pior* são comparativos de *bem* e *mal* (como também dos adjetivos *bom* e *mau*), respectivamente, sendo, portanto, invariáveis. Observe:

> Ninguém conhece *melhor* seus interesses do que eu.

As formas *mais bem* e *mais mal* podem ser empregadas, desde que junto de adjetivos representados por particípios. Veja este exemplo:

> Os contribuintes estavam *mais bem* informados do que há um ano.

5. Reescreva as frases, completando-as com *meio* ou *meia*, conforme convier:

a) A porta do camarim estava ☐ aberta e, por instantes, vimos a cantora se maquilando.

b) Não a incomode, pois hoje ela está ☐ triste.

c) Era ☐-dia e ☐ quando o almoço foi servido.

d) Para dar um sabor especial ao molho de salada, acrescente o suco de ☐ limão e ☐ colher de sobremesa de mostarda.

Meio ou *meia*?

O numeral *meio* ("metade de um") é uma palavra variável, ou seja, flexiona-se em gênero. Veja:

> Tomei *meio* copo de refrigerante, e ela, *meia* xícara de leite.

> Suas aulas iniciam-se *meio*-dia e *meia*. (meia hora)

O advérbio *meio* ("um tanto, não inteiramente, quase") é invariável, isto é, não admite flexão.
Assim:

> Maria está *meio* aborrecida hoje.

O advérbio na construção do texto

Leia esta crônica, de Luis Fernando Verissimo:

De domingo

— Outrossim…
— O quê?
— O que o quê?
— O que você disse.
— Outrossim?
— É.
— O que é que tem?
— Nada. Só achei engraçado.
— Não vejo a graça.
— Você vai concordar que não é uma palavra de todos os dias.
— Ah, não é. Aliás, eu só uso domingo.
— Se bem que parece mais uma palavra de segunda-feira.
— Não. Palavra de segunda-feira é "óbice".
— "Ônus".
— "Ônus" também. "Desiderato". "Resquício".
— "Resquício" é de domingo.
— Não, não. Segunda, no máximo terça.
— Mas "outrossim", francamente…
— Qual é o problema?
— Retira o "outrossim".
— Não retiro. É uma ótima palavra. Aliás, é uma palavra difícil de usar. Não é qualquer um que usa "outrossim". Tem que saber a hora certa. Além do dia.
— Aliás, uma palavra que uso pouco é "aliás".
— Pois você não sabe o que está perdendo. "Aliás" é ótimo. Muito bom também é "não obstante".
— "Não obstante"! Acho que essa eu nunca usei.
— "Não obstante" é de sábado.
— Quais são as outras palavras de domingo?
— Bem, tem "bel-prazer".
— "Bel-prazer" é fantástico.

— "Trâmites", "paulatino" ou "paulatinamente", "destarte"…

— "Amiúde" é de domingo?

— Não, meio de semana. De domingo é "assaz".

— Mas o que é que você estava dizendo?

— O que era mesmo? Eu parei no outrossim…

— Não. Eu não aceito outrossim.

— Como, não aceita?

— Não quero. Outrossim, não. Usa outra palavra.

— Mantenho o outrossim.

— Então é fim de papo.

— Você vai me tirar o outrossim da boca? Eu tive um trabalho danado para arranjar uma frase para encaixar o outrossim e agora não posso usar?

— Pra cima de mim, não.

— Deveras, eu…

— Deveras não!

— Mas deveras é de domingo.

— Não. Retira o deveras. Retira o deveras!

(*Novas comédias da vida privada*. Porto Alegre: L&PM, 1996. p. 158-159.)

1. A crônica é construída com base no diálogo entre dois personagens. O que motiva a discussão entre eles?

2. Os personagens mencionam várias palavras de pouco uso. Associe as duas colunas, relacionando as palavras da primeira coluna ao sentido que elas têm:

a) óbice   1. realmente, de fato

b) desiderato   2. bastante, suficientemente

c) resquício   3. vontade, capricho

d) outrossim   4. empecilho, estorvo

e) não obstante   5. igualmente, do mesmo modo

f) assaz   6. o que se deseja, aspiração

g) deveras   7. resto, resíduo

h) bel-prazer   8. apesar de, embora

i) amiúde   9. com frequência

3. Os personagens associam as palavras a dias de semana. Releia este trecho:

"— Ah, não é. Aliás, eu só uso [outrossim] domingo.
— Se bem que parece mais uma palavra de segunda-feira."

No contexto, qual é a diferença entre uma palavra "de domingo" e uma palavra "de segunda-feira"?

4. Observe estes trechos do texto:

> "eu só uso domingo"
>
> "uma palavra que eu uso pouco"
>
> "acho que essa eu nunca usei"

a) Que advérbios acompanham o verbo *usar* nesses trechos? Classifique-os, de acordo com o valor semântico que têm no contexto.

b) Considerando o tema da discussão, o que justifica o emprego de advérbios com esse valor semântico?

5. Observe as palavras destacadas nestes trechos:

> "Mantenho o *outrossim*."
>
> "Retira o *deveras*."
>
> "*Aliás* é ótimo."

Embora todas elas sejam originalmente advérbios, no contexto desempenham outro papel gramatical.

a) Qual é esse papel?

b) Justifique sua resposta anterior, levando em conta cada um dos empregos.

6. Observe o emprego da palavra *deveras* neste trecho:

> "— Para cima de mim, não.
>
> — Deveras, eu...
>
> — Deveras não!"

a) Levando em conta as intenções dos interlocutores, responda: Qual é o sentido da palavra *deveras* em cada situação?

b) Qual é o papel morfológico da palavra *deveras* em cada um desses empregos?

7. Um advérbio pode exprimir uma circunstância relativa a um verbo e também um ponto de vista a respeito de uma afirmação. No texto, em quais das situações abaixo o advérbio se refere a uma afirmação?

a) "Acho que essa eu *nunca* usei".

b) "— *Deveras*, eu..."

c) "— Mas 'outrossim', *francamente*..."

8. Como conclusão de estudo, assinale a alternativa falsa em relação ao texto lido:

a) O texto tem caráter metalinguístico, uma vez que promove uma reflexão sobre a língua e sobre sua capacidade de produzir sentidos.

b) Há, no texto, um grande número de advérbios, o que se justifica pelo fato de os personagens discutirem quando, como e por que usam certas palavras.

c) O texto revela que o brasileiro conhece mal sua própria língua, pois não domina plenamente o vocabulário e o valor expressivo das palavras.

d) O texto mostra que, embora a língua tenha uma natureza social, o uso que se faz dela envolve escolhas pessoais e subjetivas.

■ Semântica e discurso

No anúncio a seguir, o anunciante é a The Nature Conservancy, uma das principais organizações do mundo que atuam na defesa do meio ambiente. Leia-o e responda às questões 1 a 5.

A nossa riqueza ecológica representa uma das maiores fontes de vida do planeta.

Infelizmente, ela está sob sérias ameaças, sendo reduzida a cada dia que passa.

Para conservar o nosso patrimônio e restaurar áreas degradadas, a The Nature Conservancy (TNC) forma parcerias com empresas privadas, setores do governo e sociedade. Sempre conciliando desenvolvimento econômico com conservação da natureza, a TNC já ajudou a conservar uma área equivalente a quatro vezes o estado do Rio de Janeiro.

Para saber mais sobre o nosso trabalho, visite o nosso site www.nature.org/brasil.

(*Horizonte Geográfico*, n. 134, p. 62.)

1. O anúncio é constituído de parte verbal e parte não verbal.

   a) Que elementos compõem a parte não verbal?

   b) O que a imagem evidencia?

2. O texto escrito no *post-it* (papel de recado) faz um alerta.

   a) Sobre o que ele alerta?

   b) Levante hipóteses: Por que a frase foi escrita em um *post-it*?

3. No texto do *post-it* há dois advérbios. Quais são eles? Que valores semânticos expressam?

4. A foto e o *post-it* estão sobrepostos a um fundo verde.

   a) Levando em conta quem é o anunciante, estabeleça relações entre os advérbios, as cores do anúncio, a imagem que aparece na fotografia e a finalidade do anúncio.

   b) Responda: Qual finalidade o anunciante tinha em vista com a publicação desse anúncio?

5. Uma das características do advérbio é poder ocupar diferentes posições em uma frase. Releia esta frase:

> "Algumas espécies aqui foram extintas antes de serem descobertas."

   a) Que outras posições o advérbio *aqui* pode ocupar na frase sem que haja mudança de sentido?

   b) Se o advérbio *aqui* fosse empregado no final da frase, o sentido do enunciado seria o mesmo? Justifique sua resposta.

CAPÍTULO 13

A preposição e a conjunção

Construindo o conceito

Leia a seguir um trecho do texto "Se essa bolha fosse minha", de Gregório Duvivier.

Este capítulo favorece o desenvolvimento das habilidades

EM13LGG103
EM13LGG104
EM13LP01
EM13LP02
EM13LP06
EM13LP08
EM13LP09
EM13LP46

A frase que mais ouvi nos últimos anos depois de "crédito ou débito" foi "o problema é que a gente só <u>fala</u> com quem tá dentro da bolha", geralmente <u>dita</u> pra quem tá dentro da bolha, por quem tá dentro da bolha. <u>Fala-se</u> muito da tal bolha: essa redoma de segurança que a internet cria, e graças a algoritmos complicados eis que de repente "boom", todas as pessoas pensam igual a você, e você fica feliz e querido e recompensado, porque você acha que o mundo inteiro te ama e pensa igual a você, mas na verdade não é o mundo, é só a famosa bolha.

Se você nunca sentiu isso, fica tranquilo que eu também não. Tô só repetindo o que me explicaram. [...]

Na minha bolha seria banido o beijo no coração, e o coração com as mãos, mesmo ironicamente, e toda sobremesa seria de chocolate, pra acabar com essa palhaçada de abacaxi com raspa de limão, e todos se locomoveriam de bicicleta e saberiam fazer pão de fermentação natural e shiatsu, e fariam ambos assim que solicitados. [...] Todos torceriam pro Fluminense. Os outros times existiriam, claro, mas só pra perder, por pouquinho, e sempre de surpresa. "Que milagre! Achei que era hoje que o Fluminense perdia, mas não. Ufa". "Ufa", eu diria. [...] "Passa lá em casa que tô fazendo um pão". "**Sourdough**?". "Ób-vio".

sourdough: denominação inglesa para o pão feito com leveduras selvagens.

(Disponível em: www1.folha.uol.com.br/colunas/gregorioduvivier/2017/09/1921435-se-essa-bolha-fosse-minha.shtml. Acesso em: 15/4/2020.)

1. É possível considerar que o texto foi escrito em uma linguagem informal.

   a) Identifique termos e expressões do texto que justifiquem essa afirmação.

   b) Troque ideias com os colegas e o professor: Que efeito é construído no texto pelo uso dessa linguagem?

2. Observe as ocorrências das formas verbais dos verbos *falar* e *dizer* em destaque no trecho. Indique os termos que acompanham essas formas verbais:

   a) cumprindo o papel do agente da ação verbal;

   b) cumprindo o papel de destinatário da ação verbal;

   c) cumprindo o papel de conteúdo da ação verbal.

3. Agora leia os pares a seguir:

> - A frase que mais ouvi — "crédito ou débito"
> - redoma — segurança
> - todas as pessoas pensam igual — algoritmos complicados
> - igual — você
> - o beijo — coração
> - o coração — as mãos
> - locomoveriam — bicicleta
> - pão — fermentação natural

a) Volte ao texto e identifique a palavra ou expressão que conecta cada um desses pares entre si.

b) Três desses pares são conectados por uma mesma palavra. Quais são eles?

c) Troque ideias com os colegas e o professor: A relação semântica que essa palavra estabelece entre os termos que conecta é a mesma nos três pares? Justifique sua resposta.

4. Releia este trecho:

> "todas as pessoas pensam igual a você, e você fica feliz e querido e recompensado, porque você acha que o mundo inteiro te ama e pensa igual a você."

a) A palavra *e* é empregada diversas vezes nesse pequeno trecho. Troque ideias com os colegas e o professor: Que efeito essa repetição cria no texto?

b) Indique em quais trechos a palavra *e*:

- conecta termos em paralelo na frase;
- estabelece relação de adição entre duas orações.

c) Identifique outros trechos do texto em que o *e* tem as mesmas funções indicadas por você no item **b**.

d) Entre as opções a seguir, qual corresponde à relação construída pela palavra *porque* ao conectar as orações?

- proporção
- causa
- conformidade
- condição

5. Estabeleça a correlação entre as colunas a seguir, considerando a relação que a palavra em destaque estabelece entre as duas orações que ela conecta.

a) "você acha que o mundo inteiro te ama e pensa igual a você, *mas* na verdade não é o mundo, é só a famosa bolha."

b) "*Se* você nunca sentiu isso, fica tranquilo"

c) "toda sobremesa seria de chocolate, *pra* acabar com essa palhaçada de abacaxi com raspa de limão"

d) "Passa lá em casa *que* tô fazendo um pão"

I. condição
II. finalidade
III. explicação
IV. oposição, contraste

■ Conceituando

Ao analisar o texto de Gregório Duvivier na seção anterior, você observou que há palavras e expressões que têm a função de estabelecer determinadas relações de sentido entre outras palavras, expressões e orações. Essas palavras são chamadas de *palavras relacionais* e se dividem entre *preposições* e *conjunções*.

Conforme você pôde observar em expressões como *redoma de segurança*, *igual a você*, *o coração com as mãos*, as *preposições* destacadas cumprem o papel de colocar dois termos em relação, de forma que um complemente, explique ou especifique o sentido do outro.

156 Unidade 3 • Morfologia

Já as *conjunções* relacionam duas orações ou dois termos semelhantes de uma mesma oração, como você viu em "você fica feliz e querido e recompensado, *porque* você acha que o mundo inteiro te ama e pensa igual a você". Concluímos, portanto, que:

> **Preposição** é a palavra que coloca dois termos em relação, de forma que um complemente, explique ou especifique o sentido do outro.

> **Conjunção** é a palavra que relaciona duas orações ou dois termos de mesmo valor sintático.

As relações estabelecidas pelas preposições e conjunções contribuem para que um texto apresente textualidade, isto é, seja coerente e coeso, e não apenas uma sequência de palavras ou frases sem sentido.

As locuções

Você já viu, em outros capítulos, que algumas classes de palavras podem ser representadas por locuções, isto é, por um conjunto de duas ou mais palavras. O mesmo ocorre com as preposições e conjunções. Nas frases abaixo, *depois de* é uma locução prepositiva, e a *não ser que* é uma locução conjuntiva. Exemplos:

> "A frase que mais ouvi nos últimos anos *depois de* 'crédito ou débito'" (locução prepositiva)

> Eu vivo fora da bolha, a *não ser que* tenha entendido errado o conceito. (locução conjuntiva)

A preposição

As principais preposições são: *a, ante, após, até, com, contra, de, desde, em, entre, para, perante, por (per), sem, sob, sobre, trás*.

> Sairemos *após* o jantar.

Duas ou mais palavras empregadas com valor de preposição constituem uma **locução prepositiva**: *ao lado de, além de, depois de, através de, dentro de, abaixo de, a par de*. A locução prepositiva sempre termina por preposição.

> *Antes de sair*, feche portas e janelas.

Combinação e contração

As preposições *a, de, em, por, para* e *com* podem ligar-se a outras palavras (artigo, pronome ou advérbio), formando combinações e contrações.

Combinação

Ocorre quando não há perda de fonema na ligação entre a preposição e o artigo ou entre a preposição e o advérbio. Observe:

> De manhã, ela enviou o bilhete *ao* namorado. Eu gostaria de saber *aonde* ela quer chegar.
> | |
>   prep. + art.   prep. + adv.

Contração

Ocorre quando há perda de fonema na ligação entre a preposição e o artigo, entre a preposição e o pronome pessoal, entre a preposição e o pronome demonstrativo ou entre a preposição e o advérbio. Observe:

O carro novo *do* meu irmão veio com defeito de fábrica.
└── prep.+ art. (de + o)

As cartas e as fotografias estão *nesta* caixa antiga.
└── prep.+ pron. dem. (em + esta)

Ela não para de falar *nele*.
└── prep.+ pron. pess. (em + ele)

Pode deixar que eu continuo a varrer *daí* para frente.
└── prep.+ adv. (de + aí)

No título do livro abaixo, *Novo manual do FBI para ler a mente das pessoas*, as palavras *do* e *das* são contrações, resultantes da ligação entre a preposição *de* e, respectivamente, os artigos *o* e *as*.

(Disponível em: https://www.goodreads.com/book/show/53352063-novo-manual-do-fbi-para-ler-a-mente-das-pessoas. Acesso em: 20/4/2021.)

Quando a preposição *a* se une ao artigo *a* ou aos pronomes *aquele, aquilo*, ocorre um tipo especial de contração, denominado crase. Na escrita, a crase é indicada com o acento grave. Observe:

Fomos *à* feira de livros promovida pela biblioteca de nossa escola.
└── prep. *a* + art. *a*

O conferencista referiu-se *àquele* assunto que estudamos ontem.
└── prep. *a* + pron. *aquele*

Exercícios

O texto a seguir fala sobre ratos de laboratório. Leia-o e complete-o com preposições, combinações ou contrações a fim de torná-lo compreensível.

De onde vêm? Para onde vão?

Os roedores que existem apenas porque a ciência precisa deles nascem ☐ biotérios (do latim "lugar onde fica a vida"), uma espécie ☐ berçário que segue normas rígidas ☐ higiene e conforto ditadas ☐ órgãos internacionais [...]. A ideia é mantê-los limpos e livres ☐ doenças, ☐ não comprometer os resultados ☐ estudos. [...]

A mania ☐ limpeza ajuda ☐ manter as cobaias aptas ☐ os experimentos, mas é também uma forma ☐ respeitar seu estilo natural de ser. Pois, acredite, ratos não são seres imundos, nem os ☐ bueiro. [...] Os cuidados não param ☐ aí. ☐ biotérios, os ratos são tratados ☐ a mordomia ☐ um hotel cinco estrelas. [...]

Drogas e aventuras

Não é à toa que os ratos se escondem atrás ☐ lata ☐ lixo ou ☐ bueiros. Eles temem espaços abertos e altura. Os cientistas aproveitam esse ponto fraco ☐ fazer testes ☐ ansiedade. Soltá-los ☐ piscinas fundas, onde eles não possam se apoiar, é uma ☐ formas ☐ testar suas reações. Mas o brinquedo mais popular ☐ medicina comportamental é o labirinto, usado ☐ avaliação ☐ ansiedade há mais de 20 anos. [...]

Os labirintos também servem ☐ analisar o quanto a bebedeira pode fazer mal. ☐ um estudo ☐ alcoolismo [...] ratos receberam doses diárias ☐ álcool ☐ longo ☐ 4 meses. Após o período, tiveram ☐ enfrentar desafios ☐ avaliar o prejuízo cognitivo. Eles tinham ☐ entrar ☐ um labirinto ☐ água e chegar ☐ uma plataforma [...]. Os alcoólatras demoravam mais. [...]

Roedor sem dor

Depois de uma vida desafiando os próprios medos, bebendo ou fazendo sexo, chega a hora ☐ aposentadoria. ☐ dois anos, os roedores já estão velhos como um humano ☐ 80. Aí, há dois finais: a eutanásia ou virar refeição ☐ cobras. Os pesquisadores garantem que tudo é feito ☐ analgésicos ☐ que não sofram. Justo. Afinal, dedicaram sua vida ☐ bem ☐ ciência e muitos deixam descendentes ☐ seguir o trabalho.

(*Galileu*, n. 247.)

Os valores semânticos da preposição

No texto principal do anúncio ao lado, a palavra *do* é contração da preposição *de* com o artigo *o*. Observe que a preposição *de*, além de ligar os substantivos *África* e *Sul*, serve para caracterizar o substantivo *África*. Assim, as preposições, além de terem o papel de ligar palavras, apresentam *valor semântico*, isto é, significado próprio.

No final do texto do anúncio, a preposição *per* (= por), presente na contração *pelo* (per + o), indica "lugar por onde".

De acordo com a relação que as preposições estabelecem entre as palavras, inúmeros são os valores semânticos que elas exprimem. Entre eles, estão estes:

- **assunto**: O sacerdote falou *da* fraternidade.
- **causa**: A criança estava trêmula *de* frio.
- **origem**: As tulipas vêm *da* Holanda.
- **direção contrária**: Agiu *contra* todos.
- **distância**: no espaço: Daqui *a* dois quilômetros há um bar.
- **fim**: Saíram *para* pescar bem cedinho.
- **meio**: Vim *de* ônibus.
- **posse**: Esta casa é *de* meu pai.
- **delimitação**: É uma pessoa rica *de* virtudes.
- **conformidade**: Como é teimoso! Saiu *ao* avô.
- **instrumento**: Redigiu os artigos *a* lápis.
- **lugar**: Os livros estão *sobre* a mesa da sala.
- **matéria**: Ganhou uma correntinha *de* ouro.

Exercícios

Leia este poema, de Roseana Murray:

Chão

Meu universo é um chão de terra,
aí fermentam as palavras,
os símbolos, os sons
com que me unto
todos os dias para atravessar
a ponte entre a poesia e as horas.

(*Poemas para ler na escola*. Rio de Janeiro: Objetiva, 2011. p. 40.)

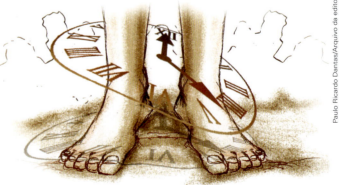

1. A que atividade o eu lírico do poema se dedica diariamente?

2. Identifique as preposições empregadas no poema e o valor semântico de cada uma delas no contexto.

3. A preposição *para*, além do valor semântico de finalidade, também pode expressar:
   - movimento em direção a um ponto;
   - lugar a que se é mandado;
   - lugar para onde se vai com a intenção de permanecer;
   - direção ou sentido;
   - objetivo, utilidade;
   - tempo em que algo será feito.

   O que a preposição *para* destacada em cada uma das frases a seguir expressa?

   a) Prestou concurso *para* juiz.
   b) O poeta foi degredado *para* a África.
   c) Partiu *para* os Estados Unidos.
   d) Deixou as tarefas *para* o dia seguinte.
   e) Olhou *para* os lados.
   f) Encaminhou-se *para* a porta.

A conjunção

Duas ou mais palavras empregadas com valor de conjunção, como *já que, visto que, se bem que, a fim de que*, constituem uma locução conjuntiva. Veja:

> Comparecerei à reunião, *a não ser que* surja um imprevisto.

Classificação das conjunções

Leia a tira a seguir.

(Bill Watterson. *Tem alguma coisa babando embaixo da cama*. São Paulo: Conrad, 2008. p. 39.)

Observe a estrutura destas orações da tira:

> | O ovo queimou | | e grudou na panela |
> 1ª oração   2ª oração
>   conjunção

Veja que nessa frase Calvin faz duas afirmações para sua mãe: "O ovo queimou" e "grudou na panela". As orações correspondentes às afirmações têm valor equivalente e são independentes uma da outra. A conjunção que relaciona orações independentes recebe o nome de **conjunção coordenativa**.

Veja, agora, como se relacionam as orações:

> |Acho| |*que* você consegue raspar o fundo com essa chave de fenda.|
> 1ª oração   2ª oração
>   conjunção

Capítulo 13 ▪ A preposição e a conjunção   161

Note que a 2ª oração está ligada ao verbo *achar* da 1ª oração, informando aquilo que Calvin supôs que sua mãe conseguiria fazer. As duas orações, portanto, mantêm entre si uma relação de dependência, uma vez que uma completa a outra. A conjunção que relaciona orações de modo que uma seja dependente de outra é chamada de **conjunção subordinativa**.

Exercícios

Leia a tira a seguir e responda às questões 1 a 3.

(Nik. *Gaturro*. Cotia-SP: Vergara&Riba, 2008. p. 61.)

1. No contexto da tira, no 1º e no 2º quadrinho, o verbo *dizer* precisa de complemento.

   a) Quais são as orações que complementam o sentido desse verbo nos dois quadrinhos?

   b) Portanto, nos dois quadrinhos, que relação existe entre a 1ª e a 2ª oração: de coordenação ou de subordinação?

2. Se eliminarmos a conjunção *e* da fala de Gaturro no 1º quadrinho, teremos: "Fechamos em oito, todos saem satisfeitos, ok?!". Observe que, nesse caso, a 1ª e a 2ª oração não dependem uma da outra sintaticamente. Então conclua: A conjunção *e* é coordenativa ou subordinativa?

3. Releia o 1º e o 2º quadrinho.

   a) Identifique a conjunção ou locução conjuntiva que vincula as duas informações lidas pelo personagem.

   b) Essa conjunção ou locução conjuntiva é coordenativa ou subordinativa?

4. Leia este poema, de Carlos Drummond de Andrade:

> **Lembrete**
>
> Se procurar bem, você acaba encontrando
> não a explicação (duvidosa) da vida,
> mas a poesia (inexplicável) da vida.
>
> (*A lua no cinema e outros poemas*. São Paulo: Cia. das Letras, 2011. p. 129.)

   a) Identifique as conjunções presentes no poema.

   b) As conjunções são coordenativas ou subordinativas?

   c) Embora o tema do poema seja a vida, o título dele, "Lembrete", sugere algo pouco importante. Trata-se, de fato, de uma contradição?

Os valores semânticos das conjunções coordenativas

As conjunções coordenativas podem ser:

1. Aditivas: servem para ligar dois termos ou duas orações de mesmo valor sintático, estabelecendo entre eles uma ideia de adição. São as conjunções *e, nem (e não), que, não só... mas também*.

> Ele não respondeu às minhas cartas *nem* me telefonou.

2. Adversativas: ligam dois termos ou orações, estabelecendo entre eles uma relação de oposição, contraste, ressalva. São elas: *mas, porém, todavia, contudo, no entanto, entretanto, e* (com valor de *mas*).

> A mulher chamou imediatamente o médico, *porém* não foi atendida.

3. Alternativas: ligam palavras ou orações, estabelecendo entre elas uma relação de separação ou exclusão. São as conjunções *ou, ou... ou, já... já, ora... ora, quer... quer*, etc.

> O mecânico *ora* desparafusava o motor do carro, *ora* juntava outras peças espalhadas pelo chão.

4. Conclusivas: introduzem uma oração que exprime conclusão em relação ao que se afirmou anteriormente. São elas: *logo, pois* (no meio ou no fim da oração), *portanto, por conseguinte, por isso, assim*, etc.

> Meu irmão estudou muito o ano inteiro; *logo*, deve ir bem nos exames.

5. Explicativas: ligam duas orações de modo que a segunda justifica ou explica o que se afirmou na primeira. São as conjunções *que, porque, porquanto, pois* (no início da oração).

> Vá rápido, *pois* já está começando a chover.

A conjunção coordenativa *pois*

Dependendo da posição que ocupa na frase, a conjunção coordenativa *pois* pode estabelecer duas relações diferentes. Quando inicia oração, estabelece uma relação de justificativa: "Pai, me dê uma carona, *pois* estou perdendo a hora da escola". Nesse caso, é explicativa. Quando vem posposta a um termo da oração a que pertence, estabelece uma relação de conclusão: "Filho, o carro está com o pneu furado; não tenho, *pois* (= portanto), condição de levar você". Nesse caso, é conclusiva.

Exercícios

1. Associe as conjunções coordenativas destacadas nas frases seguintes a um destes valores semânticos:

- adição
- exclusão
- conclusão
- oposição
- alternância
- explicação

a) Nunca abra esta porta *ou* vai se arrepender amargamente.

b) Volte sempre, *porque* adoro conversar.

c) *Ora* ela diz uma coisa, *ora* afirma outra.

d) Começou o trabalho com entusiasmo; *contudo*, não fiquei convencido de sua mudança de atitude.

e) Sempre foi honesto comigo; *portanto*, que razão tenho para duvidar dele?

f) Fale baixo, *que* há pessoas estudando.

g) Não telefonou *nem* deixou recado.

Leia a tira a seguir, de Laerte, e responda às questões 2 e 3.

(Laerte. *Classificados*. São Paulo: Devir, 2004. v. 3, p. 34.)

2. No 2º quadrinho da tira, seu Randal poderia ter se expressado assim:

> Você odeia criança, por isso elas te adoram, Luís!

a) Qual é o valor semântico da conjunção coordenativa *por isso* na frase acima?

b) Que outras conjunções com o mesmo valor semântico poderiam substituir *por isso*, nessa frase?

3. Releia estas frases da tira:

> "Eu odeio criança, seu Randal!"

> "É exatamente por isso que elas te adoram, Luís!"

Observe que, entre as duas frases, há uma oposição de ideias.

a) Como seu Randal poderia se expressar caso quisesse reunir em um período composto as informações das duas frases?

b) Qual seria a classificação da conjunção que faria a ligação entre as duas orações?

4. Observe a relação semântica existente entre as orações de cada um dos itens a seguir. Depois una-as em uma única frase, empregando uma destas conjunções coordenativas: *e, nem, mas, porém, porque, pois, logo*.

a) A vida é generosa. Às vezes torna-se cruel.

b) Ele vive mentindo. Não merece confiança.

c) Ela amava seu marido. Admirava-o muito.

d) Não dê informações falsas em seu currículo. Aquele entrevistador não se deixa enganar.

e) Ele não estudou. Não se esforçou. Perdeu muitas oportunidades na vida.

f) Perdeu muitas oportunidades na vida. Não estudou.

Os valores semânticos das conjunções subordinativas

As conjunções subordinativas ligam duas orações, sendo uma a **principal** e a outra **subordinada**, de modo que a subordinada completa sintaticamente a principal. Observe:

> conjunção
> |
> | Alugou apenas um DVD | *porque* os demais não lhe interessaram. |
> oração principal   oração subordinada

As conjunções subordinativas compreendem dois grupos: as *integrantes* e as *adverbiais*.

As **integrantes** são as conjunções *que* e *se* quando introduzem orações que funcionam como sujeito, objeto direto, objeto indireto, predicativo, complemento nominal ou aposto da oração principal.

|Acredito| |*que* ele terá sucesso em Paris|
oração   oração que funciona como objeto
principal   direto da oração principal

As **adverbiais** iniciam orações que exprimem uma circunstância adverbial relacionada ao enunciado da oração principal.

|Já estava em casa| |*quando* o temporal desabou sobre a cidade.|
oração   oração que exprime uma circunstância de
principal   tempo em relação à oração principal

As conjunções adverbiais classificam-se em *causais, comparativas, concessivas, condicionais, conformativas, consecutivas, finais, proporcionais* e *temporais*.

Observe na fala de Calvin que o emprego da locução conjuntiva subordinativa adverbial causal *já que* introduz a causa (estar doente) do fato mencionado na oração principal: trazer o café da manhã para a mãe.

1. **Causais**: iniciam oração que indica a causa, o motivo, a razão do efeito expresso na oração principal: *que* (= porque), *porque, como, visto que, já que, uma vez que, desde que*, etc.

    Foi bem-sucedido no vestibular, *porque* estudou bastante.

2. **Comparativas**: iniciam oração que estabelece uma comparação em relação a um elemento da oração principal: *como, que, do que* (depois de *mais, menos, maior, menor, melhor, pior*), *qual* (depois de *tal*), *quanto* (depois de *tanto* ou *tão*), *assim como, bem como*.

    Maria é *tão* inteligente *quanto* Ana.

3. **Concessivas**: iniciam oração que indica uma concessão relativamente ao fato expresso na oração principal, ou seja, indica um fato contrário ao expresso na oração principal, mas insuficiente para impedir sua realização: *embora, conquanto, ainda que, mesmo que, se bem que, por mais que*, etc.

    Ele não concordará com isso, *por mais que* você insista.

Capítulo 13 • A preposição e a conjunção   165

4. **Condicionais**: iniciam oração que expressa uma condição para que ocorra o fato expresso na oração principal: *se, caso, contanto que, salvo se, a menos que, a não ser que*, etc.

> *Se* eu tivesse companhia, iria hoje ao teatro.

5. **Conformativas**: iniciam oração que estabelece uma ideia de conformidade em relação ao fato expresso na oração principal: *conforme, como, segundo*, etc.

> Fizemos a pesquisa, *conforme* a orientação do professor de Ciências.

6. **Consecutivas**: iniciam oração que indica uma consequência, um efeito do fato expresso na oração principal: *que* (precedido dos advérbios de intensidade *tal, tão, tanto, tamanho*), *de forma que, de modo que*, etc.

> Trabalhei *tanto* hoje, *que* estou morto de cansaço.

7. **Finais**: iniciam oração que apresenta uma finalidade em relação ao fato expresso na oração principal: *para que, a fim de que, porque* (= *para que*), *que*, etc.

> Chegue mais cedo *a fim de que* possamos preparar a pauta da reunião.

8. **Proporcionais**: iniciam oração que indica concomitância, simultaneidade ou proporção em relação a outro fato: *à proporção que, à medida que, enquanto*, etc.

> O medo das pessoas crescia, *à medida que* o temporal aumentava.

9. **Temporais**: iniciam oração que indica o momento, a época da ocorrência de certo fato: *quando, antes que, depois que, até que, logo que, desde que*, etc.

> *Enquanto* a mãe preparava o lanche, o filho arrumava a mesa.

Exercícios

1. Observe a relação semântica existente entre as orações de cada um dos itens a seguir. Depois una-as em uma única frase, empregando uma destas conjunções subordinativas: *como, desde que, assim que, que*.

a) Nunca mais me escreveu. Viajou.
b) Houve protestos. Divulgaram as novas medidas econômicas.
c) Já disse. Sou seu adversário político.
d) Gritou tanto. Ficou rouco.
e) As calças de brim são tão práticas. Todos as usam.

2. Leia os textos seguintes, tentando perceber possíveis relações semânticas entre as orações. Depois complete-os com pelo menos duas das conjunções ou locuções conjuntivas indicadas entre parênteses, de modo a estabelecer relações de coerência e coesão entre as orações.

a) ☐ ninguém estava preparado para aquilo, ficaram todos ali apalermados, se entreolhando calados. ☐ alguém se lembrou de pedir explicações sobre as atividades da companhia, Geraldo já ia longe na bicicleta vermelha. (*José J. Vieira*)
(conforme, como, uma vez que, que, quando)

b) ☐ acendia a palha com as mãos em concha, via ☐ o motorista carregava perto do depósito, em dois galões, a gasolina do trator. (*Mafra Carbonieri*)
(já que, enquanto, tão como, porém, que, sem que)

c) ☐ se calça a luva ☐ não se põe o anel, / ☐ se põe o anel ☐ não se calça a luva. (*Cecília Meireles*)
(logo, que, ou, porque, e, a fim de que)

A conjunção na construção do texto

Leia o poema a seguir, do poeta contemporâneo Antonio Cicero, e responda às questões.

> **Maresia**
>
> O meu amor me deixou
> levou minha identidade
> não sei mais bem onde estou
> nem onde a realidade.
>
> Ah, se eu fosse marinheiro
> era eu quem tinha partido
> mas meu coração ligeiro
> não se teria partido
>
> ou se partisse colava
> com cola de maresia
> eu amava e desamava
> sem peso e com poesia.
>
> Ah, se eu fosse marinheiro
> seria doce meu lar
> não só o Rio de Janeiro
> a imensidão e o mar
>
> leste oeste norte sul
> onde um homem se situa
> quando o Sol sobre o azul
> ou quando no mar a Lua
>
> não buscaria conforto
> nem juntaria dinheiro
> um amor em cada porto
> ah, se eu fosse marinheiro.

(*A lua no cinema e outros poemas.* São Paulo: Cia. das Letras, 2011. p. 62.)

1. Na 1ª estrofe, o eu lírico se refere a como ficou após uma decepção amorosa.

   a) Qual é o sentido, no contexto, de "levou minha identidade"?

   b) Relacione os versos 3 e 4 à resposta que você deu no item anterior.

2. Para deixar de sofrer por amor, o eu lírico refugia-se em uma situação hipotética.

   a) Qual é essa situação hipotética?

   b) Por que essa situação seria uma solução para o mal de amor?

   c) Por que, nessa situação, o amor seria mais leve?

3. O poema pode ser dividido em duas partes: a primeira parte, formada pelas estrofes 1, 2 e 3; e a segunda, pelas estrofes 4, 5 e 6. Observe as formas verbais empregadas nas duas partes e, considerando a norma-padrão, responda:

   a) Na primeira parte, as formas verbais do pretérito imperfeito do indicativo estão em correlação com as formas *fosse* e *partisse*, do pretérito imperfeito do subjuntivo?

   b) Na segunda parte, os tempos e modos verbais estão correlacionados?

   c) Como o eu lírico imagina sua vida na segunda parte?

4. Compare as duas partes do poema.

   a) Qual delas se refere a ideias impossíveis de realizar?

   b) Qual se refere a ideias possíveis de realizar?

Capítulo 13 • A preposição e a conjunção

c) As formas verbais empregadas no poema têm relação com a possibilidade e impossibilidade de realização?

5. Diante da frustração que vive no plano real, o eu lírico procura se situar em um plano hipotético, da imaginação.

a) Nas estrofes de 2 a 6, que conjunção se destaca?

b) Qual dos seguintes valores semânticos essa conjunção expressa?
- causa
- concessão
- condição
- consequência
- tempo

c) Que papel essa conjunção desempenha na construção de sentido no poema, considerando-se o desejo do eu lírico?

> **Para que servem as preposições e as conjunções?**
>
> Com o desenvolvimento do ser humano nos mais diferentes campos — científico, social, cultural, tecnológico, etc. —, as formas de comunicação e de relacionamento social tornam-se cada vez mais complexas. Para dar conta da complexidade crescente do mundo e das ideias, a linguagem verbal também se desenvolve e cria mecanismos específicos para estabelecer relações entre as ideias. É o caso das preposições e das conjunções, termos que ligam palavras e orações, estabelecendo relações de coordenação, subordinação, oposição, causalidade, consequência, comparação, etc.

Semântica e discurso

Leia as tiras a seguir e responda à questão 1.

(Fernando Gonsales. *Níquel Náusea — Com mil demônios.* São Paulo: Devir, 2002. p. 20.)

(Fernando Gonsales. *Níquel Náusea — Nem tudo que balança cai.* São Paulo: Devir, 2003. p. 20.)

1. O humor de ambas as tiras é construído com base na polissemia, isto é, nas múltiplas possibilidades de sentido, da preposição *de*.

a) A risada do garoto no 2º quadrinho da primeira tira dá a entender que, em sua fala no 1º quadrinho, ele já contava com uma possível ambiguidade dessa expressão. Explique qual é essa ambiguidade.

b) Qual é o valor semântico da palavra *de* em cada um dos sentidos apontados por você no item **a**?

c) Na segunda tira, aparecem duas palavras em negrito: *de* e *do*. No contexto, qual é a diferença de sentido provocada pelo uso das formas *de* e *do* (de + o)?

d) O esclarecimento feito pelo rato da segunda tira poderia também ser aplicado à expressão da primeira tira? Justifique sua resposta, considerando a ambiguidade indicada por você no item **a**.

O texto a seguir é um trecho da crônica "No subúrbio da gramática", de Paulo Mendes Campos. Leia-o e responda às questões 2 a 4.

> **Conjunção** — Palavra invariável que liga e relaciona entre si duas orações completas ou incompletas. Exemplos: [...] Casimiro de Abreu aos oito anos de idade andava descalço, conforme se sabe. — Sete cidades gregas reclamam a cidadania de Homero, e, contudo, há quem afirme que ele nem nasceu. — D. H. Lawrence gostava de cachorros, de crisântemos, de cobras venenosas, mas embirrava muito com as pessoas. — Não sei se Rui Barbosa teria medo de avião. — Caso Cleópatra estivesse viva, os fotógrafos não a deixariam em paz; daí o ter morrido; sem embargo, ninguém sabe que espécie de ofídio lhe deu a morte. [ ] — Jarry já chora, já ri. Todo mundo gostava de La Fontaine, visto que tratava bem as formigas. — Kant era mais pontual do que o relógio. [ ] — Desde que Shelley caísse na água, Byron ficava apavorado.

2. Nesse texto, o cronista faz um jogo entre o conceito gramatical e a licença poética, ou seja, os exemplos apresentam orações relacionadas entre si por conjunções, mas oferecem sobre as pessoas citadas informações que não passam de um exercício de imaginação. Considerando as informações sobre as pessoas, tente responder:

a) Que expressão, no 1º exemplo, mantém uma relação intertextual com um poema do poeta romântico Casimiro de Abreu?

b) Levante hipóteses: Por que Cleópatra atrairia a atenção de fotógrafos, se isso fosse possível na época?

c) A que fábula de La Fontaine o cronista se refere?

3. Entre as pessoas citadas, há uma cujo nome sugere uma parte de uma locução conjuntiva.

a) Qual é essa pessoa?

b) Que valor semântico a locução conjuntiva empregada nesse trocadilho feito pelo cronista apresenta?

4. Relacione as colunas a seguir: a 1ª contém o nome de algumas pessoas citadas no texto; a 2ª, os valores semânticos das conjunções ou das locuções conjuntivas empregadas nas frases que se referem a essas pessoas.

a) Casimiro de Abreu   1. Comparação
b) D. H. Lawrence   2. Causa
c) Cleópatra   3. Conformidade
d) La Fontaine   4. Condição
e) Kant   5. Oposição

A interjeição

■ Construindo o conceito

Leia a tira:

1. No 1º quadrinho, a ratinha faz uma pergunta a Níquel Náusea.
   a) Descreva a reação que o ratinho tem quando ouve a pergunta.
   b) Tendo em vista a reação do ratinho, deduza: Qual é o significado da fala "Hum", nesse quadrinho?

2. Releia a fala de Níquel no 2º quadrinho e levante hipóteses: Qual é a relação entre o que diz e o aparente desconforto em que fica com a pergunta inicial?

3. No 3º quadrinho, a ratinha diz a Níquel: "Puxa!! Obrigada!". Que sentimentos as palavras da ratinha expressam?

4. Observe a fisionomia de Níquel no 3º quadrinho.
   a) A reação da ratinha foi a que ele esperava? Justifique sua resposta.
   b) Que reação ele esperava que a ratinha tivesse?
   c) Caso o que a ratinha disse atendesse à expectativa de Níquel, que palavras ou expressões ela provavelmente teria usado?

5. Observe as palavras *hum, puxa e obrigada*, na tira. Retomando o estudo feito nas questões anteriores, identifique entre os itens a seguir o que se refere adequadamente à função dessas palavras na tira.
   - Expressam alegria e satisfação, tanto por parte do enunciador como por parte do destinatário.
   - Caracterizam psicologicamente as personagens da tira, uma vez que se referem a emoções que elas têm.
   - Expressam sensações e sentimentos, prevendo e provocando certas reações no interlocutor.
   - Apontam seres e objetos que participam da história e/ou compõem o cenário da tira.

Este capítulo favorece o desenvolvimento das habilidades

EM13LGG103
EM13LGG104
EM13LP01
EM13LP02
EM13LP06
EM13LP09
EM13LP46

■ Conceituando

Pelos exercícios anteriores, você observou que, de acordo com o contexto, muitas palavras podem expressar sensações e sentimentos, ou provocar reações no interlocutor, fazendo com que ele adote certo tipo de comportamento. As palavras e expressões que desempenham esse tipo de papel chamam-se **interjeições**.

170 Unidade 3 ▪ Morfologia

Interjeição é a palavra que expressa emoções, apelos, sentimentos, sensações, estados de espírito.

Duas ou mais palavras que, juntas, desempenham o papel de interjeição constituem uma **locução interjetiva**.

Você ainda acha que ele virá? *Que esperança!*

Classificação das interjeições

As interjeições e locuções interjetivas classificam-se de acordo com seus valores semânticos, que dependem fundamentalmente do contexto e da entonação. Entre outras, podemos distinguir as que expressam:

- **advertência**: Cuidado!, Olhe!, Atenção!, Fogo!
- **agradecimento**: Obrigado!, Valeu!, Grato!
- **alegria**: Ah!, Eh!, Oh!, Oba!, Viva!
- **alívio**: Ufa!, Ah!
- **ânimo**: Coragem!, Força!, Ânimo!
- **apelo** ou **chamamento**: Socorro!, Ei!, Ô!, Oi!, Alô!, Psiu!, Ó de casa!
- **aplauso**: Muito bem!, Bravo!, Bis!, É isso aí!
- **aversão** ou **contrariedade**: Droga!, Porcaria!, Credo!
- **desejo**: Oxalá!, Tomara!, Quisera!, Queira Deus!, Quem dera!
- **dor**: Ai!, Ui!, Ah!
- **espanto, surpresa**: Oh!, Puxa!, Quê!, Nossa!, Nossa mãe!, Virgem!, Caramba!
- **medo**: Oh!, Credo!, Cruzes!
- **reprovação**: Bah!, Ora!, Ora, bolas!, Só faltava essa!, Fora!, Para!
- **satisfação**: Viva!, Oba!, Boa!, Bem!
- **silêncio**: Silêncio!, Psiu!

Interjeições: sínteses de emoção

As interjeições permitem expressar, em uma única palavra, estados de espírito às vezes complexos. Assim, podem ser recursos eficientes na redação de textos que precisam ser sucintos e objetivos, como títulos de livros e nomes de revista. Veja os exemplos:

Qualquer palavra, dependendo do contexto e do tom com que é falada, pode se tornar uma interjeição. A palavra *bravo*, por exemplo, é geralmente adjetivo. Mas, quando alguém grita *"Bravo!"*, no final de um espetáculo, torna-se uma interjeição de aplauso. É também o que ocorre no caso do nome da revista *Bravo!*. O mesmo processo ocorre com a expressão "Ninguém merece!", empregada como uma locução interjetiva indicadora de contrariedade no título do livro de Chantal Herskovic.

Exercícios

Nos textos a seguir, extraídos de um jornal de grande circulação, foram eliminadas as interjeições. Leia-os com atenção e complete-os com uma das interjeições do quadro abaixo, de acordo com o contexto:

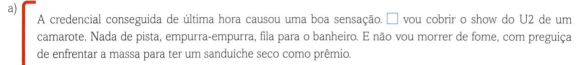

oxalá ufa bingo oba xi credo

a) A credencial conseguida de última hora causou uma boa sensação. ☐ vou cobrir o show do U2 de um camarote. Nada de pista, empurra-empurra, fila para o banheiro. E não vou morrer de fome, com preguiça de enfrentar a massa para ter um sanduíche seco como prêmio.

(Disponível em: http://www1.folha.uol.com.br/folha/ilustrada/ult90u58107.shtml. Acesso em: 1/9/2020.)

b) Quando li, no início da semana, a notícia de que a Enciclopédia Britânica migraria do papel para a internet, pensei baixinho: ☐ agora sim que acabou o papel. Dias depois, descobri, em "El País", que alguém mais havia tido a mesma sensação. "A morte do papel agitou o mundo da cultura, sensível como poucos à queda dos símbolos", escreveu Tereixa Constenla.

(Disponível em: http://www1.folha.uol.com.br/colunas/clovisrossi/1062770-acabou-o-papel-nao-o-jornalismo.shtml. Acesso em: 1/9/2020.)

c) Até que enfim vimos uma parcela da sociedade brasileira se mexer contra a corrupção que detona os cofres e recursos públicos no Brasil. [...] É um bom exemplo de cidadania ativa e um começo para que a sociedade brasileira saia do seu torpor e apatia paralisantes, deixe de ser tão passiva e tolerante [...]. ☐ essa centelha se espalhe por todo o país.

(Disponível em: http://www1.folha.uol.com.br/paineldoleitor/secaodecartas/971925-violencia-dia-da-independencia-11-de-setembro.shtml. Acesso em: 1/9/2020.)

■ A interjeição na construção do texto

Leia esta crônica, de Fabrício Corsaletti:

Conversa contemporânea

— Hmmm, Renata, tá uma delícia!
— Que bom que vocês gostaram.
— Fantástico!
— Incrível!
— Ma-ra-vi-lho-so!
— Genial, Renatinha!
— É fácil de fazer. É só escolher bem os olhos de tatu, temperar com capacetes frescos...
— De motoboy?
— Não. Tem que ser de motocross.
— Tá. E que mais?
— Aí afogam-se as folhas de manjericão em azeite de lágrimas, e forno!
— Eu disse que era azeite de lágrimas!
— E essa torta, como você conseguiu essa textura?
— Me passa o vinho, por favor?
— Simples. Vai no Santa Bárbara, compra picanha de grilo moída e mistura com polvilho alemão. Pronto. Se quiser, joga umas presilhas por cima que fica ótimo. O Túlio não gosta. Né, amor?
— Demais, Renatinha, demais!
— Mano, ontem fui no Le Bateau, ou Le Manteau, não lembro agora...
— É Le Manteau.
— Tá, não importa. Comi uma quiche que foi a melhor quiche que comi na vida. De cebolinha com fios de cabelo de albinos calvos. Coisa de louco.

172 Unidade 3 ▪ Morfologia

[...]
— Ixe, esqueci a sobremesa no fogo. Já volto.
— Ela tá feliz, né?
— Super!
— E como ela tá mandando bem!
— As suas massas também são ótimas, Marcos.
— Por que cê tá me falando isso? Não precisa me comparar com a Renata. Parece que eu tô com inveja dela.
— Tá um pouquinho...
— Era só o que me faltava.
— Abram espaço que eu tô chegando... Licença! Licençaaa...
— Uhu!
— Aêêê!
— O que é?
— Doce de leite de baby camelo com pêssegos frígidos aquecidos em banho josé maria.
— Hmmmmm...
— Arrasou!
— Me passa o vinho? Ei, me passa o vinho aí!

(Disponível em: http://www1.folha.uol.com.br/saopaulo/1076377-conversa-contemporanea.shtml. Acesso em: 1/9/2020.)

1. A crônica retrata a conversa de um grupo de amigos reunidos em uma refeição.
   a) Que elementos estranhos a uma refeição são a base para a criação do humor no texto?
   b) Que crítica se depreende da crônica?

2. Qualquer palavra, dependendo do contexto e do tom com que é falada, pode se tornar uma interjeição.
   a) Indique a classe gramatical a que, geralmente, pertencem as palavras:

   - fantástico, incrível, maravilhoso
   - licença
   - demais
   - Arrasou!

   b) No texto, as palavras relacionadas no item anterior mantêm seu papel gramatical original ou desempenham o papel de interjeição? Justifique sua resposta.

3. As interjeições cumprem um papel importante na construção do sentido do texto lido.
   a) De modo geral, que valor semântico elas têm no contexto?
   b) Esse valor semântico é coerente com o contexto? Justifique sua resposta.

■ Semântica e discurso

Leia o poema que segue, de Mário Quintana, e responda às questões 1 a 4.

Hai-kai de outono

Uma folha, ai
melancolicamente
　　cai!

(*A cor do invisível*. Porto Alegre: Globo, 1994. p. 23.)

Pílula de sabedoria

Espécie de pílula filosófica e existencial, o haicai é um poema de origem japonesa e geralmente se relaciona com as estações do ano, com a passagem do tempo e com a humanização da natureza. O haicai é considerado o principal legado que um oriental pode deixar a seus descendentes.

1. O autor dá ao poema o nome "Hai-kai de outono". Haicai é um tipo de composição poética japonesa, de forma fixa e curta, que apresenta três versos e dezessete sílabas poéticas, assim distribuídas: o 1º e o 3º versos com cinco sílabas e o 2º com sete sílabas.

   a) O número de versos do poema coincide com o do haicai japonês?
   b) E o número de sílabas poéticas?
   c) E a distribuição das sílabas em cada verso?

2. As palavras *ai* e *cai* têm entre si uma relação sonora e semântica.

   a) Qual é a classe gramatical da palavra *ai*? Qual é o seu valor semântico?
   b) Que relações essa palavra estabelece com *cai* do ponto de vista sonoro?
   c) E do ponto de vista semântico?
   d) Que outra palavra do poema reforça o sentido da palavra *ai*?

3. A característica principal do haicai é a síntese. Releia o título do poema de Mário Quintana. Por que é possível antever no título todo o poema?

4. Leia o boxe acima. Por seu conteúdo, é possível dizer que o haicai de Mário Quintana se identifica ou não com a tradição dos haicais japoneses? Justifique.

EM DIA COM O ENEM E O VESTIBULAR

1. (ENEM)

> Toca a sirene na fábrica,
> e o apito como um chicote
> bate na manhã nascente
> e bate na tua cama
> no sono da madrugada.
> Ternuras da áspera lona
> pelo corpo adolescente.
> É o trabalho que te chama.
> Às pressas tomas o banho,
> tomas teu café com pão,
> tomas teu lugar no bote
> no cais do Capibaribe.
> Deixas chorando na esteira
> teu filho de mãe solteira.
> Levas ao lado a marmita,
> contendo a mesma ração
> do meio de todo o dia,
> a carne-seca e o feijão.
> De tudo quanto ele pede
> dás só bom-dia ao patrão,
> e recomeças a luta
> na engrenagem da fiação.
>
> (MOTA, M. *Canto ao meio*. Rio de Janeiro: Civilização Brasileira, 1964.)

Nesse texto, a mobilização do uso padrão das formas-verbais e pronominais:

a) ajuda a localizar o enredo num ambiente estático.
b) auxilia na caracterização física do personagem-principal.
c) acrescenta informações modificadoras às ações dos personagens.
d) alterna os tempos da narrativa, fazendo progredir as ideias do texto.
e) está a serviço do projeto poético, auxiliando na distinção dos referentes.

2. (FGV-SP)

> Ainda que endureçamos os nossos corações diante da vergonha e da desgraça experimentadas pelas vítimas, o ônus do analfabetismo é muito alto para todos os demais.

A locução *ainda que* e o advérbio *muito* estabelecem, nesse enunciado, relações de sentido, respectivamente, de:

a) restrição e quantidade.
b) causa e modo.
c) tempo e meio.
d) concessão e intensidade.
e) condição e especificação.

3. (FGV-SP) Assinale a alternativa em que o advérbio *não* é empregado de modo enfático, sem o sentido negativo que lhe é próprio.

a) Na época não existia internet nem computadores, o mundo era totalmente diferente.
b) Não que eu seja contra livros, muito pelo contrário.
c) Quase metade das descobertas científicas surgiu não da lógica [...], mas da simples observação.
d) Quantas vezes não participamos de uma reunião e alguém diz "vamos parar de discutir" [...]?
e) Quantas vezes a gente simplesmente não "enxerga" a questão?

4. (ITA-SP) A conjunção em destaque na frase "Não se trata de apologia da solidão, **mas** de encarar um dado da realidade contemporânea:..." possui a função semântica de:

a) retificação.
b) compensação.
c) complementação.
d) separação.
e) acréscimo.

5. (ITA-SP) Marque a alternativa em que o verbo destacado está classificado corretamente quanto à transitividade.
VTD — verbo transitivo direto
VTI — verbo transitivo indireto
VI — verbo intransitivo

a) [...] devemos **duvidar** (ou ao menos manter certa ressalva) de proposições imediatistas e aparentemente fáceis. — VTD
b) Na maioria das vezes, o discurso midiático **perde** seu significado original na controversa relação emissor/receptor. — VTI
c) A mídia é apenas um, entre vários quadros ou grupos de referência, aos quais um indivíduo **recorre** como argumento para formular suas opiniões. — VTI
d) Nesse sentido, **competem** com os veículos de comunicação como quadros ou grupos de referência fatores subjetivos/psicológicos [...] — VTD
e) Evidentemente, o peso de cada quadro de referência **tende** a variar de acordo com a realidade individual. – VI

6. (ENEM)

(Disponível em: www.sul21.com.br. Acesso em: 1 dez. 2017 - adaptado).

Nesse texto, busca-se convencer o leitor a mudar seu comportamento por meio da associação de verbos no modo imperativo à:

a) indicação de diversos canais de atendimento.
b) divulgação do Centro de Defesa da Mulher.
c) informação sobre a duração da campanha.
d) apresentação dos diversos apoiadores.
e) utilização da imagem das três mulheres.

7. (ITA-SP) Leia atentamente o trecho destacado e assinale a alternativa correta.

> *Levantei-me, encostei-me à balaustrada* e comecei a encher o cachimbo, voltando-me para fora, que no interior da minha casa tudo era desagradável.* [S. Bernardo, p. 142].
>
> * *balaustrada*: parapeito, grade de proteção ou apoio.

No trecho destacado, a palavra "que" não transmite a ideia de:

a) causa.
b) consequência.
c) razão.
d) fundamento.
e) motivo.

8. (UNICAMP-SP)

(Disponível em https://www.facebook.com/SignosNordestinos/?fref=ts. Acessado em 26/07/2016.)

Do ponto de vista da norma culta, é correto afirmar que "coisar" é:

a) uma palavra resultante da atribuição do sentido conotativo de um verbo qualquer ao substantivo "coisa".
b) uma palavra resultante do processo de sufixação que transforma o substantivo "coisa" no verbo "coisar".
c) uma palavra que, graças a seu sentido universal, pode ser usada em substituição a todo e qualquer verbo não lembrado.
d) uma palavra que resulta da transformação do substantivo "coisa" em verbo "coisar", reiterando um esquecimento.

9. (ENEM)

> **Carnavália**
>
> Repique tocou
> O surdo escutou
> E o meu corasamborim
> Cuíca gemeu, será que era meu, quando ela passou por mim?
> [...]
>
> (ANTUNES, A.; BROWN, C.; MONTE, M. *Tribalistas*, 2002 - fragmento).

No terceiro verso, o vocábulo "*corasamborim*", que é a junção coração + samba + tamborim, refere-se, ao mesmo tempo, a elementos que compõem uma escola de samba e à situação emocional em que se encontra o autor da mensagem, com o coração no ritmo da percussão.

Essa palavra corresponde a um(a):

a) estrangeirismo, uso de elementos linguísticos originados em outras línguas e representativos de outras culturas.

b) neologismo, criação de novos itens linguísticos, pelos mecanismos que o sistema da língua disponibiliza.

c) gíria, que compõe uma linguagem originada em determinado grupo social e que pode vir a se disseminar em uma comunidade mais ampla.

d) regionalismo, por ser palavra característica de determinada área geográfica.

e) termo técnico, dado que designa elemento de área a de atividade.

10. (ENEM)

> **Não tem tradução**
>
> [...]
> Lá no morro, se eu fizer uma falseta
> A Risoleta desiste logo do francês e do inglês
> A gíria que o nosso morro criou
> Bem cedo a cidade aceitou e usou
> [...]
> Essa gente hoje em dia que tem mania de
> [exibição
> Não entende que o samba não tem tradução
> [no idioma francês
> Tudo aquilo que o malandro pronuncia
> Com voz macia é brasileiro, já passou de
> [português
> Amor lá no morro é amor pra chuchu
> As rimas do samba não são *I love you*
> E esse negócio de *alô, alô boy e alô Johnny*
> Só pode ser conversa de telefone
>
> (ROSA, N. *In*: SOBRAL, João J. V. A tradução dos bambas. *Revista Língua Portuguesa*. Ano 4, n° 54. São Paulo: Segmento, abr. 2010 - fragmento).

As canções de Noel Rosa, compositor brasileiro de Vila Isabel, apesar de revelarem uma aguçada preocupação do artista com seu tempo e com as mudanças político-culturais no Brasil, no início dos anos 1920, ainda são modernas. Nesse fragmento do samba **Não tem tradução**, por meio do recurso da metalinguagem, o poeta propõe:

a) incorporar novos costumes de origem francesa e americana, juntamente com vocábulos estrangeiros.

b) respeitar e preservar o português padrão como forma de fortalecimento do idioma do Brasil.

c) valorizar a fala popular brasileira como patrimônio linguístico e forma legítima de identidade nacional.

d) mudar os valores sociais vigentes à época, com o advento do novo e quente ritmo da música popular brasileira.

e) ironizar a malandragem carioca, aculturada pela invasão de valores étnicos de sociedades mais desenvolvidas.

(UFSC-SC) Texto para a questão 11.

> **Estrangeirismos: "skate" ou "esqueite"?**
>
> Um dos fatores relevantes de variedade linguística são os *empréstimos vocabulares* em consequência do intercâmbio cultural, político e econômico entre as nações. Em geral, os países mais poderosos acabam "exportando" para os países menos poderosos palavras que definem novos objetos e necessidades em novas áreas de conhecimento.
>
> Em princípio, não há nada de mau nesse intercâmbio vocabular, a importação de vocabulário está na essência mesmo do crescimento das línguas modernas. Por exemplo, praticamente 50% das palavras da língua inglesa são de origem latina, em decorrência da dominação do Império Romano e, mais tarde, da dominação dos normandos, embora o inglês seja uma língua não latina.
>
> [...]
>
> Modernamente, temos um exemplo fortíssimo no Brasil: o crescimento da informática entre nós acabou importando uma grande quantidade de palavras de origem inglesa para designar objetos e funções antes inexistentes. Nesse processo histórico, algumas palavras importadas "pegam" e se incorporam à língua, adaptando-se foneticamente, isto é, aos sons do português [...], e outras são substituídas. Durante um tempo, a palavra estrangeira transita "entre aspas", até se adaptar ou ser substituída por outra. Exemplos: *football* adaptou-se para *futebol*, mas *corner*, de largo uso antigamente, acabou sendo substituída por *escanteio*. No caso da informática, já se usa *salvar* no lugar do inglês *save* (quando poderia ser usado simplesmente *gravar*), mas *software* ainda está à solta, à procura de uma solução...

A palavra *mouse* (= camundongo), para designar o popular utensílio de amplíssimo uso nos computadores, ainda continua grafada em inglês, mas não é impossível que em pouco tempo ela esteja nos dicionários como *mause*, definitivamente incorporada ao nosso léxico (como o Aurélio, por exemplo, já oficializou a palavra *máuser*, designando um tipo de arma de origem alemã).

[...]

É bom lembrar que o empréstimo vocabular não é sinal de "decadência da língua", mas justamente de vitalidade de sua cultura, em confluência com outras culturas e outras linguagens. E esse é, de fato, um terreno em que pouco se pode fazer *oficialmente* – o uso cotidiano da língua, multiplicado na diversificação de atividades dos seus milhões de usuários, pela fala e pela escrita, acaba separando o joio do trigo, consagrando formas novas e fazendo desaparecer outras. O fato é: não precisamos ter medo, porque a língua não corre perigo! Na verdade, os que correm perigo muitas vezes são os seus falantes, mas por outras razões!

(FARACO, Carlos Alberto; TEZZA, Cristóvão. *Oficina de texto*. Petrópolis: Vozes, 2003. p. 37-38 - adaptado.)

11. Considerando o texto assinale a(s) proposição(ões) correta(s):

01. A pergunta formulada no título é respondida no texto: os autores defendem a grafia "skate", pois se trata de um empréstimo vocabular.

02. Uma das razões pelas quais as línguas variam e mudam são os empréstimos linguísticos.

04. Os exemplos apresentados no terceiro parágrafo evidenciam a exportação e a importação de palavras feitas pelo Brasil, isto é, um intercâmbio vocabular.

08. A importação de palavras em uma língua pode se resolver de duas maneiras: ou as palavras estrangeiras são incorporadas à língua, ou são substituídas por outras.

16. O uso de estrangeirismos não passa de um modismo elitista alimentado pela mídia nas áreas do esporte e da informática.

32. Quem soluciona a questão dos estrangeirismos são os próprios falantes no uso diário da língua.

64. O estrangeirismo deve ser oficialmente combatido, pois coloca em risco a autonomia da língua portuguesa.

12. (UNIFESP-SP) Leia a charge.

(www.chargeonline.com.br. Adaptado.)

É correto afirmar que:

a) o autor obtém um efeito de humor baseado no emprego de palavras derivadas por prefixação, a partir do substantivo Batman.

b) os termos *batmana* e *batmãe* correspondem ao sujeito composto da oração, na sintaxe do período da primeira fala.

c) o termo *batbarraco* está empregado em sentido conotativo, já que *barraco*, nesse contexto, não remete à ideia de habitação, e sim à de briga e confusão.

d) o pronome ele assume valor indefinido na oração da primeira fala.

e) a frase de Batman manteria o sentido se fosse assim redigida: Foi um só *batboca*!

13. (UNIFESP-SP) Assinale a alternativa que expressa o significado de cada um dos segmentos grifados em: *dis*função, *im*previsíveis, poder*oso*:

a) privação, abundância, negação
b) negação, abundância, privação
c) privação, privação, negação
d) negação, negação, privação
e) privação, negação, abundância

14. (UNIFESP-SP) Tendo em vista a função sintática da palavra grifada no fragmento *Para que o não manifestassem excessivamente, fazia-se temer pela brutalidade*, assinale a alternativa em que o termo sublinhado exerce a mesma função:

a) *Dos mais fortes vingava-se, resmungando intrepidamente.*

b) *Para desesperá-lo, aproveitavam-se os menores do escuro.*

c) *Via-se apregoado por vozes fantásticas, saídas da terra.*

d) *Mais frequentemente, entregava-se a acessos de raiva.*

e) *Viam de joelhos o Franco, puxavam-lhe os cabelos.*

178 Unidade 3 • Morfologia

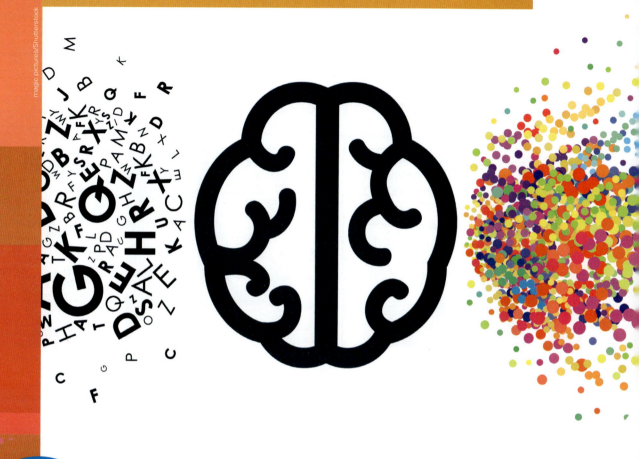

4 SINTAXE

Num livro do linguista italiano Paolo d'Achille, a língua é comparada a uma grande cidade. Em todas as grandes cidades há bairros centrais bem planejados e bem conservados, e bairros periféricos que se desenvolveram sem infraestrutura e planejamento; há espaços que servem de "cartão de visita" e outros que são exemplos acabados de abandono e caos; há coisas antigas e coisas novas. A língua exibe uma diversidade semelhante. Há domínios cuja regularidade é praticamente absoluta e outros cuja regularidade é incerta; há fenômenos que a tradição fixou há tempo, e outros que estão em via de fixar-se ou de desaparecer. Há regiões "nobres" e outras, nas quais as pessoas "de bem" não se aventuram. [...]

O papel do professor de língua materna [...] tem de ser o de alguém que conhece a cidade a fundo e, acompanhando por suas avenidas e becos o novo habitante, vai querer prepará-lo para usufruir todas as possibilidades que a cidade proporciona, considerando inclusive necessidades que o novo habitante mal começou a sentir.

(Rodolfo Ilari e Renato Basso. *O português da gente:* a língua que estudamos e a língua que falamos. São Paulo: Contexto, 2009. p. 237.)

Capítulo 15

O modelo morfossintático: o sujeito e o predicado

Morfossintaxe: a seleção e a combinação de palavras

■ Construindo o conceito

Leia a tira a seguir.

(Disponível em: http://www.willtirando.com.br/corretor-ortografico-da-vida-real-3/. Acesso em: 20/4/2021.)

Este capítulo favorece o desenvolvimento das habilidades

EM13LGG101
EM13LGG102
EM13LGG103
EM13LGG104
EM13LGG202
EM13LGG302
EM13LGG401
EM13LGG402
EM13LP02
EM13LP03
EM13LP06
EM13LP07
EM13LP08
EM13LP09
EM13LP10
EM13LP24
EM13LP36
EM13LP38
EM13LP45
EM13LP46

1. Há palavras empregadas nos três primeiros quadrinhos e no último que causam estranhamento na frase em que foram inseridas.

  a) Quais são essas palavras? Por que elas causam estranhamento?

  b) Qual expressão do 4º quadrinho explica o emprego dessas palavras? De que forma ela contribui para construir o humor da tira?

2 Observe as situações de comunicação nas quais o personagem está inserido em cada quadrinho.

  a) Descreva-as brevemente.

  b) Levando em consideração esses contextos, indique que outras palavras deveriam substituir as palavras que você identificou no item **a** da questão 1, para que as falas do personagem tenham coerência em cada situação.

3. Compare a sua reescrita das falas do 2º e do 3º quadrinho.

  a) Considerando as correções feitas por você no item **b** da questão 2, identifique nas falas do personagem duas palavras que contenham o mesmo radical. Em seguida, dê a classificação morfológica de cada uma delas, isto é, indique a que classe de palavras elas pertencem no contexto.

  b) Forme novas palavras com esse mesmo radical.

  c) Entre os advérbios a seguir, indique quais poderiam, respectivamente, ser inseridos em cada uma das frases que compõem a fala do 2º quadrinho, enfatizando o sentido das formas verbais empregadas sem alterar o propósito da fala.
     - rapidamente / precariamente
     - vergonhosamente / facilmente
     - vertiginosamente / claramente
     - facilmente / estranhamente

180 Unidade 4 ▪ Sintaxe

■ Conceituando

No estudo da tira, você viu que há algumas formas de selecionar e combinar as palavras da língua, considerando seu sentido e sua função nos diferentes contextos e enunciados. Você observou, ainda, que palavras como *aumentado* e *aumento* têm o mesmo radical, *aument-*, mas pertencem a classes de palavras distintas, respectivamente, verbo e substantivo, de acordo com o sufixo *-ado* e a vogal temática *-o*, acrescentados a esse mesmo radical.

Concluindo:

> A combinação entre sufixos e radicais determina a classe gramatical das palavras. Esta, por sua vez, determina as possibilidades de combinação das palavras no contexto.

Para deduzir quais palavras deveriam ser substituídas por outras no contexto da tira, assim como para inserir advérbios que não alterassem o propósito da fala do personagem no 2º quadrinho, você exercitou o princípio de seleção e combinação das palavras.

Na fala ou na escrita, a seleção e a combinação de palavras são condicionadas a diversos fatores das situações de comunicação, entre eles os objetivos do enunciador, a finalidade do texto, os interlocutores envolvidos, etc. Nessas situações, as possibilidades de uso da língua podem ser amplas ou restritas, pois, ao mesmo tempo em que todas as palavras (o léxico) e as várias possibilidades de combinação estão à disposição, os fatores contextuais podem limitar o uso.

É no princípio de seleção e combinação de palavras que residem os estudos da *morfologia* e da *sintaxe*.

> A **morfologia** estuda as classes gramaticais, isto é, o campo da seleção, enquanto a **sintaxe** estuda o campo da combinação de palavras.

Uma vez que selecionar e combinar são procedimentos que ocorrem simultaneamente nos atos da fala e da escrita, o estudo da língua requer um tratamento morfossintático, isto é, que sejam levadas em conta, ao mesmo tempo, as relações morfológicas e sintáticas entre as palavras.

Forma e função

Ao selecionar as palavras, o usuário da língua leva em conta não só o sentido, mas também a forma das palavras (artigo, substantivo, verbo, adjetivo, advérbio, etc.) e a função (sujeito, objeto direto, adjunto adnominal, adjunto adverbial, etc.) que elas assumem na frase.

Leia esta anedota:

O freguês sentou-se e pediu um chope. O garçom trouxe o chope e o freguês pediu para trocar por um suco de laranja. O garçom trocou, o freguês bebeu e saiu sem pagar.
— Ei! — disse o garçom. — O senhor não pagou o suco de laranja.
— Claro que não! Eu o troquei pelo chope!
— É... Mas o senhor não pagou o chope.
— Claro que não! Eu não o bebi!

Nesta frase dita pelo garçom "O senhor não pagou o suco de laranja", observe as combinações realizadas, isto é, a estrutura sintática da frase e as classes gramaticais que foram selecionadas para as combinações:

	O	senhor	não	pagou	o	suco	de	laranja.
seleção	artigo	substantivo	advérbio	verbo	artigo	substantivo	preposição	substantivo
combinação	adj. adn.	núcleo	adj. adv.	verbo transitivo	adj. adn.	núcleo	adj. adn.	
					objeto direto				
	sujeito			predicado				

Como você pode observar, o agrupamento das palavras de acordo com sua *forma* deve ser feito com base na função sintática que elas têm nas frases.

Isso significa que não se pode desvincular a morfologia (parte da gramática que estuda a forma das palavras) da *sintaxe*, e vice-versa, pois forma e função coexistem e seus papéis só se definem no contexto. As palavras constituem grupos *morfológicos* e, ao serem combinadas em frases, adquirem um papel *sintático*.

Fazer a *análise morfossintática* de uma palavra significa, portanto, reconhecer a classe gramatical a que ela pertence e, ao mesmo tempo, a função sintática que ela desempenha em determinada oração.

Frase — oração — período

Conceituando

Leia este anúncio.

(Disponível em: https://www.behance.net/gallery/6525733/Anuncio-Dia-do-Meio-Ambiente. Acesso em: 21/4/2021.)

O anúncio, como um todo, pode ser considerado um texto composto de parte verbal e parte não verbal, as quais, associadas entre si e às referências externas que fazem, constroem sentido. Nesse texto, a empresa anunciante e seu público-alvo interagem por meio de enunciados — palavras ou conjuntos de palavras, imagens e a combinação entre elas.

A parte verbal desse anúncio é composta de frases, as quais também podem construir sentido se lidas separadamente. Por exemplo, o trecho inicial do texto inferior, "O meio ambiente precisa de ações efetivas e do esforço de cada um de nós.", é uma frase e contém um sentido completo se lida isoladamente, assim como o trecho final "05 de junho. Dia mundial do meio ambiente". Ambos se diferenciam pela presença do verbo no primeiro trecho e ausência de forma verbal, no segundo.

O texto central, "Seria muito bom se fosse tão fácil.", também é uma frase que contém verbo, mas, por ser muito abrangente, lido isoladamente pode ter diversos sentidos e precisa necessariamente de outra referência para ser de fato compreendido. No caso do anúncio, essa referência é dada por meio do texto não verbal, que simula um reflorestamento por meio das ações de "copiar" e "colar", muito simples e corriqueiras na edição de textos e imagens digitais. Portanto:

> **Frase** é uma unidade linguística delimitada pelo ponto, e que pode ou não apresentar verbo.

Na fala, a frase é marcada pela entonação, isto é, um tom de voz que expressa a intenção de quem fala. No texto verbal, a entonação pode ser marcada pela pontuação. Por exemplo, se empregássemos reticências no texto central do anúncio, expressaríamos com mais ênfase um tom de lamento, desolação, embaraço.

As frases "05 de junho. Dia mundial do meio ambiente.", por não conterem forma verbal explícita, são consideradas frases nominais. As frases que contêm verbo, tais como "O meio ambiente precisa de ações efetivas e do esforço de cada um de nós" e "Seria muito bom se fosse tão fácil.", são chamadas orações ou períodos. Assim:

Tipos de frase

Há quatro tipos de frase:
- a **interrogativa**, que usamos para fazer uma pergunta:

   Quem chegou?

- a **declarativa**, que usamos para dar uma resposta, uma informação ou contar alguma coisa:

   Choveu a noite toda.

- a **exclamativa**, que usamos para expressar espanto, surpresa, emoção, admiração, alegria, etc.:

   Que bela canção você compôs!

- a **imperativa**, que usamos para expressar uma ordem, um desejo, um pedido:

   Feche a janela, por favor.

> **Oração** é uma unidade linguística que contém um verbo.

> **Período** é uma unidade linguística que contém um ou mais verbos; é **simples** quando contém um verbo e **composto** quando contém dois ou mais verbos.

O período pode ser:
- **simples**, quando constituído de uma só oração:
   "O meio ambiente *precisa* de ações efetivas de cada um de nós."
- **composto**, quando constituído de duas ou mais orações:
   Economizar *água*, *usar* lâmpadas fluorescentes e *evitar usar* sacos plásticos são simples ações.

O período composto pode ser:
- **período composto por coordenação**: as orações são autônomas, independentes sintaticamente e chamadas de coordenadas:
   Economizamos água, *usamos* lâmpadas fluorescentes e *evitamos* sacos plásticos.

- **período composto por subordinação**: as orações funcionam como termos de outras orações, são dependentes sintaticamente e denominam-se subordinadas:

  "*Seria* muito bom se *fosse* tão fácil."

- **período composto por coordenação e por subordinação**: apresenta orações coordenadas e subordinadas:

  "*Economizar* água, *usar* lâmpadas fluorescentes e *evitar usar* sacos plásticos *são* simples ações que *podemos realizar* para *salvar* o nosso planeta."

Exercícios

Leia a tira:

(Bill Watterson. Tem alguma coisa babando embaixo da cama. São Paulo: Conrad do Brasil, 2008. p. 55.)

1. Qual dos enunciados a seguir é uma frase e também uma oração?

   a) "Rá!"

   b) "Você acredita nisso?"

2. Leia este trecho da fala de Calvin, do 1º quadrinho:

   "A carta diz que se eu copiar e mandar para vinte pessoas, eu vou ter sorte."

   a) Quantas orações há nessa frase? Lembre-se de que cada verbo (ou locução verbal) indica a existência de uma oração.
   b) Trata-se de um período composto por coordenação, por subordinação ou por coordenação e subordinação?
   c) Identifique, na tira, outro período com classificação semelhante.

3. Leia estes dois enunciados:

   "Um homem em Seattle quebrou a corrente e ficou careca."

   "Essas cartas são para os patetas supersticiosos."

   a) Qual dos enunciados acima é um período simples?
   b) Por que o outro enunciado é um período composto por coordenação?

Sujeito e predicado

■ Construindo o conceito

Leia o anúncio:

(Disponível em: http://www.dm9ddb.com.br/?attachment_id=2075. Acesso em: 28/5/2012.)

Observe estas orações do texto:

"Desculpas engordam."   "Desculpas engordam."

a) Qual é o assunto principal de cada uma das orações, isto é, sobre o que cada uma delas fala?

b) Com quais termos das orações as formas verbais *engordam* e *começo* concordam, respectivamente?

c) Reescreva as duas frases, mantendo os mesmos verbos e substituindo os termos *desculpas* e *eu*:
   • Uma simples desculpa ☐.
   • Nós ☐ na segunda.

   Conclua: Qual alteração as formas verbais utilizadas nas frases sofreram?

d) Complete a oração a seguir com um artigo e um substantivo, tendo em vista o contexto do anúncio.
   • Eu começo ☐ na segunda.

■ Conceituando

Conforme você observou, as substituições, nas orações "Desculpas engordam" e "Eu começo na segunda", do substantivo *desculpas* pela sua forma no singular e do pronome pessoal da 1ª pessoa do singular *eu* pelo da 1ª pessoa do plural *nós* provocaram alterações nos verbos. A parte das orações que, ao ser alterada quanto a singular/plural, leva o verbo à mesma alteração, é chamada de **sujeito**; o restante da oração é chamado de **predicado**.

O sujeito de uma oração pode ser identificado com base em características semânticas ou sintáticas, ou seja, relacionadas ao sentido ou à posição dos termos na oração. De acordo com o critério semântico, *sujeito é aquilo de que se fala*, ou seja, o assunto, ou o agente da ação verbal. De acordo com o critério sintático, o *sujeito é o termo da oração que concorda com o verbo*.

Nas orações "Desculpas engordam", ou "A academia é bem-equipada", não podemos considerar *desculpas* e *a academia* como agentes das formas verbais *engordam* e *é*, respectivamente, mas inferimos com certa facilidade que são o assunto, aquilo de que se fala. Assim, é o critério semântico que nos permite identificar o sujeito dessas orações.

Na oração "Eu começo na segunda", entretanto, o assunto parece ser *dieta* ou *exercícios físicos*, e não *eu*, que identificamos como o sujeito ao buscar o agente da ação verbal.

Como podemos notar, o critério sintático é o mais eficiente e objetivo para a identificação do sujeito das orações. Observe a concordância entre sujeito e verbo:

> Desculpas engordam.
> A academia é bem-equipada.
> Eu começo na segunda.

O uso de diferentes critérios para a definição de conceitos sintáticos dá margem a equívocos na análise linguística, como o que é tema deste cartum:

Ao responder à pergunta da professora, "Quem é o sujeito da oração?", o aluno confunde a análise sintática com uma apreciação de valor sobre o sujeito. Assim, estabelece relações de sentido entre o conteúdo da frase e a noção sintática de sujeito. Com base nessa ideia, caracteriza como "mané" aquele que "confia na honestidade dos políticos", deixando de lado o critério sintático que nos leva a considerar que o sujeito dessa frase é o termo *o eleitor*, que concorda com o verbo e está explícito na oração.

O critério sintático de concordância do sujeito com o verbo, por si só, também pode ser ineficiente em construções nas quais há mais de um termo que concorda com o verbo, como a seguinte:

> A criança mordeu o cachorro.

Na frase acima, pelo critério semântico, visto que é mais usual um cachorro morder uma criança, somos levados a pensar que pode ter havido uma inversão de termos. No entanto, apesar de uma ser menos e a outra mais comum, as duas possibilidades podem ser aceitas e, nesse caso, classificamos como sujeito o termo que precede imediatamente o verbo, isto é, *a criança*.

Com base nesses exemplos, percebemos que, em análise sintática, tanto os critérios semânticos quanto os sintáticos são importantes, mas isoladamente nem sempre são suficientes. Concluímos, então:

Sujeito é o termo da oração que:
- concorda com o verbo;
- pode constituir o assunto de que se fala;
- pode ser o agente da ação verbal;
- geralmente apresenta como núcleo um substantivo, um pronome ou uma palavra substantivada.

Predicado é o termo da oração que:
- geralmente apresenta um verbo;
- pode dizer algo a respeito do sujeito.

O sujeito nem sempre inicia a oração. Veja:

Soou na escuridão *uma pancada seca*.

Na oração sem sujeito (impessoal), o predicado é a citação pura de um fato:

Choveu fininho ontem à noite.

Identificado o sujeito, o restante da oração constitui o predicado. Observe:

Todas as noites, depois do jantar, *eu e minha família* assistimos à televisão.
      predicado   sujeito   predicado

Mais importante do que identificar o sujeito e o predicado de uma oração é analisar como essas categorias sintáticas constituem os enunciados e, dependendo das construções, reconhecer os efeitos de sentido que podem proporcionar.

Exercícios

Leia a tira:

(Disponível em: www.sempretops.com/diversao/tirinhas-da-mafalda/attachment/mafalda/. Acesso em: 24/4/2020.)

1. Nos dois primeiros quadrinhos, o homem carrega uma placa com a frase "Não funciona". Descreva a estrutura dessa frase.

2. O sujeito ao qual o predicado *não funciona* se refere não pode ser identificado nos dois primeiros quadrinhos.

   a) Qual é a relação entre a omissão do sujeito na frase da placa nos dois quadrinhos iniciais e o comportamento de Mafalda ao longo da tira?

   b) No 3º quadrinho, é revelado o sujeito ao qual o predicado *não funciona* se refere. Reescreva a frase, empregando a estrutura sujeito + predicado.

3. Observe a fisionomia de Mafalda no último quadrinho.

   a) Que sentimento ela expressa?

   b) Levante hipóteses: Por que a menina tem essa reação?

Capítulo 15 • O modelo morfossintático: o sujeito e o predicado   187

A predicação

Construindo o conceito

Leia este poema de Mário Quintana:

Os degraus

Não desças os degraus do sonho
Para não despertar os monstros.
Não subas aos sótãos — onde
Os deuses, por trás das suas máscaras,
Ocultam o próprio enigma.
Não desças, não subas, fica.
O mistério está é na tua vida!
E é um sonho louco este nosso mundo...

(*Rua dos cataventos e outros poemas*.
Porto Alegre: L&PM, 2008. p. 95.)

1. O eu lírico se dirige diretamente a um interlocutor, a quem trata por *tu*, como se pode verificar pelas formas verbais e pronominais empregadas na 2ª pessoa do singular.

   a) Levante hipóteses: No contexto do poema, quais são os sentidos das expressões "descer os degraus do sonho" e "subir aos sótãos"?

   b) Explique o emprego do modo e da pessoa verbal das formas *não desças*, *não subas* e *fica*, no contexto do poema.

   c) Qual é a justificativa que o eu lírico dá a seu interlocutor para explicar seu ponto de vista? Em quais versos essa justificativa se encontra?

2. Releia os seguintes versos.

   > I. "Não **desças** os degraus dos sonhos"
   > II. "Não **subas** aos sótãos"
   > III. "Não **desças**, não **subas**, **fica**."
   > IV. "E **é** um sonho louco este nosso mundo..."

   a) Identifique o sujeito de cada uma das formas verbais em destaque.

   b) Quais dessas formas verbais se referem a ações do sujeito e não têm nenhum complemento?

   c) Deduza: Qual dessas formas verbais não expressa uma ação do sujeito, mas o conecta a um atributo dele?

   d) Identifique os termos que completam as demais formas verbais.

Conceituando

Ao responder às perguntas, você percebeu que há predicados que informam ações do sujeito, ao passo que outros indicam características e atributos do sujeito.

> **Predicado** é o tipo de relação que o verbo mantém com o sujeito da oração. De acordo com essa relação, há dois grupos: os **de estado** ou **de ligação** e os **significativos** ou **nocionais**.

Verbos de ligação

Releia o último verso do poema:

> "E é um sonho louco este nosso mundo..."

Observe que a forma verbal *é* não expressa uma ação do sujeito *este nosso mundo*, mas, sim, liga-o a seu atributo, isto é, a seu estado ou a sua característica de *um sonho louco*; daí ser denominado **verbo de ligação**.

> **Verbo de ligação** é aquele que serve como elemento de ligação entre o sujeito e seu atributo.

Veja outros exemplos:

> Minha namorada *está* atrasada.
> Os alunos *permaneceram* quietos durante a palestra de ciências.
> Pedro e Paulo *pareciam* felizes em sua nova casa.
> Nós *ficamos* alegres por ela.
> A novela *continua* enfadonha.
> O rapaz *tornou*-se prefeito da cidadezinha num piscar de olhos.

O atributo do sujeito é chamado de **predicativo**.

Verbos significativos

Agora, observe as formas verbais destes dois versos do poema de Mário Quintana que você leu na seção anterior.

> "Os deuses, por trás das suas máscaras, *ocultam* o próprio enigma.
> Não *desças*, não *subas*, *fica*."

No 2º verso, as formas verbais *desças*, *subas* e *fica* estão conjugadas na 2ª pessoa do singular, porque concordam com o sujeito *tu*, implícito no poema. Observe que as ações expressas pelos verbos *descer*, *subir* e *ficar*, nesse verso, referem-se apenas ao sujeito, não se estendem a outros elementos. Nesses casos, consideramos que os verbos são **intransitivos.**

Veja outros exemplos de verbos intransitivos:

> A carta e o telegrama já *chegaram*.
> O caminhão do gás já *passou*.
> *Amanheceu*.

No 1º verso, a forma verbal *ocultam* está na 3ª pessoa do plural, porque concorda com o sujeito *os deuses*, indicando a ação realizada por eles (ocultar). Nesse caso, no entanto, a ação expressa pelo verbo não se refere apenas ao sujeito, pois o ato de ocultar recai sobre outro elemento da frase, a expressão *o próprio enigma*. Assim, o termo *o próprio enigma*, nesse verso, completa o sentido do verbo *ocultar* (quem oculta, oculta alguma coisa), tornando mais preciso o conteúdo da frase. Quando isso ocorre, isto é, quando o verbo necessita de um complemento, consideramos que ele é um verbo **transitivo**. Então, concluímos:

> **Transitividade verbal** é a necessidade que alguns verbos apresentam de ter outras palavras como complemento. A esses verbos que exigem complemento chamamos de **transitivos** e aos que não exigem complemento chamamos de **intransitivos**.

Compare agora os complementos dos verbos nestes dois outros versos do poema:

"Não *desças* os degraus do sonho"   "Não *subas* aos sótãos [...]"

Diferentemente do verso analisado anteriormente, no qual os verbos *descer* e *subir* foram empregados em seu sentido intransitivo, nestes últimos versos os mesmos verbos foram empregados em seu sentido transitivo (quem desce, desce alguma coisa — no caso, *os degraus*; e quem sobe, sobe *em* ou *a* alguma coisa — no caso, *aos sótãos*). Observe que, no 1º verso, o complemento *os degraus do sonho* se liga diretamente ao verbo, sem preposição; portanto, temos um verbo transitivo direto. Já, no 2º verso, o complemento *aos sótãos* se liga ao verbo por meio de uma preposição (a); temos, portanto, um verbo transitivo indireto.

Além dos verbos transitivos diretos e dos indiretos, há também os verbos **transitivos diretos e indiretos**, assim chamados por exigirem dois complementos, um sem preposição (objeto direto) e outro com preposição obrigatória (objeto indireto).

Veja, por exemplo, a frase a seguir:

O eu lírico *recomenda* cautela a seu interlocutor.
VTDI   OD | OI
                   preposição

Como determinar a predicação de um verbo?

A predicação de um verbo somente pode ser determinada no contexto da frase em que ele aparece. Veja, por exemplo, que o verbo *virar*, em contextos diferentes, tem diferentes classificações:

Diante do ocorrido, papai *virou* uma fera.
VL

A canoa *virou*.
VI

Antes de servir, ela *virou* o assado na travessa.
VTD

Exercícios

Leia a tira a seguir.

(Disponível em: http://bichinhosdejardim.com/espelho-da-alma/. Acesso em: 21/9/2021.)

1. Observe as formas verbais *revela* e *exercem* nas falas da borboleta nos dois primeiros quadrinhos.

   a) Qual é o sujeito de cada uma? Justifique sua resposta.

   b) Qual termo complementa cada uma delas no contexto?

2. Agora observe a fala da joaninha nos dois primeiros quadrinhos.

   a) Qual é o sentido da fala dela no 1º quadrinho?

   b) Identifique o sujeito da forma verbal *vem*. Em seguida, reescreva a fala do 1º quadrinho, colocando a frase na ordem direta, e troque ideias com os colegas e o professor: O sentido se mantém? Justifique sua resposta.

   c) Deduza: Qual forma verbal está implícita na oração "apenas dois tracinhos no meio da cara!"?

d) Quais são os complementos das formas verbais utilizadas pela joaninha nas falas desses dois quadrinhos? Conclua: Trata-se de formas verbais transitivas ou intransitivas?

e) Levante hipóteses: As falas da joaninha nesses quadrinhos sugerem que ela tem qual visão sobre as ideias da borboleta?

3. Releia o 3º quadrinho e, com base em elementos verbais e não verbais, explique por que a reação da joaninha nesse quadrinho quebra a expectativa que vinha sendo construída na tira.

4. O 4º quadrinho é responsável pelo desfecho do efeito de humor da tira em estudo.

a) Qual forma verbal a joaninha utiliza em sua fala? Explique a função dessa forma verbal, assim como das palavras e expressões que são conectadas por ela.

b) Dê a classificação da forma verbal indicada por você no item **a**.

c) Explique de que forma essa fala da joaninha constrói humor no texto.

O sujeito e o predicado na construção do texto

Leia o cartaz a seguir.

(Disponível em://babicmello.blogspot.com.br/2009/01/campanha-contra-o-tabaco.html. Acesso em: 28/07/21.)

1. Observe o enunciado principal do cartaz:

"Essa fumaça não quero respirar"

a) A qual fumaça ele se refere? Justifique sua resposta com base nos elementos verbais e não verbais que compõem o cartaz.

b) O enunciado está estruturado na ordem sujeito + predicado (verbo e complementos)? Justifique sua resposta.

c) O sujeito da oração constituída pelo enunciado não está explícito, mas pode ser inferido. Qual é ele?

2. Releia este enunciado do cartaz:

"Se fosse boa, cheirava bem e não causaria câncer, problemas no coração ou até mesmo a morte."

a) Identifique e classifique quanto à predicação os verbos que ele apresenta.

b) O sujeito das formas verbais *fosse*, *cheirava* e *causaria* não está explícito, mas pode ser inferido no contexto do cartaz. Qual é ele?

3. Leia estas frases:

> Essa fumaça não cheira.
> Eu cheirei sua camisa hoje de manhã.
> Seu cabelo cheira a cigarro.

a) Classifique o verbo *cheirar*, quanto à predicação, e seus complementos em cada frase.

b) Qual é o sentido do verbo *cheirar* em cada uma das orações?

c) Conclua: O que pode acontecer com o sentido de um verbo quando sua transitividade e a função dos termos que o complementam são modificadas?

Para que servem o sujeito e o predicado?

Sujeito e predicado são as estruturas linguísticas fundamentais da linguagem verbal.

Para nos referirmos ao mundo que está à nossa volta — aos seres que existem, aos fatos que acontecem, aos sentimentos e ideias que temos, às ações que realizamos, etc. — e interagirmos com outras pessoas, quase inevitavelmente lançamos mão do sujeito e do predicado.

Sujeito e predicado estão diretamente relacionados à necessidade que o ser humano tem de verbalizar o que pensa e sente: sobre o mundo, sobre si mesmo e sobre suas relações.

Semântica e discurso

Leia a notícia a seguir e responda às questões 1 a 3.

Ambiente

'Sopa de plástico' do Pacífico aumentou 100 vezes em 40 anos

Segundo estudo, acúmulo de plástico pode provocar desequilíbrio marinho

O enorme redemoinho de lixo plástico flutuante do norte do Pacífico aumentou 100 vezes nos últimos 40 anos, revelou um artigo publicado na revista Biology Letters nesta quarta-feira.

Cientistas alertam que a 'sopa de microplástico', cujas partículas medem menos de cinco milímetros, ameaça alterar o ecossistema marinho porque favorece a reprodução de um tipo de inseto que serve de alimento para peixes, tartarugas e aves.

(Disponível em: https://veja.abril.com.br/ciencia/sopa-de-plastico-do-pacifico-aumentou-100-vezes-em-40-anos/. Acesso em: 2/9/2020.)

Pesquisa divulgada nesta quarta-feira mostra que mancha de lixo no Pacífico Norte aumentou 100 vezes nos últimos 40 anos (Rajesh Nirgude/AP)

1. Observe as seguintes orações empregadas no texto:

> "'Sopa de plástico' do Pacífico aumentou 100 vezes em 40 anos"
> "acúmulo de plástico pode provocar desequilíbrio marinho"
> "O enorme redemoinho de lixo plástico flutuante do norte do Pacífico aumentou 100 vezes nos últimos 40 anos"
> "a 'sopa de microplástico' [...] ameaça alterar o ecossistema marinho"

a) Identifique o sujeito das formas verbais *aumentou*, *pode provocar*, *aumentou* e *ameaça alterar* utilizadas nas orações.

b) Levante hipóteses: Quem é responsável pelos problemas decorrentes do acúmulo de plástico no oceano? Trata-se dos sujeitos identificados nas orações?

2. Observe agora estas construções:

> "Pesquisa divulgada nesta quarta-feira mostra"
> "revelou um artigo publicado na revista *Biology Letters*"
> "Cientistas alertam"

a) Identifique o sujeito das formas verbais *mostra*, *revelou* e *alertam* utilizadas nas construções.

b) Levante hipóteses: Quem é responsável pelos dados divulgados na notícia? Trata-se dos sujeitos dos verbos empregados nas construções?

3. Com base em suas respostas nas questões anteriores, conclua:

a) Quais sentidos são construídos por meio das escolhas que o autor de um texto faz ao relacionar sujeito e predicado?

b) Na notícia lida, qual é o efeito da escolha pela omissão ou explicitação dos responsáveis pelas ações verbais?

Leia a tira a seguir, de Laerte, e responda às questões 4 e 5.

4. No 1º quadrinho, Hugo faz à funcionária de uma locadora uma pergunta sobre um suposto filme.

a) Qual seria a principal característica desse filme, segundo Hugo?

b) Levante hipóteses: Qual era a real intenção de Hugo ao fazer a pergunta à moça?

5. Leia estas orações:

> Ele não percebe seu papel de palhaço.
> "ela acaba achando ele sensacional!"
>
> "ela é internada no hospício"
> Ele é o enfermeiro responsável pelo eletrochoque.

a) Identifique o sujeito e o predicado de cada oração.

b) Compare o sentido das frases e identifique a mudança de tom que ocorre de uma para outra.

c) Levante hipóteses: Por que ocorre essa mudança?

d) O texto não verbal, isto é, a fisionomia e a postura dos personagens em cada quadrinho, confirma sua resposta no item anterior? Por quê?

e) Considerando a intencionalidade subjacente aos diálogos da tira, conclua: De que maneira a repetição de *ele* e *ela* como sujeito das orações ajuda a construir o efeito de humor da tira?

CAPÍTULO 16

Termos ligados ao verbo: objeto direto, objeto indireto, adjunto adverbial

Objeto direto e objeto indireto

▪ Construindo o conceito

Leia este anúncio:

Este capítulo favorece o desenvolvimento das habilidades

EM13LGG101
EM13LGG102
EM13LGG103
EM13LGG104
EM13LGG202
EM13LGG302
EM13LGG401
EM13LP01
EM13LP02
EM13LP03
EM13LP06
EM13LP07
EM13LP08
EM13LP09
EM13LP10
EM13LP46

1. Observe as frases abaixo:

"Dê uma banana para a cidade."
"Dê uma banana para o mico-leão."

a) Quais são os termos que se ligam ao verbo *dar* nas duas frases, complementando-o?
b) Com que sentidos o verbo *dar* foi empregado?
c) Entre as opções a seguir, qual circunstância a palavra *depois* acrescenta à frase que ela acompanha?

• lugar   • condição   • tempo   • negação

d) Levante hipóteses: Que tipo de lugar é representado, no anúncio, pelo mico-leão? Em que sentido esse lugar se contrapõe à cidade?

2. Tendo em vista o duplo sentido da expressão *dar uma banana*, levante hipóteses:

a) Ao explorar esses dois sentidos da expressão, quais características do carro o anúncio ressalta?
b) E do seu público-alvo?

194 Unidade 4 • Sintaxe

Conceituando

Você observou que o verbo *dar* é transitivo, pois é empregado com complementos. Nas orações "Dê uma banana para a cidade" e "Dê uma banana para o mico-leão", *uma banana* liga-se ao verbo diretamente, sem preposição, e *para a cidade* e *para o mico-leão* ligam-se ao verbo por meio de uma preposição (*para*). Nesse caso, dizemos que o verbo é **transitivo direto e indireto** e seus complementos se chamam, respectivamente, **objeto direto** e **objeto indireto**.

> **Objeto direto** é o termo que se liga diretamente, isto é, sem preposição, a um verbo transitivo.
> **Objeto indireto** é o termo que se liga indiretamente, isto é, por meio de uma preposição, a um verbo transitivo.

Há ainda dois outros tipos de verbos transitivos. O verbo **transitivo direto**, que é complementado por um **objeto direto**, e o verbo **transitivo indireto**, que é complementado por um **objeto indireto**. Veja estes exemplos:

O motorista aventureiro *gosta* desse carro.
　　　　　　　　　　　　VTI　　OI

O motorista aventureiro *compra* esse carro.
　　　　　　　　　　　　　VTD　　OD

Exercícios

Leia, a seguir, o trecho de um texto de Leandro Karnal.

> O vendedor dos cruzamentos é um termômetro rápido que **causaria** inveja a muitos especialistas. Ele **mede** com precisão o "humor" do mercado e do consumidor. O tempo nublou? Nuvens pesadas anunciam tormenta? Capas de plástico e guarda-chuvas surgem nas mãos laboriosas do ambulante. Choveu e os mosquitos se multiplicaram? Raquetes elétricas serpenteiam entre os espelhos retrovisores. Joga o Corinthians? Preto e branco se espalham entre bandeiras, camisetas e bolas customizadas. O homem talvez tenha time em casa, o vendedor da rua tem público e mercado: pode estar de verde no dia seguinte.
>
> O dia termina e os carros **voltam** da sua jornada. O ágil mercador **identifica** veículos dirigidos por homens. Chega e **oferece** um buquê de rosas pronto e bonito. Sugere **levar** algo para a esposa. O empresário **pensa** na boa ideia e, por amor ou culpa, compra em rápida negociação. [...]
>
> (Disponível em: https://cultura.estadao.com.br/noticias/geral,a-trincheira-do-farol,70003342676. Acesso em: 21/4/2021.)

1. Observe as formas verbais em destaque no trecho.

   a) Identifique e classifique seus complementos.

   b) Escolha uma das formas verbais utilizadas no último parágrafo do texto e escreva uma frase em que ela tenha outra transitividade, diferente da empregada no texto.

2. Releia estas frases utilizadas pelo narrador no 1º parágrafo para descrever o tempo:

> "O tempo nublou? Nuvens pesadas anunciam tormenta? Choveu [...]?"

Identifique as formas verbais e classifique os termos que complementam cada uma delas.

3. Releia o trecho final do 1º parágrafo:

> "Joga o Corinthians? Preto e branco se espalham entre bandeiras, camisetas e bolas customizadas. O homem talvez tenha time em casa, o vendedor da rua tem público e mercado: pode estar de verde no dia seguinte."

   a) Troque ideias com os colegas e o professor e explique qual é a diferença entre *o homem* e *o vendedor da rua*.

   b) Identifique e classifique os complementos do verbo *ter* em suas duas ocorrências.

   c) O sentido do verbo *ter* é o mesmo nos dois casos? Justifique sua resposta com base no texto.

Capítulo 16 • Termos ligados ao verbo: objeto direto, objeto indireto, adjunto adverbial

Objeto direto preposicionado

Leia esta frase:

> O pai o filho ama.

Qual é o sujeito dessa frase: *o pai* ou *o filho*? Para desfazer a ambiguidade, é possível empregar o **objeto direto preposicionado**, adequando a frase à intenção do falante. Assim, se o sujeito for *o pai*, teremos: "*Ao filho* o pai ama"; se o sujeito for *o filho*, teremos: "*Ao pai* o filho ama". Nessas frases, *ao filho* e *ao pai* são objetos diretos preposicionados.

O objeto direto preposicionado ocorre quando um verbo *transitivo direto* apresenta um *objeto direto* precedido de preposição. O emprego da preposição, nesse caso, não é exigido pelo verbo, uma vez que este é transitivo direto, mas se justifica por motivo de clareza, precisão ou estilo.

O objeto direto preposicionado aparece:

- com os verbos que exprimem sentimentos:

> Ele só ama *a você*, Ana!

- para evitar ambiguidade:

> *A Abel* matou Caim.

- para enfatizar o complemento verbal:

> Cumpri *com o prometido*.

- para realçar a ideia de parte, porção:

> Tomava *do vinho* com prazer.

Quando for representado pelos pronomes oblíquos tônicos (mim, ti, si, ele, nós, vós), o objeto direto terá de ser obrigatoriamente preposicionado:

> Eles enganaram a mim.
>   OD
>   preposicionado

Objeto direto e objeto indireto pleonásticos

Às vezes, para enfatizar o termo que funciona como objeto, costuma-se enunciá-lo por meio de um pronome oblíquo com sentido e função equivalentes. A esse objeto de reforço dá-se o nome de **objeto pleonástico**. Observe estes exemplos:

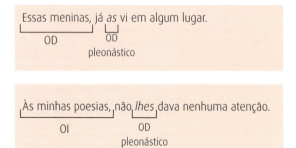

Os pronomes oblíquos como objeto

Os pronomes oblíquos geralmente exercem na frase a função de objeto direto ou indireto.

Os pronomes oblíquos átonos de 3ª pessoa quase sempre têm função definida (*o, a, os, as* — objeto direto; *lhe, lhes* — objeto indireto), enquanto os demais (*me, te, se, nos, vos*) funcionam como objeto direto ou indireto, dependendo da predicação do verbo que completam. Veja os exemplos:

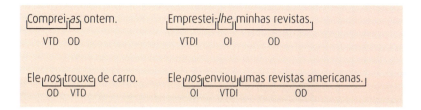

Os pronomes oblíquos tônicos, por serem sempre precedidos de preposição, têm sua função sintática determinada pela predicação do verbo ao qual servem de complemento, podendo ser objeto direto ou indireto. Veja:

Entregou o telegrama *a mim*.
VTDI   OI

Escolheram a ele e não *a mim*.
VTDI   OD   OD
         preposicionado preposicionado

Prazer em conhecê-lo

Você certamente já reparou que, em determinadas situações, dizemos "Vou trazer ele para cá", enquanto em outras dizemos "Muito prazer em conhecê-lo".

Essa variação quanto ao emprego dos pronomes reto e oblíquo na função de objeto decorre do grau de formalismo exigido pelo contexto. Sabemos que, de acordo com a norma-padrão formal da língua, somente os pronomes oblíquos podem exercer a função de objeto, ao passo que os pronomes retos exercem a função de sujeito. Apesar disso, em situações informais de comunicação, como, por exemplo, no ambiente familiar, soa melhor ouvirmos "Vou trazer ele para cá" do que "Trá-lo-ei para cá".

Lembre-se

Os pronomes oblíquos *o, a, os, as* assumem as formas *lo, la, los, las* após formas verbais terminadas em *r*, *s*, ou *z*; e assumem as formas *no, na, nos, nas* após fonemas nasais (*am, em, õe*, etc.). Observe:

Vou vender minha bicicleta. → Vou vendê-*la*.
Põe os pacotes sobre a mesa. → Põe-*nos* sobre a mesa.

Quando em uma oração ocorrem dois pronomes átonos, um objeto direto e outro indireto, eles podem combinar-se. Essa combinação resulta em formas eruditas, encontradas em textos clássicos da literatura, em textos jurídicos e bíblicos. Veja um exemplo de Machado de Assis:

> [...] Andrade abriu a carteira com grande afetação, tirou uma nota de vinte mil réis e deu-lha; e, com a mesma afetação, ordenou-lhe que se retirasse. O Leandro saiu.

Nessa frase, na forma *lha*, ocorre simultaneamente um objeto direto, *a*, e um objeto indireto, *lhe*, de modo que *deu-lha* corresponde a *deu-a* (a nota de vinte mil réis) *a Leandro*.

Morfossintaxe dos objetos

Os objetos podem ser representados por substantivo, pronome substantivo, numeral, palavra ou expressão substantivada. Observe:

> Não sabíamos *de nada*. (pronome — OI)
>
> Como resposta, recebeu *um não*. (palavra substantivada — OD)

Exercícios

1. Compare as duas frases seguintes, nas quais os pronomes *nos/nós* e *os/eles* foram empregados como objeto direto e como objeto direto preposicionado:

> Nem ele nos entende, nem nós os entendemos.
> "Nem ele entende a nós, nem nós a eles." (Camões)

Há diferença de sentido entre elas?

2. Reescreva as frases a seguir, substituindo por pronomes oblíquos os objetos destacados. Veja o exemplo:

> Eu fiz *os exercícios* mais de uma vez.
> Eu *os* fiz mais de uma vez.

a) Ver *o filme* hoje é impossível.
b) Colocaram *os livros* nas estantes?
c) Restituí o livro *à bibliotecária* dentro do prazo.
d) Os visitantes olhavam admirados *os quadros impressionistas*.
e) Na próxima semana, envio *as avaliações* pela minha irmã.

3. O trecho a seguir foi extraído do texto "Exageros de mãe", de Millôr Fernandes. Leia-o.

> [...] Oh, meu Deus do céu, esse menino me deixa completamente maluca. Estou aqui há mais de um século esperando e o senhor não vem tomar banho. [...] Se **te** pegar outra vez mexendo no açucareiro, te corto a mão. Oh, meu Deus, eu sou a mulher mais infeliz do mundo. Não chora desse jeito que você vai acordar o prédio inteiro. [...] Mas, furou de novo o sapato: você acha que seu pai é dono de sapataria, pra **lhe** dar um sapato novo todo dia? [...] Eu juro que um dia eu largo isso tudo e nunca ninguém mais **me** vê. Não se passa um dia que eu não tenha que dizer a mesma coisa. Não quero mais ver você brincando com esses moleques, esta é a última vez que estou **lhe** avisando.
>
> (*10 em humor*. Rio de Janeiro: Expressão e Cultura, 1968. p. 15.)

a) Levante hipóteses: Quem fala no texto? Com quem?
b) A quem se referem os pronomes de 1ª, 2ª e 3ª pessoas destacados no texto?
c) Identifique no texto expressões que têm relação semântica com "exageros de mãe".
d) Identifique as funções sintáticas dos pronomes destacados no texto e os verbos que eles completam.

Adjunto adverbial

No anúncio reproduzido no início do capítulo, no enunciado verbal "Dê uma banana para a cidade. E, depois, para o mico-leão", o termo *depois* expressa uma circunstância de tempo em relação à ação indicada pelo verbo *dar*. Esse termo é, sintaticamente, chamado de **adjunto adverbial**.

> **Adjunto adverbial** é o termo que indica as circunstâncias em que se dá a ação verbal.

Além de lugar, os adjuntos adverbiais expressam diferentes valores semânticos. Veja alguns deles:

- **causa**: A moça chorava *de alegria*.
- **companhia**: Na viagem, levou *consigo* o livro.
- **dúvida**: *Talvez* eu faça esse curso.
- **fim**: Preparou-se *para a apresentação teatral*.
- **instrumento**: Cortou-se *com um caco de vidro*.
- **tempo**: Há *nesta noite* a estreia de um filme.
- **intensidade**: Nas reuniões, fala *pouco*.
- **lugar**: Moro num *país tropical*.
- **modo**: Saiu *sem destino, às pressas*.
- **afirmação**: *Sim*, eles virão.
- **negação**: *Não* vá, pode ser perigoso.

Os adjuntos adverbiais de intensidade, além de acompanhar o verbo, podem acompanhar substantivos, adjetivos e advérbios. Veja:

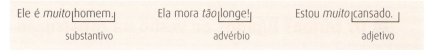

Ele é *muito* homem.	Ela mora *tão* longe!	Estou *muito* cansado.
substantivo	advérbio	adjetivo

Morfossintaxe do adjunto adverbial

O adjunto adverbial pode ser representado por advérbio, locução adverbial e oração subordinada adverbial. Observe:

advérbio
O alpinista subiu *cautelosamente* a montanha.
adj. adv. de modo

Exercícios

Leia a tira a seguir, de Caco Galhardo, e responda às questões 1 a 4.

(*Folha de S.Paulo*, 8/11/2011.)

1. Observe o emprego da expressão *um dia*, no 1º quadrinho, e da expressão *esse dia*, no 2º e no 3º quadrinhos. As duas expressões desempenham a mesma função sintática? Justifique sua resposta.

2. Há, na tira, uma palavra que se contrapõe semanticamente à expressão *um dia*.

   a) Qual é essa palavra?
   b) Qual é a sua função sintática?

3. Levante hipóteses: Por que o adjunto adverbial de *tempo* ganha destaque nessa tira?

4. Relacione a parte verbal com a parte não verbal da tira. As duas partes estão em sintonia? Por quê?

5. Observe os adjuntos adverbiais sublinhados nas frases:

   a) Ele ficou sozinho no meio da praça.
   b) Ontem, fui de metrô ao colégio com meu melhor amigo.
   c) Conseguiu abrir a caixa de madeira com um canivete.
   d) No segundo bimestre, não haverá mudanças muito radicais na fábrica.
   e) Hoje, despertei preguiçosamente às dez horas.

   Em que frase há o conjunto adverbial que expressa o valor semântico:
   • de instrumento?
   • de companhia?

Os termos ligados ao verbo na construção do texto

Leia este poema, de João Cabral de Melo Neto:

Tecendo a manhã

1

Um galo sozinho não tece uma manhã:
ele precisará sempre de outros galos.
De um que apanhe esse grito que ele
e o lance a outro; de outro galo
que apanhe o grito que um galo antes
e o lance a outro; e de outros galos
que com muitos outros galos se cruzem
os fios de sol de seus gritos de galo
para que a manhã, desde uma teia tênue,
se vá tecendo, entre todos os galos.

2

E se encorpando em tela, entre todos,
se erguendo tenda, onde entrem todos,
se entretendendo para todos, no toldo
(a manhã) que plana livre de armação.
A manhã, toldo de um tecido tão aéreo
que, tecido, se eleva por si: luz balão.

(*Poesias completas*. 3. ed. Rio de Janeiro: José Olympio, 1979. p. 19.)

1. A começar pela referência feita no título, o poema trata do amanhecer.

   a) A que atividade manual o amanhecer é comparado no poema? Que termos nos permitem fazer essa associação?

   b) De acordo com o poema, quem são os responsáveis por tecer a manhã?

   c) De que forma eles agem para que a manhã nasça?

2. Observe a transitividade dos verbos destacados nestes versos do poema:

> "Um galo sozinho não *tece* uma manhã:
> ele *precisará* sempre de outros galos.
> De um que apanhe esse grito que ele
> e o *lance* a outro [...]"

   a) Quais termos se ligam a esses verbos, complementando-os?

   b) Dois desses termos se ligam aos verbos por meio de preposição. Quais são esses termos? Quais são os verbos?

3. Releia estes versos do poema:

> "ele precisará *sempre* de outros galos.
> [...]
> E se encorpando em tela, *entre todos*,
> se erguendo tenda, onde entrem todos,
> se *entretendendo para todos*, no toldo
> (a manhã) que plana livre de armação.
> A manhã, toldo de um tecido tão aéreo
> que, tecido, se eleva *por si*: luz balão."

Para que servem os objetos?

Os objetos estão diretamente relacionados às ações do homem, sobre a natureza e sobre seu meio social e cultural. Toda vez que, na frase, mencionamos os seres que se modificam ou se transformam por ação do homem, empregamos os objetos: plantar *uma árvore*, fazer *um bolo*, gostar *de alguém*, assistir *a um filme*, etc. Assim, os objetos contribuem, no plano da linguagem, para exprimir a capacidade humana de agir e de transformar a realidade.

   a) A forma verbal *entretender* é um neologismo, isto é, uma palavra criada pelo autor. Que sentidos ela apresenta no contexto?

   b) Os termos em destaque são um advérbio e três locuções adverbiais, que se ligam, respectivamente, às formas verbais *precisará, encorpando, entretendendo* e *se eleva* para acrescentar a elas alguns sentidos. Determine qual é o valor semântico de cada termo.

4. Releia o seguinte trecho do poema:

> "De um que apanhe esse grito que ele
> e o lance a outro; de outro galo
> que apanhe o grito que um galo antes
> e o lance a outro [...]"

   a) Há, no 1º e no 3º versos do trecho acima, uma elipse, isto é, uma omissão, de um termo. Qual pode ser esse termo omitido nos versos?

   b) Que efeito essa omissão provoca na construção de sentidos do poema?

5. Na toldo-manhã que se ergue, entram todos. Essa ideia de coletividade que permeia o poema permite-nos fazer associações com a vida humana.

   a) O que representam os galos, o ato de tecer e a manhã?

   b) Que valores humanos são evocados? Justifique sua resposta com situações do texto.

6. Como conclusão de estudo, responda: De que modo o entrelaçamento sintático e a elipse de algumas palavras contribuem para a construção dos sentidos do texto?

Semântica e discurso

Leia este poema, de Ferreira Gullar:

Morte de Clarice Lispector

Enquanto te enterravam no cemitério judeu
do Caju
(e o clarão de teu olhar soterrado
resistindo ainda)
o táxi corria comigo à borda da Lagoa
na direção de Botafogo
as pedras e as nuvens e as árvores
no vento
mostravam alegremente
que não dependem de nós

(*Melhores poemas de Ferreira Gullar.* Seleção de Alfredo Bosi. 7. ed. São Paulo: Global, 2004. p. 153.)

1. O eu lírico do poema dirige-se a uma pessoa, representada pelos pronomes *te*, *teu* e *nós*.

a) Considerando-se o contexto do poema, quem é essa pessoa?
b) No primeiro verso, qual é a função sintática desempenhada pelo pronome *te*?
c) Qual é a transitividade do verbo *enterrar* nesse verso?
d) Levante hipóteses: Por que o sujeito do verbo *enterrar* não está explícito?

2. No trecho correspondente aos quatro últimos versos:

a) Qual é a transitividade das formas verbais *mostravam* e *dependem*?
b) Qual é o sujeito da forma verbal *mostravam*?
c) Que relação semântica é estabelecida no poema entre o sujeito da forma verbal *mostravam*, o eu lírico, o interlocutor do eu lírico e o restante do mundo?

3. A palavra *alegremente* é representativa da constatação feita pelo eu lírico do poema.

a) Como ela se classifica sintaticamente?
b) Que efeitos de sentido o emprego dessa palavra produz no poema?

CAPÍTULO 17

Predicativo do sujeito, predicativo do objeto e tipos de predicado

■ Construindo o conceito

Leia esta tira, de Caco Galhardo:

(*Folha de S.Paulo*, 25/11/2011.)

Este capítulo favorece o desenvolvimento das habilidades

EM13LGG101
EM13LGG102
EM13LGG103
EM13LGG104
EM13LGG202
EM13LGG302
EM13LGG401
EM13LGG402
EM13LP01
EM13LP02
EM13LP03
EM13LP06
EM13LP07
EM13LP08
EM13LP09
EM13LP10
EM13LP24
EM13LP36
EM13LP38
EM13LP45
EM13LP46

1. Lili sente muita raiva de seu ex-marido, Reginaldo. De acordo com o balão do 1º quadrinho:

   a) Que característica ela atribui ao estado como se sente?

   b) Que característica ela atribui às próprias energias?

   c) Qual é a função sintática do termo *minhas energias*?

2. Releia a fala da amiga de Lili no 2º quadrinho.

   a) Ela supõe que Lili esteja se sentindo bem por qual motivo?

   b) Identifique e classifique a forma verbal utilizada por ela em sua fala, bem como seu sujeito e seus objetos, caso haja.

3. Observe a forma verbal utilizada por Lili no 3º quadrinho.

   a) Identifique, pelo contexto, o sujeito dessa ação, bem como a transitividade dessa forma verbal.

   b) Da forma como está escrita, essa palavra não está de acordo com a norma-padrão. Consulte um dicionário e reescreva-a, adequando-a à norma.

   c) Troque ideias com os colegas e o professor e levante hipóteses: O que pode ter levado a essa escrita na tira?

■ Conceituando

Na tira, na oração "hoje [eu] estou ótima", observamos que ao sujeito, *eu* (elíptico), é atribuída uma característica, qualidade ou estado: *ótima*. A esse atributo do sujeito chamamos **predicativo do sujeito**. Já na oração "Sinto minhas energias renovadas", a característica de *renovadas* é atribuída ao objeto direto *minhas energias*. A esse atributo do objeto chamamos **predicativo do objeto**.

> **Predicativo do sujeito** é o termo que atribui características, qualidade ou estado ao sujeito.
> **Predicativo do objeto** é o termo que atribui características, qualidade ou estado ao objeto direto ou ao objeto indireto.

Capítulo 17 ▪ Predicativo do sujeito, predicativo do objeto e tipos de predicado   203

A ligação entre o sujeito e o predicativo é feita por um verbo — o **verbo de ligação**. Veja alguns exemplos:

> Sua presença *é* perturbadora.
> Não sei por que o diretor *está* tão aborrecido hoje.
> Com a chuva, as árvores *ficaram* mais viçosas e bonitas.
> O garoto *permaneceu* calado o tempo todo.
> Mesmo com nossos conselhos, ela *continua* nervosa.

Tanto o predicativo do sujeito quanto o predicativo do objeto podem vir acompanhados de preposição ou do conectivo *como*. Veja os exemplos:

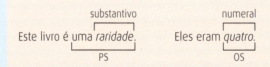

Morfossintaxe do predicativo

O predicativo do sujeito pode ser representado por substantivo ou expressão substantivada, por adjetivo ou locução adjetiva e por pronome e numeral. Observe:

>   substantivo   numeral
> Este livro é uma *raridade*.   Eles eram *quatro*.
>   PS   OS

O predicativo do objeto pode ser representado por substantivo e adjetivo ou locução adjetiva. Veja:

>   adj.   loc. adj.
> Ela o viu *triste*.   Ele a viu *em desespero*.
>   PO   PO

O verbo de ligação implícito

Nas conversas do dia a dia e na linguagem publicitária, é comum o verbo de ligação ficar implícito, subentendido. No enunciado principal do anúncio ao lado, por exemplo, a omissão do verbo de ligação *estar* torna o texto mais direto. Ele equivale a "Volkswagen está presente no projeto de recuperação de partituras da música erudita brasileira". A forma verbal *está* liga o sujeito ao seu predicativo.

(*Almanaque Brasil de Cultura Popular*, ano 1, n° 4.)

Exercícios

Leia, a seguir, trechos de duas notícias.

> A Universidade Eindhoven de Tecnologia (TUE) atraiu a atenção da comunidade internacional ao anunciar uma medida radical para diminuir a predominância de homens no corpo docente: por pelo menos seis meses, se comprometeu a só contratar mulheres. Até o ano passado, apenas 15% dos professores eram mulheres. [...] Dois terços dos funcionários aprovam as medidas. Robert-Jan Smiths, presidente do conselho universitário, considera a atitude necessária.
>
> (Disponível em: https://www.uol.com.br/universa/noticias/redacao/2020/06/15/universidade-holandesa-so-contrata-professoras-mulheres.htm. Acesso em: 21/4/2021.)

> Adrielly tem só 8 anos, mas mostrou a todos que é ciente dos problemas da cidade onde mora e deixou a mãe surpresa quando disse o que gostaria de ganhar em seu aniversário. Luciana Pacheco, 38 anos, disse que levou um susto quando a filha disse que não queria festa, mas 'quentinhas' para doar a moradores de rua.
>
> (Disponível em: https://www.1news.com.br/noticia/544324/noticias-menina-de-8-anos-troca-festa-de-aniversario-por-quentinhas-doadas-a-moradores-de-rua-18032019. Acesso em: 21/4/2021.)

1. Ambas as notícias relatam fatos que surpreenderam pessoas.

a) Quais são esses fatos?
b) Explique a relação desses fatos com o contexto social no qual eles ocorreram.

2. Leia as seguintes frases:

> O presidente do conselho universitário considera a atitude necessária.
> Adrielly deixou a mãe surpresa.

a) Qual é, nessas frases, a função sintática dos termos *atitude* e *mãe*?
b) Portanto, os termos *necessária* e *surpresa* são predicativos do sujeito ou predicativos do objeto?

3. Levando em consideração o conteúdo das notícias, complete as orações com um predicativo do sujeito.

a) A pequena menina é ◊.
b) A universidade seguia ◊ com sua ideia.
c) A medida anunciada mostrou-se ◊.
d) ◊, a mãe atendeu o pedido da filha.

4. Levando em consideração o conteúdo das notícias, complete as orações com um predicativo do objeto.

a) A comunidade internacional achou a ideia ◊.
b) A menina encontrou pessoas ◊ nas ruas.
c) Dois terços dos funcionários consideraram ◊ as medidas.
d) A atitude da criança pode tornar a população mais ◊.

Tipos de predicado

Você aprendeu que o **predicado** é o termo da oração que afirma alguma coisa sobre o sujeito e apresenta um verbo que normalmente concorda com o sujeito em número e pessoa. Observe o sujeito e o predicado destas frases dos textos que você leu anteriormente neste capítulo:

> |Dois terços dos funcionários| |aprovam as medidas.|
>   sujeito   predicado
>
> |Apenas 15% dos professores| |eram mulheres.|
>   sujeito   predicado
>
> |Adrielly| |deixou a mãe surpresa.|
> sujeito   predicado

O predicado pode ser constituído por diferentes estruturas. Veja:

I. Na oração "Dois terços dos funcionários aprovam as medidas", o verbo *aprovar* (*aprovam*), por ser um verbo significativo, é o *núcleo* do predicado, ou seja, é a palavra que corresponde à informação mais importante sobre o sujeito. Quando isso ocorre, temos o **predicado verbal**:

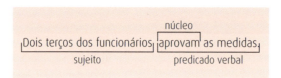

II. Na oração "Apenas 15% dos professores eram mulheres", o verbo *ser* (*eram*) não contém em si informações sobre o sujeito; é um verbo de ligação, cujo papel é apenas ligar o sujeito (*Apenas 15% dos professores*) ao seu predicativo (*mulheres*). Assim, o termo que, de fato, acrescenta informações sobre o sujeito é o predicativo do sujeito. Nesse caso, como o núcleo do predicado é o predicativo do sujeito, temos o **predicado nominal**:

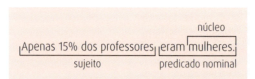

III. Na oração "Adrielly deixou a mãe surpresa", o predicado contém dois núcleos: um verbo significativo (*deixou*) e um nome (*surpresa*, o predicativo do objeto). Nesse caso, o verbo dá informações sobre o sujeito — a ação realizada por ele —, e o nome atribui uma característica ao objeto direto, *a mãe*. Quando o predicado apresenta dois núcleos, temos o **predicado verbo-nominal**:

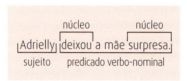

Também é predicado verbo-nominal aquele que, além de um verbo significativo, apresenta predicativo do sujeito. Veja um exemplo:

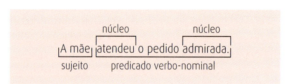

Para facilitar a identificação de um predicado verbo-nominal, podemos desmembrá-lo em dois predicados: um verbal e um nominal. Assim, o predicado da oração "A mãe atendeu o pedido admirada" pode ser desmembrado em:

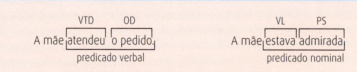

Concluindo:

Predicado verbal é aquele que apresenta como núcleo um verbo significativo (VI, VTD, VTI ou VTDI).
Predicado nominal é aquele que apresenta como núcleo um predicativo do sujeito, que se liga ao sujeito por meio de um verbo de ligação.
Predicado verbo-nominal é aquele que apresenta dois núcleos: um verbo significativo e um predicativo (do sujeito ou do objeto).

Em resumo, as estruturas básicas dos predicados são as seguintes:

I. Predicado verbal:

VI
VT + OD/OI

II. Predicado nominal:

VL + PS

III. Predicado verbo-nominal:

VI + PS
VT + OD/OI + PS/PO

Exercícios

Leia, a seguir, um trecho de uma crônica de Antonio Prata.

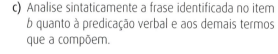

[...] passei os últimos sete dias calçando um Nike Air de corrida, cinza e amarelo, tão aprazível às juntas quão desagradável à visão — pelo menos, à visão da minha mulher.

Ela está preocupada: não só com a feiura desses tênis, de cores berrantes e cheios de faixas refletoras [...], mas com o que virá depois. Mole-tom? Roupão aos domingos? Bigode? Pijama na padaria? Rider, Deus do céu?! [...]

Estou vivendo dias contraditórios. Me sinto feliz e culpado como um fumante que retoma o cigarro após anos de abstinência. Me sinto reconfortado e aflito, como o divorciado que, fraquejando, volta ao casamento problemático. Estarei eu me libertando dos grilhões da moda ou me atolando na areia movediça da preguiça? Seria esse um movimento de independência ou apenas mais um passo em direção ao Homer Simpson que aguarda a todos os maridos depois de alguns anos de casado? [...]

("Na maciota". *In: Trinta e poucos*. São Paulo: Companhia das Letras, 2016. p. 104.)

1. No texto, o narrador aborda um impasse que está vivendo.

a) Que objeto foi responsável por dar início a esse impasse?

b) Segundo o narrador, qual é a opinião da mulher dele sobre esse objeto? Identifique, no texto, a frase que resume a forma como ela está lidando com a situação.

c) Analise sintaticamente a frase identificada no item *b* quanto à predicação verbal e aos demais termos que a compõem.

2. No 3º parágrafo, o narrador descreve seus sentimentos. Releia algumas das frases utilizadas por ele nessa descrição:

> "**Estou vivendo** dias contraditórios."
> "Me **sinto** feliz e culpado [...]"
> "**Seria** esse um movimento de independência [...]?"

a) Qual é a predicação das formas verbais em destaque? Se houver objeto(s), identifique-o(s) e classifique-o(s).

b) Em que oração (orações) há predicativo do sujeito? Identifique-o(s).

c) Em que oração (orações) há predicativo do objeto? Identifique-o(s).

d) Com base em suas respostas aos itens anteriores, classifique os predicados das orações.

3. Agora releia este trecho:

> "Me sinto reconfortado e aflito, como o divorciado que, fraquejando, volta ao casamento problemático."

a) Explique a comparação feita pelo narrador no contexto da crônica.

b) Na frase "O divorciado volta ao casamento problemático", qual é a predicação da forma verbal empregada? Identifique e classifique seu complemento.

c) Reescreva a frase que você analisou no item *b*, substituindo o verbo empregado pelos seguintes verbos:

- considerar
- abandonar

d) Identifique e classifique os complementos das formas verbais utilizadas por você nas reescritas que produziu no item *c*.

Capítulo 17 • Predicativo do sujeito, predicativo do objeto e tipos de predicado   207

Leia a tira a seguir, de Fernando Gonsales, e responda às questões 4 a 6.

(*Folha de S.Paulo*, 20/5/2011.)

4. Em relação ao 1º quadrinho:
   a) Qual é a predicação do verbo *achar*?
   b) Qual é a função do termo *as centopeias*?
   c) E a função do termo *sexies*?
   d) Como se classifica, portanto, o predicado da oração?

5. Em relação ao último quadrinho:
   a) Qual é a predicação do verbo *cruzar*?
   b) E a função do termo *as pernas*?
   c) Como se classifica o predicado da oração?

6. O humor da tira revela-se no último quadrinho. Como ele é construído?

7. Nos textos a seguir, classifique o predicado das orações destacadas e indique seus núcleos:

a)
> *Parou, hesitante, em frente à banca de jornais.* Examinou as capas de revistas uma por uma. *Tirou do bolso o recorte*, consultou-o.
>
> (Carlos Drummond de Andrade)

b)
> *Agora a vela estava apagada.* Era tarde. *A porta gemia.* O luar entrava pela janela. O nordeste espalhava folhas secas no chão.
>
> (Graciliano Ramos)

O predicado na construção do texto

Leia a seguir a letra de uma canção de Gilberto Gil e responda às questões propostas.

A raça humana

A raça humana é
Uma semana
Do trabalho de Deus

A raça humana é a ferida acesa
Uma beleza, uma podridão
O fogo eterno e a morte
A morte e a ressurreição

A raça humana é
Uma semana
Do trabalho de Deus

A raça humana é o cristal de lágrima
Da lavra da solidão
Da mina, cujo mapa
Traz na palma da mão

A raça humana é
Uma semana
Do trabalho de Deus

A raça humana risca, rabisca, pinta
A tinta, a lápis, carvão ou giz
O rosto da saudade
Que traz do Gênesis
Dessa semana santa
Entre parênteses
Desse divino oásis
Da grande apoteose
Da perfeição divina
Na Grande Síntese

A raça humana é
Uma semana
Do trabalho de Deus

(*Todas as letras*. São Paulo: Companhia das Letras, 1996. p. 261. © Gege Edições Musicais — Brasil e América do Sul/Preta Music — Resto do mundo.)

O modelo vermelho (1934), de René Magritte.

1. A letra da canção se propõe a refletir sobre um dos temas mais inquietantes de toda a história da humanidade: a raça humana e suas origens.

    a) Que palavras ou expressões do texto comprovam a busca das origens?

    b) A abordagem do tema é, portanto, científica ou mítica?

2. Observando a estrutura sintática das estrofes, notamos que quase todas elas são semelhantes. Veja a 1.ª estrofe, que também é o refrão:

> "A raça humana é / Uma semana / Do trabalho de Deus"

    a) Identifique a função sintática dos termos *a raça humana* e *uma semana do trabalho de Deus*.

    b) Classifique o predicado dessa oração.

    c) Que outras estrofes apresentam uma estrutura sintática semelhante?

    d) Qual é a única estrofe que apresenta uma estrutura sintática completamente diferente?

3. Ao conceituar a raça humana, o eu lírico faz uso de uma linguagem figurada, metafórica, como neste verso: "A raça humana é a ferida acesa".

    a) Qual é a função sintática do termo *a ferida acesa*?

    b) Que outras metáforas são empregadas na 2.ª estrofe com a mesma função sintática?

    c) Sobre a metáfora *ferida acesa*, Gil comenta: "Eu adorava essa expressão do Caetano Veloso, 'ferida acesa' [da canção 'Luz do Sol': 'Marcha o homem sobre o chão / Leva no coração uma ferida acesa'], e resolvi transpô-la, traduzi-la para o contexto de 'A raça humana', 'Ferida acesa': como se o pus fosse luz...". Explique as associações que Gil faz entre *ferida acesa*, *pus* e *luz*.

4. Observe este trecho da canção: "A raça humana risca, rabisca, pinta / A tinta, a lápis, carvão ou giz / O rosto da saudade".

    a) Qual é a predicação dos verbos *riscar*, *rabiscar* e *pintar*?

    b) Logo, que tipo de predicado essas orações possuem?

5. Como conclusão de estudo, compare estes dois trechos quanto ao sentido e ao tipo de predicado:

> I. "A raça humana é / Uma semana / Do trabalho de Deus"
> II. "A raça humana risca, rabisca, pinta / A tinta, a lápis, carvão ou giz / O rosto da saudade/ Que traz do Gênesis"

Em seguida, indique os itens que traduzem afirmações apropriadas sobre o texto:

    a) São empregadas duas estruturas sintáticas distintas, com diferentes finalidades: o predicado nominal é empregado quando se quer conceituar a raça humana: "A raça humana é [...]"; o predicado verbal, com verbos transitivos, quando se quer dizer o que a raça humana *faz*.

    b) Os verbos de ligação facilitam a construção das metáforas, que desempenham a função sintática de predicativo do sujeito, o núcleo do predicado verbal.

    c) Tanto nas estrofes em que predomina o predicado nominal (o que o homem é) quanto naquela em que predomina o predicado verbal (o que o homem faz), tudo lembra o Gênesis, o que comprova a abordagem mítica do tema.

    d) A "Grande Síntese" a que faz referência o texto é a raça humana.

    e) A "semana santa" a que faz referência o texto é a semana da criação do mundo.

Para que servem os predicativos?

O predicativo do sujeito serve para atribuir características ou uma informação nova ao sujeito. Serve também para indicar seu estado físico ou emocional, em determinada circunstância.

Já o predicativo do objeto serve para indicar atributos circunstanciais ou transitórios dos objetos. Por exemplo: "Encontrei meu irmão *abatido*"; "Gosto de você *bem-arrumada*".

Semântica e discurso

Leia o anúncio ao lado e responda às questões 1 e 2.

1. O anúncio foi produzido pelo governo do Estado da Bahia.
   a) A quem ele se destina?
   b) Qual é o objetivo do anúncio?

2. No enunciado:

   "Na Bahia, depois do Carnaval, a festa continua."

   a) Qual é o sentido do verbo *continuar*?
   b) E a predicação?

3. Você aprendeu que a predicação de um verbo somente pode ser determinada no contexto da frase em que ele é empregado. Nos enunciados a seguir, qual é o sentido e a predicação do verbo *continuar*?
   a) Mesmo cansada, ela continuava o seu serviço.
   b) Minha dor de cabeça continuou até a noite.
   c) Aquela cidade continua linda.

(*Folha de S.Paulo*, 28/2/2010.)

4. O verbo *ficar* também pode apresentar diferentes sentidos, dependendo do contexto. Observe estes quadrinhos:

I.

(Adão Iturrusgarai. *Aline 5: numas de colegial*. Porto Alegre: L&PM, 2011. p. 111.)

II.

(Idem, p. 64.)

III.

(Fernando Gonsales. *Níquel Náusea: a vaca foi pro brejo atrás do carro na frente dos bois*. São Paulo: Devir, 2010. p. 7.)

IV.

(Fernando Gonsales. *Níquel Náusea: minha mulher é uma galinha*. São Paulo: Devir, 2008. p. 18.)

a) Qual é o sentido do verbo *ficar* em cada quadrinho?
b) Em qual dos quadrinhos o verbo *ficar* é transitivo indireto?
c) Em qual deles o verbo é de ligação, seguido de um predicativo do sujeito?

CAPÍTULO

18 Tipos de sujeito

■ Construindo o conceito

Leia a seguir o trecho de um texto de Tati Bernardi.

> Encontrei ontem, fazendo uma limpa no computador, um arquivo com o título: "Coisas ridículas para roteiros". [...]
>
> Um dia, na rua da escola, um motoqueiro se acidentou e ficamos todos impressionados com aquele jovem estendido no chão, esperando a ambulância. Parecia descaso. Foi quando o professor Claudio, de biologia, abdicou da lição sobre mitocôndrias para nos explicar a importância de jamais mexer no corpo de um acidentado.
>
> Pois bem, no fim de semana seguinte, eu caí da bicicleta e fiquei totalmente imóvel, dura, sem abrir os olhos nem responder à minha mãe que gritava: "Pelo amor de Deus, fala comigo!". Chamaram uma ambulância, e eu só tinha ralado o joelho. [...]
>
> "Doce avariado" era sobre um paquera de internet que pegou mais de 14 horas de ônibus vindo do interior do Espírito Santo para me pedir em namoro e me trazer um doce caseiro feito pela avó.
>
> Quando me viu, disse que me achou diferente da foto e que agora não sabia o que fazer com a compota da vovó, que estragaria em 12 horas. [...] Preferiu jogar a iguaria fora a ter que me dar.
>
> (Disponível em: www1.folha.uol.com.br/colunas/tatibernardi/2019/08/coisas-ridiculas-para-roteiros.shtml. Acesso em: 24/4/2020.)

Este capítulo favorece o desenvolvimento das habilidades

EM13LGG202
EM13LGG302
EM13LGG601
EM13LGG602
EM13LGG604
EM13LP01
EM13LP03
EM13LP06
EM13LP46
EM13LP48
EM13LP49
EM13LP52

1. No trecho lido, a autora, que também é roteirista, conta duas situações que, em sua opinião, poderiam ser utilizadas em roteiros.

a) Quais são essas situações?

b) Identifique no trecho termos e expressões que comprovam que a autora é também personagem das histórias narradas.

c) Há outros personagens nas histórias contadas por ela. Quem são eles?

2. Releia a seguinte parte do texto:

> "ficamos todos impressionados com aquele jovem estendido no chão"

a) Em qual pessoa está conjugada a forma verbal dessa frase?

b) A autora do texto se insere como agente dessa forma verbal?

c) Embora isso não esteja explicitado no texto, é possível inferir a quem ela se refere no contexto. Identifique esse referente.

Capítulo 18 ▪ Tipos de sujeito   211

3. Observe as frases a seguir:

- Havia crianças no local do acidente.
- Não se mexe no corpo de um acidentado.
- "Chamaram uma ambulância".
- Choveu durante toda a viagem.
- Faz mais de vinte anos que isso aconteceu.

Troque ideias com os colegas e o professor e, com base nos conceitos de sujeito e predicado já estudados por você no capítulo 15 deste livro, deduza: Em quais dessas frases o sujeito é indeterminado e em quais delas não há sujeito?

■ Conceituando

Conforme você observou ao responder às questões da seção anterior, as orações podem ter ou não um sujeito e este pode ser simples, composto, desinencial ou indeterminado.

Sujeito simples, composto e desinencial

- O sujeito pode ter um ou mais núcleos:

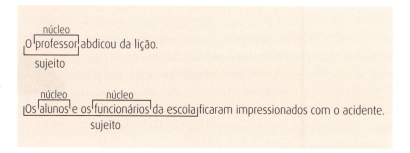

- Quando apresenta um só núcleo, o sujeito é chamado de **sujeito simples**; quando apresenta dois ou mais núcleos, é chamado de **sujeito composto**.
- O sujeito pode não aparecer na oração, mas ser facilmente identificado pela desinência (terminação) do verbo:

> (Eu) encontrei um arquivo ontem.
> Quando (ele) me viu, (ele) disse que me achou diferente da foto.

- Quando está implícito na desinência do verbo, o sujeito é classificado como **sujeito desinencial**.

Morfossintaxe do sujeito

O núcleo de um sujeito pode ser representado por substantivo, pronome pessoal do caso reto, pronome demonstrativo, relativo, interrogativo ou indefinido, numeral, palavra ou expressão substantivada. Observe alguns exemplos:

> Todas as tardes, *eu* e *ele* passeávamos juntos.
> Apresento-lhe o rapaz *que* lhe trouxe a encomenda.
> *Viver* é perigoso.

Exercícios

Leia o texto a seguir, de Djamila Ribeiro:

> Simplesmente não teria chegado aonde cheguei se não fosse por Sueli Carneiro, que completou 70 anos no dia 24 de junho.
>
> Minha vida se mistura em episódios marcantes para minha caminhada guiada pela liderança dessa grande mulher. Quando ela não me conhecia, era só uma jovem de 18 anos e comecei a trabalhar na Casa de Cultura da Mulher Negra de Santos, organização à época liderada pela grande Alzira Rufino. [...]
>
> Nessa organização tive contato pela primeira vez com a literatura da mulher negra. [...]
>
> "Enegrecendo o Feminismo", "Mulher Negra", "O Poder Feminino no Culto aos Orixás" e tantos outros textos dela foram decisivos em minha trajetória. Seguindo sua trilha, caminhei. Fui ser mãe, guerreei e festejei as vitórias até reencontrá-la, já nos meus 30 anos. [...]
>
> [...] Em dado momento, antes de um evento, estava com Sueli e mais uma dezena de pessoas num camarim.
>
> Distraída em minha vaidade, fui pega de surpresa quando Sueli comandou que todos que lá estavam, menos eu, deixassem o recinto, ao que foi obedecida imediatamente. Sueli olhou em meus olhos e disse "você vai sair dessa confusão de internet, vai cuidar da sua vida, vai terminar o mestrado e vai construir".
>
> A dura salvou minha vida e não tenho nem como agradecer. [...]
>
> (Disponível em: https://www1.folha.uol.com.br/colunas/djamila-ribeiro/2020/06/elza-soares-e-sueli-carneiro-nunca-deixaram-de-sorrir-em-meio-a-suas-batalhas.shtml. Acesso em: 21/4/2021.)

1. O texto lido relata alguns fatos da vida de uma pessoa. A narradora é também personagem dos fatos narrados? Justifique sua resposta, considerando as formas verbais predominantes no texto.

2. Há um trecho do texto no qual a narradora reproduz uma fala.

a) Identifique-o.

b) Qual recurso linguístico é utilizado pela narradora para marcar esse trecho? Troque ideias com os colegas e o professor: Que efeito de sentido essa escolha constrói no texto?

c) Observe as orações empregadas nesse trecho. Como se classificam os sujeitos delas?

3. Releia o 4º parágrafo.

a) Qual oração desse parágrafo contém sujeito composto? Identifique-o.

b) Reescreva-a, substituindo esse sujeito composto por um sujeito simples correspondente, de forma que o conteúdo do texto não seja adulterado.

c) Troque ideias com os colegas e o professor: Que diferença de sentido existe entre a versão original, com o sujeito composto, e a versão com sujeito simples escrita por você no item *b*?

Sujeito indeterminado

Releia esta frase do texto que inicia o capítulo:

> "Chamaram uma ambulância"

Observe que, no texto, a autora não quer determinar o sujeito que praticou a ação de chamar a ambulância.

Nesse caso, o sujeito do verbo *chamar* é **indeterminado**.

A indeterminação do sujeito se dá por meio de dois procedimentos:

- colocando-se o verbo (ou o auxiliar, se houver locução verbal) na 3ª pessoa do plural, sem referência a seres determinados:

> *Rasgaram* meu livro de Matemática.
> *Telefonaram* para você.

- empregando-se a partícula *se* com a 3ª pessoa do singular dos verbos:
  — intransitivos: *Vive-se* bem aqui.
  — transitivos indiretos: *Precisa-se* de motorista com prática.
  — de ligação: *Era-se* jovem naquela época.

O pronome *se*, nesse caso, recebe o nome de **índice de indeterminação do sujeito**.

Exercícios

Leia a tira a seguir e responda às questões 1 a 3.

(Fernando Gonsales. *Níquel Náusea — A vaca foi pro brejo atrás do carro na frente dos bois*. São Paulo: Devir, 2010. p. 38.)

1. No 1º quadrinho, uma das falas da personagem consiste em uma oração com sujeito indeterminado.

   a) Qual é essa oração?
   b) Em que pessoa está o verbo dessa oração?
   c) Levante hipóteses: Caso a personagem quisesse determinar um sujeito, como ficaria a frase?

2. Que outros tipos de sujeito há na tira?

3. O humor das tiras geralmente resulta de uma quebra de expectativa. Esse procedimento ocorre nessa tira? Por quê?

4. Indetermine o sujeito das orações a seguir, empregando o verbo na 3ª pessoa do singular + o pronome *se*. Veja o exemplo:

> Estudo melhor depois de uma noite bem-dormida.   Estuda-se melhor depois de uma noite bem-dormida.

a) Os cidadãos precisam de serviço público de qualidade.
b) A família acreditava na recuperação dos bens roubados.
c) As garotas só falam sobre o acontecido.
d) Os manifestantes reclamam contra a falta de segurança nas estradas.
e) O governador decidiu pela implantação de uma escola na região sul do Estado.

Oração sem sujeito

Leia estes textos de Mário Quintana:

Mistérios noturnos
No silêncio das noites soluçam as almas pelas torneiras das pias...

Nota noturna
O silêncio é um espião.

Imagem
Haverá ainda, no mundo, coisas tão simples e tão puras como a água bebida na concha das mãos?

(*Poesia completa*. Rio de Janeiro: Nova Aguilar, 2006. p. 979.)

1. Em relação ao texto "Mistérios noturnos", responda:
   a) Que associação o poeta faz entre o soluçar das almas e as torneiras das pias?
   b) Qual é o sujeito da oração que constitui o texto?

2. Em "Nota noturna":
   a) Que sentido(s) a palavra *nota* apresenta?
   b) Qual é o sujeito da oração que constitui o texto?

3. Observe o enunciado que constitui o texto "Imagem".
   a) Quantas orações há nele?
   b) O termo *coisas tão simples e tão puras* é sujeito ou objeto direto (do verbo *haver*)?

Capítulo 18 • Tipos de sujeito   215

Observe que, entre os três enunciados que constituem os textos de Mário Quintana lidos, um apresenta verbo impessoal, isto é, que não tem sujeito nem sofre flexão de pessoa. Trata-se do verbo *haver*, que, no contexto, tem o sentido de "existir". Temos, nesse caso, uma **oração sem sujeito**.

> **Oração sem sujeito** é aquela em que a declaração expressa pelo predicado não é atribuída a nenhum ser.

Verbos impessoais

Os verbos impessoais apresentam-se sempre na 3ª pessoa do singular. Eis os principais:

- os que indicam fenômenos da natureza: *chover, nevar, gear, ventar, trovejar, relampejar, anoitecer, fazer* (frio, calor), *entardecer*, etc.:

> *Escureceu* cedo hoje.

- o verbo *haver* com o sentido de "existir":

> *Havia* pessoas descontentes na fila do banco. (*Havia* = Existiam)

- os verbos *fazer, haver* e *ir* quando indicam tempo decorrido:

> *Fazia* semanas que ele viajara.
> *Há* dias que não assisto à televisão.
> *Vai* para dois meses que não recebo carta de meu irmão.

- o verbo *ser*, na indicação de tempo em geral:

> *Era* noite fechada quando chegamos à cidadezinha.

Exercícios

Leia a tira abaixo, de Lucas Lima, para responder às questões 1 a 3.

(*Tribuna Impressa*, 3/6/2008.)

216 Unidade 4 ▪ Sintaxe

1. Nas interações verbais, sempre está em evidência o papel social de cada um dos interlocutores.

    a) Ao lermos apenas o 1º quadrinho, que papel social a mulher parece ocupar?

    b) No 2º quadrinho, percebemos o papel social da mulher e a intencionalidade de sua fala inicial. Qual é essa intencionalidade?

2. No 2º quadrinho, a personagem diz "Existem outras coisas na vida!".

    a) Qual é o sujeito dessa oração?
    b) Como ficaria essa frase, se substituíssemos a forma verbal *existem* pela forma correspondente do verbo *haver*?
    c) Nesse caso, o sujeito continuaria sendo simples? Justifique sua resposta.

3. Classifique o sujeito da frase dita pelo sorveteiro.

4. As orações a seguir não apresentam sujeito; no predicado, há uma locução verbal constituída de verbo auxiliar (*poder* ou *dever*) + verbo principal (*haver* ou *fazer*). Reescreva-as, transformando a locução verbal em um único verbo e mantendo a impessoalidade. Veja um exemplo:

    > Deve haver pregos e parafusos nessa gaveta.
    > Há pregos e parafusos nessa gaveta.

    a) Ande logo, pode haver idosos e gestantes na fila.
    b) Deve fazer uns quatro anos que não tiro férias.
    c) Pode haver outras formas de contribuir nesta campanha contra a fome.
    d) Que pena você ter se atrasado! Deve fazer dez minutos que eles saíram.

Vozes do verbo

Entre os tipos de sujeito, destacam-se ainda os sujeitos **agente** e **paciente**, identificáveis pela voz do verbo. Leia, a seguir, um trecho de uma matéria jornalística sobre sustentabilidade.

A casa circular é um edifício baseado no design Cradle to Cradle (C2C em inglês, que quer dizer "do berço ao berço"). Os recursos seguem uma lógica circular de criação e reutilização, em que cada passagem de ciclo se torna um novo "berço" para determinado material. [...]

O protótipo é um ateliê de 30 m² montado em Pinheiros, zona oeste de São Paulo. [...]

O cômodo, feito em madeira, todo parafusado, pode ser desmontado e montado em outro local, pois utiliza componentes modulares e pré-fabricados. [...]

A água que abastece o ateliê é captada pela chuva. Os efluentes são tratados por um sistema chamado de círculo de bananeira. A própria planta filtra novamente a água, que pode retornar de forma segura ao sistema. A fundação da casa foi feita com pneus usados e brita.

O protótipo da casa circular foi criado pelas arquitetas Léa Gejer e Katia Sartorelli Veríssimo. [...]

Para uma casa circular, o morador vai gastar entre 15% e 30% a mais de acordo com as tecnologias utilizadas. Por outro lado, os arquitetos argumentam que os materiais se pagam no decorrer dos anos. [...]

(Disponível em: https://sustentabilidade.estadao.com.br/noticias/geral,a-casa-sustentavel,70003415945. Acesso em: 21/4/2021.)

Compare, quanto ao sujeito, as seguintes orações:

- "Os efluentes são tratados por um sistema chamado de círculo de bananeira."
- "A própria planta filtra novamente a água."
- "A fundação da casa foi feita com pneus usados e brita."
- "O protótipo da casa circular foi criado pelas arquitetas Léa Gejer e Katia Sartorelli Veríssimo."

Observe que, na 2ª frase, o sujeito *A própria planta* exerce a ação expressa pela forma verbal *filtra*. O sujeito é, portanto, *agente*. Quando o sujeito da oração é agente, a voz do verbo é **ativa**.

Agora observe os sujeitos das demais frases. Em todos os casos, as ações de *tratar*, *fazer* e *criar* não são exercidas pelos sujeitos *Os efluentes*, *A fundação da casa* e *O protótipo da casa circular*. Quem realiza as ações da 1ª e da 4ª oração são, respectivamente, *um sistema chamado de círculo de bananeira* e as *arquitetas Léa Gejer e Katia Sartorelli Veríssimo*. Já na 3ª oração, não está explicitado quem exerceu a ação de fazer a fundação da casa. Em todos esses casos, os sujeitos da oração sofrem as ações expressas pelas formas verbais *são tratados*, *foi feita*, *foi criado*. São, portanto, pacientes. Quando o sujeito da ação é paciente, a voz do verbo é **passiva**.

Para que servem as vozes verbais

As vozes estão relacionadas à intencionalidade discursiva. Se desejamos enfatizar o sujeito da ação, empregamos a voz ativa; se desejamos ressaltar a ideia de passividade, empregamos a voz passiva. Veja um exemplo:

Governo eleva preços dos combustíveis.
Preços dos combustíveis são elevados pelo governo.

Agora releia a oração que encerra o trecho:

"os materiais se pagam no decorrer dos anos."

Nesse caso, o sujeito *os materiais* é ao mesmo tempo agente e paciente da ação expressa pela forma verbal *se pagam*. A voz do verbo, nesse caso, é **reflexiva**.

Voz é a forma como se apresenta a ação expressa pelo verbo em relação ao sujeito. Essa relação pode ser de atividade, de passividade ou de atividade e passividade ao mesmo tempo.

Critério semântico × critério sintático

Ao estudar os conceitos de sujeito e predicado, no capítulo 15 deste volume, você viu que uma definição pode levar em conta critérios semânticos, isto é, que tomam por base o sentido das palavras, ou critérios sintáticos, que consideram a estrutura das frases. Definir as vozes verbais com base em agência e passividade do sujeito é tomar por base critérios semânticos, os quais nem sempre são suficientes para se chegar a uma conclusão sobre algumas estruturas sintáticas. Observe, por exemplo, estas frases:

Joana levou uma bronca da mãe.
A carne queimou com o fogo alto.
O protótipo é um ateliê de 30 m².

Todas elas estão na voz ativa, mas não se pode afirmar que os sujeitos *Joana* e *A carne* exercem as ações expressas pelas formas verbais, porque os sentidos das formas verbais supõem certa passividade por parte de seus sujeitos. Da mesma forma, na 3ª frase, o verbo *ser* não indica propriamente uma ação, daí também o critério semântico causar dúvida. Em casos como esses, é importante considerar como se dá a formação sintática das vozes verbais.

Voz ativa

Ocorre quando a ação expressa pelo verbo é praticada pelo sujeito:

> "Os recursos seguem uma lógica circular de criação e reutilização"
> "o morador vai gastar entre 15% e 30% a mais"

Frases com predicado nominal, compostas de verbos de ligação, os quais não indicam propriamente uma ação expressa pelo sujeito, são sempre construídas na voz ativa:

> "A casa circular é um edifício baseado no design Cradle to Cradle"
> "cada passagem de ciclo se torna um novo 'berço' para determinado material."

Voz passiva

Ocorre quando a ação expressa pelo verbo é recebida pelo sujeito:

> "Os efluentes são tratados por um sistema chamado de círculo de bananeira."
> "A fundação da casa foi feita com pneus usados e brita."
> "O protótipo da casa circular foi criado pelas arquitetas Léa Gejer e Katia Sartorelli Veríssimo."

Na 1ª e na 3ª oração, os termos por *um sistema chamado de círculo de bananeira* e *pelas arquitetas Léa Gejer e Katia Sartorelli Veríssimo*, que indicam quem exerce a ação verbal (aquele que age), são denominados **agente da passiva**.

> **Agente da passiva** é o termo da oração que, na voz passiva, designa o ser que pratica a ação recebida pelo sujeito.

Esse termo é sempre introduzido pelas preposições *por* (ou *per*) e *de*.
A **voz passiva** pode ser:

- **analítica**: formada pelos verbos *ser* ou *estar* + particípio do verbo principal + agente da passiva:

> |Os edifícios arrojados| |foram construídos| |por uma empresa multinacional.|
> sujeito paciente   verbo auxiliar + particípio   agente da passiva

- **sintética**: formada por verbo transitivo direto na 3ª pessoa + *se* (pronome apassivador ou partícula apassivadora) + sujeito paciente:

> |Construíram-se| |edifícios arrojados.|
> verbo + partícula   sujeito paciente
> apassivadora

Se apassivador?

Alguns linguistas renomados da atualidade, como Ataliba de Castilho, Sírio Possenti e Marcos Bagno, contrapõem-se à visão da gramática normativa, segundo a qual a oração "Construiu-se uma casa circular" está na voz passiva. Para eles, a oração estaria na voz ativa e o pronome *se* teria o papel de indeterminar o sujeito. Desse ponto de vista, **casa circular** seria objeto direto, e não sujeito; logo, não haveria necessidade de o verbo concordar com esse termo em construções como "Construíram-se casas", conforme defende a gramática normativa.

Trata-se de uma análise consistente dos usos da língua; entretanto, em situações de produção de textos extremamente formais, ou de exames que exijam o uso da norma-padrão, convém adotar a construção proveniente da gramática normativa.

TRANSFORMAÇÕES NA MUDANÇA DA VOZ ATIVA PARA A VOZ PASSIVA	
Voz ativa	O sapateiro / conserta / sapatos femininos. sujeito V T D OD agente
Voz passiva analítica	Sapatos femininos / são consertados / pelo sapateiro. sujeito paciente agente da passiva
Voz passiva sintética	Consertam-se / sapatos femininos. pronome apassivador sujeito paciente

Você deve ter observado que:
- o objeto direto da voz ativa passa a sujeito da voz passiva analítica;
- o tempo do verbo principal (no caso, *conserta*, presente do indicativo) é transferido para o verbo auxiliar *ser* (*são*), ao passo que o principal vai para o particípio (*consertados*);
- o verbo no particípio concorda com o sujeito em gênero e número;
- a preposição *por* (ou *per*) se junta ao sujeito da voz ativa para formar o *agente da passiva*;
- o sujeito é paciente tanto na voz passiva analítica quanto na passiva sintética;
- o verbo, na voz passiva, concorda com o sujeito paciente;
- na voz passiva sintética nunca há agente da passiva;
- para admitir flexão de voz, é necessário que o verbo seja transitivo direto ou transitivo indireto, uma vez que o objeto direto da voz ativa transforma-se em sujeito da voz passiva.

Voz passiva analítica ou sintética: qual empregar?

Você pode empregar tanto uma quanto outra. Entretanto, convém observar qual das formas é mais adequada à situação.

A voz passiva sintética geralmente é empregada em situações em que se exige maior formalidade no discurso. Além disso, ela exige atenção redobrada na concordância verbal e na colocação pronominal.

Já a passiva analítica se aproxima mais da linguagem escrita coloquial e da linguagem oral; por isso pode ser a forma mais adequada quando se busca uma comunicação direta e espontânea com o interlocutor, como nos anúncios classificados, por exemplo. Compare estas duas frases e note a diferença:

> A gente / Nós ainda não conhece / conhecemos os novos proprietários do imóvel.
>
> Ainda não se conhecem os novos proprietários do imóvel.

Voz reflexiva

Ocorre quando a ação expressa pelo verbo é simultaneamente praticada e recebida pelo sujeito. É formada com verbos como *vestir-se*, *ferir-se*, *enfeitar-se*, etc.

> Mãe e filha / se abraçam.
> sujeito agente voz reflexiva
> e paciente

Exprime-se a voz reflexiva juntando-se às formas da voz ativa os pronomes oblíquos (*me*, *te*, *se*, *nos*, *vos*) da mesma pessoa do sujeito: eu *me* penteio, tu *te* vestes, ele *se* machuca, nós *nos* ferimos, vós *vos* olhais, eles *se* veem.

Exercícios

1. Leia esta tira, de Laerte:

(*Folha de S.Paulo*, 17/4/2004.)

a) Identifique o sujeito das orações que aparecem no 1º, 2º, 4º, 6.º, 7.º e último quadrinhos da tira.

b) Identifique a voz dos verbos dessas orações.

c) Reescreva as orações, colocando os verbos na voz passiva analítica e fazendo as adaptações necessárias.

d) Em que consiste o humor da tira?

2. Reescreva as orações a seguir, passando as que estão na voz passiva analítica para a passiva sintética, e as que estão na voz passiva sintética para a ativa e a passiva analítica.

a) Permite-se a venda de ingressos até 30 minutos antes do início do espetáculo.

b) Contestava-se a falta de transporte público na cidade.

c) Os envolvidos no caso de corrupção foram condenados pela Justiça.

3. Identifique quais das frases seguintes apresentam verbo transitivo direto e passe-as para a voz passiva analítica, destacando o agente da passiva.

a) Não se esqueça de estudar para a prova.

b) Uma junta médica acompanhará o estado de saúde do presidente.

c) O morador acatou a decisão da associação.

d) Um grupo de empresas especializadas traçará o plano

O sujeito na construção do texto

Leia esta crônica, de Mario Prata:

Separei e mudei

A coleção do Eça é minha. Você me deu.
Lembrei-me do *Neruda, que você nunca leu.*
Separação é assim mesmo. **A gente** divide o passado, relembra os presentes e acha que o futuro vai ser uma festa.
Deve ter sido a tal crise dos cinco anos. Já que a outra parte não saía, tomei eu a iniciativa. Mudei. Comprei o apartamento da frente, atravessei o corredor sem entrar no elevador da vida, arrastando minhas toalhas, meus cobertores, meus projetos, minhas cuecas.

Nos anos 60 o sonho de todo jovem era se mandar. Woodstock era ali mesmo, bem mais perto que Trancoso. **A gente** queria distância dos pais. Para ficar sozinho e fazer coisas que perto deles não podia. Hoje **a gente** deixa tudo. [...]

Mas a sabedoria da separação está em cometê-la antes que a situação se deteriore de vez. A gente sabe quando está na hora certa. Sabe quando você vai com ele no restaurante e parece que não tem mais nada para conversar? Sabe quando um fica no quarto e o outro na sala? Sabe quando aquele chinelo esquecido na sala é motivo pra cara feia? Sabe como é?

Entro em obras. Além das do Eça, no apartamento novo. Ele pouco vai olhar as evoluções. Faz cara feia para o piso. Pergunta que cor é aquela, meu Deus. Sente que o pai está saindo de casa. Um dia isso tinha de acontecer. Os pais crescem e um dia têm que ir embora. Tentar a vida sozinhos. Dizem que é assim desde que o mundo é mundo.

— O quê? A coleção completa do Caetano? Não vem, não. A mamãe que me deu.

Até que ele foi compreensivo. Ajudou-me a carregar os quadros, a geladeira e a cama com o colchão novo. [...]

Duas da manhã, volto para o apartamento velho. Ver se ele está dormindo, se está coberto. Estava acordado, lendo Eça, como se nada estivesse acontecendo. Como se fosse a coisa mais normal do mundo um pai, depois de crescidinho, sair de casa, ir tentar a vida-solo.

— Você fica com a Folha e eu com o Estadão. Você fica com a Istoé, eu com a Época. [...] Você fica com a Uol e eu com o Terra. [...] Posso levar o papel higiênico? E o cortador de unhas, aquele bom?

São cinco da manhã e **a gente** ainda está ali, na sala, dividindo as nossas vidas. Ele me deseja sorte, faz recomendações. [...]

É duro, cara, cair na real, separar e mudar. Principalmente quando **a gente** ama, e como ama, a pessoa separada.

(Disponível em: https://marioprata.net/cronicas/separei-e-mudei/. Acesso em: 22/4/2021.)

1. O título do texto é composto de duas orações.

    a) Classifique o sujeito de cada uma delas.

    b) A quem corresponde esse sujeito, no contexto da crônica?

    c) Troque ideias com os colegas e o professor: Qual expectativa é criada pelo título sobre o conteúdo da crônica?

2. Releia o 4º parágrafo.

    a) Qual é o sujeito da forma verbal *saía*? Classifique-o.

    b) Explique de que forma esse sujeito contribui para sustentar a hipótese sugerida pelo título.

3. A expectativa inicial construída pelo título vai se modificando ao longo da crônica. Troque ideias com os colegas e o professor:

    a) Qual é a primeira pista dada no texto sobre essa quebra da expectativa inicial?

    b) Explique de que forma essa quebra de expectativa constrói certo efeito de humor no texto.

4. Observe o emprego da expressão *a gente* em destaque no 3º, no 5º e nos dois últimos parágrafos do texto.

    a) Qual é a função sintática dessa expressão em cada uma das ocorrências destacadas?

    b) Troque ideias com os colegas e o professor: Qual é a classificação morfológica dessa expressão no contexto?

    c) Considerando o conteúdo da crônica, conclua: Qual é o referente desse termo em cada uma das ocorrências? Justifique sua resposta.

5. No 6º parágrafo, a forma verbal *sabe* é empregada cinco vezes.

    a) Identifique e classifique o sujeito em cada uma dessas ocorrências.

    b) Levante hipóteses: Qual efeito de sentido essa repetição constrói no texto?

6. Analise a frase "Entro em obras".

    a) Classifique-a quanto ao seu sujeito.

    b) Explique a ambiguidade dessa frase no contexto da crônica.

7. Observe o trecho a seguir.

    > "Ele pouco *vai olhar* as evoluções. *Faz* cara feia para o piso. *Pergunta* que cor é aquela, meu Deus. *Sente* que o pai *está saindo* de casa. Um dia isso *tinha de acontecer*. Os pais *crescem* e um dia *têm* que ir embora."

    a) Identifique e classifique o sujeito de cada uma das formas verbais em destaque.

    b) Que expressão o narrador utiliza para fazer referência a si mesmo nesse trecho?

    c) Que sentido é construído pelo emprego da expressão *os pais*, no plural, na última frase do trecho?

8. Releia os dois últimos parágrafos da crônica. É possível considerar que o narrador volta a abordar o tema de forma genérica, como no início do texto? Justifique sua resposta.

9. Como conclusão do estudo, troque ideias com os colegas e o professor e explique de que maneira a escolha dos sujeitos das formas verbais empregadas na crônica foi fundamental para a construção de sentidos do texto.

Semântica e discurso

Leia esta tira, de Fernando Gonsales:

(*Níquel Náusea — Minha mulher é uma galinha*. São Paulo: Devir, 2008. p. 11.)

1. Observe as expressões faciais das ratinhas que conversam nos dois quadrinhos e deduza:

   a) Quais sentimentos podem ser depreendidos das expressões da ratinha que fala?

   b) E quais sentimentos podem ser depreendidos das expressões da outra ratinha?

2. Identifique e classifique o sujeito de cada uma das formas verbais empregadas nas falas da ratinha.

3. Você viu que o sujeito indeterminado pode ser formado pelo uso do verbo na 3ª pessoa do plural ou pelo uso da partícula *se* com verbos transitivos indiretos, intransitivos ou de ligação.

   a) Qual é a transitividade do verbo *brincar* no contexto?

   b) Construa frases nas quais essa forma verbal seja empregada com sujeito indeterminado.

4. Ao descrever seus filhotes no 1º quadrinho, a ratinha utiliza o termo *especiais*.

   a) Qual expectativa é criada pelo uso dessa palavra?

   b) O que é icosaedro? Se julgar necessário, consulte um dicionário.

   c) Troque ideias com os colegas e o professor e levante hipóteses: A expectativa criada pelo uso do termo *especiais* no 1º quadrinho se confirma no 2º? Justifique sua resposta.

5. Você viu que na tira, os sujeitos das frases do 2º e do 3º balão estão implícitos. Esta pode ser uma estratégia para evitar repetição e tornar um texto mais objetivo e direto.

   Nas orações a seguir, elimine palavras ou expressões que exercem a função de sujeito e ligue as orações por meio das palavras ou expressões indicadas entre parênteses. Faça as adaptações necessárias.

   a) Há nomes / nomes andam / nomes / nomes rastejam / nomes / nomes voam. (Ramalho Ortigão) (que)

   b) A tempestade foi muito violenta. A tempestade devastou a ponte e as plantações ribeirinhas. (tão... que)

   c) Antigamente, Mariano mandava fazer suas camisas e calças. Ultimamente, Mariano as compra feitas, em lojas de departamentos. (porém)

CAPÍTULO 19

Termos ligados ao nome: adjunto adnominal e complemento nominal

Entre os termos da oração, há aqueles que se ligam aos verbos — objeto direto, objeto indireto e adjunto adverbial — e aqueles que se ligam aos nomes — adjunto adnominal, complemento nominal e aposto. Neste capítulo, você vai estudar o adjunto adnominal e o complemento nominal.

■ Construindo o conceito

Leia, a seguir, trechos de duas notícias.

TEXTO 1

A presença de uma família rara de pumas multicoloridos *(Puma yagouaroundi)* foi registrada pela primeira vez na região da caatinga de Pernambuco, em Santa Cruz do Capibaribe (a 193 km de Recife). [...]

O coordenador do projeto Bichos da Caatinga, Bruno Bezerra, conta que a descoberta da família rara de pumas ocorreu depois que o proprietário de uma fazenda no município de Santa Cruz do Capibaribe pediu ajuda ao grupo para descobrir qual animal estava atacando filhotes de cabras e outros de pequeno porte na sua propriedade.

(Disponível em: https://noticias.uol.com.br/meio-ambiente/ultimas-noticias/redacao/2017/03/08/familia-de-pumas-raros-e-registrada-na-regiao-da-caatinga-de-pernambuco.htm. Acesso em: 21/4/2021.)

TEXTO 2

A pequena Saga Vanecek, de 8 anos, encontrou por acaso uma espada da era pré-viking no lago Vid Eastern, [...] no sul da Suécia. [...]

O pai da menina, Andy Vanecek, pensou que tivesse encontrado um bastão ou um brinquedo moderno que estava há muito tempo na água. Mas, depois de consultar um colega conhecedor de história e arqueologia, decidiu relatar o achado às autoridades. [...]

A descoberta da família Vanecek estimulou cientistas locais, incluindo a própria equipe do museu, a realizar mais escavações na área. Com isso, foi encontrado um broche quase do mesmo período da espada.

(Disponível em: https://www.revistaencontro.com.br/canal/internacional/2018/10/sem-querer-garota-encontra-espada-pre-viking.html. Acesso em: 21/4/2021.)

1. Ambas as notícias tratam de situações curiosas.

   a) Nos dois casos, os envolvidos solicitaram auxílio de terceiros. A quem cada um solicitou auxílio?

   b) Ao solicitar auxílio, quais revelações foram feitas em cada situação e por que tais revelações podem ser consideradas inusitadas?

2. Compare as expressões em destaque nestes dois trechos das notícias lidas:

> "*a descoberta da família rara de pumas* ocorreu depois que o proprietário de uma fazenda no município de Santa Cruz do Capibaribe pediu ajuda."

> "*A descoberta da família Vanecek* estimulou cientistas locais, incluindo a própria equipe do museu, a realizar mais escavações na área."

a) Qual é o sujeito da forma verbal *ocorreu*? Qual é o núcleo do sujeito?

b) E qual é o sujeito da forma verbal *estimulou*? Qual é o núcleo do sujeito?

3. Apesar de a estrutura dos termos destacados nas frases da questão 2 ser semelhante, há, entre eles, uma diferença decorrente dos termos que acompanham o nome (substantivo) *descoberta*. Observe:

> A descoberta *da família rara de pumas*
> A descoberta *da família Vanecek*

a) Em qual desses trechos o termo destacado é o *agente* ou possuidor, ou seja, aquele que descobriu algo?

b) E em qual desses trechos o termo destacado é o *alvo* da descoberta, ou seja, aquilo que foi descoberto por alguém?

c) Em qual deles o termo destacado funciona como um elemento determinante, que qualifica o substantivo?

d) Em qual deles o termo destacado complementa o sentido do substantivo?

4. Releia agora esta frase, da segunda notícia:

> "depois de consultar um colega conhecedor de história e arqueologia, decidiu relatar o achado às autoridades."

a) As palavras *um* e *conhecedor* se referem a qual palavra da frase?

b) A expressão *de história e arqueologia* complementa o sentido de qual palavra no contexto? Qual é a classe dessa palavra?

c) A expressão *de história e arqueologia* é o alvo do substantivo *conhecedor* ou é seu agente ou possuidor?

Conceituando

Adjunto adnominal

Ao identificar os núcleos dos sujeitos na questão 2 da seção anterior, você observou que há palavras que se referem a eles:
• *a*: é artigo definido que determina *descoberta*;
• *da família Vanecek*: é locução adjetiva que especifica *descoberta*.
Agora releia esta frase do segundo texto:

> "A pequena Saga Vanecek, de 8 anos, encontrou por acaso uma espada da era pré-viking no lago Vid Eastern"

Observe que, nela, há diversas outras palavras que se referem ao núcleo do sujeito, *Sara Vanecek*, e também ao núcleo do objeto direto, *espada*:
• *a*: é artigo definido que determina *Sara Vanecek*;
• *pequena*: é adjetivo que caracteriza *Sara Vanecek*;
• *de 8 anos*: é locução adjetiva que caracteriza *Sara Vanecek*;
• *uma*: é artigo indefinido que indetermina *espada*;
• *da era pré-viking*: é locução adjetiva que especifica *espada*.

Quando modificam um nome correspondente ao núcleo (qualquer que seja sua função sintática: sujeito, objeto direto, objeto indireto, adjunto adverbial, etc.), os artigos, os adjetivos e as locuções adjetivas exercem a função de **adjunto adnominal**. Também podem exercer essa função os pronomes possessivos, demonstrativos e indefinidos e os numerais.

Observe que, no enunciado principal do anúncio, o termo "todo o seu lado detalhista, perfeccionista e exibicionista" é o objeto direto do verbo *mostrar*. Com exceção do substantivo *lado*, que é o núcleo do objeto, as demais palavras — *todo, o seu, detalhista, perfeccionista, exibicionista* — são adjuntos adnominais.

Concluindo:

Adjunto adnominal é o termo da oração que modifica um substantivo, qualquer que seja sua função sintática, qualificando-o, especificando-o, determinando-o ou indeterminando-o.

Em certos casos, o adjunto adnominal pode ser representado por um pronome pessoal oblíquo equivalente a um possessivo. Observe:

Roubaram-*lhe* as economias. → Roubaram as *suas* economias.
Tomou-*me* as mãos. → Tomou as *minhas* mãos.

Morfossintaxe do adjunto adnominal

O adjunto adnominal pode ser expresso por adjetivo, locução adjetiva, artigo (definido e indefinido), pronome adjetivo (possessivo, demonstrativo, indefinido, interrogativo e relativo) e numeral. Veja alguns exemplos:

Complemento nominal

Você já sabe que há termos que complementam verbos transitivos, os objetos. Nas questões de abertura deste capítulo, você viu que há palavras que complementam nomes. Observe:

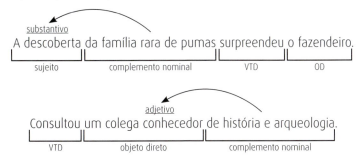

Na primeira frase, *a descoberta* é sujeito da oração e o termo *da família rara de pumas* completa o sentido do nome *descoberta* (descoberta de quê?). Na segunda, o termo *um colega conhecedor* é objeto direto porque complementa o sentido do verbo *consultar*. O termo *de história e arqueologia*, por sua vez, completa o sentido do nome *conhecedor* (conhecedor de quê?) e, portanto, é complemento nominal. O complemento nominal é geralmente regido de preposição.

Concluindo:

Complemento nominal é o termo sintático que complementa nomes, isto é, substantivos, adjetivos e advérbios.

Veja outros exemplos:

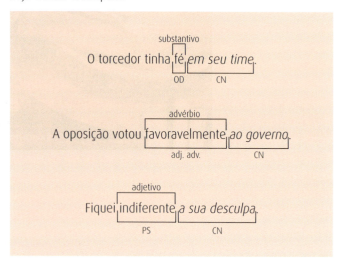

Morfossintaxe do complemento nominal

O complemento nominal pode ter como núcleo substantivo ou palavra substantivada, pronome e numeral. Observe os exemplos:

Estou ansiosa *pelo sábado*.
Depositava toda confiança *em nós*.

Existem nomes transitivos?

A transitividade não é uma característica exclusiva dos verbos. Alguns substantivos derivados de verbos herdaram a transitividade destes. Os complementos dos verbos chamam-se objetos (*diretos ou indiretos*); os complementos dos nomes, *complementos nominais*. Veja alguns exemplos:

VTD: amar a verdade → amor/amante da verdade
    OD   CN
VTI: aludir aos defeitos → alusão aos defeitos
     OI   CN
VTDI: entregar os cadernos aos alunos → entrega dos cadernos aos alunos
      OD   OI   CN   CN

Não confunda

É comum certa dificuldade para distinguir entre complemento nominal e adjunto adnominal quando este aparece expresso por uma locução adjetiva.

Para facilitar a distinção, lembre-se de que:

• o **complemento nominal** complementa o sentido de um nome transitivo (substantivo, adjetivo ou advérbio), enquanto o adjunto adnominal acompanha apenas substantivo. Desse modo, se o termo introduzido por preposição estiver ligado a um adjetivo ou a um advérbio, ele será, sem dúvida, complemento nominal. Observe:

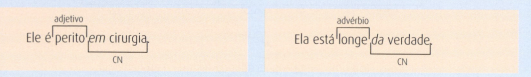

No caso de o termo introduzido por preposição aparecer ligado a um substantivo, ele poderá ser complemento nominal ou adjunto adnominal. Se o substantivo for transitivo e o termo estiver funcionando como alvo para o qual tende um movimento, um sentimento ou uma disposição, será complemento nominal. Se isso não ocorrer, será adjunto adnominal. Veja os exemplos:

A resposta *aos grevistas* não os convenceu.
subst. transitivo — alvo / CN
sujeito

A resposta *do patrão* não os convenceu.
subst./sujeito — adj. adnominal

Na 1ª frase, *a resposta* tem como alvo *os grevistas*; na 2ª frase, *do patrão* não é o alvo, mas o agente, o emissor da resposta.

Relembre os exemplos estudados na abertura deste capítulo, considerando o contexto das notícias lidas:

A descoberta da família rara de pumas: a família de pumas foi descoberta: a família é o alvo da descoberta: complemento nominal.

A descoberta da família Vanecek: a família Vanecek descobriu a espada: a família é o agente da descoberta: adjunto adnominal.

• o **adjunto adnominal** indica tipo, matéria, substância ou possuidor. Observe a diferença:

Ela tem amor *de mãe*.
adj. adn.

Ele tem amor *à mãe*.
CN

Na 1ª frase, *de mãe* indica o tipo de amor (materno); na 2ª frase, *à mãe* é o alvo do amor.

É muito comum também confundirmos, em razão da presença da preposição, complemento nominal com objeto indireto.

Para diferenciar uma função da outra, lembre-se de que o *objeto indireto* complementa um *verbo*, enquanto o *complemento nominal* complementa um *nome* (substantivo, adjetivo ou advérbio). Veja:

verbo — prep.
Necessito *de* sua ajuda.
VTI — OI

nome (subst.) — prep.
Tenho necessidade *de* sua ajuda.
VTD — OD — CN

Exercícios

1. Nas frases a seguir, o adjunto adnominal está representado por uma locução adjetiva. Transforme-a em adjetivo, conforme o exemplo:

> O espetáculo *de dança* foi suspenso até segunda ordem.
>
> O espetáculo *coreográfico* foi suspenso até segunda ordem.

a) Hoje, à tarde, visitaremos uma exposição *de selos*.

b) Desligue esse rádio. Essas músicas parecem cantos *de morte*.

c) Não se aborreça. O tempo logo melhorará: são apenas chuvas *de verão*.

d) Não se esqueça de catalogar os livros por faixa *de idade*, já que facilita a consulta.

e) A decisão *do juiz* nos foi favorável.

f) A professora licenciou-se por um mês, pois estava com problemas nas cordas *da voz*.

g) Na assembleia legislativa, este é um partido *da minoria* ou *da maioria*?

h) Novamente você teve um comportamento *de criança*.

i) O médico prescreveu-lhe algumas sessões de fisioterapia para suas dores *nas costas*.

j) Tanto o corpo administrativo quanto o *dos professores* e o *dos alunos* participarão da campanha de arrecadação de brinquedos para crianças carentes.

k) O sindicato *dos patrões* está irredutível.

l) O espetáculo *de circo* foi um sucesso.

m) As águas *da chuva* provocaram uma erosão.

n) O brilho *das estrelas* iluminava o caminho.

Leia a tira a seguir e responda às questões 2 a 4.

(*Folha de S.Paulo*, 2/10/2011.)

2. Observe, na frase dita pelo personagem, os termos *na mesa do escritório* e *o emprego dos meus sonhos*.

a) Ambos os termos estão relacionados à locução verbal *vivo dormindo*. No entanto, cada um deles cumpre um papel diferente. Que informação cada um desses termos acrescenta à locução verbal?

b) Classifique sintaticamente esses termos.

c) Como se classificam sintaticamente as palavras *a* e *o*, do termo *na mesa do escritório*, e as palavras *o*, *os* e *meus*, do termo *o emprego dos meus sonhos*?

3. Quais são, na frase dita pelo personagem, os adjuntos adnominais que modificam os substantivos *mesa* e *emprego*?

4. Na fala do personagem há, ao mesmo tempo, um jogo de palavras e uma aparente contradição. Em que consistem esse jogo de palavras e essa aparente contradição?

5. Transforme em substantivos os verbos transitivos destacados. Veja o exemplo:

> *Gostar* dos estudos
> *O gosto* pelos estudos

Observe que os termos que completam os verbos (os objetos) tornam-se, com a transformação, complementos nominais, porque passam a complementar substantivos.

a) *Combater* contra a tirania
b) *Confiar* em Deus
c) *Desagradar* aos pais
d) *Responder* pelos atos praticados
e) *Investir* em educação e saúde

6. Reescreva as frases a seguir, transformando o verbo destacado em substantivo. Depois identifique o complemento nominal. Veja um exemplo:

> A instituição de caridade *necessita* de agasalhos para doação.
> A instituição de caridade tem *necessidade* de agasalhos para doação. / CN: de agasalhos

a) Ele *conhece* o assunto.
b) Ela *requereu* afastamento por motivo de doença.
c) Na reunião, o diretor *referiu-se* ao relatório anual da empresa.
d) O advogado *expôs* seus argumentos ao juiz.

Leia a tira a seguir e responda às questões 7 a 9.

(Angeli. *Chiclete com banana*. Folha de S.Paulo, 13/4/2011.)

7. No 1º quadrinho da tira, o personagem revela ao outro que tem saudade.

a) Qual é o alvo da saudade que o personagem sente?
b) Como se classifica sintaticamente o termo que é o alvo da saudade que o personagem sente?

8. Observe o 2º e o 3º quadrinhos.

a) Troque ideias com os colegas: Os adjetivos *novo*, *empolgante* e *criativo* são adjuntos adnominais ou predicativos do sujeito?
b) Como se classifica o termo *tão*, que acompanha os adjetivos *novo*, *empolgante* e *criativo*?
c) No 3º quadrinho, o termo que indica o motivo pelo qual os jovens se reúnem nas ruas é complemento nominal. Qual é ele?

9. Como é comum nas tiras, o último quadrinho reserva uma surpresa para o leitor. Qual é ela?

O adjunto adnominal na construção do texto

Leia o poema a seguir, de Sérgio Capparelli, e responda às questões propostas.

Navegando em rede

Cibernauta de mar aberto,
Por que navegas tão perto?

Faço declarações de amor,
em rede, pelo computador.

Cibernauta de mar bravio,
Por que navegas no frio?

Esse frio não enregela
O canto que fiz para ela.

Cibernauta, muito cuidado,
Com um **bit** equivocado.

Trago, em meio à tormenta,
carinhos sabor de menta.

(*33 ciberpoemas e uma fábula virtual*.
Porto Alegre: L&PM, 1996. p. 32.)

bit: unidade mínima de informação processada por um computador.

1. O poema é constituído por um diálogo.

a) Quem são os interlocutores nesse diálogo?
b) Qual é o teor do diálogo?

2. No decorrer do diálogo e também na palavra *cibernauta*, há a fusão de dois campos semânticos: o da navegação e o da informática.
Identifique palavras e expressões de cada um desses campos semânticos.

3. O poema é formado por dísticos, isto é, estrofes de dois versos cada uma. Releia os dísticos 1, 3 e 5.

a) Que termos são utilizados pelo locutor para determinar o núcleo *cibernauta*, no 1º e no 3º dísticos?
b No 5º dístico, há uma advertência: "muito cuidado, / Com um *bit* equivocado". Qual é a função sintática do termo *com um bit equivocado*?

4. Observe as palavras e expressões destacadas nestes trechos das respostas do cibernauta:

"declarações *de amor*"

"*O* canto que fiz para ela"

"carinhos [com] sabor *de menta*"

Que função sintática elas têm?

> **Para que servem o adjunto adnominal e o complemento nominal?**
>
> O adjunto adnominal serve para indicar atributos permanentes dos seres, coisas e conceitos que fazem parte de nossa vida: céu *azul*, cidadão *participativo*, verdade *discutível*, etc.
> O complemento nominal frequentemente é empregado quando lidamos com sentimentos, ideias e conceitos abstratos. Por exemplo, ter "esperança *de uma vida melhor*", sentir "confiança *no amigo*", empreender "uma luta *pela liberdade*", etc.

5. Os termos do campo semântico da navegação empregados no poema têm um duplo sentido.

a) Interprete, sob o ponto de vista da informática, as expressões:

- mar aberto
- navegar no frio
- tormenta; mar bravio

b) Que interpretação pode ser dada à expressão "um *bit* equivocado"?

6. Observe que o poema apresenta um número maior de adjuntos adnominais do que de complementos nominais. Relacionando a forma gramatical ao conteúdo do poema, explique: A que se deve essa incidência maior do adjunto?

Semântica e discurso

Leia o anúncio:

1. O anúncio foi publicado na revista de uma empresa aérea.

a) Quem é o anunciante?
b) A que público o anúncio se destina?

2. Compare os termos destacados neste trecho do enunciado verbal principal do anúncio:

"Patrocinar o judô *brasileiro* é ter a certeza *de duas coisas* [...]"

a) Qual é a função sintática de *brasileiro*? Justifique a resposta do ponto de vista semântico.
b) Qual é a função sintática de *de duas coisas*? Justifique a resposta do ponto de vista semântico.

3. As duas coisas de que o locutor tem certeza são:

"que nossos atletas vão lutar nas maiores competições do mundo. E que não vão voltar de mãos vazias".

(*Revista Gol*, n. 116, p. 111.)

a) Quais adjuntos adverbiais correspondem às circunstâncias em que ocorrerão as ações indicadas pelas locuções verbais *vão lutar* e (*não*) *vão voltar*?

b) Que adjuntos adnominais especificam os núcleos desses adjuntos adverbiais ou conferem atributos a eles?

c) Observe esses adjuntos adnominais. Que sentido eles atribuem ao desempenho dos judocas brasileiros?

4. A imagem do anúncio mostra a bandeja onde os passageiros põem seus objetos metálicos ao passar pelo raio-X nos aeroportos. Examine o conteúdo da bandeja e responda: Que relação há entre a parte verbal e a imagem do anúncio?

Aposto e vocativo

■ Construindo o conceito

Leia esta tira, de Quino.

(Quino. *Mafalda* 2. São Paulo: Martins Fontes, 1998. p. 14.)

1. Colocando-se no papel da mãe, Mafalda consegue imaginar um bom presente para ela no Dia das Mães. Explique a dificuldade que Filipe tem para lidar com papéis sociais.

2. Para se dirigir ao amigo, Mafalda chama-o duas vezes. Que palavra ela utiliza para chamá-lo?

3. No 2º quadrinho, Mafalda diz: "Já sei o que vou dar para a minha mãe". A palavra *o*, nesse contexto, é um pronome demonstrativo, equivalente a *aquilo*. Que palavra ou expressão desse quadrinho esclarece o sentido da palavra *o*?

■ Conceituando

Aposto

Você notou que, no 2º quadrinho, Mafalda emprega a expressão *um livro* com a finalidade de identificar o presente que escolheu para dar à sua mãe, já que o pronome *o* não esclarece qual é o presente. Quando isso ocorre, temos um **aposto**.

> **Aposto** é o termo da oração que se refere a um substantivo, a um pronome ou a uma oração para explicá-los, ampliá-los, resumi-los ou identificá-los.

Entre o aposto e o termo a que ele se refere quase sempre há uma pausa, marcada na escrita pela vírgula, ou, em casos especiais, por dois-pontos, travessão ou parênteses.

Quando o aposto especifica ou individualiza o termo a que se refere, geralmente não há pausa. Veja:

> Àquela hora a avenida *Brasil* estava intransitável.

Este capítulo favorece o desenvolvimento das habilidades

EM13LGG103
EM13LGG104
EM13LGG402
EM13LP01
EM13LP02
EM13LP03
EM13LP06
EM13LP08
EM13LP46

234 Unidade 4 ▪ Sintaxe

O aposto pode vir precedido de expressões explicativas, como *isto é, a saber,* ou da preposição acidental *como*. Observe os exemplos:

> O resto, *isto é, as louças, os cristais e os talheres,* irá nas caixas menores.
> Este advogado, *como representante da comunidade,* é imprescindível.

Morfossintaxe do aposto

O aposto pode ser representado por substantivo, pronome e oração subordinada substantiva (apositiva):

> Festas, passeios, viagens, *nada* agrada a João, *meu amigo*.
>   pron.   subst.

Vocativo

Na tira de Quino, Mafalda diz *Filipe! Filipe!*, evidenciando, desse modo, seu interlocutor. Esse termo recebe o nome de **vocativo**.

> **Vocativo** é o termo da oração por meio do qual chamamos ou interpelamos nosso interlocutor, real ou imaginário.

O vocativo, na escrita, aparece isolado por vírgulas ou seguido de ponto de exclamação e pode vir precedido da interjeição de chamamento *ó*. Veja os exemplos:

> Você viu, *doutor,* que notícia agradável?
>
> *Pessoal*! Vamos embora!
>
> *Ó filho,* me ajude a carregar as compras.

> O vocativo pode ocorrer no início, no meio ou no final da frase. Quando se inclui numa oração, não se anexa à estrutura do sujeito ou do predicado.
> Veja:
>
> Filipe, já sei qual é o presente.
> vocativo
>
> Já sei, Filipe, qual é o presente.
> vocativo
>
> Já sei qual é o presente, Filipe.
> vocativo

Exercícios

1. O aposto pode ser empregado para:

1. enumerar ou recapitular; nesse caso pode vir precedido pelas expressões *a saber, por exemplo, isto é*, ou ser representado por um pronome indefinido, como *tudo, nada, ninguém, qualquer*, etc.
2. marcar uma distribuição, por meio de *um* e *outro, este* e *aquele*, etc.
3. marcar uma especificação, uma individualização; nesse caso, pode vir ou não preposicionado.
4. explicar, resumir ou identificar.

Indique com qual desses casos os apostos destacados a seguir se identificam.

a) O poema *"Vou-me embora pra Pasárgada"* é do grande poeta *Manuel Bandeira*.
b) Só jantava comidas leves: *uma salada, uma sopa de legumes, um caldo de carne*.
c) Greystoke, *a lenda de Tarzã, o rei da selva*.
d) Os rapazes eram dois bons profissionais, *um em informática* e *o outro em engenharia*.

2. Considerando o contexto, compare os termos sublinhados nas frases seguintes e explique por que o da 1ª é aposto e o da 2ª é adjunto adnominal.

> • O escritor Machado de Assis trabalhou a maior parte de sua vida como funcionário público.
>
> • Os romances de Machado de Assis aprofundam a análise psicológica dos personagens.

3. Leia os versos e a tira a seguir.

> Ó, meu amigo, meu herói
> Ó, como dói
> Saber que a ti também corrói
> A dor da solidão
> [...]
>
> (Gilberto Gil. "Meu amigo, meu herói". *In*: http://letras.terra.com.br/gilberto-gil/46220/). Acesso em: 12/8/2021.)

(*Folha de S.Paulo*, 23/2/2010.)

a) Identifique um aposto e um vocativo nesses textos.
b) Levante hipóteses: O que justifica, no 2º quadrinho da tira, o emprego do ponto de exclamação, em vez de vírgula, depois de "a viúva negra"?

O aposto na construção do texto

Leia, a seguir, o parágrafo inicial de um texto de Luis Fernando Verissimo.

> Meu pai foi convidado a lecionar literatura brasileira na **Universidade da Califórnia**. Um ano em São Francisco, um ano em Los Angeles. Fomos todos: pai, mãe, minha irmã Clarissa e eu com inimagináveis 7 anos de idade. Na nossa primeira noite na casa de São Francisco, um choque: terremoto! Felizmente, dos mais fracos, calibrado só para assustar brasileiros. Mais traumatizante do que o terremoto foi o primeiro dia na escola, onde nos botaram sem saber uma palavra de inglês e pedir para ir ao banheiro. E aconteceu o inevitável. Fiz xixi nas calças e voltei pra casa escoltado por dois solenes colegas, sem tirar os olhos do chão. Não fiz uma boa primeira impressão na América.

("O elefante". *In*: https://cultura.estadao.com.br/noticias/geral,o-elefante,70003418312. Acesso em: 21/4/2021.)

1. O autor conta sobre um período de mudança em sua vida.
   a) Qual é a principal mudança por que ele passa nesse período?
   b) Que fato desencadeia essa mudança?

2. Para descrever sua experiência, o autor faz uso de construções com apostos. Releia a terceira frase do texto e identifique, justificando suas respostas:
   a) um aposto especificador.
   b) um aposto explicativo.

3. Identifique o aposto empregado na frase "Na nossa primeira noite na casa de São Francisco, um choque: terremoto!" e indique a função dele na frase.

4. Agora releia este trecho:

> "E aconteceu o inevitável. Fiz xixi nas calças e voltei pra casa escoltado por dois solenes colegas, sem tirar os olhos do chão."

Reescreva-o, mudando a pontuação do texto para que a oração "Fiz xixi nas calças" exerça a função de um aposto explicativo do termo *inevitável*.

5. Volte ao texto e explique:
   a) Por que o terremoto foi um choque para o narrador?
   b) Por que o acontecimento descrito pelo narrador no segundo trecho foi, segundo ele, inevitável?

6. Considerando suas respostas às questões anteriores, troque ideias com os colegas e o professor e conclua: De que forma a presença de aposto ao longo do parágrafo contribui para a construção de sentidos desse texto?

Semântica e discurso

1. Leia esta frase:

> Nosso mais novo funcionário, Fernando, demitiu-se ontem.

Dependendo da situação e da entonação dada à frase, ela pode apresentar dois sentidos.
   a) Quais são esses sentidos?
   b) Que função sintática o termo *Fernando* desempenha em cada um dos sentidos?
   c) Dê à frase uma redação na qual *Fernando* só possa ser vocativo.
   d) Dê à frase uma redação na qual *Fernando* só possa ser aposto.

Leia o poema a seguir, de José Paulo Paes, e responda às questões de 2 a 4.

Os inconfidentes (I)

Vila Rica, Vila Rica,
Cofre de muita riqueza:
Ouro de lei no cascalho,
Diamantes à flor do chão.
Num golpe só da **bateia**,
Nosso bem ou perdição.

Vila Rica, Vila Rica,
Ninho de muito vampiro:
O padre com pés de altar,
O bispo com sua **espórtula**,
O ouvidor com seu despacho
E o povo feito capacho.

Vila Rica, Vila Rica,
Teatro de muito som:
Cláudio no seu **clavicórdio**,
Alvarenga em sua flauta,
Gonzaga na sua lira.
Vozes doces, mesa **lauta**.

Vila Rica, Vila Rica,
Masmorra de muita porta:
Para negro fugitivo,
Para soldado rebelde,
Para poeta e poemas,
Nunca faltaram algemas.

Vila Rica, Vila Rica,
Forja de muito covarde:
Só o corpo mutilado
De um bravo e simples **alferes**
Te salva e te justifica
Vila Rica vil e rica.

(*O melhor poeta da minha rua*. São Paulo: Ática, 2008. p. 97-98.)

Paisagem de Ouro Preto II (1924), de Tarsila do Amaral.

alferes: antigo posto militar no Exército brasileiro, equivalente ao de segundo-tenente, hoje.
bateia: recipiente de madeira ou metal utilizado no garimpo.
clavicórdio: antigo instrumento musical formado por cordas e teclado.
espórtula: esmola.
inconfidentes: participantes da Inconfidência Mineira.
lauta: farta, abundante.

2. O verso "Vila Rica, Vila Rica" se repete no início de todas as estrofes do poema.
   a) Quem é o interlocutor do eu lírico? Justifique sua resposta.
   b) Qual é a função sintática do termo "Vila Rica", em cada estrofe?

3. Observe as expressões que constituem o 2º verso de cada estrofe, empregadas em referência a Vila Rica.
   a) Quais são essas expressões?
   b) Que papel semântico elas têm?
   c) Que função sintática elas desempenham?

4. O último verso, "Vila Rica vil e rica", resume o poema inteiro.
   a) Quais estrofes do poema se referem à vileza dos habitantes da cidade?
   b) Quais descrevem a "riqueza" da cidade?
   c) Que fato histórico o poema procura descrever nessas cinco estrofes?
   d) Troque ideias com os colegas: Qual é a função sintática de "Vila Rica vil e rica"?

CAPÍTULO 21
Período composto por coordenação: as orações coordenadas

■ Construindo o conceito

Leia este anúncio:

(*Fórum*, n. 100, p. 26-7.)

1. Um anúncio tem a finalidade de informar as pessoas, sensibilizá-las e convencê-las sobre determinado produto ou ideia. Observe a parte inferior do anúncio:

a) Quem é o anunciante? E o destinatário?
b) Qual é a finalidade do anúncio?

2. Observe a parte verbal do anúncio.

a) O enunciado "Separe o lixo e acerte na lata" apresenta ambiguidade, ou seja, duplo sentido. Explique em que consiste essa ambiguidade.
b) Nos três enunciados que compõem a parte verbal do anúncio, predominam formas verbais do imperativo: *mude, ajude, limpe, separe, acerte*. Na sua opinião, por que o anunciante deu preferência a esse modo verbal?

Este capítulo favorece o desenvolvimento das habilidades

EM13LGG103
EM13LGG104
EM13LGG402
EM13LP01
EM13LP02
EM13LP06
EM13LP08
EM13LP46

3. Observe a parte não verbal do anúncio.

   a) Que imagem aparece em destaque?

   b) Que relação há entre a parte verbal e a parte não verbal do anúncio?

4. Observe estes períodos:

> |Mude de atitude||e ajude muita gente|
>   1ª oração   2ª oração
>
> |Separe o lixo||e acerte na lata.|
>   1ª oração   2ª oração

   a) Há duas orações em cada período. Entre elas existe relação de dependência sintática? Justifique sua resposta.

   b) As orações de cada período são conectadas por uma conjunção. Que conjunção estabelece a ligação entre elas?

   c) Que tipo de relação essa conjunção estabelece entre as orações?

   - oposição
   - alternância
   - explicação
   - conclusão
   - adição

   d) Como é classificada a conjunção que estabelece esse tipo de relação?

■ Conceituando

Você notou que, nos períodos "Mude de atitude e ajude muita gente" e "Separe o lixo e acerte na lata", as orações são ligadas pela conjunção coordenativa aditiva *e* e são independentes sintaticamente. Como nenhuma funciona como termo da outra, elas constituem **orações coordenadas**, formando períodos compostos por coordenação.

A 1ª oração de cada período não se inicia com conjunção; por isso, é **coordenada assindética** (*síndeto* = conjunção coordenativa). Já a 2ª oração de cada período é introduzida por conjunção; por isso, é **coordenada sindética**.

> **Oração coordenada sindética** é aquela que é introduzida por conjunção coordenativa.
>
> **Oração coordenada assindética** é aquela que não é introduzida por conjunção.

Valores semânticos das orações coordenadas sindéticas

As orações coordenadas sindéticas têm relação com outra oração do período e classificam-se de acordo com o valor semântico da conjunção que as introduz.

Aditivas

Estabelecem em relação à oração anterior uma noção de acréscimo, adição.

> Ele comprou a passagem e *partiu no primeiro trem*.

São introduzidas pelas conjunções coordenativas aditivas: *e, nem, que*, ou pelas locuções correlativas: *não só... mas (também), tanto... como*, etc.

(Disponível em: http://manualdominotauro.blogspot.com/search?updated-max=2018-05-06T05:26:00-07:00&max-results=20&start=580&by-date=false. Acesso em: 22/4/2021.)

Observe que a tirinha de Laerte, ao ironizar a máxima de que todo homem deveria, em sua vida, escrever um livro, plantar uma árvore e ter um filho, utiliza, nas falas do 2.º e do 3.º quadrinho, a conjunção *e* para estabelecer a ideia de adição em relação às diferentes ações realizadas pelo personagem: "Fundei uma editora e publiquei o livro"; "Comprei todos e li um por um".

Adversativas

Estabelecem em relação à oração anterior uma ideia de oposição, contraste, compensação, ressalva.

São introduzidas pelas conjunções coordenativas adversativas: *mas, porém, todavia, contudo, no entanto, entretanto, senão*, etc.

(*Veja*, n. 2196, p. 10-1.)

Observe que, no enunciado principal do anúncio, há uma oposição de ideias entre as orações. Se o carro usa eletricidade, é de esperar que haja um custo por esse tipo de energia. No entanto, como esse custo não existe, as duas orações estão em oposição, que é marcada pela conjunção adversativa *mas*.

Alternativas

Expressam alternância, ligando orações que indicam ideias que se excluem.

> Todas as tardes ia ao cinema *ou fazia pequenas compras em lojas da região*.

São introduzidas pelas conjunções coordenativas alternativas: *ou, ou... ou..., ora... ora, já... já, quer... quer*, etc.

Observe que a oração *ou vai amarelar* liga-se à oração anterior com um valor alternativo, para exprimir a incompatibilidade das duas propostas sugeridas pelo anúncio.

Conclusivas

Exprimem ideia de conclusão relativa à declaração feita na oração anterior. Veja este ditado popular:

> O destino não é uma questão de sorte, é uma questão de escolha. *Portanto, não é algo a se esperar, e sim a conquistar.*

São introduzidas pelas conjunções coordenativas conclusivas: *logo, pois* (posposto ao verbo), *portanto, por isso, de modo que*, etc.

Explicativas

Exprimem ideia de explicação relativa à declaração feita na oração anterior:

> Use sempre protetor solar, passe um hidratante em sua pele e lave o rosto 2 vezes ao dia com água e sabonete neutro. A massagem também é sempre bem-vinda, *pois ajuda no relaxamento* e ativa a circulação linfática e venosa.
>
> (Campanha de prevenção de doenças venosas e arteriais — SBACVSP.)

São introduzidas pelas conjunções coordenativas explicativas: *porque, que, pois* (anteposto ao verbo), etc.

> **Distinção entre as orações coordenadas explicativas e as orações adverbiais causais**
>
> Tanto as orações coordenadas explicativas quanto as orações adverbiais causais podem ser introduzidas pelas conjunções *que* e *porque*. Por essa razão, às vezes fica difícil distinguir esses dois tipos de oração, principalmente quando não se conhece bem o contexto situacional e a intenção do locutor. Tal dificuldade, contudo, poderá ser eliminada se observarmos estes princípios básicos:

- A oração coordenada explicativa cumpre o papel de explicar o que foi afirmado na oração anterior. Veja:

  | Choveu | porque a rua está molhada. |
  | or. coord. assindética | or. coord. sindética explicativa |

  | Maria sumiu na festa, | porque ninguém mais a viu. |
  | or. coord. assindética | or. coord. sindética explicativa |

- A oração subordinada adverbial causal cumpre o papel de advérbio em relação à oração principal, isto é, indica a causa da ação expressa pelo verbo da oração principal. Observe:

  | Choveu | porque houve muita evaporação. |
  | or. principal | or. subord. adverbial causal |

- A oração coordenada explicativa é empregada com frequência depois de orações imperativas e optativas. Veja:

  | Não zombe dele, | que está apaixonado. |
  | or. imperativa | or. coord. sind. explicativa |

  | Deus te ajude, | porque és ousado. |
  | or. optativa | or. coord. sind. explicativa |

Orações intercaladas

Leia as frases seguintes, de Machado de Assis, e observe as orações destacadas:

> É muito esperto o seu menino, *exclamaram os ouvintes*.
> Tive (*por que não direi tudo?*) tive remorsos.

Na primeira frase, a oração destacada indica quem exclamou "É muito esperto o seu menino"; na segunda, a oração entre parênteses corresponde a uma ressalva feita pelo narrador-personagem. Observe que essas orações constituem acréscimos feitos ao texto com a finalidade de dar algum esclarecimento adicional, não fundamental. Essas orações são chamadas de **orações intercaladas** ou **interferentes**.

Assim:

> **Oração intercalada** ou **interferente** é aquela que é inserida em outra com a finalidade de indicar o autor de uma citação, fazer um esclarecimento, uma ressalva, uma advertência, um desabafo, emitir uma opinião ou pedir desculpas.

Esse tipo de oração é sintaticamente independente e em geral aparece entre vírgulas, travessões ou parênteses. Veja outros exemplos:

> Um dia — *que linda manhã fazia!* — resolvemos um grande problema.
>
> (Marques Rebelo)

> E amaria o rapaz de suéter e sapato de basquete, que costuma ir ao Rio, ou (*murmurava-se*) o homem casado, que já tinha ido até à Europa e tinha um automóvel e uma coleção de espingardas magníficas.
>
> (Rubem Braga)

Exercícios

1. Leia o anúncio:

(*Veja São Paulo*, ano 44, n. 12, p. 61.)

a) No enunciado principal do anúncio, embora haja um ponto separando as orações, há entre elas uma relação de coordenação. Classifique as orações.

b) No contexto, que relação semântica há entre a oração sindética e a oração anterior?

c) Normalmente, as orações dos períodos compostos são separadas por vírgulas. Nesse caso, qual a finalidade do anunciante ao colocar um ponto entre as orações?

2. Observe a parte não verbal do anúncio.

a) De que a imagem é constituída?

b) Que relação há entre a linguagem verbal e a linguagem não verbal do texto?

3. Leia as orações dos itens a seguir, observando o tipo de relação semântica existente entre elas. Depois reescreva-as, ligando-as com uma conjunção coordenativa que faça o período ficar coerente.

a) O garoto não estava bem. Chorava. Gemia baixinho.
b) Havia muito serviço ainda na cozinha. De raiva, ninguém trabalhava. Não falava.
c) Siga o roteiro proposto. Abandone a competição.
d) Façam silêncio. Há gente doente.
e) Ele é seu pai. Respeite-lhe a vontade pelo menos desta vez.
f) Dormi tarde. Acordei cedo.
g) Li. Reli seu texto. Não o entendi.

As orações coordenadas na construção do texto

Leia o poema a seguir, do poeta e compositor Arnaldo Antunes:

Inferno

"Lasciate ogni speranza voi ch'entrate"

Aqui a asa não sai do casulo, o azul
não sai da treva, a terra
não semeia, o sêmen
não sai do escroto, o esgoto
não corre, não jorra
a fonte, a ponte
devolve ao mesmo lado, o galo
cala, não canta a sereia, a ave
não gorjeia, o joio
devora o trigo, o verbo envenena
o mito, o vento
não acena o lenço, o tempo
não passa mais, adia,
a paz entedia, para
o mar, sem maremoto,
como uma foto, a vida,
sem saída, aqui,
se apaga a lua, acaba
e continua.

(In: *2 ou + corpos no mesmo espaço*. São Paulo: Perspectiva, 1997. p. 58-9.)

Pintura (1917), de Amadeo de Souza-Cardoso.

1. Na obra *2 ou + corpos no mesmo espaço*, da qual foi extraído o poema, a frase "Lasciate ogni speranza voi ch'entrate" encontra-se numa página e o poema, na página seguinte. Essa frase, cuja tradução é "Deixai toda esperança, vós que entrais", foi extraída do canto III da parte "Inferno" da *Divina comédia*, do poeta humanista italiano Dante Alighieri. Trata-se, na obra de Dante, da inscrição gravada no portal de entrada para o inferno. Arnaldo Antunes, tomando por epígrafe esse verso, faz dele uma espécie de "porta de entrada" para o seu poema.

   a) Que relação existe entre o poema e a epígrafe?

   b) Em dois versos foi empregado o advérbio *aqui*. Levante hipóteses: Onde fica o inferno para o eu lírico?

2. Na *Divina comédia*, Dante, conduzido pelo poeta Virgílio, adentra o portal do inferno e descreve o que vê:

   > Ali, suspiros, queixas e lamentos
   > cruzavam-se pelo ar, na escuridão,
   > fazendo-me hesitar por uns momentos.
   >
   > Línguas estranhas, gírias em profusão,
   > exclamações de dor, acentos de ira,
   > gritos, rangidos e bater de mão,
   > [...]
   >
   > Vegetam como os **sáurios** indolentes;
   > eu os via desnudos, aguilhoados
   > por vespas e por moscas renitentes.
   >
   > Tinham de sangue os rostos salpicados,
   > que lhe caía ao peito e aos pés também,
   > pasto, no chão, dos vermes enojados.
   >
   > (Tradução de Cristiano Martins. *Divina comédia*. São Paulo: Edusp, 1976. p. 98-9.)

   | **sáurio:** lagarto.

   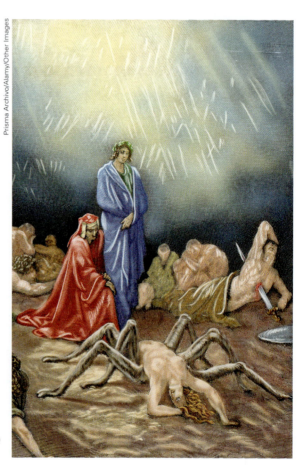

   Divina comédia. Purgatório (1868), de Gustave Doré.

   Compare o texto de Arnaldo Antunes ao de Dante e aponte semelhanças entre eles quanto às ideias.

3. O poema de Arnaldo Antunes é constituído por várias orações. Cada uma delas trata de um dos aspectos da visão infernal: a asa que não vinga, o azul sem vida, a terra infértil, etc. Observe que as orações do poema constituem um único período.

   a) O período é simples ou composto?

   b) Se composto, por coordenação ou por subordinação?

   c) Classifique as orações desse período.

   d) Relacionando forma e conteúdo, levante hipóteses: Por que toda a visão do inferno ficou concentrada num único período?

4. A enumeração dos elementos que compõem a visão infernal parece não ter fim. Um desses elementos, contudo, parece sintetizar todos os outros. Releia os quatro versos finais do poema:

> "como uma foto, a vida,
> sem saída, aqui,
> se apaga a lua, acaba
> e continua"

a) Qual é o sujeito das formas verbais *acaba* e *continua*?
b) Que elemento resume todos os elementos anteriores?
c) Explique a comparação entre a vida e a foto.
d) Dê uma interpretação coerente à aparente contradição entre *acaba* e *continua*.

Para que servem as orações coordenadas?

As orações coordenadas, por estabelecerem relações sintáticas e lógicas mais simples do que as subordinadas, são frequentemente empregadas em textos que visam à comunicação direta com o público.

É o caso, por exemplo, de textos como receitas, folhetos informativos, cartazes e até mesmo o do jornal falado de rádio e televisão. Nesses textos, quando não se emprega o período simples, a preferência normalmente é pelo período composto por coordenação.

5. Às vezes, apesar de não haver conectivos ligando certas orações, é possível observar certo tipo de relação semântica entre elas, como se a conjunção estivesse implícita. Veja estes exemplos:

> Estou procurando a passagem há uma hora, não achei. (mas / oposição)
>
> Você não foi à minha casa ontem, estou aqui hoje. (por isso / conclusão)
>
> Passou perto do banco, resolveu entrar. (e / adição)

a) No poema, é possível observar a existência de um nexo semântico entre as orações. De que tipo é esse nexo?
b) Esse valor equitativo entre as orações faz crer que, para o eu lírico, os elementos enumerados — asa, azul, terra, sêmen, etc. — apresentam o mesmo grau ou diferentes graus de importância na constituição da visão do inferno?

6. Observe no último verso do poema o valor semântico da palavra *e*, única conjunção empregada no poema. Como você sabe, essa conjunção normalmente indica *adição*. Considerando o contexto, verifique se, de fato, a conjunção *e* apresenta esse valor semântico. Caso não, qual seria o seu real valor semântico? Justifique sua resposta.

7. Entre os itens que seguem, indique aqueles que melhor traduzem o papel desempenhado pelas orações coordenadas na construção do sentido do texto lido.

- Exercendo papéis sintáticos equivalentes, cada uma das orações coordenadas compõe um aspecto desse painel infernal que é a própria vida.
- Estabelecendo entre si nexos semânticos de adição, as orações coordenadas somam as impressões de morte e aniquilamento da "vida sem saída".
- As orações coordenadas criam, no poema, relações de dependência sintática que equivalem, no plano da existência, às relações de subordinação entre a vida e a morte.

Semântica e discurso

Leia o anúncio a seguir e responda às questões 1 e 2.

(*Viagem*, ano 15, n. 7, p. 137.)

1. Releia estes enunciados verbais do anúncio:

- "Sai da montanha, visita um museu. Sai do museu para uma reserva ecológica."
- "Descubra o Espírito Santo. Seu destino é aqui."

a) Observe o tipo de relação existente entre as orações dos enunciados e reescreva-os, explicitando as conjunções coordenativas que estão subentendidas.
b) Qual o valor semântico das conjunções que você empregou ao reescrever os enunciados?
c) Na sua opinião, por que as conjunções foram omitidas no anúncio?

2. O anúncio é composto por imagens de vários lugares do Espírito Santo e foi publicado em uma revista de viagem.

a) Quem é o anunciante?
b) Qual é o público da revista?
c) Levante hipóteses: Por que o anúncio apresenta um grande número de imagens fotográficas, dispostas em painel?

248 Unidade 4 • Sintaxe

CAPÍTULO 22

Período composto por subordinação: as orações substantivas

Construindo o conceito

Leia o anúncio a seguir:

(34º Anuário do Clube de Criação de São Paulo, p. 137.)

1. A respeito do anúncio, responda:

   a) Qual é a sua finalidade?
   b) A quem ele é dirigido, principalmente?
   c) A cédula rasgada que se vê é dinheiro de que país?
   d) Que relação há entre a cédula rasgada e o enunciado verbal em destaque?

2. O enunciado verbal em destaque no anúncio consiste em um período composto, formado por duas orações, ligadas pela conjunção *que*. Veja:

> Só o SulAmérica Saúde evita | que você faça isso com os recursos da sua empresa.
> 1ª oração   2ª oração

   a) Qual é a predicação do verbo *evitar*?
   b) Qual das duas orações é a principal? Qual é a subordinada?
   c) Observe esta correspondência:

   > Só o SulAmérica Saúde evita | que você faça isso com os recursos da sua empresa.
   >   Só o SulAmérica evita | isso.
   >   VTD   OD

Com base na correspondência que você observou, deduza: Qual é a função sintática da oração *que você faça isso com os recursos da sua empresa*?

Este capítulo favorece o desenvolvimento das habilidades

- EM13LGG103
- EM13LGG104
- EM13LGG402
- EM13LP01
- EM13LP02
- EM13LP08
- EM13LP46

Capítulo 22 ▪ Período composto por subordinação: as orações substantivas **249**

■ Conceituando

Como você pôde observar, a oração *que você faça isso com os recursos da sua empresa* funciona como objeto direto do verbo *evitar* da oração principal. Por isso, recebe o nome de **oração objetiva direta**. Como equivale a um substantivo ou a um pronome substantivo, denomina-se **oração substantiva**. Além disso, por ser sintaticamente dependente da oração principal — *Só o SulAmérica Saúde evita* —, uma vez que é o objeto direto do verbo *evitar*, é denominada **oração subordinada**.

Assim:

> **Oração subordinada substantiva** é aquela que tem valor de *substantivo* e exerce, em relação à outra oração, a função de *sujeito*, *objeto direto*, *objeto indireto*, *predicativo*, *complemento nominal* ou *aposto*.

> *Que* ou *se*?
>
> Em relação ao emprego das conjunções integrantes, utilizamos *que* quando o verbo exprime uma certeza e *se* quando exprime uma incerteza. Exemplos: "Já sei *que* você não vai participar" e "Não sei *se* ele vai participar".

As orações substantivas são normalmente introduzidas pelas conjunções subordinativas integrantes *que* e *se*. Podem também, em alguns casos, ser introduzidas por um pronome indefinido, por um pronome ou advérbio interrogativo ou exclamativo. Veja:

Não sabemos	(por) quanto quem por que como quando onde	vendeu sua como motocicleta seminova.

A oração subordinada "quando você traz trabalho para casa" é introduzida pelo advérbio *quando*.

Classificação das orações substantivas

A oração substantiva pode desempenhar no período as mesmas funções que o substantivo pode exercer nas orações: *sujeito, objeto direto, objeto indireto, predicativo, complemento nominal* e *aposto*. Assim, de acordo com sua função, recebe as seguintes denominações: *subjetiva, objetiva direta, objetiva indireta, predicativa, completiva nominal* e *apositiva*.

Subjetiva

Exerce a função de *sujeito* da oração de que depende ou em que se insere:

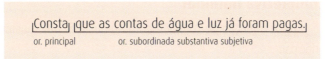

Observação

Certos verbos e certas expressões comumente têm por sujeito uma oração subordinada substantiva. São, entre outros:
- *acontecer, constar, cumprir, importar, urgir, ocorrer, parecer, suceder*, quando empregados na 3ª pessoa do singular;
- *sabe-se, conta-se, é sabido, ficou provado* (expressões na voz passiva);
- *é bom, é claro, parece certo, está visto* (expressões constituídas por um verbo de ligação acompanhado do predicativo).

Como reconhecer uma oração subordinada substantiva?

Quando a oração é substantiva, ela quase sempre pode ser substituída por um substantivo ou por um pronome substantivo, como *isto, isso, aquilo*. Observe:

Peça-lhe que me traga sal. → Peça-lhe isso.
          OSSOD   OD

Objetiva direta

Exerce a função de *objeto direto* do verbo da oração principal:

Objetiva indireta

Exerce a função de *objeto indireto* do verbo da oração principal:

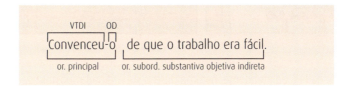

Predicativa

Exerce a função de *predicativo* de um termo que é sujeito da oração principal:

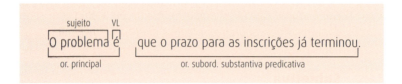

Completiva nominal

Exerce a função de *complemento nominal* de um substantivo ou adjetivo da oração principal:

Apositiva

Exerce a função de *aposto* de um nome da oração principal:

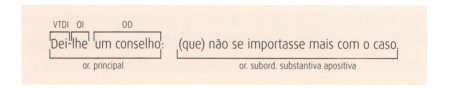

Frequentemente é precedida por dois-pontos e, às vezes, pode vir entre vírgulas.

Exercícios

Leia a tira a seguir, de Fernando Gonsales, e responda às questões 1 e 2.

(*Níquel Náusea — Minha mulher é uma galinha*. São Paulo: Devir, 2008. p. 30.)

1. No 1º quadrinho da tira, na fala da atendente, há uma oração subordinada substantiva. Identifique-a e classifique-a.

2. Nas tiras, o humor normalmente é construído a partir de quebra de expectativa, representada por uma situação surpreendente, que geralmente ocorre no último quadrinho. Qual é a situação surpreendente responsável pelo humor da tira?

Leia a tira a seguir e responda às questões 3 a 6.

(Alexandre Beck. *Armandinho*. Disponível em: https://m.folha.uol.com.br/folhinha/2015/12/1717994-ja-sentiu-que-tudo-acontece-quando-voce-nao-esta-olhando-veja-tirinhas.shtml. Acesso em: 30/8/2021.)

3. A fala de Armandinho no 1º quadrinho é formada de duas orações, ligadas pela conjunção *que*.

   a) Esse período é composto por coordenação ou por subordinação?

   b) Reescreva um trecho das falas de Armandinho dos outros dois quadrinhos que contenha uma construção similar a essa.

4. O verbo *dizer* foi empregado duas vezes na tira.

   a) Qual é a transitividade desse verbo em cada uma dessas ocorrências?

   b) Quais são os objetos desse verbo em cada um dos períodos analisados por você na questão 3?

   c) Troque ideias com os colegas e o professor: Em qual das ocorrências ele foi empregado com sentido figurado? Justifique sua resposta com base na tira.

5. As falas de Armandinho nos três quadrinhos estão entre aspas. Explique o uso desse sinal gráfico no contexto e justifique sua resposta com elementos do texto.

6. O 2º quadrinho começa com a conjunção *mas*.

   a) Quais ideias são colocadas em relação por essa conjunção?

   b) Explique que tipo de relação essa conjunção constrói na tira.

Orações substantivas reduzidas

Leia, a seguir, a primeira estrofe da canção "Wave", de Tom Jobim. Se possível, ouça a canção.

Wave

Vou te contar
Os olhos já não podem ver
Coisas que só o coração pode entender
Fundamental é mesmo o amor
É impossível ser feliz sozinho

(Disponível em: https://www.palcomp3.com.br/palco-fm/tom-jobim/49074/. Acesso em: 29/9/2021.)

Capítulo 22 • Período composto por subordinação: as orações substantivas   253

Observe o último verso:

"É impossível ser feliz sozinho"
                    or. subord. substantiva subjetiva

Outra redação possível para ele seria:

É impossível que eu seja feliz sozinho
              or. subord. substantiva subjetiva

Nos dois períodos apresentados, as orações destacadas são substantivas subjetivas e ambas expressam a mesma ideia.

A oração subordinada substantiva *que eu seja feliz sozinho* apresenta o verbo no modo subjuntivo e é introduzida por uma conjunção. Por isso, é uma **oração desenvolvida**.

> **Oração desenvolvida** é aquela que apresenta o verbo no modo indicativo, subjuntivo ou imperativo e é introduzida por um conectivo (palavra de ligação).

A oração subordinada substantiva *ser feliz sozinho* apresenta verbo no infinitivo e dispensa a conjunção. É, portanto, uma **oração reduzida**.

> **Oração reduzida** é aquela que apresenta o verbo numa das formas nominais (infinitivo, gerúndio e particípio) e não precisa de conectivo.

Na língua portuguesa, há três tipos de orações subordinadas reduzidas: **de infinitivo**, **de gerúndio** e **de particípio**.

As orações subordinadas substantivas geralmente são reduzidas de infinitivo.

Exercícios

1. Transforme a oração reduzida de infinitivo numa oração desenvolvida cujo verbo fique na voz passiva pronominal. Veja o exemplo:

> Convém fazer a manutenção das máquinas periodicamente.
> Convém que se faça a manutenção das máquinas periodicamente.

a) Seria bom encontrar as meninas na praia.
b) Parece certo mudar a data do evento.
c) Convém comprar os ingressos antecipadamente.
d) É preciso atualizar os endereços do cadastro.
e) "É preciso amar as pessoas como se não houvesse amanhã." (Renato Russo)

No texto a seguir há uma pergunta de um leitor e a resposta que a pesquisadora Sonia Maciel da Rosa Osman dá a ela. Leia o texto e responda às questões 2 a 4.

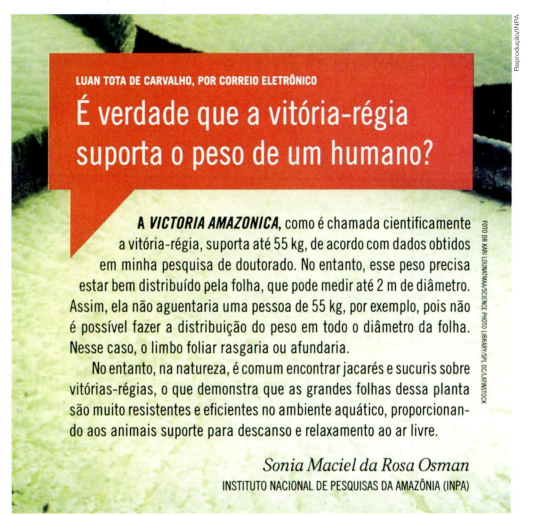

(*Ciência Hoje*, n. 283, p. 5.)

2. Há, no texto, quatro orações subordinadas substantivas. Identifique-as.

3. Das quatro orações subordinadas, três desempenham a mesma função.

    a) Quais são elas?

    b) Que função desempenham?

    c) Quais delas são reduzidas de infinitivo?

4. Como se classifica a oração subordinada substantiva que tem função diferente das outras três?

5. Na linguagem escrita, para dar expressividade, clareza e concisão ao texto, devemos, sempre que possível, evitar a repetição da conjunção *que*. No caso do emprego das orações subordinadas substantivas, dispomos dos recursos de substituir o verbo por um substantivo ou transformar a oração desenvolvida em uma oração substantiva reduzida. Veja o exemplo:

> Basta *que* o diretor *assine* no verso do requerimento.
> Basta a *assinatura* do diretor no verso do requerimento.
> Basta o diretor *assinar* no verso do requerimento.

Reescreva as frases a seguir, substituindo o verbo por um substantivo e transformando as orações subordinadas substantivas desenvolvidas em orações reduzidas correspondentes.

    a) O advogado sugeriu que interpretássemos a lei.

    b) A ordem é que se mantenha o atleta no clube.

    c) É importante que adquiramos computadores de última geração.

    d) Não importa que a diretoria aprove ou não o nosso projeto.

    e) É imprescindível esta medida: que se mude o horário.

As orações substantivas na construção do texto

Leia o texto a seguir, de Gregório Duvivier.

> Não sei se algum leitor da minha geração também passou por isto: tinha uma coleção chamada "Crianças Famosas" sobre a infância dos compositores [...].
>
> Ali aprendi que Mozart escreveu um minueto aos quatro anos de idade e Chopin, aos sete, já tinha composto sei lá quantas polonaises. [...] A coleção não somente falhou em despertar o gosto pela música clássica como destruiu meu gosto pela vida. Só conseguiu suscitar o gosto amargo do fracasso.
>
> Tinha uns 12 anos de idade quando percebi que já não tinha sido uma criança prodígio, 18 quando me dei conta de que tampouco tinha sido um adolescente prodígio e foi só aos 30 que percebi que só me restava tentar ser um velho prodígio. Foi por isso, acho, que comecei a escrever e atuar: pra fantasiar com realidades menos frustrantes que esta.
>
> (Disponível em: https://www1.folha.uol.com.br/colunas/gregorioduvivier/2020/09/em-algum-momento-devo-ter-feito-algo-certo-provavelmente-sem-querer.shtml. Acesso em: 22/4/2021.)

1. No trecho lido, o narrador conta um fato de sua infância que despertou nele alguns sentimentos.

   a) Qual é esse fato?
   b) Quais sentimentos foram motivados no narrador por esse fato?
   c) Levante hipóteses: Há certo exagero na forma como o narrador conta a história? Justifique sua resposta.

2. Ao longo do texto, o narrador dá pistas sobre sua vida atual. Deduza, justificando suas respostas com elementos do texto:

   a) Ele gosta de música clássica?
   b) Qual é a profissão dele?
   c) Por que ele supõe ter escolhido essa profissão?

3. O trecho lido contém diversos períodos compostos, muitos deles formados por orações substantivas. Volte ao texto e, considerando o contexto no qual cada uma das orações a seguir está inserida, estabeleça a correlação adequada.

  I. Oração subordinada substantiva objetiva indireta
 II. Oração subordinada substantiva completiva nominal
III. Oração subordinada substantiva objetiva direta
IV. Oração subordinada substantiva apositiva

a) se algum leitor da minha geração também passou por isto

b) tinha uma coleção chamada "Crianças Famosas" sobre a infância dos compositores

c) em despertar o gosto pela música clássica

d) de que tampouco tinha sido um adolescente prodígio

4. Releia a primeira frase do 2º parágrafo:

> "Ali aprendi que Mozart escreveu um minueto aos quatro anos de idade e Chopin, aos sete, já tinha composto sei lá quantas polonaises"

a) Quantas orações há nela? Justifique sua resposta.

b) Dê a classificação das duas primeiras orações que compõem essa frase.

c) Troque ideias com os colegas e o professor: A oração *Chopin, aos sete, já tinha composto sei lá quantas polonaises* é coordenada ou subordinada? Justifique sua resposta.

■ Semântica e discurso

1. Leia os versos a seguir, da canção "Último desejo", de Noel Rosa, confrontando o valor semântico das conjunções integrantes destacadas.

> Se alguma pessoa amiga
> Pedir *que* você lhe diga
> *Se* você me quer ou não,
> Diga que você me adora,
> Que você lamenta e chora
> A nossa separação...

Que diferença de sentido há entre elas nesse contexto?

Pronome oblíquo na função de sujeito?

Embora desempenhem normalmente a função sintática de objetos (diretos ou indiretos), os pronomes oblíquos às vezes podem fazer o papel de adjunto adnominal, de complemento nominal e até de sujeito. Veja:

> A mãe viu | quando ela entrou em casa.
> or. principal | or. subord. subst. objetiva direta

Reduzindo, temos:

> A mãe *a* viu entrar em casa.
> A mãe viu — oração principal
> a entrar em casa — or. subord. subst. objetiva direta reduzida de infinitivo

Da mesma forma que na oração desenvolvida o pronome *ela* é o sujeito de *entrar*, na oração reduzida o sujeito do verbo é o pronome oblíquo *a*.

2. Observe a classificação das orações neste período:

> ⌊Ouvi⌋ ⌊que eles gritavam palavras de ordem.⌋
> or. principal   or. subord. substantiva objetiva direta

Agora veja como fica a 2ª oração, transformada em reduzida:

> Ouvi-os gritar palavras de ordem.

Repare que, nesse caso, não se emprega na norma-padrão a forma "Ouvi eles gritar palavras de ordem".

Reescreva os períodos a seguir, adequando à norma-padrão as orações subordinadas substantivas reduzidas.

a) Vi ela sussurrando algo no ouvido da amiga.

b) Mandei eles sair da sala imediatamente.

c) Desejamos ver ele jogando futebol profissionalmente.

d) De madrugada, a mãe encontrou ele navegando na internet.

e) Deixe eu dormir até mais tarde, mãe.

Leia a tira a seguir e responda às questões 3 e 4.

(Folha de S.Paulo, 3/12/2011.)

3. Helga dá conselhos à filha, que pretende se casar. Com base na tira, por que é possível afirmar que Helga tem uma visão objetiva e "prática" do relacionamento familiar?

4. Na frase correspondente à fala de Helga, no 2º quadrinho:

> "Quando ela a visitar, *faça-a sentir*(-se) como parte da família"

a) Como ficaria o trecho em destaque, desenvolvendo-se a oração reduzida?

b) Na forma desenvolvida, que palavra corresponde ao pronome oblíquo *a*? Que função sintática essa palavra desempenha?

c) Identifique e classifique as orações que fazem parte do trecho destacado.

258   Unidade 4 • Sintaxe

CAPÍTULO 23

Período composto por subordinação: as orações adjetivas

■ Construindo o conceito

Leia este poema, de Paula Pimenta:

Coordenadas

Naquela noite que você me disse
Do anacronismo que também sentia,
Do conformismo que eu não queria,
Do seu ceticismo e da melancolia,
De todos os "ismos" de que tinha mania,
Só se esqueceu de me avisar o que eu podia,
O que eu não devia,
E aonde ia...

(*Confissão*. Belo Horizonte: Gutenberg, 2014. p. 33.)

1. O eu lírico do poema dialoga diretamente com um interlocutor.

  a) Quais termos do texto comprovam essa afirmação?
  b) Levante hipóteses: Qual é a relação entre o eu lírico e o seu interlocutor? Justifique sua resposta.

2. O poema é constituído de uma série de orações subordinadas, introduzidas pelo pronome relativo *que*. Observe duas delas:

"que também sentia"
"que eu não queria"

  a) Quais palavras expressas anteriormente o conectivo *que* retoma e substitui nesses versos?
  b) Reescreva as orações, substituindo o pronome relativo *que* pelas palavras que são retomadas por ele. Que função sintática essas palavras desempenham nas novas frases?

3. As orações analisadas na questão anterior têm um papel que poderia ser exercido por uma única palavra.

  a) Entre as opções de reescrita a seguir, assinale aquelas cujo sentido mais se aproxima dos versos originais.

  • Você me disse do anacronismo mútuo.
  • Você me disse do anacronismo gigantesco.
  • Você me disse do conformismo ingrato.
  • Você me disse do conformismo indesejado.

  b) Qual é a classe gramatical das palavras que substituem as orações nas frases do item **a**?
  c) E qual função sintática tais palavras desempenham nessas frases?

Este capítulo favorece o desenvolvimento das habilidades

EM13LGG103
EM13LGG104
EM13LGG402
EM13LP01
EM13LP02
EM13LP06
EM13LP08
EM13LP46

4. Compare estes versos:

> "Naquela noite que você me disse"
> "De todos os 'ismos' de que tinha mania"

a) Deduza: No contexto do poema, qual é o sentido da expressão *os "ismos"*?

b) Quais orações desses versos têm a mesma função daquelas analisadas por você na questão 2?

c) Observe que, no 2º verso, foi empregada a preposição *de* antes do pronome relativo *que*. Deduza: Por que isso ocorre?

d) Releia o primeiro verso: Nele também seria possível empregar uma preposição antes do *que*? Justifique sua resposta.

5. Troque ideias com os colegas e o professor e dê uma interpretação para os três últimos versos.

6. O título do poema é "Coordenadas". Explique a relação desse título com o conteúdo dos versos.

■ Conceituando

Ao estudar o poema da seção anterior, você observou que há alguns períodos compostos por subordinação que podem ser desmembrados:

> Você me disse do anacronismo *que eu também sentia*
> Você me disse do conformismo *que eu não queria*

Como vimos, as orações *que eu também sentia* e *que eu não queria* poderiam ser substituídas por adjetivos, como:

> Você me disse do anacronismo *mútuo*
> Você me disse do inconformismo *indesejado*

Nos exemplos analisados, as orações substituídas têm o mesmo papel sintático que os adjetivos *mútuo* e *indesejado*, modificando o sentido das palavras *anacronismo* e *inconformismo*, respectivamente. A oração que cumpre esse papel é chamada de **oração subordinada adjetiva**.

Observe também que as orações *que eu também sentia* e *que eu não queria* têm com a anterior (Você me disse) uma relação de dependência, de subordinação.

Concluindo:

> **Oração subordinada adjetiva** é aquela que tem valor de adjetivo, pois cumpre papel de determinar um substantivo (nome ou pronome) antecedente.

As orações subordinadas adjetivas são introduzidas pelos pronomes relativos *que, quem, onde, o qual* (*a qual, os quais, as quais*), *cujo* (*cuja, cujos, cujas*).

> **Uma dica**
>
> Para reconhecer um pronome relativo e, portanto, uma oração subordinada adjetiva, procure trocar o pronome relativo que introduz a oração por *o(a) qual, os(as) quais*, regidos ou não de preposição. O emprego desse artifício só não é possível com o conectivo *cujo* e suas variantes. Entretanto, *cujo* é sempre pronome relativo. Veja como a frase "Os carros que você já dirigiu mudaram muito", do anúncio ao lado, ficaria: "Os carros os quais você já dirigiu mudaram muito".
>
> (*Época*, n. 733, p. 59.)

Valores semânticos das orações adjetivas

Imagine a seguinte situação: está acontecendo uma reunião de professores, e o coordenador diz:

> — Neste bimestre, se todos concordarem, adotaremos algumas medidas pedagógicas. Os alunos que têm dificuldade em compreensão de textos terão aulas aos sábados.

Observe a estrutura sintática da última frase dita pelo coordenador:

Os alunos	que têm dificuldade em compreensão de textos	terão aulas aos sábados.
or. principal	or. subordinada adjetiva	or. principal

Nesse caso, quem terá aulas aos sábados? Naturalmente a intenção do coordenador é informar que somente terá aulas aos sábados *uma parte dos alunos*, isto é, aqueles que têm dificuldade em compreensão de textos.

Repare, agora, na alteração de sentido que ocorre na frase quando a oração adjetiva é colocada entre vírgulas:

> Os alunos, que têm dificuldade em compreensão de textos, terão aulas aos sábados.

Nesse outro caso, quem terá aulas aos sábados? Todos os alunos. A intenção do coordenador agora é outra. Ele afirma que *todos os alunos* têm dificuldade em compreensão de textos.

No primeiro caso, a oração adjetiva *restringe, particulariza* o sentido da palavra *alunos*; por isso, é uma **oração subordinada adjetiva restritiva**. No segundo caso, a oração acrescenta à palavra *alunos* uma informação que já é de conhecimento do interlocutor; por isso, é uma **oração subordinada adjetiva explicativa**. Ela *generaliza, universaliza* o sentido da palavra *alunos*: todos os alunos têm dificuldade em compreensão de textos; por isso, todos terão aulas aos sábados.

Classificação das orações adjetivas

As orações subordinadas adjetivas classificam-se em:

Restritivas

São as que delimitam, restringem ou particularizam o sentido de um nome (substantivo ou pronome) antecedente. Na escrita, ligam-se ao antecedente diretamente, sem vírgulas.

> Ela distribuiu às crianças os doces *que estavam sobre a mesa*.

Explicativas

São as que acrescentam ao antecedente uma informação que já é do conhecimento do interlocutor; assim, generalizam ou universalizam o sentido do antecedente. Na escrita, aparecem entre vírgulas.

> A candidata, *de quem temos excelentes referências*, chegou para a entrevista.

Orações adjetivas reduzidas

As orações subordinadas adjetivas podem ser desenvolvidas ou reduzidas. Quando reduzidas, têm o verbo no *infinitivo*, no *gerúndio* ou no *particípio*.

Observe os exemplos:

> Encontrei pai e filho a *discutir* futebol.
> Na sala havia um garoto *mascando* chiclete.
> Você já viu os livros *comprados* pela biblioteca?

Substantivas ou adjetivas?

Releia os três últimos versos do poema estudado na abertura deste capítulo:

> "Só se esqueceu de me avisar *o que eu podia*,
> O *que eu não devia*,
> E aonde ia..."

As orações em destaque são substantivas ou adjetivas? Observe que o verbo *avisar*, da oração principal, é transitivo direto e seu objeto é a palavra *o* (pronome demonstrativo com o sentido de "aquele, aquilo"), em ambos os versos, e não as orações *que eu podia* e *que eu não devia*. Trata-se, portanto, de orações subordinadas adjetivas restritivas, que se referem aos seus antecedentes *o*.

Exercícios

Leia o anúncio a seguir e responda às questões 1 a 3.

(Disponível em: http://capuccinobrain.blogspot.com.br/. Acesso em: 21/9/2021.)

Em português, o texto do anúncio é "Não é só uma árvore que está sendo cortada".

1. O anúncio foi publicado pelo Greenpeace, uma ONG (organização não governamental) que luta em defesa do meio ambiente. Observe a imagem e o enunciado verbal do anúncio.

   a) Como é o ambiente retratado na imagem? Descreva-o.
   b) A figura em destaque na imagem representa uma simbiose entre dois seres vivos. Quais são eles?
   c) Por que, no anúncio, a figura em destaque na imagem e o enunciado verbal se complementam?
   d) Que interpretação pode ser dada ao anúncio como um todo?

2. No enunciado verbal do anúncio, há duas orações. Identifique e classifique cada uma delas.

3. Empregando uma ou mais orações adjetivas — restritivas ou explicativas —, crie outro enunciado verbal que explicite a ideia principal do anúncio.

Leia os versos a seguir, de Carlos Drummond de Andrade, e responda às questões 4 e 5.

Canção amiga

Eu preparo uma canção
em que minha mãe se reconheça,
todas as mães se reconheçam,
e que fale com dois olhos.
[...]

(*Reunião*. 10. ed. Rio de Janeiro: José Olympio, 1980. p. 154.)

4. Identifique e classifique as orações subordinadas adjetivas presentes no versos.

5. O que justifica o emprego da conjunção *e* antes da oração "que fale com dois olhos"?

6. Compare, quanto ao sentido, estes enunciados:

   > O mico-leão-dourado que está em extinção vive no Sudeste do país.
   > O mico-leão-dourado, que está em extinção, vive no Sudeste do país.

   a) Que diferença de sentido há entre os enunciados?
   b) Como se classificam as orações subordinadas desses enunciados?
   c) Levando em conta as informações que você tem sobre a fauna brasileira, qual dos enunciados você considera mais coerente com a realidade? Por quê?

Funções sintáticas do pronome relativo

Além de indicar a subordinação, o pronome relativo, por meio do qual se inicia uma oração adjetiva, exerce também uma função sintática na oração a que pertence.

Capítulo 23 ▪ Período composto por subordinação: as orações adjetivas 263

Leia este anúncio:

No enunciado em destaque no anúncio, o pronome relativo *que* refere-se ao termo antecedente *caras* e o substitui na oração adjetiva, exercendo a função de sujeito.

Observe:

	pronome relativo com função de sujeito
Fernão Dias, Anchieta e Raposo Tavares eram caras	*que* adoravam mato.
or. principal	or. subordinada adjetiva

Desdobrando esse período, temos:

Fernão Dias, Anchieta e Raposo Tavares	eram	caras.	Caras	adoravam	mato.
sujeito	VL	pred. do sujeito	sujeito	VTD	OD

Observe que podemos substituir o pronome relativo pelo antecedente e, em seguida, analisá-lo sintaticamente na oração adjetiva:

Fernão Dias, Anchieta e Raposo Tavares eram caras	que adoravam mato.
or. principal	or. subordinada adjetiva

Fernão Dias, Anchieta e Raposo Tavares eram	caras.	Caras	adoravam	mato.
	pred. do sujeito	sujeito	VTD	OD

A função sintática do pronome relativo *que* é, assim, aquela que seu antecedente tem na oração adjetiva:

Fernão Dias, Anchieta e Raposo Tavares eram caras | *que* adoravam mato.
sujeito

Os pronomes relativos desempenham as seguintes funções:
- **sujeito:** As cartas *que* estão na gaveta são para você.
- **objeto direto:** Aqui está o livro *que* você me emprestou.
- **objeto indireto:** As músicas *de que* gosto são muitas.
- **predicativo:** "Reduze-me ao pó *que* fui". (Cecília Meireles)
- **complemento nominal:** O projeto com *o qual* ficou entusiasmado não foi aprovado pela diretoria.
- **adjunto adnominal:** O homem *cujo* carro comprei mudou-se para os Estados Unidos.
- **adjunto adverbial:** A cidade *onde* nasci é muito tranquila.
- **agente da passiva:** O colega *por quem* fomos enganados desapareceu.

Exercícios

Leia a tira a seguir.

(Disponível em: http://www.willtirando.com.br/anesia-278/. Acesso em: 22/4/2021.)

1. Enquanto toma café, Anésia conta a Dolores que vai visitar sua neta. Observe a resposta de Dolores, no 1º quadrinho.

   a) Troque ideias com os colegas e o professor: É possível compreender a intenção de Dolores com a pergunta feita por ela? Justifique sua resposta.

   b) Classifique sintaticamente a oração *que nasceu*. A quem ela se refere, no contexto?

2. Agora releia as falas de Anésia no 2º e no 4º quadrinho.

   a) Qual sentido ela dá à primeira pergunta da amiga?

   b) Relacione a resposta de Anésia a suas expressões faciais ao longo da tira e conclua: Quais das características listadas a seguir enquadram-se no perfil da personagem?

paciente	intolerante	ranzinza	gentil	simpática	inflexível	rabugenta

   c) Levante hipóteses: Anésia, de fato, não compreendeu a primeira pergunta de Dolores? Justifique sua resposta.

3. Transforme cada um dos pares de orações a seguir em um período composto, por meio do emprego dos pronomes relativos *que* ou *quem*, precedidos ou não de preposição. Veja o exemplo:

   > Preciso de um amigo.
   > Ele deve ter sensibilidade.
   > O amigo de que preciso deve ter sensibilidade.

   a) Necessito de um amor. Ele vai tirar-me da solidão.

   b) Convivo com pessoas interessantes. Elas são versadas em música, literatura e ciência.

   c) Discordei do professor. Ele não conseguia me convencer.

   d) Este é o autor. Tenho grande admiração por ele.

   e) Aqui está a testemunha. Confio nela.

A concisão da frase

Para evitar repetições e explicitar as ligações entre as ideias nas frases, podemos subordinar orações, empregando conjunções e pronomes. Dessa forma é possível construir textos coesos, expressivos e econômicos. Veja o exemplo:

> A casa parecia ser nova. O muro da casa caiu.
> A casa *cujo* muro caiu parecia ser nova.

Capítulo 23 • Período composto por subordinação: as orações adjetivas

4. Transforme cada um dos pares de orações a seguir em um período composto, por meio do emprego do pronome relativo *qual*, precedido ou não de preposição. Veja o exemplo:

> Gostei desta peça teatral.
> Já tinha ouvido bons comentários sobre ela.
>
> Gostei desta peça teatral sobre a qual já tinha ouvido bons comentários.

a) Vencemos o problema. Lutamos contra ele durante longo tempo.

b) O incidente ocorreu na classe. Nela ficaram poucas pessoas, após o fato.

c) Este é o novo ritmo. Diante dele, é preciso liberar a sensibilidade.

d) Esse é um assunto importante. Devemos meditar sobre ele.

5. Transforme cada um dos pares de orações a seguir em um período composto, por meio do emprego do pronome relativo *cujo* (ou *cuja, cujos, cujas*), precedido ou não de preposição. Veja o exemplo:

> Esta é uma árvore centenária.
> Seus galhos se mantêm vigorosos.
>
> Esta é uma árvore centenária cujos galhos se mantêm vigorosos.

a) Há projetos de limpar a baía de Guanabara. Suas águas estão quase mortas.

b) Chamei os alunos para discutir problemas econômicos. Seus pais estão desempregados.

c) São Paulo é uma cidade industrial. Suas fábricas são de grande porte.

d) Recebi a visita de meu irmão no último domingo. Acreditei em suas palavras.

e) A menina teve uma crise de choro. Sua mãe se feriu no acidente.

6. Forme períodos compostos, substituindo por um pronome relativo a palavra destacada nos pares de orações abaixo. A seguir, destaque o pronome relativo e indique sua função sintática. Veja o exemplo:

> O diretor já ocupou cargos importantes.
> O *diretor* foi nomeado ontem.
>
> O diretor *que* foi nomeado ontem já ocupou cargos importantes. / sujeito

a) Ele não ganhou nada.
   Ele trabalhou bastante.

b) As anedotas causaram riso geral.
   O viajante contou *anedotas*.

c) Foi deprimente o filme.
   Assistimos ao *filme*.

d) Este é o livro.
   Você fez alusão ao *livro* na aula.

e) Ele tem um carro.
   As portas do *carro* estão enferrujadas.

7. Leia esta tira:

a) Que pronome relativo (acompanhado ou não de preposição) completa o 2º quadrinho da tira, considerando o contexto? Justifique sua resposta.

b) Qual é a classificação sintática desse pronome na oração formada?

c) Na conversa realizada ao longo da tira, a joaninha não consegue se entender com a outra personagem. Por quê?

As orações adjetivas na construção do texto

Leia, a seguir, um trecho do texto "Memórias", do escritor Rubem Braga.

É preciso ler o livro *Memórias do cárcere*, de Graciliano Ramos. São quatro volumes, mas quem começa a leitura não tem vontade de parar. Nele se conta como um escritor de província — que haveria de ser um grande nome nacional — é demitido de seu lugar de diretor do ensino, preso, mandado de Maceió para o Recife, depois para o Rio, depois para o inferno da Ilha Grande. Por uma espécie de pudor, Graciliano evita dizer o nome do responsável inicial por essa perseguição — perfeitamente injusta, pois Graciliano não tomou parte alguma no movimento de 1935.

[...]

O que o livro narra é desumano, é torpe. Sente-se que o autor vence sua grande repugnância em cortar essas misérias e violências; em muitos casos passa por alto, evita entrar em detalhes dolorosos [...]. Só a sua dura honestidade o obriga a referir fatos, embora sem dar minúcias.

Este é um livro escrito com uma espécie de humildade orgulhosa; há nele coisas que superam seu valor de reportagem terrível e sua importância política: é a crispada força com que o doloroso velho Graça se debruça sobre o animal humano sujeito às piores provas, a lúcida agonia de espírito com que interroga a si mesmo para compreender os outros. Neste livro de memórias ele é, mais do que em qualquer outro, um grande escritor: um homem com as melhores armas de seu ofício, expondo a miséria e a grandeza do homem.

(*Bilhete a um candidato & outras crônicas sobre política brasileira*. Bernardo Buarque de Hollanda, org. Belo Horizonte: Autêntica, 2016. p. 79-80.)

1. Nesse texto, Rubem Braga tematiza o livro *Memórias do cárcere*, de Graciliano Ramos. A forma com que Rubem Braga aborda o livro permite considerar que seu texto se assemelha:

a) a um resumo detalhado.
b) a uma homenagem póstuma.
c) a uma resenha crítica.
d) a uma paródia.

2. Levando em consideração apenas o trecho lido:

a) Qual história Graciliano Ramos conta no livro?
b) Deduza: Quem é "o doloroso velho Graça"? Justifique sua resposta.
c) Explique resumidamente qual é a visão de Braga sobre o livro de Graciliano.
d) Levante hipóteses: Qual é o sentido da expressão *humildade orgulhosa*, empregada no começo do último parágrafo, no contexto? Por que, lida isoladamente, ela soa incoerente?

3. Releia a seguinte frase:

> "São quatro volumes, mas quem começa a leitura não tem vontade de parar."

a) Quais ideias são colocadas em oposição pela conjunção *mas* nessa frase?
b) Troque ideias com os colegas e o professor: A oração *quem começa a leitura*, nesse contexto, é substantiva ou adjetiva? Justifique sua resposta.

4. Observe a frase entre travessões no 1º parágrafo.

a) Qual informação sobre Graciliano Ramos, à época da prisão, ela contém? Justifique sua resposta.
b) Classifique sintaticamente essa oração, indicando a função sintática do pronome *que*.
c) Que outros sinais de pontuação poderiam substituir os travessões?

5. No último parágrafo, o autor emprega diversas orações subordinadas adjetivas.

a) Identifique, nesse parágrafo:
- uma oração subordinada adjetiva restritiva desenvolvida que contenha o pronome relativo sem preposição.
- duas orações subordinadas adjetivas restritivas desenvolvidas que contenham o pronome relativo acompanhado de preposição.
- duas orações subordinadas adjetivas restritivas reduzidas de particípio.
- uma oração subordinada adjetiva explicativa reduzida de gerúndio.

6. Troque ideias com os colegas e o professor: Considerando suas respostas às questões anteriores, bem como o conteúdo e a função do texto em estudo, qual é a relevância do emprego de orações subordinadas adjetivas?

Semântica e discurso

Leia o anúncio a seguir e responda às questões 1 a 3.

(*Horizonte Geográfico*, n. 140, p. 2-3.)

1. O anúncio faz parte de uma campanha publicitária e foi publicado em várias revistas e jornais.

a) Quem é o anunciante?
b) A quem o anúncio se destina?
c) Que finalidade ele tem em vista?

268 Unidade 4 • Sintaxe

2. O anúncio estabelece intertextualidade com um importante quadro do pintor impressionista francês Claude Monet (reproduzido a seguir).

Braço do rio Sena perto de Giverny (1897), de Claude Monet.

a) No enunciado verbal principal, o anunciante praticamente se desculpa com o pintor. Do que ele se desculpa?

b) Em que se apoia a afirmação do anúncio de que a água é mais valiosa que um quadro, mesmo que de Monet?

3. Na parte inferior do anúncio, lê-se o seguinte enunciado:

> "A Petrobras sabe da importância da água para o planeta. Por isso, água e clima são os temas do Programa Petrobras Ambiental. No período de 2008 a 2012, estão sendo investidos R$ 500 milhões em projetos que, entre outras ações, contribuem para preservar e recuperar os ecossistemas aquáticos. Se o futuro é um desafio, a Petrobras está pronta."

a) Identifique a oração subordinada adjetiva presente nesse enunciado e classifique-a.

b) Por que o anunciante optou por não empregar vírgula depois da palavra *projetos*, da oração anterior?

c) Considerando sua resposta no item anterior, responda: Qual é o papel semântico da expressão "entre outras ações"?

4. Troque ideias com os colegas e o professor:

a) Qual é a área de atuação da empresa Petrobras?

b) Considerando essa área de atuação, qual é a importância desse tipo de propaganda para a imagem da empresa?

5. Em anúncios publicitários e em títulos de matérias jornalísticas, livros e filmes, é comum o emprego de orações adjetivas.

Leia o anúncio:

(*IstoÉ*, n. 2 164, p. 2-3.)

a) Qual é a oração adjetiva empregada no enunciado verbal em destaque no anúncio? Como ela se classifica?

b) Considerando a finalidade do anúncio, responda: Por que esse tipo de oração adjetiva é fundamental nesse enunciado?

6. Na linguagem escrita, por razão de clareza e concisão, deve-se evitar a repetição do conectivo *que*. No caso do emprego das orações subordinadas adjetivas, um dos recursos para isso é empregar o adjetivo no lugar da oração. Veja o exemplo:

> Em seus textos, você deve usar uma letra *que pode ser lida*.
> Em seus textos, você deve usar uma letra *legível*.

Reescreva as frases, transformando as orações subordinadas adjetivas em adjetivos:

a) Por favor, não faça um discurso *que não tem fim*.

b) Ele sente pelo filho adotivo um amor *que não se pode definir*.

c) São marcas *que não se podem apagar*.

d) Este é um tipo de tarefa *que não se executa*.

e) É um texto *que não se pode entender*.

f) Este é um argumento *que não se pode refutar*.

7. Suponha que dois estabelecimentos bancários enviem a seus clientes pensionistas os seguintes avisos:

> *Banco 1*: Os pensionistas que recebem seu contracheque no dia 1º terão atendimento especial nesta agência bancária.
>
> *Banco 2*: Os pensionistas, que recebem seu contracheque no dia 1º, terão atendimento especial nesta agência bancária.

Os dois avisos têm o mesmo sentido? Por quê?

CAPÍTULO 24

Período composto por subordinação: as orações adverbiais

■ Construindo o conceito

Abaixo estão reproduzidas as páginas de abertura de uma reportagem sobre hábitos alimentares.

Leia-as.

(*Galileu*, n. 251, p. 46-47.)

1. A imagem de um brigadeiro riscado por um X é ilustrativa das afirmações feitas nos enunciados verbais que iniciam a reportagem.

   a) No contexto, o que representa o xis no brigadeiro?
   b) Que palavra ou expressão do título da página da esquerda corresponde a esse sinal?

2. Nos enunciados dispostos acima e abaixo da imagem do brigadeiro, há palavras e expressões adverbiais indicativas de tempo.

   a) Identifique-as.
   b) Que relação semântica há entre essas palavras e expressões e as palavras *hábitos* e *rotina* empregadas nos enunciados da página da esquerda?

3. No período "Quando [você] sobe na balança, sempre se arrepende", da página da direita, há duas orações. Veja:

> "Quando [você] sobe na balança, | sempre se arrepende."

Observe o tipo de relação que há entre as duas orações e responda:

   a) Qual das orações é a principal? Qual é a subordinada?

Este capítulo favorece o desenvolvimento das habilidades

- EM13LGG103
- EM13LGG104
- EM13LGG402
- EM13LP01
- EM13LP02
- EM13LP06
- EM13LP08
- EM13LP46

b) Que palavra faz conexão entre as orações? Qual é o valor semântico expresso por ela?

c) Conclua: Que tipo de circunstância relativa ao verbo da oração principal a oração subordinada expressa?

■ Conceituando

Ao responder às questões anteriores, você notou que o enunciado "Quando sobe na balança, sempre se arrepende" constitui um período composto, formado por duas orações, uma das quais (a subordinada) complementa o sentido da outra (a principal). Veja:

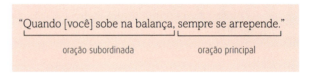

A oração subordinada *quando [você] sobe na balança* poderia ser substituída por uma palavra como, por exemplo, *depois*, que desempenharia a função de adjunto adverbial.

Veja a correspondência entre a oração *quando [você] sobe na balança* e a palavra que poderia substituí-la:

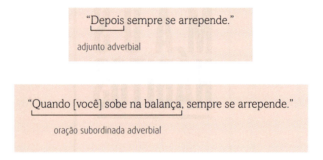

Observe que:

- a oração *quando [você] sobe na balança* é dependente sintaticamente da oração principal, porque equivale a um adjunto adverbial; por isso, é uma **oração subordinada adverbial**.
- a oração *quando [você] sobe na balança* corresponde a um adjunto adverbial de tempo — depois, por exemplo — e, assim, exerce a mesma função que este; por isso, é denominada **oração subordinada adverbial temporal**.

Concluindo:

> **Oração subordinada adverbial** é aquela que tem valor de advérbio (ou de locução adverbial) e, por isso, exerce em relação ao verbo da oração principal a função de adjunto adverbial.

As orações adverbiais se relacionam com a oração principal exprimindo diversas circunstâncias: causa, condição, concessão, comparação, consequência, conformidade, tempo, finalidade, proporção. Por exemplo, no anúncio abaixo, a oração subordinada adverbial *que a gente precisou fazer isso* indica uma consequência relativa à afirmação da oração anterior — [é] *Tão silencioso* —, enquanto a oração subordinada adverbial *para saber* indica uma finalidade em relação ao fato expresso na oração principal: *precisou fazer isso*.

(28º Anuário do Clube de Criação de São Paulo, p. 117.)

Valores semânticos das orações adverbiais

De acordo com as circunstâncias que expressam, as orações subordinadas adverbiais classificam-se em *causais, consecutivas, conformativas, concessivas, comparativas, condicionais, finais, proporcionais* e *temporais*.

Causais

Indicam a *causa* do efeito expresso na oração principal:

> Não compareceu à reunião dos condôminos *porque viajou*.

São introduzidas pelas conjunções subordinativas causais: *porque, visto que, que, posto que, uma vez que, como* (sempre anteposto à oração principal), etc.

Consecutivas

Expressam uma *consequência*, um efeito do fato mencionado na oração principal:

> Trabalhou tanto *que adoeceu*.

São introduzidas pelas conjunções subordinativas consecutivas: que (precedida de *tal, tão, tanto, tamanho*), *de sorte que, de modo que*, etc.

Conformativas

Estabelecem uma ideia de concordância, de *conformidade* entre um fato nelas mencionado e outro expresso na oração principal:

> *Conforme prometeu*, pagará a dívida na próxima semana.

São introduzidas pelas conjunções subordinativas conformativas: *como, conforme, segundo, consoante*, etc.

Concessivas

Indicam uma *concessão*, um fato contrário ao expresso na oração principal, porém insuficiente para anulá-lo:

> Não percebeu nada, *embora estivesse atento*.

São introduzidas pelas conjunções subordinativas concessivas: e*mbora, conquanto, que, ainda que, mesmo que, se bem que, por mais que*, etc.

Comparativas

Estabelecem uma *comparação* em relação a um elemento da oração principal:

> Trabalha *como um escravo*.

São introduzidas pelas conjunções subordinativas comparativas: *como, que, do que, assim como, (tanto) quanto*, etc.

Nas orações comparativas, é comum o verbo ser o mesmo da oração principal e, por isso, ficar subentendido. Na frase "Faça como a gente, adote o consumo consciente!", do folheto reproduzido acima, subentende-se a forma verbal *faz*: "Faça como a gente [faz]".

Condicionais

Expressam uma hipótese ou *condição* para que ocorra o fato expresso na oração principal:

> Irei à praia logo cedo, *se não chover*.

São introduzidas pelas conjunções subordinativas condicionais: *se, caso, contanto que, desde que, salvo se, a menos que, sem que*, etc.

Finais

Indicam uma *finalidade* relativa ao fato expresso na oração principal:

> Tentei de tudo *para que ele tocasse um instrumento musical*.

São introduzidas pelas conjunções subordinativas finais: *para que, a fim de que, que*.

Proporcionais

Indicam uma *proporção* relativa ao fato expresso na oração principal:

> *À medida que se aproximava a hora do exame*, a tensão aumentava.

São introduzidas pelas conjunções subordinativas proporcionais: *à proporção que, à medida que, ao passo que, quanto mais... (mais)*, etc.

Temporais

Indicam o momento, a época, o *tempo* de ocorrência do fato expresso na oração principal:

> Houve protestos *depois que o diretor saiu da reunião*.

São introduzidas pelas conjunções subordinativas temporais: *quando, enquanto, logo que, assim que, mal*, etc.

Orações adverbias reduzidas

Do mesmo modo que as orações substantivas e adjetivas, as orações adverbiais podem apresentar-se nas formas **desenvolvida** ou **reduzida**, com o verbo no *infinitivo*, no *gerúndio* ou no *particípio*. Veja os exemplos:

> Apesar de se esforçar muito, não obteve a premiação.
> or. subord. adv. concessiva reduzida de infinitivo
>
> Estudando, aprenderá Matemática.
> or. subord. adv. condicional reduzida de gerúndio
>
> Distribuídas as tarefas, cada um voltou ao trabalho.
> or. subord. adv. temporal reduzida de particípio

Exercícios

1. Leia o seguinte texto de campanha:

(*Superinteressante*, n. 289, p. 28-29.)

Observe estes enunciados do texto:

- "Se você agir, podemos evitar."
- "Se você tiver febre alta com dor de cabeça, dor atrás dos olhos, no corpo e nas juntas, vá imediatamente a uma unidade de saúde."

a) Os dois enunciados constituem períodos compostos em que há uma oração subordinada adverbial. Identifique e classifique essas orações subordinadas adverbiais.

b) Considerando a situação de comunicação, justifique o emprego do tipo de oração subordinada adverbial presente nos enunciados.

c) Como ficariam os enunciados caso as orações subordinadas que eles representam fossem transformadas em orações reduzidas?

2. Leia este poema:

Razão de ser

Escrevo. E pronto.
Escrevo porque preciso,
 preciso porque estou tonto.
Ninguém tem nada com isso.
 Escrevo porque amanhece,
e as estrelas lá no céu
 lembram letras no papel,
quando o poema me anoitece.
 A aranha tece teias.
O peixe beija e morde o que vê.
 Eu escrevo apenas.
Tem que ter por quê?

(Paulo Leminski. *Melhores poemas*. 6. ed. Seleção de Fred Góes, Álvaro Martins. São Paulo: Global, 2002. p. 133.)

Há, no poema, dois tipos de oração subordinada adverbial.

a) Quais são eles? Cite uma oração de cada tipo.

b) Considerando o tema e o título do poema, por que há predomínio de um desses tipos de oração subordinada adverbial?

Leia a tira a seguir e responda às questões 3 e 4.

(Angeli. *Luke e Tantra – Sangue bom*. São Paulo: Devir/Jacarandá, 2000. p. 11.)

3. No 1º quadrinho da tira, na fala da personagem Luke, há um período composto. Nesse período, a oração *vendo os meninos bonitos do colégio* é subordinada reduzida. Desenvolva-a e classifique-a.

4. Observe, no 2º quadrinho da tira, a frase dita pela personagem Luke. Trata-se de um período composto de duas orações. Que tipo de relação semântica existe entre elas?

5. Classifique as orações subordinadas adverbiais reduzidas destacadas:

a) *Ao viajar*, não tome bebidas alcoólicas.

b) Não pude participar do campeonato *por estar muito gripado*.

c) Ofendi meu amigo *sem querer*.

d) "Você, *varrendo o quarto*, não terá encontrado algumas?" (Graciliano Ramos)

e) *Surpreendido em falta grave*, o menino chorava copiosamente.

f) *Mesmo relido o texto*, André não entendeu metade.

g) *Prevendo uma atitude agressiva*, não disse absolutamente nada.

6. Empregando o processo subordinativo, forme dois períodos com as frases de cada item. No primeiro período, estabeleça entre as orações uma relação de causa; no segundo, uma relação de consequência. Se necessário, mude a ordem dos termos ou das orações.

a) Saiu rapidamente. Esqueceu a bolsa.

b) Não verificou a fonte das informações. Compartilhou notícias falsas.

c) A empresa demorou a dar uma resposta para a reclamação. O consumidor procurou ajuda de um advogado.

d) Chegou silenciosamente. Ninguém percebeu a sua presença.

Capítulo 24 ▪ Período composto por subordinação: as orações adverbiais

As orações adverbiais na construção do texto

Leia o texto a seguir, de Ferreira Gullar.

Meu povo, meu poema

Meu povo e meu poema crescem juntos
como cresce no fruto
a árvore nova

No povo meu poema vai nascendo
como no canavial
nasce verde o açúcar

No povo meu poema está maduro
como o sol
na garganta do futuro

Meu povo em meu poema
se reflete
como a espiga se funde em terra fértil

Ao povo seu poema aqui devolvo
menos como quem canta
do que planta.

(*Toda poesia (1950/1980)*. São Paulo: Círculo do Livro. p. 217.)

1. Ao longo do texto, o eu lírico faz um jogo com as palavras *povo* e *poema*, alternando funções e a posição delas na frase. Observe:

> "Meu povo e meu poema crescem juntos"
>
> "No povo meu poema vai nascendo"
>
> "Meu povo em meu poema / se reflete"
>
> "Ao povo seu poema aqui devolvo"

a) Qual é a função sintática da palavra *povo* em cada um desses enunciados?
b) E a função sintática da palavra *poema*?
c) Compare suas respostas nos itens *a* e *b*. O que as funções sintáticas sugerem quanto à relação entre povo e poema?
d) Qual é o efeito de sentido produzido pela identidade entre povo e poema?
e) Que verso do poema comprova sua resposta no item anterior?
f) O título do poema confirma ou nega sua resposta no item anterior? Por quê?

2. Em cada estrofe do poema, há uma oração que é subordinada adverbial e tem participação importante na construção dos sentidos do texto. Como se classifica essa oração?

3. Em cada estrofe, é feita uma comparação entre povo/poema e outro elemento.

a) A que povo/poema é comparado em cada estrofe?
b) O que têm em comum todos os elementos a que povo/poema é comparado?
c) Considerando a concepção de fazer poético do eu lírico, o que esses elementos acrescentam à relação povo/poema?

4. Na última estrofe, o eu lírico declara:

> "Ao povo seu poema aqui devolvo / menos como quem canta / do que planta."

a) Se o eu lírico é o criador do poema, por que ele diz "Ao povo *seu* poema aqui devolvo"?
b) Qual seria o papel do poeta, segundo o eu lírico, na criação do poema?
c) Explique os dois versos finais do poema: "menos como quem canta / do que planta".
d) Pode-se dizer que a concepção de poesia expressa no poema é social? Por quê?

Para que servem as orações adverbiais?

As orações adverbiais estabelecem relações lógicas e coesivas importantes na construção do sentido de um texto. Servem para inserir noções de tempo, finalidade, condição, concessão ou, ainda, para estabelecer comparação, concomitância ou relações de causa e consequência entre dois fatos.

Embora as orações adverbiais sejam comuns na fala, alguns dos seus tipos aparecem mais frequentemente em textos escritos de acordo com a norma-padrão da língua e com certo grau de elaboração de ideias.

▌ Semântica e discurso

Leia o anúncio.

> Quando você pensa em uma marca de carro, qual... Espera, deixa eu terminar a pergunta.

Volkswagen. Pelo 16º ano consecutivo a marca de automóveis mais lembrada na pesquisa Top of Mind da Folha.

Perfeito para a sua vida.

(*Folha Top of Mind*, 24/10/2006.)

1. Em relação ao anúncio, responda:
a) Que finalidade ele tem?
b) A quem ele se dirige?

2. Os anúncios publicitários normalmente apresentam parte verbal e parte não verbal.
a) Que imagens compõem a parte não verbal do anúncio?
b) Levante hipótese: Por que, nesse anúncio, há pouco destaque para imagens?

3. Observe este enunciado:

> "Quando você pensa em uma marca de carro, qual..."

a) Levante hipóteses: Como poderia ser concluída a segunda oração do período?
b) Com a segunda oração concluída, teríamos um período composto. Classifique as orações que formariam esse período composto.

4. O anúncio simula uma situação de diálogo direto com o interlocutor.
a) Que elementos do enunciado verbal comprovam isso?
b) A linguagem utilizada no anúncio é formal ou informal? Justifique sua resposta.
c) Que finalidade o tipo de linguagem empregada pelo anunciante tem em vista?

5. Leia, a seguir, o anúncio e os versos do poeta cabo-verdiano Daniel Felipe.

(*Época* — *Edição histórica: 60 anos*, n. 733, p. 37. Editora Globo.)

Que importa a melodia,
se acaso aos outros dou,
com pávida alegria,
O pouco que me sou?

(Disponível em: www.jornaldepoesia.jor.br/daniel02.html. Acesso em: 5/7/2012.)

A conjunção *se*, dependendo do contexto em que é empregada, pode assumir valores semânticos diferentes.

a) Em qual dos textos a conjunção *se* tem o valor semântico de condição?

b) Que valor semântico a conjunção *se* tem no outro texto? Que conjunção poderia substituí-la, sem alteração de sentido?

6. Observe o emprego das orações reduzidas de gerúndio nas frases a seguir.

> I. O verão chegando, vocês ficam aí escondidos debaixo de cobertas.
> II. O verão chegando, volto a viajar para o litoral.
> III. O verão chegando muito intenso, vou para uma cidade menos quente.
> IV. O verão chegando muito intenso, preferi me mudar para uma cidade menos quente.

Esse tipo de construção, com a forma verbal no gerúndio, é relativamente comum na fala, mas na escrita pode gerar imprecisão, uma vez que uma mesma construção, como "O verão chegando", pode ter diferentes significados dependendo do contexto. Troque ideias com os colegas e o professor, discuta os possíveis sentidos das orações lidas e:

a) levando em conta os sentidos das frases lidas, indique em qual delas a construção "O verão chegando" estabelece ou pode estabelecer com a oração que a acompanha uma relação semântica de:

causa   concessão   condição   tempo

b) Reescreva cada uma delas, empregando conjunções subordinativas adverbiais que explicitem ao menos uma das relações semânticas indicadas por você no item *a*.

7. A conjunção *que* tem diferentes valores semânticos (consequência, comparação, finalidade, concessão). Indique o valor semântico expresso por essa conjunção nas orações subordinadas adverbiais destacadas nos períodos a seguir.

a) Demorou tanto para sair do trabalho, *que, quando chegou em casa, todos estavam dormindo*.
b) Ele dormiu mais tarde *que você*.
c) Dei ordem *que chegasse cedo*.
d) *Um minuto que fosse*, para ela seria muito.

8. Todas as orações subordinadas adverbiais dos períodos a seguir iniciam-se pela conjunção *como*. Agrupe-as de acordo com o valor semântico expresso por essa conjunção e indique-o.

a) Como estudava no período da manhã, aproveitava as tardes para praticar esportes.
b) Eu me dedico aos esportes como me dedico aos estudos.
c) Comportaram-se como a mãe pediu.
d) Como estávamos atrasados, preferimos ir de carro.
e) Trabalhamos em conjunto como previsto.
f) Dormiu bem como um bebezinho.

CAPÍTULO 25

A pontuação

■ Construindo o conceito

Leia o texto a seguir, observando os diferentes sinais de pontuação utilizados para organizar as ideias e construir os sentidos pretendidos.

> **Empresas só têm a perder ao desprezar profissionais mais maduros**
>
> Em 2017, a Pesquisa Nacional por Amostra de Domicílios Contínua (Pnad Contínua), realizada pelo **IBGE**, mostrou que o Brasil chegou a 30,2 milhões de "**idosos**". A Organização Mundial da Saúde estimava até então que o país fosse alcançar esse número somente em 2025. Em cinco anos aumentou em 18% a parcela de pessoas com 60 anos ou mais, e pelo ritmo atual o Brasil ganhará 1 milhão de "idosos" anualmente daqui em diante.
>
>
>
> Escrevi a palavra idosos entre aspas porque não conheço ninguém com idade entre 60 e 70 anos que se considere idoso. Esse termo carrega o estereótipo daquele símbolo de vaga para idosos em que há uma pessoa com bengala —— o que está longe da realidade da maioria dos que estão nessa faixa etária.
>
> Na década de 80, quando eu nasci, quem tinha 60 anos era considerado um velhinho. Hoje em dia a coisa é bem diferente. Dizem que os 60 anos são os novos 40. E a pessoa com 50, então? É e se sente (e normalmente está mesmo) jovem, cheia de energia e de planos.
>
> [...]
>
> Há quatro anos pesquisando sobre preconceito etário na MaturiJobs, percebi que, especialmente nos cargos mais baixos, fora das posições de gerência ou direção, já se torna difícil conseguir um emprego no Brasil (sobretudo para as mulheres) após os 40 anos. Quando se avança nos 50, fica praticamente impossível. [...]
>
> Os 50+ —— atualmente mais de 25% da população brasileira ——, que enfrentam tanta dificuldade em se recolocar, devem por sua vez buscar continuamente atualização (já ouviu falar do *Lifelong learning*, o aprendizado pela vida toda?). As capacitações técnica e comportamental são essenciais, assim como o autoconhecimento, o *networking*, a integração com os mais jovens e a procura por novos caminhos profissionais como o empreendedorismo, além da manutenção da autoestima, para aproveitar o conhecimento e não temer processos seletivos com jovens nem ter receio de lidar com um chefe mais novo.
>
> Hoje em dia há vários caminhos a ser percorridos e é preciso pensar "fora da caixa" para ir além daquele formato tradicional de trabalho que se aprendeu vinte ou trinta anos atrás. O próprio setor voltado para os 50+, em seus mais diversos segmentos, carece de muitos serviços e melhor atendimento, e essa é uma grande oportunidade para os maduros —— que "sentem na pele" essa realidade —— perceberem e criarem oportunidades de negócio.
>
> [...]
>
> Há muitas oportunidades que os trabalhadores que passaram dos 50 anos e as empresas poderão desfrutar, a partir do momento em que começarmos a entender que a soma da idade não subtrai, só multiplica, e criarmos uma consciência social em torno disso, como diz a espanhola Raquel Roca, pesquisadora desse tema.
>
> Que tal então revermos nossos conceitos a respeito da idade, já que todos nós seremos "idosos"?
>
> (Disponível em: https://veja.abril.com.br/economia/empresas-so-tem-a-perder-ao-desprezar-profissionais-mais-maduros/. Acesso em: 27/2/2020.)

Este capítulo favorece o desenvolvimento das habilidades

- EM13LGG101
- EM13LGG103
- EM13LP01
- EM13LP02
- EM13LP03
- EM13LP08
- EM13LP49

1. O texto aborda a situação do mercado de trabalho para pessoas com idade superior a 50 anos.

   a) Qual é a percepção do autor do texto sobre o mercado de trabalho para essas pessoas?

   b) E quais atitudes ele recomenda, no texto, para essas pessoas?

   c) Explique o sentido da frase "a soma da idade não subtrai, só multiplica", no contexto.

2. Ao desenvolver sua argumentação, o autor do texto faz referência explícita ao uso de um sinal de pontuação.

   a) Qual é o sinal?

   b) Identifique a referência feita no texto e justifique o uso desse sinal.

   c) Há no texto outras ocorrências desse mesmo sinal. Quais são elas?

   d) Compare os usos e os sentidos desse sinal no texto em estudo. Em seguida, explique a diferença, se houver.

3. Observe o emprego de pontos de interrogação ao longo do texto e correlacione suas ocorrências a cada uma das descrições a seguir.

   a) Inserção de uma questão que contém um convite à reflexão para o leitor.

   b) Inserção de uma questão retórica, isto é, como uma pergunta para lançar uma discussão a ser desenvolvida no texto.

   c) Inserção de uma questão para se aproximar do leitor, interagindo com ele.

4. Observe os empregos dos sinais de parênteses e travessões e conclua: Qual das opções seguintes descreve melhor a função deles no texto em estudo?

   - Separar termos de mesma função sintática.
   - Fazer um comentário ou dar uma explicação sobre o tópico em pauta.
   - Indicar a fonte de onde a informação imediatamente anterior foi extraída.

5. As vírgulas são empregadas no texto com diferentes funções. Faça uma associação entre os quadros a seguir, deduzindo qual descritor da função da vírgula se enquadra em cada trecho extraído do texto.

   I. Isolar locução/expressão/oração adverbial.

   II. Separar elementos de mesmo valor enumerados em sequência.

   III. Isolar aposto.

   IV. Separar orações coordenadas ligadas pela conjunção *e*, com sujeitos diferentes.

   a) "Na década de 80, quando eu nasci, quem tinha 60 anos era considerado um velhinho."

   b) "assim como o autoconhecimento, o *networking*, a integração com os mais jovens e a procura por novos caminhos profissionais"

   c) "O próprio setor voltado para os 50+ [...] carece de muitos serviços e melhor atendimento, e essa é uma grande oportunidade para os maduros"

   d) "como diz a espanhola Raquel Roca, pesquisadora desse tema."

Conceituando

No estudo de abertura, você observou que a pontuação organiza e contribui para a construção de sentidos de um texto. Em muitos casos, a escolha da pontuação depende da intenção e do estilo do enunciador. Assim, os sinais de pontuação estão diretamente relacionados à situação de comunicação, ao interlocutor e à finalidade do texto. Servem para marcar as pausas e as entonações e também podem indicar componentes específicos da língua falada, como os gestos e a expressão facial. Desse modo, facilitam a leitura e tornam o texto mais claro e preciso.

> A **pontuação** marca, na escrita, a coesão entre palavras e
> partes do texto, tornando mais preciso seu sentido.
> Além disso, pode apontar diferenças de entonação na leitura.

Embora haja casos nos quais os sinais de pontuação podem ser empregados de acordo com o estilo e as intenções do enunciador, há regras que indicam determinados empregos de alguns sinais de pontuação em situações específicas. Veja algumas delas.

A entonação

Na fala, a frase é marcada pela entonação, isto é, pelo tom que o falante dá à voz para expressar sua intenção. Na escrita, o uso de alguns sinais de pontuação, indicando pausas, altura de voz, ênfase, etc., juntamente com o conteúdo dos textos, contribui para, na leitura, sermos capazes de aproximar o texto escrito da fala.

Veja o exemplo dos quadrinhos abaixo:

(Disponível em: https://br.pinterest.com/pin/836965911974520206/?d=t&mt=signup. Acesso em: 28/2/2020.)

Observe que, se quisermos expressar a intenção de Susie nos três primeiros quadrinhos, devemos ler sua fala com um tom de voz mais alto e que revele irritação. Já no último quadrinho, o mesmo ponto de exclamação deve ser lido com um tom de voz que expresse surpresa e satisfação na fala dos dois personagens.

Capítulo 25 ▪ A pontuação 283

Vírgula

A vírgula entre os termos da oração

Emprega-se a vírgula:

- para separar termos que exercem a mesma função sintática — *sujeito composto, complementos, adjuntos* —, quando não vêm unidos por *e*, *ou* e *nem*:

> Deu-me *livros, revistas de arte, discos antigos e CDs*.
> objeto direto

- para isolar o *aposto*:

> O resto, *as louças, os cristais, os talheres*, irá nas caixas menores.

- para isolar o *vocativo*:

> Você ouviu, *Maria*, que notícia estranha?

- para isolar o *adjunto adverbial*, quando ele é extenso ou quando se quer destacá-lo:

> *À noite*, faço um curso de inglês intensivo.

- para isolar expressões explicativas como *isto é, por exemplo, ou melhor, a saber, ou seja*, etc.

> Entregaram-me a encomenda, *isto é*, os móveis e as cadeiras, com um mês de atraso.

- para isolar o *nome de um lugar* anteposto à data:

> *Recife*, 20 de dezembro de 2020.

A vírgula entre as orações

Coordenadas

Emprega-se a vírgula para separar:

- as orações *coordenadas assindéticas*:

> Foi à porta, espiou, correu para dentro assustada.

- as orações *coordenadas sindéticas*, com exceção das introduzidas pela conjunção *e*:

> Talvez seja engano meu, mas acho-a agora mais serena.

> **Observação**
>
> As orações coordenadas sindéticas unidas pela conjunção *e* podem vir separadas por vírgulas quando:
> - têm sujeitos diferentes: "A criatura desviou-se, e ao cabo de um minuto as linhas moveram-se [...]" (Graciliano Ramos)
> - a conjunção é repetida várias vezes: Queria não ver, e abaixava os olhos, e tapava-os com as mãos, e sentia-se fechar em si mesma.

Quando não empregar a vírgula

Não se recomenda empregar a vírgula entre o sujeito e o predicado e entre o verbo e seus complementos, a não ser que haja termo ou oração intercalados. Assim, no anúncio abaixo, no enunciado "Um bom conteúdo perde muito sem um bom papel", não se separa por vírgula o sujeito *Um bom conteúdo* do predicado *perde muito sem um bom papel*.

> **Etc.**
>
> Considerando que *etc.* é abreviatura da expressão latina *et coetera*, que significa "e outras coisas", o emprego da vírgula antes dele seria dispensável. Entretanto, o acordo ortográfico em vigor no Brasil exige que empreguemos *etc.* precedido de vírgula. Veja o exemplo:
>
> Trouxe nesta pasta as fotografias, as cartas, os documentos, etc.

Subordinadas substantivas

Somente as orações *subordinadas substantivas apositivas* devem ser separadas por vírgula (ou dois-pontos) da oração principal; as demais substantivas, não.

> Ele só pensava numa coisa, *que não cederia*.

Subordinadas adjetivas

Somente as orações *subordinadas adjetivas explicativas* devem ser separadas por vírgula da oração principal; as *restritivas*, não.

> Nem ele, *que é o melhor da turma*, quis jogar.

Subordinadas adverbiais

As orações *subordinadas adverbiais* são separadas por vírgula:

- opcionalmente, se vierem *após* a oração principal:

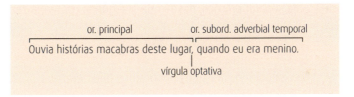

- obrigatoriamente, se vierem *antepostas* ou *intercaladas* à oração principal:

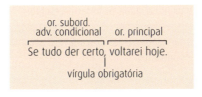

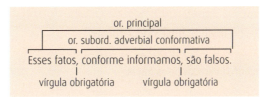

- obrigatoriamente, quando forem reduzidas de gerúndio, particípio e infinitivo:

Observe que, no balão do 1º quadrinho, a oração subordinada adverbial temporal *Depois que troquei o violão pela flauta* vem anteposta à oração principal *as formigas passaram a gostar de mim*. Nesse caso, para separar as orações, a vírgula é obrigatória.

(Fernando Gonsales. *Níquel Náusea — Em boca fechada não entra mosca*. São Paulo: Devir, 2008. p. 17.)

Ponto e vírgula

Emprega-se o ponto e vírgula:

- antes das orações sindéticas adversativas e conclusivas, quando apresentarem a conjunção deslocada:

> Os alunos pretendiam montar um pequeno laboratório de ciências; o dinheiro arrecadado, entretanto, não foi o suficiente.
> Você já recebeu dois convites; deve, portanto, comparecer à cerimônia.

Observe que, nesse caso, a conjunção vem entre vírgulas.

- para separar orações, desde que a segunda contenha zeugma:

> Vocês anseiam pela violência; nós, pela paz.

- para separar os itens dos enunciados enumerativos:

> As águas das chuvas provocam sérios problemas à rede de esgotos. Evite problemas, procedendo da seguinte forma:
> a) não ligue ralos de fundo de quintais às redes de esgoto;
> b) tampe as caixas de inspeção e limpe-as a cada três meses;
> c) não jogue nos vasos sanitários fraldas descartáveis, absorventes higiênicos, plásticos, estopas, panos e produtos similares.

Ponto

Emprega-se no final de frases *declarativas*:

> Os livros foram danificados pelas traças.

Ponto de interrogação

Emprega-se no final de frases *interrogativas diretas*:

> E eu? O que devo fazer?

Ponto de exclamação

Emprega-se no final de frases exclamativas, com a finalidade de indicar estados emocionais, como espanto, surpresa, dor, alegria, súplica, etc.:

Saia daqui já!

Observe os sinais de pontuação empregados na tira. No 1º quadrinho, o sinal de interrogação conota a fala irônica do personagem de óculos; na resposta de seu interlocutor, a exclamação indica indignação; já no 2º quadrinho, a exclamação indica ênfase, certeza.

(Fernando Gonsales. *Folha de S.Paulo*, 23/7/2004.)

Dois-pontos

É usado para introduzir palavras, expressões, orações ou citações que servem para enumerar ou esclarecer o que se afirmou anteriormente:

> Lembrei-me do nome e do tipo: era João Francisco Gregório, caboclo robusto, desconfiado...
>
> (Graciliano Ramos)

Aspas

São usadas no início e no final de citações para destacar palavras estrangeiras, neologismos, gírias; para marcar ironia; para indicar mudança de interlocutor nos diálogos; para evidenciar que o termo não é muito preciso para o contexto. Observe o anúncio a seguir, do jornal *Metro*, que utiliza uma conhecida citação de John Lennon, atribuindo-a a Martin Luther King, acompanhada da foto de Nelson Mandela, a fim de satirizar e chamar a atenção para a onda de *fakenews* que assola a internet.

(Disponível em: http://www.putasacada.com.br/wp-content/uploads/2014/05/mandela_jornalmetro.jpg. Acesso em: 25/2/2020.)

Capítulo 25 ▪ A pontuação 287

Parênteses

São empregados para separar palavras ou frases explicativas e nas indicações bibliográficas:

> Depois do jantar (mal servido) Seu Dagoberto saiu do Grande Hotel e Pensão do Sol (Familiar) palitando os dentes caninos.
>
> (Alcântara Machado)

Travessão

É utilizado:

- para indicar a mudança de interlocutor nos diálogos:

> — Quer saber de uma coisa? O melhor é nós terminarmos.
>
> — Terminarmos?
>
> Ele sentiu um frio.
>
> — Não combinamos mais mesmo.
>
> (Luiz Vilela)

- para isolar a fala do personagem da fala do narrador:

> — Que deseja agora? — gritou-lhe afinal, a voz transtornada. — Já não lhe disse que não tenho nada a ver com suas histórias?
>
> (Fernando Sabino)

- para destacar ou isolar palavras ou expressões no interior de frases:

> Grande futuro? Talvez naturalista, literato, arqueólogo, banqueiro, político, ou até bispo — bispo que fosse —, uma vez que fosse um cargo...
>
> (Machado de Assis)

Reticências

Indicam a interrupção da frase, feita com a finalidade de sugerir:

- dúvida, hesitação, surpresa:

> Não quero sair porque... porque não quero vê-la.
> Qualquer dia destes, embarco... pra China!

- prolongamento da frase:

> Naquele jardim havia de tudo: dálias, rosas, crisântemos, violetas...

- interrupção do pensamento ou sugestão para que o leitor complete o raciocínio:

> Depois de tantos anos, finalmente nos encontramos e...

- destaque a uma palavra ou expressão:

> De todas as minhas experiências, nada equivaleu a... ser pai!

- supressão de trecho em textos:

> A democratização dos estudos trouxe para as escolas de ensino médio alunos que outrora ingressavam diretamente na vida ativa. [...] No ensino médio, os estabelecimentos escolares recebem alunos muito heterogêneos no que tange à relação com o saber.
>
> (Philippe Perrenoud)

Exercícios

Leia o poema a seguir, de Mário Quintana, e responda às questões 1 e 2:

O gato

O gato chega à porta do quarto onde escrevo.
Entrepara... hesita... avança...
Fita-me.
Fitamo-nos.
Olhos nos olhos...
Quase com terror!
Como duas criaturas incomunicáveis e solitárias
Que fossem feitas cada uma por um Deus diferente.

(*Preparativos de viagem*. São Paulo: Globo, 1997. p. 25.)

1. Considerando que a pontuação marca na escrita as diferenças de entonação, contribuindo para tornar mais preciso o sentido que se quer dar ao texto, analise semanticamente o emprego da pontuação no poema "O gato" e justifique:

a) o emprego do ponto e das reticências na primeira estrofe:

> "O gato chega à porta do quarto onde escrevo.
> Entrepara... hesita... avança..."

b) o emprego do ponto na segunda estrofe:

> "Fita-me.
> Fitamo-nos."

c) O emprego das reticências e do ponto de exclamação na terceira estrofe:

> "Olhos nos olhos...
> Quase com terror!"

2. Analise e interprete os últimos versos do poema:

> "Como duas criaturas incomunicáveis e solitárias
> Que fossem feitas cada uma por um Deus diferente."

Capítulo 25 • A pontuação   289

A pontuação na construção do texto

Leia o texto a seguir e responda às questões 1 a 3.

eu estava ali deitado olhando através da vidraça as roseiras no jardim, fustigadas pelo vento que zunia lá fora e nas venezianas do meu quarto e de repente cessava e tudo ficava tão quieto tão triste e de repente recomeçava e as roseiras frágeis e assustadas irrompiam na vidraça e eu estava ali o tempo todo olhando estava em minha cama com a minha blusa de lã as mãos enfiadas nos bolsos os braços colados ao corpo as pernas juntas estava de sapatos Mamãe não gostava que eu deitasse de sapatos deixe de preguiça menino! mas dessa vez eu estava deitado de sapatos e ela viu e não falou nada ela sentou-se na beirada da cama e pousou a mão em meu joelho e falou você não quer mesmo almoçar?

eu falei que não não quer comer nada? eu falei que não nem uma carninha assada daquelas que você gosta? com uma cebolinha de folha lá da horta um limãozinho uma pimentinha? ela sorriu e deu uma palmadinha no meu joelho e eu também sorri mas falei que não não estava com a menor fome nem uma coisinha meu filho? uma coisinha só? eu falei que não e então ela ficou me olhando e então ela saiu do quarto eu estava de sapatos e ela não falou nada ela não falaria nada meus sapatos engraxados bonitos brilhantes ele não quer comer nada? escutei papai perguntando e mamãe decerto só balançou a cabeça porque não escutei ela responder e agora eles estavam comendo em silêncio os dois sozinhos lá na mesa em silêncio o barulho dos garfos a casa quieta e fria e triste o vento zunindo lá fora e nas venezianas de meu quarto.

[...]

(Luiz Vilela. "Eu estava ali deitado". *No bar*. São Paulo: Ática, 1984. Disponível em: http://literaturanoallyrio.blogspot.com.br/2010/12/eu-estava-ali-deitado.html. Acesso em: 22/2/2020.)

1. Com base na leitura do texto, responda:

  a) O narrador participa da história? Justifique sua resposta com base em elementos do texto.

  b) Quais personagens aparecem no trecho lido?

  c) De que trata a narrativa?

2. Há poucos sinais de pontuação no texto lido. Reescreva os trechos abaixo, pontuando-os segundo as regras de uso dos sinais de pontuação.

  a) "e eu estava ali o tempo todo olhando estava em minha cama com a minha blusa de lã as mãos enfiadas nos bolsos os braços colados ao corpo as pernas juntas"

  b) "ela sentou-se na beirada da cama e pousou a mão em meu joelho e falou você não quer mesmo almoçar?"

  c) "ele não quer comer nada? escutei papai perguntando e mamãe decerto só balançou a cabeça porque não escutei ela responder"

3. Levante hipóteses: Que efeito de sentido o autor pretendeu construir ao optar por escrever o texto com tão poucos sinais de pontuação?

Para que serve a pontuação?

Diferentemente da fala, que, além da palavra, conta com vários outros recursos para a construção de sentido — expressão facial, entonação, gestos, postura corporal, ambiente, etc. —, a linguagem escrita dispõe apenas de recursos gráficos. Entre esses recursos, a pontuação é um dos mais importantes, pois ajuda a organizar sintaticamente o texto, a evitar ambiguidades, a enfatizar um termo da oração e a tornar as ideias do texto mais claras e precisas.

Semântica e discurso

Leia o anúncio abaixo.

1. Segundo o anúncio, "Uma vírgula muda tudo". Analise semanticamente o emprego da vírgula nas frases destacadas em cada uma das situações a seguir e interprete a diferença entre os enunciados.

   a) "A vírgula pode ser uma pausa, ou não.
   Não, espere.
   Não espere."

   b) "A vírgula pode criar heróis.
   Isso só, ele resolve.
   Isso, só ele resolve."

   c) "Ela pode forçar o que você não quer.
   Aceito, obrigado.
   Aceito obrigado."

   d) "Pode acusar a pessoa errada.
   Esse, juiz, é corrupto.
   Esse juiz é corrupto."

   e) "A vírgula pode mudar uma opinião.
   Não quero ler.
   Não, quero ler."

2. Observe o texto verbal e a imagem na parte inferior do anúncio e o logotipo na parte superior, em verde.
   a) Quem é o locutor do texto?
   b) Levante hipóteses: Onde, provavelmente, foi veiculado o anúncio? Justifique sua resposta.
   c) Explique qual é a finalidade do anúncio.
   d) A quem se dirige esse discurso?

3. Considerando o discurso como um todo, ou seja, o texto, o contexto, os interlocutores, a intencionalidade:
   a) O que pode agregar semanticamente ao discurso a cor preta da vírgula, a cor vermelha das vírgulas menores e a cor branca das palavras?
   b) Analise a ambiguidade da expressão em destaque:

   "ABI. 100 anos lutando para que ninguém mude *nem uma vírgula* da sua informação."

   c) Considerando-se o passado histórico brasileiro de repressão à liberdade de expressão, qual é a mensagem implícita do discurso?
   d) O fundo preto do texto forma uma grande vírgula. Interprete: Por que a vírgula, sendo um sinal gráfico tão pequeno, foi escrita com esse tamanho?

Capítulo 25 • A pontuação   291

CAPÍTULO 26

Concordância verbal e concordância nominal

▪ Construindo o conceito

Leia esta tira:

(Disponível em: http://www.seuguara.com.br/2013/04/armandinho-personagem-de-hq-ganha-fama.html. Acesso em: 27/2/2020.)

1. Releia a fala do pai de Armandinho no 1º quadrinho.

    a) A quem se referem as formas verbais *pedi* e *deixar*, ou seja, qual é o sujeito das ações verbais?

    b) Reescreva essa fala, considerando a hipótese de que o pai de Armandinho diga que o pedido foi da mãe do menino, e direcionado não apenas à criança, mas também a ele próprio.

2. Troque ideias com os colegas e o professor sobre o emprego da palavra *copo* na fala do pai de Armandinho.

    a) Ela se refere a um copo específico? Justifique sua resposta.

    b) Como seria a fala do pai caso ele empregasse essa palavra no plural? Haveria mudança substancial de sentido?

3. A tira constrói humor por meio da fala de Armandinho no último quadrinho. Compare-a com a fala do menino no 1º quadrinho.

    a) Com quais termos concordam as formas verbais *foi* e *foram*?

    b) Qual é o sentido da palavra *isolado(s)*, no contexto da tira? E com quais termos ela concorda em cada uma de suas ocorrências?

    c) Considerando suas respostas aos itens anteriores, explique por que essa fala final, por si só, invalida o argumento de Armandinho, criando um efeito de humor na tira.

▪ Conceituando

Ao responder às questões anteriores, você observou que as formas verbais *pedi* e *deixar* estão conjugadas, respectivamente, na 1ª e na 3ª pessoa do singular, porque concordam com os pronomes (*eu*) e (*você*), sujeitos desinenciais, implícitos na fala do pai de Armandinho. Viu também que as formas verbais *foi* e *foram* estão conjugadas na 3ª pessoa do singular e do plural porque concordam com seus sujeitos, respectivamente, *um fato* e *doze fatos*. Com esses exemplos, percebemos que, pela regra geral de concordância da norma-padrão, o verbo concorda com o sujeito em número e pessoa.

Ainda no estudo sobre a tirinha, você viu que as formas adjetivas *sujo*, *isolado* e *isolados* concordam com os substantivos que acompanham: *copo*, *fato*, *fatos*. Assim, podemos perceber que, de acordo com as regras de concordância da norma-padrão, os adjetivos são empregados no mesmo gênero e no mesmo número dos substantivos aos quais se referem.

Em todos os casos analisados, a concordância foi feita segundo as regras da norma-padrão. A concordância é o princípio linguístico que orienta a combinação das palavras na frase.

Este capítulo favorece o desenvolvimento das habilidades

EM13LGG101
EM13LGG102
EM13LGG103
EM13LGG202
EM13LGG203
EM13LGG401
EM13LP01
EM13LP02
EM13LP09
EM13LP10
EM13LP49

Na língua portuguesa, há dois tipos de concordância: a **verbal** e a **nominal**.

> **Concordância verbal** é a concordância do *verbo* com seu *sujeito*, em número e pessoa.

> **Concordância nominal** é a concordância, em gênero e número, entre o substantivo e seus determinantes: o *adjetivo*, o *pronome adjetivo*, o *artigo*, o *numeral* e o *particípio*.

Concordância verbal

Leia estas frases:

> O grupo de estudantes *pedia* bis ao cantor.
> O grupo de estudantes *pediam* bis ao cantor.

Em qual das frases acima a concordância verbal foi feita de acordo com a norma-padrão? Nas duas frases, pois ambas as formas de concordância são aceitas.

O fato de haver, às vezes, mais de uma possibilidade de concordância entre o verbo e o sujeito pode acarretar algumas dificuldades e, embora existam algumas regras sistematizadas, o aprendizado da concordância verbal depende em grande parte do uso da língua, de nossa intuição linguística e, em caso de dúvida, de consultas constantes a gramáticas especializadas no assunto.

Há, a seguir, alguns exercícios de concordância verbal. Antes de realizá-los, leia os boxes das páginas 295 e 296, que contêm, em resumo, algumas orientações sobre a concordância, de acordo com a norma-padrão, entre o verbo e seu sujeito.

Exercícios

1. Leia o poema de Pablo Neruda e, em dupla, completem os versos com verbos que concordem com os respectivos sujeitos, buscando uma coerência poética textual. Depois, comparem as suas escolhas com as do poeta.

Já não se ☐ meus olhos em teus olhos,

Já não se ☐ doce minha dor a teu lado.

Mas por onde eu ☐ levarei teu olhar

e para onde tu ☐ levarás minha dor.

☐ teu, ☐ minha. Que mais? Juntos fizemos um desvio na rota por onde o amor passou.

☐ teu, ☐ minha. Tu ☐ de quem te ☐,

do que corte em teu horto aquilo que eu ☐.

Eu me ☐. ☐ triste: mas eu sempre ☐ triste.

Eu ☐ dos teus braços. Não ☐ para onde ☐.

... Desde o teu coração ☐ adeus um menino,

E eu lhe ☐ adeus.

(*Presente de um poeta*. Tradução de Thiago de Mello. São Paulo: Vergara & Riba, 2001. p. 42-43.)

2. No poema da questão anterior, o eu lírico afirma:

"Juntos fizemos um desvio na rota por onde o amor passou".

a) Levante hipóteses: Nessa separação, quem parece sofrer mais é o eu lírico ou a mulher amada? Justifique com um ou mais versos do poema.

b) Que título você daria ao poema?

Leia o anúncio a seguir e responda às questões 3 a 5.

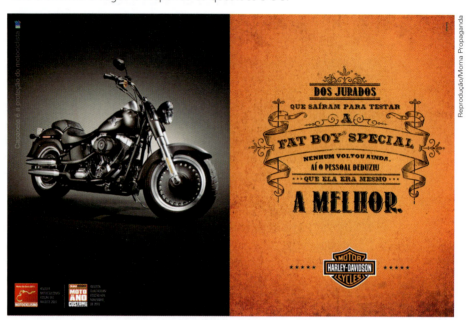

3. Identifique no anúncio os termos com que concordam as formas verbais:

a) saíram
b) voltou
c) deduziu
d) era

4. O texto verbal do anúncio, reescrito com algumas alterações, está reproduzido a seguir. Complete-o com os mesmos verbos do texto original, fazendo a concordância entre cada um deles e seu sujeito de acordo com as regras da norma-padrão.

Um grupo de jurados ☐ para testar a Fat Boy Special e eles ainda não ☐. Aí as pessoas ☐ que essas máquinas ☐ mesmo as melhores.

5. Releia a última frase do anúncio:

"Aí o pessoal deduziu que ela era mesmo a melhor."

Levante hipóteses:

a) Quem é "o pessoal" a que o texto se refere?
b) Observe a expressão *a melhor* destacada no texto original. Qual efeito de sentido esse destaque produz no anúncio?
c) Caso a expressão *a melhor* fosse substituída por *as melhores*, essa mudança traria alterações no sentido do texto? Justifique sua resposta.

294 Unidade 4 • Sintaxe

Concordância do verbo com o sujeito simples

Quando o sujeito for representado por:

- **substantivo coletivo** → verbo no singular: O povo *aclamou* o candidato.

  Mas se o sujeito coletivo estiver acompanhado de adjunto ou distante do verbo → verbo no singular ou no plural:
  O grupo de estudantes *gritava* (ou *gritavam*) palavras de ordem.

  O elenco se reuniu e, depois de muita discussão, *resolveu* (ou *resolveram*) continuar o espetáculo.

- **nome próprio de lugar ou título de obra no plural** → verbo no plural, se precedido de artigo:
  Os Estados Unidos *concederam* ajuda financeira àquele país.

  Em títulos de obras, com o verbo ser e predicativo singular, admite-se também o verbo no singular:
  Os sertões *é* um livro muito interessante.

  → verbo no singular, se não houver artigo precedendo-o, ou se o artigo estiver no singular:
  Contos novos *é* uma das obras de Mário de Andrade.

  O Amazonas *nasce* em território peruano.

- **pronome de tratamento** → verbo na 3ª pessoa: Vossa Senhoria *está* melhor agora?

- **pronome relativo *que*** → verbo concorda com o antecedente do pronome:
  Hoje somos nós que *cuidaremos* do almoço.

- **pronome relativo *quem*** → verbo na 3ª pessoa do singular ou concordando com a pessoa do antecedente do pronome:
  Fui eu quem *fez* a pesquisa. / Fui eu quem *fiz* a pesquisa.

- **um dos que** → verbo no plural ou no singular:
  Uma das pessoas que *desconfiavam* (ou *desconfiava*) de nós era João.

6. Leia a tira:

(Luis Fernando Verissimo. *As cobras.*)

a) No 2º quadrinho, o personagem dá uma definição para o termo *vagabundo*. Reescreva a frase, empregando a forma *vagabundos* e fazendo a concordância de acordo com a norma-padrão.

b) Que alteração as formas verbais *é* e *tem* da frase original sofrerão na reescrita da frase? Justifique a alteração.

c) A conclusão do personagem baseia-se na definição que ele dá para o termo *vagabundo*. Explique a construção do humor do texto, com base nessa definição.

Concordância ideológica

Leia a frase a seguir, do escritor Mário de Andrade.

> "Eu creio que os modernistas da Semana de Arte Moderna não *devemos* servir de exemplo a ninguém."

Ela parece em desacordo com a norma-padrão?
No caso dessa frase, a concordância é ideológica, ou seja, é feita não com a forma gramatical da palavra, mas com o seu sentido, com a ideia que ela expressa. Trata-se de um caso de *silepse*, palavra de origem grega que significa "ação de reunir, de tomar em conjunto".
Na frase acima, ocorre *silepse de pessoa*, pois seu autor se inclui no sujeito de 3ª pessoa (*os modernistas*), e o verbo fica, por isso, na 1ª pessoa do plural.
Há ainda:

- *silepse de gênero*, como na frase "Senhor presidente, Vossa Excelência é muito *generoso*", em que o adjetivo *generoso* concorda com a ideia de masculino de *Vossa Excelência*, e não com sua forma feminina;
- *silepse de número*, como na frase "Esta equipe está muito bem fisicamente. Correm em campo e não perdem um lance de bola", em que os verbos *correm* e *perdem*, no plural, concordam com a ideia de *vários jogadores* e não com o substantivo coletivo *equipe*.

Expressões que denotam quantidade

Quando o sujeito for representado por expressões, como:
- **parte de, a maioria de, metade de, grande parte de, grande parte** seguida de substantivo plural → verbo no singular ou no plural: Uma parte dos funcionários *preferiu* (ou *preferiram*) férias coletivas.
- **cerca de, perto de, mais de, menos de** → verbo concorda com o numeral que o acompanha: Cerca de dez mil pessoas *assistiram* ao campeonato mundial de futebol. / Mais de uma pessoa *correu* em direção à porta de emergência.

Concordância do verbo com o sujeito composto

Se o sujeito composto:
- estiver *anteposto* ao verbo → verbo no plural:
  O fazendeiro e a filha *compareceram* à reunião dos sem-terra.
- estiver *posposto* ao verbo → verbo concorda com o núcleo mais próximo ou com todos, no plural:
  Voltaram (ou *voltou*) muito tarde do show o menino e os primos dele.
- for constituído por *pessoas gramaticais diferentes* → verbo no plural. A 1ª pessoa prevalece sobre as demais. Se houver 2ª e 3ª pessoas, o verbo pode ficar na 2ª ou na 3ª pessoa:
  Eu, tu e ele *ficaremos* juntos no grupo de teatro. / Tu e ele *ficareis* juntos. / Tu e ele *ficarão* juntos.

Se os núcleos do sujeito composto forem unidos por:
- **ou** → verbo no singular ou no plural, de acordo com o valor semântico da conjunção *ou*:
  João ou Pedro *dirigirá* o carro. (exclusão) / Cinema ou teatro me *agradam*. (adição) / O pai ou os pais dela *virão* falar com você hoje. (retificação)
- **com** → verbo no plural:
  A mulher com as filhas *entraram* apressadamente na loja.
- **tanto... como, não só... mas também** → verbo no plural:
  Tanto Emília como (quanto) Leonor *estimam*-no muito.

As expressões:
- **um ou outro, nem um nem outro** → verbo no singular:
  Nem um nem outro rapaz *tinha* a intenção de permanecer nesse emprego.
- **um e outro** → verbo no singular ou no plural:
  Um e outro *saiu* (ou *saíram*) constrangido(s) da reunião.

Concordância do verbo *ser*

A concordância do verbo de ligação *ser* costuma variar, ora se fazendo com o sujeito ora com o predicativo. Leia a manchete a seguir:

Tecnologia

Apple lança novos iPhones, mas o melhor são os memes

(Disponível em: https://www.jornalopcao.com.br/ultimas-noticias/apple-lanca-novos-iphones-mas-o-melhor-sao-os-memes-209127/. Acesso em: 26/2/2020.)

Observe que, na oração "o melhor são os memes", o sujeito é o substantivo *melhor* e o verbo *ser* foi empregado na 3ª pessoa do plural (são), concordando com o predicativo do sujeito. Esse é um dos casos em que o verbo *ser*, em vez de concordar com o sujeito, concorda de preferência com o predicativo.

Há, a seguir, alguns exercícios de concordância do verbo *ser*. Antes de resolvê-los, leia o boxe "Concordância do verbo *ser*", que contém, em resumo, outros casos de concordância desse verbo.

Exercícios

1. Entre as frases a seguir, há uma na qual a concordância do verbo *ser* está em desacordo com a norma-padrão. Reescreva-a, adequando-a.

　a) Esqueça, pai, isto já são coisas do passado.

　b) Em minha turma, o líder é eu.

2. Reescreva as frases a seguir, trocando as palavras destacadas pelas palavras que estão entre parênteses, refazendo, se necessário, a concordância do verbo *ser*, de acordo com a norma-padrão.

　a) Daqui até o muro, é *um* metro. (cinco metros)

　b) Aquilo era *um* pedaço de pão. (restos do jantar)

　c) Amanhã é *Natal*. (27 de maio)

　d) *Livros* são nosso lazer cultural. (teatro)

　e) Já é *uma* hora. (seis horas)

　f) O responsável pela biblioteca é *você*. (eu)

Concordância do verbo *ser*

Quando o sujeito ou o predicativo for:
- **nome de pessoa** ou **pronome pessoal**, o verbo *ser* concorda com a pessoa gramatical:
  Renato *era* as esperanças do pai. / A esperança dos pais *são* eles, os filhos.
  　sujeito　　　　　　　　　　　　　　　　　　　　　　　　　predicativo
- **nome de coisa** e um estiver no singular e o outro no plural, o verbo *ser* concorda preferencialmente com o que estiver no plural:
  Os livros *são* a minha paixão. / A minha paixão *são* esses discos antigos.
  　sujeito　　　　　　　　　　　　　　　　　　　　　　　　predicativo

Quando o verbo *ser* indicar:
- **horas** e **distâncias**, ele concorda com a expressão numérica:
  É uma hora. / *São* duas horas. Daqui até a feira, *é* um quilômetro / *são* dois quilômetros.
- **datas**, ele concorda com a palavra *dia(s)*, que pode estar expressa ou subentendida:
  É (dia) doze de junho. / *São* doze (dias) de junho.

Casos especiais

Leia a tira abaixo e responda às questões 1 e 2.

1. Levante hipóteses:

　a) Por que, no 1º quadrinho, a mãe estranha a construção *está caindo* na fala do filho?

　b) Por que a explicação dada pelo garoto no 2º quadrinho, associada à imagem, desfaz o estranhamento causado por sua primeira fala?

2. Releia a fala do garoto no 2º quadrinho:

> "Já faz uma *meia hora*!"

a) Reescreva a frase, substituindo a expressão uma meia hora por:
- 30 minutos
- algum tempo
- mais de meia hora
- duas horas

b) O verbo *fazer* sofre alteração com as substituições? Justifique sua resposta com base na concordância desse verbo.

Verbo + pronome *se*

- Os **verbos transitivos diretos** ou **transitivos diretos e indiretos**, quando apassivados, concordam com o sujeito:
  Vendem-se casas e terrenos a prazo.
  VTD — sujeito paciente

- Os **verbos de ligação, intransitivos** ou **transitivos indiretos**, quando seguidos de *se*, ficam na 3ª pessoa do singular, porque seu sujeito é indeterminado:
  Precisa-se de serventes de pedreiro.
  VTDI

Verbos impessoais

Ficam na 3ª pessoa do singular (exceto o verbo *ser*). São impessoais os verbos:

- que indicam **fenômenos da natureza**:
  Relampejou a noite toda.
- **haver** no sentido de "existir, acontecer":
  Já *houve* duas discussões sérias entre nós.
- **haver, fazer, estar, ir**, quando indicam tempo:
  Há meses não o vejo. / *Faz* dois anos que tirei férias. / *Está* frio hoje. / *Vai* em dois anos que viajou.

Nas locuções verbais, o verbo impessoal transmite sua impessoalidade ao verbo auxiliar. Veja:
Ainda *deve haver* ingressos para o espetáculo.
Está fazendo alguns dias que ela esteve aqui.

---

3. Leia este pensamento de Albert Einstein:

(Legrand. *Que seja eterno enquanto dure*. Belo Horizonte: Soler, 2005. p. 104-105.)

a) Na frase: "Há duas formas para viver sua vida: uma é acreditar que não existe milagre", o verbo *haver* apresenta qual sentido?

b) Segundo o pensamento de Albert Einstein, há duas maneiras antagônicas de o ser humano viver a vida. Interprete e explique semanticamente cada uma delas.

4. Leia este cartum:

(Santiago. *De papo pro ar*. Porto Alegre: L&PM, 1998. p. 42.)

a) Na 1ª placa, observe que a forma verbal é está implícita. Explique por que o adjetivo *proibido* foi empregado no feminino singular.

b) Na 2ª placa, qual destas palavras — *recebido, recebida, recebidas* — completa adequadamente a frase?

Concordância nominal

Regra geral

Leia este poema, de Mário Quintana:

> **O poema**
>
> Um poema como um gole d'água bebido no escuro.
> Como um pobre animal palpitando ferido.
> Como pequenina moeda de prata perdida para sempre na floresta noturna.
> Um poema sem outra angústia que a sua misteriosa condição de poema.
> Triste.
> Solitário.
> Único.
> Ferido de mortal beleza.
>
> (*Nova antologia poética*. São Paulo: Globo, 2007. p. 86.)

Observe que, no primeiro verso do poema, o adjetivo *bebido* está no masculino singular, concordando com o substantivo *gole* em gênero e número, assim como o artigo *um*, que também se refere a *gole*:

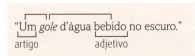

"Um *gole* d'água bebido no escuro."
artigo   adjetivo

O mesmo ocorre nos demais versos:

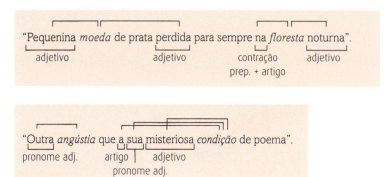

Como podemos ver, a concordância da norma-padrão determina que adjetivos, artigos, pronomes adjetivos, assim como numerais, particípios e locuções adjetivas, concordem em gênero e número com o substantivo a que se referem.

Da mesma forma, nos quatro últimos versos, os adjetivos se referem ao termo *poema*, pois estão todos no masculino singular, dando continuidade ao sentido dos versos anteriores, que caracterizam e descrevem o poema.

Na concordância do adjetivo com o substantivo a que se refere, há, além da regra geral, alguns casos especiais que merecem atenção. Os exercícios a seguir tratam de alguns deles. Antes de realizá-los, leia as orientações dadas e os boxes, se necessário.

Exercícios

Leia o anúncio a seguir e responda às questões 1 a 4.

(*Folha do Parque*, abril/maio 2009.)

1. Analise, do ponto de vista da concordância nominal, o enunciado da parte inferior do anúncio:

> "Lixo e esgotos são lançados diretamente nos rios brasileiros. Os mesmos de onde é captada a água do seu suco."

Com que palavra concordam os adjetivos:

a) brasileiros?

b) captada?

2. O particípio *lançados* está no masculino e no plural.

a) O que justifica essa forma?

b) Haveria alteração na concordância, caso a palavra *esgotos* estivesse no singular? Por quê?

3. Observe a imagem mostrada no anúncio.

a) De acordo com ela, de onde vem o suco que está no copo?

b) Logo, que tipo de relação há entre a parte verbal e a parte não verbal do texto?

4. No canto direito está identificado o produtor do texto: Ibeasa (Instituto Brasileiro de Estudos e Ações em Saneamento Ambiental).

a) A quem se destina o anúncio?

b) Qual é a finalidade do anúncio, considerando-se o conteúdo verbal e não verbal que ele apresenta?

5. Leia as seguintes regras sobre a concordância do adjetivo que se refere a vários substantivos.

- Adjetivo referente a vários substantivos de gêneros diferentes:
  — quando *posposto*, concorda com o mais próximo ou fica no masculino plural:

  > Dedicava todo seu tempo ao comércio e à navegação *costeira* (ou costeiros)

  — quando *anteposto*, concorda com o mais próximo, se funcionar como adjunto adnominal; se for predicativo (do sujeito ou do objeto), pode concordar com o mais próximo ou ficar no plural:

  > Nunca vi *tamanho* desrespeito e ingratidão.
  > **adjunto adnominal**

  > Permaneceu *fechada* a janela e o portão.   ou   Permaneceram fechados a janela e o portão.
  > **predicativo do sujeito**

  > Encontrei *abandonados* a sala e o pátio.   ou   Encontrei abandonada a sala e o pátio.
  > **predicativo do objeto**

- Dois ou mais adjetivos referentes a um substantivo determinado por artigo admitem duas concordâncias:

  > Estudo as *línguas* italiana e francesa.
  > Estudo a *língua* italiana e a francesa.

Reescreva as frases, fazendo a devida concordância das palavras indicadas entre parênteses:

a) O leitor pulou (longo) capítulos e páginas, porque achou o livro grosso.
b) O poeta escreveu capítulos e páginas (compacto).
c) O advogado considerou (perigoso) o argumento e a decisão.
d) Comprei uma casa e um carro (usado).
e) Os alunos e as alunas (aprovado) pretendem fazer um coquetel e um baile (bastante) agradáveis.

6. A frase a seguir apresenta ambiguidade:

> Após a reunião, a diretora da empresa ficou só na sala.

a) Qual é a palavra responsável pela ambiguidade dessa frase? Por quê?
b) Reescreva a frase de modo a desfazer a ambiguidade, tornando preciso cada um dos sentidos da palavra.

Leia esta tira:

(Fernando Gonsales. *Níquel Náusea — Nem tudo que balança cai!* São Paulo: Devir, 2003. p. 14.)

Capítulo 26 ▪ Concordância verbal e concordância nominal   301

7. Considerando as regras de concordância da norma-padrão:

a) De acordo com o contexto, qual das formas — *obrigado* ou *obrigada* — completa adequadamente o terceiro balão do 1º quadrinho da tira? Por quê?

b) Se fosse a mãe quem dissesse esse adjetivo — *obrigado* ou *obrigada* —, como deveria empregar a palavra, para que a concordância ficasse de acordo com a norma-padrão da língua?

8. Para criar humor, o autor da tira trabalha com o conhecimento prévio do leitor e com a quebra de expectativa.

a) Por que a resposta do vampiro é inesperada no 1º quadrinho?

b) Por que o comentário do vampiro, no último quadrinho, rompe, mais uma vez, com a expectativa do leitor?

9. A palavra *bastante* tem dois valores gramaticais. Como advérbio, ela equivale a "muito, demais" e é invariável; como adjetivo, equivale a "muito(a), muitos(as)" e é variável. Leia estas frases:

> Ele conhece ☐ países.
> Ele conhece ☐ esses países.

Em qual delas a palavra *bastante* teria o sentido do advérbio e seria, portanto, invariável?

É proibido, é preciso, é bom

Quando se refere a sujeito de sentido genérico, o adjetivo fica sempre no masculino singular:

> Fruta é *bom* para a saúde.

Mas, se o sujeito for determinado por artigo ou pronome, a concordância é feita normalmente:

> A fruta é *boa* para a saúde.

Bastante, meio, pouco, muito, caro, barato, longe, só

Essas palavras:

- com valor de *adjetivo*, concordam normalmente com o substantivo:

> Estas frutas estão *caras*.
> Já é *meio*-dia e *meia* (hora).

- com valor de advérbio, são invariáveis:

> A porta, *meio* aberta, deixava ver o interior da sala.

Anexo, obrigado, mesmo, próprio, incluso, leso, quite

Esses adjetivos concordam com o substantivo a que se referem:

> Seguem *inclusas* as notas promissórias.

Os advérbios *só* (equivalente a *somente*), *menos* e *alerta* e a expressão *em anexo* são sempre invariáveis.

Concordância, variação linguística e preconceito

Você já sabe que fala e escrita são modalidades diferentes da língua e que cada uma tem suas regras próprias, as quais podem variar conforme a finalidade e as situações de comunicação em que os textos, orais ou escritos, estão inseridos.

Você também já viu que a norma-padrão é uma convenção criada com base na variedade linguística das classes de maior prestígio socioeconômico, associada a construções linguísticas encontradas em escritos antigos e livros do cânone literário, cuja linguagem não corresponde mais nem mesmo à atual fala urbana de prestígio. Com as regras de concordância não é diferente!

Portanto, é importante considerar que, especialmente na fala, existem formas diversas de fazer concordância e nem todas elas correspondem ao que é convencionado pela norma-padrão.

Há, por exemplo, variedades que fazem a concordância com base em uma regra de economia, flexionando apenas o primeiro termo da expressão nominal, enquanto a norma-padrão preza pela redundância, uma vez que valoriza a flexão de todos os termos. Veja:

- As menina foi tudo embora tarde ontem e os ônibus (es)tava muito cheio àquela hora. (Apenas os termos *as* e *os* são pluralizados, indicando que se trata de mais de uma menina e mais de um ônibus.)
- As meninas foram todas embora tarde ontem e os ônibus (es)tavam muito cheios àquela hora. (Todos os termos que se referem aos nomes **meninas** e **ônibus** são pluralizados.)

O princípio da concordância está entre os aspectos mais frequentemente vistos de forma preconceituosa quando o falante não segue a norma-padrão. Muitas pessoas, sem base científica, associam as formas de concordar mais econômicas à deficiência intelectual, considerando-as erradas ou inaceitáveis.

Uma observação mais atenta, porém, leva a constatar que esse tipo de construção ocorre na fala de um grande número de pessoas, menos ou mais escolarizadas, e de forma nenhuma está relacionado com inteligência ou capacidade de raciocínio.

A concordância na construção do texto

Leia o texto a seguir, retirado da cartilha *Pelo direito humano à água*, elaborada pelo Instituto Equit.

As mulheres: gestoras cotidianas da água

Particularmente as mulheres, que conhecemos o valor da água para as tarefas cotidianas que ainda continuam sob nossa responsabilidade, sofremos com sua falta e muitas vezes continuamos assumindo o trabalho de carregá-la até as casas, onde a família toda precisa cotidianamente dela para preparar os alimentos, beber, tomar banho, limpar a casa e os sanitários etc. Até em cidades como Manaus, rodeada de água por toda parte, é ainda comum ver mulheres com lata d'água na cabeça, carregando ela para dentro de suas casas!

Por todos esses motivos, as mulheres somos conscientes da importância da preservação das fontes de água e do uso racional da mesma, como também da necessidade de exigir e lutar por políticas públicas que ampliem o acesso à água encanada e ao saneamento básico para todos os moradores da cidade.

Assim, é preciso caminhar todos juntos, e com a maior parte dos países do mundo, na luta contra a mercantilização e a privatização da água que tem avançado consideravelmente.

Capa da cartilha *Pelo direito humano à água*.

Um grande êxito de tais lutas foi alcançado em junho de 2010, quando em votação unânime dos países na ONU — Organização das Nações Unidas — a água foi considerada um Direito Humano Básico, ou seja, seu valor para a vida deve ser prioridade frente a seu valor econômico.

1. Observe os logotipos que aparecem na parte inferior da capa da cartilha. Levando em conta os elementos verbais e não verbais que os compõem e o texto verbal em destaque, levante hipóteses: Qual é a área de atuação do Instituto Equit?

2. Releia os seguintes trechos do texto à esquerda da imagem:

> "Particularmente as mulheres, que conhecemos o valor da água para as tarefas cotidianas, [...] sofremos com sua falta"
>
> "Por todos esses motivos, as mulheres somos conscientes da importância da preservação das fontes de água"

Tendo em vista a área de atuação do instituto responsável pela elaboração da cartilha, justifique a concordância verbal observada nos trechos.

3. Observe o título do texto.
   a) Reescreva-o, passando o termo *mulheres* para o singular e fazendo as devidas alterações, de acordo com as regras de concordância da norma-padrão.
   b) Troque ideias com os colegas e o professor: Que diferenças de sentido há entre o título original e a versão que você escreveu no item *a*?

Releia o trecho a seguir e responda às questões 4 e 5.

> "Até em cidades como Manaus, rodeada de água por toda parte, é ainda comum ver mulheres com a lata d'água na cabeça, carregando ela para dentro de suas casas!"

4. Observe o emprego do termo *rodeada*.
   a) A que palavra do texto ele se refere? Justifique sua resposta e explique como foi feita essa concordância.
   b) Troque ideias com os colegas e o professor: De que outra forma poderia ter sido feita essa concordância? Justifique sua resposta e proponha a reescrita dessa frase inicial.

5. Observe o emprego dos pronomes *ela* e *suas*.
   a) Que outras palavras ou expressões do texto cada um deles retoma? Justifique sua resposta com base na concordância.
   b) Uma dessas construções está diferente em relação às regras de colocação pronominal da norma-padrão. Explique qual é essa divergência.
   c) Levante hipóteses: Esse desvio foi intencional por parte do enunciador? Por quê?
   d) Leia as frases a seguir e indique qual forma deve substituir o possessivo *suas* em cada caso, tendo em vista a concordância.

   > é ainda comum ver mulheres com a lata d'água na cabeça, carregando ela para dentro de ☐ lares!
   >
   > é ainda comum ver mulheres com a lata d'água na cabeça, carregando ela para dentro de ☐ lar!
   >
   > é ainda comum me ver com a lata d'água na cabeça, carregando ela para dentro de ☐ casa!

   e) Agora conclua, com base em suas respostas ao item *d*: Como é feita a concordância dos pronomes possessivos?

Construindo seu itinerário formativo

Concordâncias e discordâncias

Considerando o que foi estudado neste capítulo, você já parou para observar como costuma fazer a concordância na sua fala? Será que a forma como concordamos verbos e nomes varia dependendo da situação em que estamos?

Neste minicurso, você vai pesquisar mais a fundo as diferentes possibilidades de concordância da língua portuguesa, tendo em vista os diferentes contextos discursivos e gêneros utilizados nas práticas sociais.

Semântica e discurso

Leia a seguir o trecho de um texto de Antonio Prata.

Amarrado às cordas

Em 2013, fui ao "Programa do Jô". [...] E daí que justo em 2013 certa empresa abria capital na bolsa de Nova York, vendia todas as 70 milhões de ações e rapidamente transformava cada indivíduo do globo numa patusca alcoviteira machadiana: o Twitter. "Véi, esse @antonioprata aí tem mó voz de marreco engarrafado!" — uma das generosas senhoras tuitou.

Eu sempre soube que minhas cordas vocais estavam mais para Rick Moranis do que pra Vicente Celestino: falo meio esganiçado, ceceio (pronuncio os "ésses" como "éfes", tipo o Romário — maf fem a compenfafão futebolíftica), engulo sílabas quando nervoso e berro quando empolgado. O que eu não sabia é que o conjunto destas virtudes poderia ser tão bem resumido por "voz de marreco engarrafado". Fiquei #chateado. Ele tinha #razão. [...]

Apesar de "marreco engarrafado" ter calado fundo em minh'alma, nunca entendi exatamente o significado. Estará o marreco preso num engarrafamento — gritando, esbaforido? — ou será o engarrafamento dentro do marreco? Tratar-se-ia de um marreco constipado? [...] uma última interpretação da trolada: o marreco engarrafado é um marreco dentro de uma garrafa, com seu "qué qué qué" sendo abafado pelo vidro.

Antonio Prata.

(Disponível em: https://www1.folha.uol.com.br/colunas/antonioprata/2020/01/amarrado-as-cordas.shtml. Acesso em: 27/2/2020.)

1. Observe o título do texto.

a) Levante hipóteses: Que sentido(s) esse título pode ter para quem ainda não leu o texto?

b) Que sentidos os termos do título passam a ter após a leitura do texto?

c) A quem se refere o termo *amarrado*? Justifique sua resposta com base na concordância.

2. Observe as formas verbais empregadas no texto.

a) Ele foi escrito em qual pessoa? Justifique sua resposta.

b) Com que termos do texto concordam as formas verbais *abria*, *vendia*, *transformava* e *tuitou*, do primeiro parágrafo?

3. Releia e observe o 1º parágrafo quanto ao uso da linguagem.

   a) Relacionando a linguagem e o conteúdo do comentário citado entre aspas por Antonio Prata, indique, entre as opções a seguir, qual o descreve melhor.
   - Utiliza uma linguagem formal, sem gírias, e tem conteúdo gentil.
   - Utiliza uma linguagem formal, com gírias, e tem conteúdo gentil.
   - Utiliza uma linguagem informal, com gírias e tem conteúdo afrontoso.
   - Utiliza uma linguagem informal, com palavras de baixo calão e conteúdo extremamente ofensivo.

   b) Justifique sua escolha no item *a* com trechos do comentário.

4. No 1º parágrafo, o autor afirma que o Twitter transformou "cada indivíduo do globo" em uma "patusca alcoviteira machadiana".

   a) Troque ideias com os colegas e o professor e explique o sentido dessa expressão no contexto. Se julgar necessário, consulte um dicionário.

   b) Que expressão retoma *patusca alcoviteira machadiana*, ainda no 1º parágrafo? A quem ela se refere?

   c) Identifique, no 2º parágrafo, a palavra utilizada por Antonio Prata para se referir a essa mesma pessoa.

   d) Conclua: A palavra identificada por você no item *c* concorda com as expressões analisadas nos itens *a* e *b*? Justifique sua resposta.

5. Considerando suas respostas às questões 3 e 4, identifique a expressão utilizada por Antonio Prata que pode ser considerada irônica. Justifique sua resposta.

6. Observe a expressão *minh'alma*, empregada no 3º parágrafo.

   a) Explique como ela é formada.

   b) Reescreva-a, substituindo a palavra *alma* pela palavra *âmago*. É possível utilizar o mesmo recurso de formação? Justifique sua resposta levando em consideração a concordância.

7. Ao final do texto, Prata se refere ao comentário como uma "trolada". Releia a última interpretação proposta por ele.

   a) Reescreva-a, substituindo as palavras *marreco* por *ave* e *qué qué qué* por *voz*. Justifique as demais alterações necessárias, tendo em vista a concordância da norma-padrão.

   b) Como foi feita a concordância do termo *qué qué qué* no texto? Levante hipóteses: Por que isso ocorre?

   c) Qual é a relação do termo *trolada* com o conteúdo do texto?

Regência verbal e regência nominal

Construindo o conceito

Leia o texto a seguir.

(Disponível em: http://www.ecoporanga.es.gov.br/noticia/ler/136157/prefeitura-de-ecoporanga-e-secretaria-de-saude-realizara-a-1-campanha-de-combate-a-hipertensao-e-diabetes. Acesso em: 21/5/2019.)

Na língua portuguesa, para construir sentido nos enunciados que produzimos, os verbos e os nomes ligam-se a outros termos de diferentes formas.

1. Troque ideias com os colegas e o professor:

a) Qual é a função principal desse texto?
b) A quem ele se dirige?
c) Em que meios ele pode ter sido veiculado?

2. Releia o texto verbal superior: "1ª campanha de combate a hipertensão e diabetes".

a) O nome *combate*, nesse trecho, está ligado a outros termos que completam seu sentido no contexto. Quais são esses termos?
b) Essa ligação entre o nome *combate* e os demais termos identificados por você no item *a* é feita diretamente ou por uma preposição?
c) Reescreva o texto empregando artigos definidos antes dos termos que se conectam ao nome *combate*.

Este capítulo favorece o desenvolvimento das habilidades

EM13LGG101
EM13LGG103
EM13LGG401
EM13LP01
EM13LP02
EM13LP09
EM13LP10
EM13LP49

3. Observe o texto central.

a) Identifique as formas verbais presentes nos círculos que compõem o círculo maior.

b) É possível considerar que as formas verbais indicadas por você no item *a* têm a finalidade de:
- construir hipóteses sobre os efeitos da hipertensão e do diabetes.
- orientar o leitor a se prevenir contra a hipertensão e o diabetes.
- informar as causas da hipertensão e do diabetes.

4. Releia as frases a seguir.

> "**Controle** o peso"
> "**Cuide** da mente"
> "**Mantenha** uma boa higiene bucal"
> "**Consuma** sal moderadamente"

a) Quais das formas verbais em destaque se conectam diretamente a seus complementos e qual necessita de uma preposição para se conectar a seu complemento?

b) Reescreva cada um dos trechos, substituindo a forma verbal pelo nome correspondente e fazendo as alterações necessárias.

c) Troque ideias com os colegas e o professor e conclua: Comparando a ligação entre os nomes e seus complementos e os verbos e seus complementos, qual diferença gramatical você observa entre as frases originais e as reescritas que você produziu no item *b*?

■ Conceituando

Ao responder às questões anteriores, você certamente observou que há termos que exigem a presença de outro termo para construir sentido, como é o caso dos verbos *controlar*, *cuidar* e *consumir* e do substantivo *combate*. No texto analisado, *controlar* precisou do termo *o peso*; *cuidar*, do termo *da mente*; *consumir*, do termo *sal*; *combate*, do termo *a hipertensão e diabetes*.

Quando um termo — verbo ou nome — exige a presença de outro, ele se chama *regente* ou *subordinante*; os que completam a sua significação chamam-se *regidos* ou *subordinados*.

Observe a regência nestas frases:

No primeiro exemplo, o termo *da mente* completa o sentido do verbo *cuidar*. No segundo exemplo, *a hipertensão e diabetes* completa o sentido do nome (substantivo) *combate*.

Assim:

> Quando o termo regente é um *verbo*, ocorre **regência verbal**.

> Quando o termo regente é um *nome* — substantivo, adjetivo, advérbio —, ocorre **regência nominal**.

Regência verbal

Ao longo dos seus estudos sobre língua e linguagem neste livro, você vem aprendendo que a língua está em constante evolução e que é natural que a forma de empregar e combinar as palavras mude com o tempo. Novos hábitos, tecnologias e práticas sociais interferem diretamente nesses usos, e há casos nos quais formas utilizadas antigamente não são mais encontradas hoje em dia, nem mesmo em textos escritos.

Essa evolução também acontece com as regras de regência verbal e por isso é comum que atualmente os dicionários e gramáticas contemporâneos registrem não apenas as regras da norma-padrão, mas também as regras de uso corrente. Por exemplo, no Brasil, o mais comum não é dizer "Vamos ao cinema assistir ao filme que ganhou o Oscar", tal como impõe a gramática normativa, mas sim "Vamos no/para o/pro cinema assistir o filme que ganhou o Oscar".

Essas diferenças de regência, grande parte das vezes, passam despercebidas no uso cotidiano, mas dependendo da situação podem resultar em alterações de sentido. Vamos conhecer algumas das diferentes possibilidades de alguns verbos e os sentidos que a presença ou ausência de preposição pode atribuir a eles. Convém também lembrar que em determinados contextos, como em exames, concursos e avaliações institucionais, é recomendável seguir as regras da gramática normativa, uma vez que elas costumam ser exigidas nesses casos.

Quando houver dúvida sobre a indicação da norma-padrão, é sempre bom consultar um dicionário comum ou específico de regência. Veja, a seguir, as regências de alguns verbos, segundo a gramática normativa, e os usos que fogem à prescrição.

VERBO	REGÊNCIA/ PREPOSIÇÃO	SENTIDO(S) — USOS — EXEMPLOS
aspirar	VTD	• sorver, respirar. Os turistas **aspiravam** *o ar puro do campo*.
aspirar	VTI (a)	• pretender, desejar: O funcionário **aspirava** *a um cargo mais alto na empresa*. Entretanto, o uso corrente varia: O funcionário **aspirava** *(a) um cargo mais alto na empresa*.
assistir	VTD	• acompanhar, prestar assistência: Os médicos **assistiram** *o acidentado*.
assistir	VTI (a)	• ver, presenciar: Ontem **assistimos** *a um clássico do cinema*. Entretanto, o uso corrente é este: Ontem **assistimos** *um clássico do cinema*.
assistir	VTI (em)	• residir, morar: Meu tio atualmente **assiste** *em Fortaleza*.
chegar e ir	VI	• lugar: **Chegou** *à casa* da infância. **Chegou** *a Brasília* ontem. **Vou** *ao centro* da cidade. Entretanto, o uso corrente varia: **Chegou** *na casa* da infância. **Chegou** *em Brasília* ontem. **Vou** *no centro* da cidade. **Vou** *para o centro* da cidade.
esquecer/ esquecer-se e lembrar/ lembrar-se	VTD e VTI (de)	• não reter/reter na memória (são transitivos diretos quando não pronominais e transitivos indiretos quando pronominais): **Esqueci** *o compromisso*. **Lembrou** *que havia reunião*. Entretanto, o uso corrente varia: **Esqueci(-me)/Lembrei(-me)** *do compromisso*. **Esqueci/Lembrei** *o compromisso*. **Esqueceu(-se)/Lembrou(-se)** *de ligar para a mãe*. **Esqueceu-se/Lembrou-se** *(de) que havia reunião*.
implicar	VTDI (em)	• envolver alguém ou a si mesmo em complicação: O relacionamento com os envolvidos **implicou-o** *no crime*.
implicar	VTI (com)	• demonstrar antipatia, hostilizar: **Implicou(-se)** *com as amigas da filha sem motivo*.
implicar	VTD	• ter como consequência, acarretar: Toda escolha **implica** *perdas e ganhos*. Entretanto, o uso corrente varia: Toda escolha **implica** *(em) perdas e ganhos*.

VERBO	REGÊNCIA/ PREPOSIÇÃO	SENTIDO(S) — USOS — EXEMPLOS
obedecer e desobedecer	VTI (a)	• fazer/não fazer o que é ordenado: Sempre **obedece** *ao pai*. Entretanto, o uso corrente é este: Sempre **desobedece** *o pai*.
preferir	VTDI	• escolher entre duas ou várias coisas: **Prefiro** *ter felicidade a ter dinheiro*. Entretanto, o uso corrente é este: **Prefiro** *felicidade do que dinheiro*. **Prefiro** *ter felicidade do que (ter) dinheiro*.
simpatizar e antipatizar	VTI (com)	• ter simpatia ou antipatia: Eu **simpatizo** *com o seu projeto*. Ela **antipatizou** *com ele desde a primeira vez que o viu*.
visar	VTD	• mirar O atirador **visou** *o alvo*, mas não acertou. • pôr visto: Não posso viajar, pois não **visei** *o passaporte*.
visar	VTI (a)	• ter como objetivo, pretender: Está se aperfeiçoando, porque **visa** *a uma promoção*. Entretanto, o uso corrente é este: Está se aperfeiçoando, porque **visa** *(a) uma promoção*.

Regência nominal

Leia o cartaz:

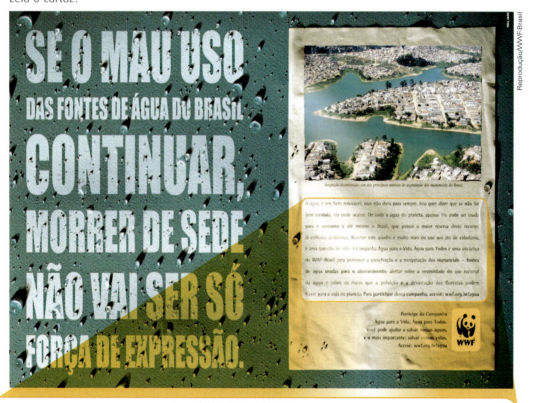

A água é um bem renovável, mas não dura para sempre. Isto quer dizer que, se não for bem cuidada, ela pode acabar. De toda a água do planeta, apenas 1% pode ser usada para o consumo e até mesmo o Brasil, que possui a maior reserva deste recurso, já enfrenta problemas. Reverter este quadro é muito mais do que um ato de cidadania, é uma questão de vida. A Campanha Água para a Vida, Água para Todos é uma iniciativa do WWF-Brasil para promover a preservação e a recuperação dos mananciais — fontes de água usadas para o abastecimento, alertar sobre a necessidade do uso racional da água e sobre os riscos que a poluição e a devastação das florestas podem trazer para a vida no planeta. Para participar desta campanha, acesse: wwf.org.br/agua

Na frase principal do cartaz, "Se o mau uso das fontes de água do Brasil continuar", observe que o substantivo *uso* exige o termo *das fontes de água* para completar seu sentido. Observe também que a relação entre o nome *uso* e seu complemento é estabelecida pela preposição *de*.

No texto da direita, o nome *usada* é completado por *para o consumo*; *reserva*, por *deste recurso*; *preservação e recuperação*, por *dos mananciais*; *necessidade*, por *do uso racional*; *poluição e devastação*, por *das florestas*.

Veja, a seguir, um quadro com alguns nomes e preposições que comumente os complementam.

REGÊNCIAS DE ALGUNS NOMES	
a	acessível, adequado, alheio, análogo, apto, avesso, benéfico, cego, conforme, contíguo, desatento, desfavorável, desleal, equivalente, fiel, grato, guerra, hostil, idêntico, inacessível, inerente, indiferente, infiel, insensível, nocivo, obediente, odioso, oposto, peculiar, pernicioso, próximo (de), superior, surdo (de), visível
de	amante, amigo, ansioso, ávido, capaz, cobiçoso, comum, contemporâneo, curioso, devoto, diferente, digno, dessemelhante, dotado, duro, estreito, fértil, fraco, incerto, indigno, inocente, menor, natural, nobre, orgulhoso, pálido, passível, pobre, pródigo (em), temeroso, vazio, vizinho
com	afável, amoroso, aparentado, compatível, conforme, cruel, cuidadoso, descontente, furioso (de), inconsequente, ingrato, intolerante, liberal, misericordioso, orgulhoso, parecido(a), rente (a, de)
contra	desrespeito, manifestação, queixa
em	constante, cúmplice, diligente, entendido, erudito, exato, fecundo, fértil, fraco, forte, hábil, impossibilidade (de), incansável, incerto, inconstante, indeciso, lento, morador, parco (de), perito, prático, sábio, sito, último (de, a), único
entre	convênio, união
para	apto, bom, diligente, disposição, essencial, idôneo, incapaz, inútil, odioso, pronto (em), próprio (de), útil
para com	afável, amoroso, capaz, cruel, intolerante, orgulhoso
por	ansioso, querido (de), responsável, respeito (a, de)
sobre	dúvida, influência, triunfo

Exercícios

Leia esta tira:

(Disponível em: https://www1.folha.uol.com.br/colunas/quebracabeca/2015/03/1609137-voce-sente-vergonha-de-que.shtml?origin=folha. Acesso em: 2/3/2020.)

1. Observe a parte não verbal da tira.
   a) Para onde Armandinho está olhando em cada um dos quadrinhos?
   b) E como está a sua expressão facial nos três quadrinhos?

2. Releia as falas de Armandinho no 1º e no 3º quadrinho.

   a) Que termos complementam as formas verbais *tenho* e *vejo*?

   b) Que termo complementa o nome *vergonha*?

3. A fala de Armandinho no 3º quadrinho instaura um novo sentido para a fala do 1º.

   a) Observe a resposta do pai no 2º quadrinho e explique qual sentido ele compreendeu da primeira fala do filho.

   b) Qual novo sentido é colocado em cena pela fala final de Armandinho?

   c) Sugira duas reescritas para a fala inicial de Armandinho, explicitando os dois sentidos explorados na tira.

Crase

A tira que você acabou de analisar na seção anterior contém a expressão *às vezes*, com o acento grave da crase. Isso ocorre porque houve a fusão da preposição *a* com o artigo *as*, determinante do nome feminino *vezes*, compondo a locução adverbial de tempo, cujo significado é "por vezes", "em determinadas circunstâncias".

Agora leia o cartaz abaixo.

Compare estas duas frases do cartaz, observando as palavras destacadas:

> "É assim que o mosquito da dengue vê *a* água parada."
> "Dia Nacional de Combate *à* Dengue."

Na primeira frase, é empregado o verbo *ver* (transitivo direto), que tem como objeto direto o termo *a água parada*. Como o verbo *ver* não exige preposição, a palavra *a* que precede o substantivo feminino *água* é artigo feminino.

Na segunda frase, o substantivo *combate* tem como complemento o termo *à dengue*, que é seu complemento nominal. O substantivo *combate* rege a preposição *a*, e o substantivo feminino *dengue* admite o artigo feminino *a*:

A preposição *a* e o artigo *a* se fundem em um único *a*, dando origem ao fenômeno chamado *crase*. Na escrita, marcamos a crase com o acento grave:

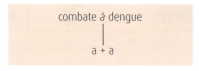

Assim:

> **Crase** é a fusão de duas vogais idênticas.

312   Unidade 4 • Sintaxe

A palavra *crase* nomeia a contração ou fusão da preposição *a* exigida pela regência de um verbo ou um nome (substantivo, adjetivo ou advérbio) com:

- o artigo feminino *a(s)*:

  Exceto para quem é alérgico à qualidade.

- os pronomes demonstrativos *aquele(s)*, *aquela(s)*, *aquilo*:

  Por favor, encaminhe-se àquele balcão.

- o pronome demonstrativo *a(s)*:

  Nossos atletas estão em condições semelhantes às dos americanos.

Portanto, excluindo-se os casos dos demonstrativos, *a crase ocorre apenas antes de palavra feminina*. Como a crase é um fenômeno fonético, ou seja, próprio da língua falada, o *acento grave* o assinala na escrita nos três casos.

Quando a crase é possível?

Diante de palavras femininas. Observe que, na frase do anúncio abaixo, por exemplo, ocorre crase porque o nome *alérgico* exige a preposição *a* e o substantivo *qualidade* é feminino e exige o artigo *a*.

(*Casa Claudia*, ano 23, n. 6.)

Exercícios

Leia, a seguir, o trecho de uma reportagem.

[...] Embora a TV aberta continue sendo campeã de audiência no Brasil, o tempo que o brasileiro passa **assistindo** a vídeos na Internet vem crescendo em maiores proporções, segundo um estudo de 2016 apresentado pelo YouTube em parceria com o *site Meio&Mensagem* e a consultoria Provokers. "Os brasileiros são consumidores compulsivos de conteúdo em vídeo", diz Cerávolo.

Os números da enquete revelam inclusive que o conteúdo da Internet já é mais procurado que o da televisão a cabo: enquanto 82 milhões de brasileiros, 42% da população, têm costume de **assistir** a vídeos na rede, os que **assistem** a TV por assinatura representam 37%. A pesquisa, que ouviu 1.500 pessoas entre 14 e 55 anos, das classes A, B e C, revela também que entre os adolescentes a televisão recebe cada vez menos atenção: 89% declarou estar conectado enquanto está diante da tela tradicional. [...]

(Disponível em: https://brasil.elpais.com/brasil/2017/08/13/tecnologia/1502578288_835104.html. Acesso em: 3/3/2020.)

1. Observe as três ocorrências do verbo *assistir* em destaque no texto.

   a) Descreva como foi feita a regência em cada uma delas: como verbo intransitivo, como transitivo direto ou como transitivo indireto?

   b) Troque ideias com os colegas e o professor e explique por que uma das construções com o verbo em destaque pode ser lida com duas regências distintas.

   c) Proponha uma reescrita que elimine a ambiguidade analisada por você no item *b*.

2. Há diversos nomes com complementos no texto.

   a) Identifique os termos do texto que complementam os nomes a seguir.
   - campeã ☐
   - apresentado ☐
   - parceria ☐ *site*
   - consumidores ☐
   - conteúdo ☐
   - conteúdo ☐
   - diante ☐

   b) Troque ideias com os colegas e o professor: Qual é a diferença de sentido, no contexto, entre as duas preposições diferentes que completam o termo *conteúdo*?

3. Reescreva as frases a seguir, completando-as com *a*, *à*, *as* ou *às*.

   a) O supermercado vende ☐ atacadistas ☐ vista e ☐ prazo e ainda faz entrega em domicílio ☐ pedido do freguês.

   b) Saboreamos um tutu ☐ mineira, num restaurante aconchegante ☐ pouca distância do hotel, mais ou menos ☐ sete horas.

   c) Sentou-se ☐ máquina e pôs-se ☐ reescrever uma ☐ uma ☐ páginas do relatório.

   d) Sua objeção ☐ contratação do novo funcionário restringia-se ☐ exigências salariais do candidato, e não ☐ sua capacidade profissional.

   e) Garanto ☐ você que compete ☐ ela, pelo menos ☐ meu ver, tomar ☐ providências para resolver o caso, pois ☐ qualquer hora estará ☐ entrada do prédio ☐ comissão parlamentar.

4. Reescreva as frases a seguir, completando-as com *aquele(s)*, *aquela(s)*, *aquilo*, *àquele(s)*, *àquela(s)*, *àquilo*.

   a) Preferimos isto ☐.

   b) Precisamos verificar se temos ou não direito ☐ abono.

   c) ☐ hora, sua atitude só agradou ☐ que não visavam ao lucro.

   d) Abra, por favor, ☐ janelas: o calor está insuportável.

   e) Seu espírito agressivo levou-o ☐ atitude extrema.

Em caso de dúvida...

Existem dois procedimentos que auxiliam na identificação da crase:

- Verifique se a palavra admite o artigo *a*, colocando-a depois de um verbo que exige uma preposição diferente de *a*:

   Vim *da* Itália. → Vou *à* Itália.
   Vim *de* Recife. → Vou *a* Recife.

- Substitua a palavra feminina por uma masculina e observe se ocorre a combinação *ao* antes do nome masculino:

   Seu discurso não fez referência *aos* candidatos. → Seu discurso não fez referência *às* candidatas.

Casos especiais

Ocorre crase:

- em *locuções adverbiais* e *prepositivas* formadas por substantivos femininos:
  À direita ficava a sala.

  A rigor, não ocorre crase nas locuções adverbiais que indicam instrumento: bordar *a mão*, cortar *a faca*, escrever *a máquina*. Entretanto, alguns gramáticos defendem o uso do acento nessas expressões para assegurar maior clareza.

- antes de nomes de lugares determinados pelo artigo:
  O papa regressou *à Itália*.

  Os nomes de lugar que normalmente não admitem artigo passam a exigi-lo se seguidos de um termo especificador. Compare:
  Fiz uma excursão *a Roma*.
  Fiz uma excursão *à Roma de meus avós*.

- nas expressões proporcionais *à medida que*, *à proporção que*:
  À proporção que se aproximava o dia da entrega do prêmio, mais ansiosos ficavam os atores.

- antes da palavra *casa*, se ela for determinada:
  Voltamos *à antiga casa de nossos pais* um dia destes.

  Quando indica residência, lar, morada, a palavra *casa* não admite artigo e, portanto, não ocorre crase. Compare:
  Vou a casa depois da aula de ginástica.
  Venho de casa.
  Estou em casa.

- antes da palavra *Terra*:
  A nave espacial russa já voltou *à Terra*.

  Quando se opõe a *bordo*, a palavra *terra* não admite artigo e, portanto, não ocorre crase:
  Os marinheiros, assim que o navio atracou no cais, desceram *a terra*.

- quando estão subentendidas as expressões *à moda de*, *à maneira de* ou palavras como *faculdade*, *empresa*, *companhia*, mesmo que seja diante de palavras masculinas:
  Refiro-me *à UFRJ*. (*à universidade*)

A regência na construção do texto

Leia o poema:

Demora

Espero o dia
Que você me chegue
E me beije o beijo
De quem vai chegar
Sem pressa
E me amar sem planos
De ir embora.
E que você se apresse
Somente em chegar,
Pois, quanto mais
Eu te espero,
Mais o dia
Que você me chega
Se demora.

(Lucão. *Telegramas*. São Paulo: Saraiva, 2016. p. 73.)

1. A palavra *demora* está no título do poema e é também com ela que ele se encerra. Qual é o sentido dessa palavra em cada uma dessas ocorrências?

2. Levante hipóteses: Qual é a relação entre o eu lírico e o seu interlocutor? Justifique sua resposta com elementos do texto.

3. Há no poema verbos empregados com regências pouco usuais.

   a) Descreva a diferença entre os complementos do verbo *chegar* no 2º e no 4º versos. Em seguida, identifique em outro verso a mesma construção do segundo.

   b) Quais são os complementos da forma verbal *beije* no 2º verso?

   c) Troque ideias com os colegas e o professor e explique o efeito de sentido que as construções analisadas por você nos itens anteriores conferem aos versos.

   Releia estes dois versos e responda às questões 4 e 5.

   > "E me amar sem planos
   > De ir embora."

4. Há neles uma ocorrência de regência nominal.

   a) Identifique-a.

   b) Explique a relação de sentido entre o termo regente e seu complemento.

5. O 2º verso não apenas completa o 1º, mas também modifica o seu sentido.

   a) Qual é o sentido do 1º verso, se lido como uma frase isolada?

   b) Explique de que forma o 2º verso modifica o sentido do 1º.

6. Regência verbal e nominal são relações que um termo (verbo ou nome) estabelece com outro(s), que complementa(m) o seu sentido. Indique, entre as afirmações a seguir, qual descreve corretamente a relação entre o emprego da regência e as ideias do poema estudado.

   I. No poema, o eu lírico acredita que nunca mais vai encontrar a pessoa amada e, por isso, lamenta a distância que existe entre eles utilizando as regências para acentuar essa impossibilidade do encontro.

   II. No poema, o eu lírico age ativamente para minimizar a distância entre ele e a pessoa amada, e o uso incomum da regência chama a atenção para essas suas atitudes.

   III. No poema, o eu lírico aguarda a chegada da pessoa amada a fim de que possa se completar no outro; o uso incomum da regência no texto chama a atenção sobre essas relações entre forma e conteúdo.

■ Semântica e discurso

Leia o aviso de elevador a seguir e responda às questões 1 a 3.

1. Identifique no texto do aviso:

   a) a única forma verbal que ele apresenta;

   b) a voz em que essa forma está.

2. Apesar de conter apenas uma única forma verbal, o texto do aviso faz referência a ações diversas.

   a) Quais são essas ações?

   b) De que forma essas ações são referidas no texto?

> "É vedada, sob pena de multa, qualquer forma de discriminação em virtude de raça, sexo, cor, origem, condição social, idade, porte ou presença de deficiência e doença não contagiosa por contato social, no acesso aos elevadores deste edifício".
> Lei 11995 - Decreto n 36.434 de 04/10/96

3. A nominalização e a voz passiva são recursos muito utilizados para conferir maior impessoalidade aos textos.

   a) Reescreva o texto do aviso, transformando em verbos os nomes *vedada*, *discriminação*, *porte*, *presença* e *acesso*. Faça a adaptação dos termos regidos por esses nomes.

   b) Levante hipóteses: Por que o aviso adota o tom impessoal?

CAPÍTULO 28

A colocação — Colocação pronominal

■ Construindo o conceito

Leia o anúncio:

(*34º Anuário do Clube de Criação de São Paulo*, p. 117.)

Este capítulo favorece o desenvolvimento das habilidades

EM13LGG101
EM13LGG102
EM13LGG103
EM13LGG202
EM13LGG203
EM13LGG401
EM13LP01
EM13LP02
EM13LP08
EM13LP09
EM13LP10
EM13LP26
EM13LP49

1. Observe o seguinte texto verbal do anúncio e os logotipos que o acompanham:

"Saiba como diminuir o impacto ambiental da sua empresa em wwf.org.br e afilie-se já. Ainda dá tempo de salvar o planeta."

a) Quem é locutor do anúncio?
b) A quem o anúncio é dirigido?
c) O que é oferecido ao destinatário?

2. Observe agora a parte não verbal do anúncio.

a) Que elementos a compõem?
b) Associe a imagem mostrada no anúncio ao enunciado principal: "Na natureza esta empresa ainda vai durar uns 100 anos". Que efeito de sentido resulta dessa associação?
c) No contexto, o pronome *esta* tem a função de identificar um objeto no espaço. Qual é esse objeto?
d) No enunciado principal do anúncio, foi empregada uma *metonímia*, figura de linguagem que consiste na substituição de uma palavra por outra em razão de haver entre elas uma relação de interdependência, de inclusão ou implicação. Explique como se dá, no anúncio, essa relação metonímica.
e) Por que o locutor do texto afirma que na natureza a empresa "ainda vai durar uns 100 anos"?

3. Compare estes enunciados:

> "Na natureza esta empresa ainda vai durar uns 100 anos."
> Esta empresa ainda vai durar uns 100 anos na natureza.

a) Que diferença de sentido há entre os enunciados?
b) Qual é a função sintática do termo *na natureza* em cada um dos enunciados?
c) No primeiro enunciado, os termos não estão empregados na ordem direta. Levante hipóteses: Por que o locutor optou por uma ordem diferente da direta?

Conceituando

Em todo enunciado, seja em texto de linguagem verbal, seja em texto de linguagem não verbal, há intenções argumentativas, explícitas ou implícitas. No anúncio, ressaltam-se elementos ambientais — parte da mata, tronco de árvore, vegetação —, um logotipo com a imagem de um urso panda (símbolo do problema da extinção animal) e outro com as cores da bandeira brasileira e o desenho de um coração. Todos esses elementos funcionam como argumentos de sensibilização e persuasão para convencer o leitor da importância de diminuir os impactos ambientais provocados pela ação de empresas. Na linguagem verbal, quando se quer dar um destaque a um termo ou atribuir um sentido diferente à oração, coloca-se esse termo em primeiro plano, como ocorre com a expressão *na natureza*, que, ao ser colocada no início da frase, é intencionalmente destacada no enunciado principal do anúncio estudado.

Na língua portuguesa, chamamos de **ordem direta** aquela em que os termos da oração se dispõem na sequência sujeito + verbo + complemento (objeto direto, indireto), predicativo, adjuntos, etc. Quando ocorre uma alteração nessa disposição dos termos, dizemos que a oração está na **ordem inversa**.

> **Colocação** é o modo de dispor, na ordem direta ou inversa, os termos que compõem a oração.

Embora certas colocações sejam consagradas pelo uso, como o emprego do sujeito posposto ao verbo na voz passiva pronominal, na língua portuguesa a estrutura da oração admite bastante liberdade de colocação. Observe:

> I. Uns 100 anos esta empresa ainda vai durar na natureza.
> II. Ainda vai durar uns 100 anos na natureza esta empresa.
> III. Esta empresa vai durar ainda uns 100 anos na natureza.
> IV. 100 anos esta ainda vai natureza durar na empresa uns.
> V. Esta empresa 100 durar anos uns vai natureza na ainda.

As frases I, II e III, assim como as construções analisadas por você na questão 3 no estudo de abertura deste capítulo, são todas compreensíveis e aceitáveis em língua portuguesa. Já nas frases IV e V as palavras estão colocadas de forma aleatória e, portanto, elas não são construções possíveis em português, não têm sentido e jamais seriam ditas ou escritas por um falante brasileiro. Isso porque a colocação também segue determinadas regras e nem todas as palavras podem ser colocadas em qualquer lugar. Um dos princípios clássicos de colocação é a colocação pronominal, que estudaremos a seguir.

Colocação pronominal

Os pronomes pessoais oblíquos átonos *me, te, se, lhe(s), o(s), a(s), nos* e *vos* podem estar em três posições em relação ao verbo ao qual se ligam.

Leia o cartum a seguir e observe a colocação do pronome oblíquo.

(Laerte. *Folha de S.Paulo*, 13/3/2006.)

No cartum, foi empregado o pronome pessoal oblíquo átono *me*. Observe que ele está colocado depois do verbo. Nesse caso, dizemos que há **ênclise**. Se estivesse colocado antes do verbo, "me chute", seria um caso de **próclise**.

O pronome oblíquo átono pode estar também no meio do verbo, colocação que é denominada **mesóclise**. Veja o exemplo:

> Para um resultado mais exato, far-*se*-á necessário um novo cálculo.

Em resumo, os princípios básicos da colocação pronominal, de acordo com a norma-padrão, são os seguintes.

- **Ênclise**: o pronome é colocado **depois** do verbo quando se inicia uma frase e após vírgula.
- **Próclise**: o pronome é colocado **antes** do verbo quando há determinadas palavras que favorecem a ocorrência dessa construção (indicadas no boxe "Emprego da próclise", na página seguinte).
- **Mesóclise**: o pronome é colocado no **meio** do verbo quando este se encontra conjugado no futuro do presente ou no futuro do pretérito do modo indicativo, desde que não haja condição de próclise.

Atualmente, no Brasil, a próclise é a forma mais encontrada na grande maioria das situações de colocação do pronome oblíquo átono. Isso ocorre porque, na fala brasileira, o pronome oblíquo átono, embora seja classificado como tal, tem uma pronúncia tônica. Para perceber isso, você pode fazer um breve teste com os colegas, tentando pronunciar o *me* ou o *te* de forma átona em posição de próclise, o que gera um som impronunciável, algo como "m'chute", "m'chame". Por ser amplamente difundida na fala brasileira, essa tendência à próclise pode ser observada também em alguns textos escritos, especialmente naqueles que contêm uma linguagem menos formal ou que pretendem reproduzir a fala. Em situações de escrita formal, tal como exames, concursos ou avaliações institucionais, convém ainda seguir a colocação prevista pelas regras da norma-padrão.

Construindo seu itinerário formativo

"Me deixe-me ver...": colocação pronominal no português do Brasil

Como vimos neste capítulo, a próclise é a forma de colocação pronominal mais comum na fala brasileira atual. Mas será que, por isso, ênclise e mesóclise são apenas "fósseis" no nosso terreno linguístico?

Neste minicurso, vamos analisar a linguagem de textos de diferentes gêneros, orais e escritos, para compreender como tem sido feita a colocação pronominal no português brasileiro, para além das regras da gramática normativa.

Veremos, a seguir, algumas das regras para a ocorrência de próclise, em frases nas quais há palavras e expressões que favorecem essa construção. Ao resolver os exercícios, leia o boxe que trata do assunto.

Exercícios

Leia o poema a seguir, de Mário Quintana, e responda às questões 1 a 4:

> **A letra e a música**
> Quando nos encontramos
> Dizemo-nos sempre as mesmas palavras que todos os amantes dizem...
> Mas que nos importa que as nossas palavras sejam as mesmas de sempre?
> A música é outra!
>
> (*A cor do invisível*. Tania Franco Carvalhal, org. São Paulo: Globo, 2005. p. 13.)

1. O poema aborda o amor de forma metafórica. A que é comparado o amor?

2. O eu lírico afirma que todos os amantes dizem sempre as mesmas palavras. O que diferencia, então, as situações amorosas?

3. Interprete: Nessa "canção de amor", a que corresponde:

a) a letra da canção?

b) a música?

4. Observe o emprego dos pronomes oblíquos átonos no poema. A colocação deles está de acordo com a norma-padrão? Justifique sua resposta.

5. Indique as frases em que a colocação pronominal está em desacordo com a norma-padrão. Em seguida, reescreva-as, adequando a colocação pronominal.

a) Nunca soubemos quem roubava-nos.

b) Pouco se sabe sobre este caso.

c) Que Deus acompanhe-te!

d) Agora, se ajeite e durma bem.

e) Contaria-me tudo, se eu quisesse.

f) Em se tratando de conhecimentos de arte, podemos contar com ele.

Emprego da próclise

Exercem atração sobre o pronome:

- palavra negativa (*não, nem, nunca, ninguém, nenhum, nada, jamais*, etc.) não seguida de pausa:
  Nunca *nos* revelou sua verdadeira identidade.

- advérbio não seguido de vírgula:
  Depois *me* dirigi ao balcão de informações.
  Havendo vírgula depois de palavra negativa ou de advérbio, usa-se ênclise:
  Não, disse-*me* ele, não me deve mais nada.
  Em seguida, despediu-se de todos gentilmente.

- pronomes relativos e indefinidos:
  O rapaz que *me* procurou vendia enciclopédias.
  Quem *te* acompanhou até aqui?

- conjunção subordinativa:
  Pensei que *lhe* dariam o emprego.
  Ocorre próclise também quando houver:

- preposição seguida de gerúndio:
  Em *se* tratando de brigas familiares, não me meto.

- infinitivo pessoal precedido de preposição:
  Para *se* desculparem, enviaram à menina flores e bombons.

- orações exclamativas e interrogativas diretas:
  Quanto *me* enganei!
  Quando *me* devolverás o livro?

- orações optativas, exclamativas ou interrogativas diretas:
  Deus *lhe* pague, moço!
  Que *me* importa sua opinião?
  Havendo entre o pronome oblíquo e a palavra que exerce atração um termo ou oração intercalados, a próclise continua sendo necessária:
  Nunca, é bom saberem, *lhe* pedi dinheiro.

A colocação pronominal em relação aos tempos compostos e às locuções verbais

De acordo com a norma-padrão, o pronome oblíquo pode estar:

- enclítico em relação ao verbo principal se este estiver no infinitivo ou no gerúndio; *nunca* se estiver no particípio;
- proclítico ou enclítico em relação ao verbo auxiliar;
- mesoclítico em relação ao verbo auxiliar se este estiver no futuro do presente ou no futuro do pretérito. Observe as posições do pronome nas frases:

> Eu quero contar-*lhe* a verdade.
> Eu *lhe* quero contar a verdade.
> Eu quero-*lhe* contar a verdade.
>
> Eu *lhe* tinha contado a verdade.
> Eu tinha-*lhe* contado a verdade.
> Ter-*lhe*-ia contado a verdade, se a soubesse.

Se houver fator de próclise, teremos:

> Disse que *lhe* quero contar a verdade.
> Disse que quero contar-*lhe* a verdade.
> Já *lhe* estou contando a verdade.
>
> Já estou contando-*lhe* a verdade.
> Já *lhe* tinha contado a verdade.

No Brasil, a preferência é por construções em que o pronome oblíquo aparece solto entre as formas verbais. Veja:

> Quero *lhe* dizer o que sei.
> Ele já tinha *me* decepcionado.
> Estou *lhe* enviando notícias.

A colocação pronominal no português do Brasil e no português lusitano

Leia os textos abaixo. O primeiro é uma notícia de um jornal português; o segundo, uma tira do quadrinista brasileiro Caco Galhardo.

> **"O meu neto morreu-me nos braços de hipotermia"**
>
> A noite de 27 de fevereiro de 2010 **mudou-lhes** a vida para sempre. [...]
> A tempestade "Xynthia" atingiu a costa atlântica francesa. [...]
> Dez anos depois, Elisabeth Tabary **lembra-se** dessa noite como se fosse ontem:
> "O vento estava forte e por volta das 3h15 da manhã ouvi barulho. A água chegou a grande velocidade e subiu até ao metro e meio. O meu marido veio **procurar-me** mais tarde mas morreu logo de seguida. O meu neto **morreu-me** nos braços de hipotermia. Quis **afogar-me** porque percebi que já não havia nada a fazer."
>
> (Disponível em: https://pt.euronews.com/2020/02/28/dez-anos-depois-de-xynthia. Acesso em: 2/3/2020.)

(Caco Galhardo. *Folha de S.Paulo*, 26/6/2012.)

A diferença de colocação pronominal decorre das diferenças eufônicas entre o português de Portugal e o do Brasil, porque o falante português, diferentemente do brasileiro, de fato pronuncia os pronomes oblíquos átonos de forma átona, daí a necessidade de se integrarem ao verbo anterior para serem pronunciados: *mudou-lhes*, *lembra-se*, *procurar-me*, etc. Já para o falante brasileiro, que pronuncia os pronomes de forma tônica, é mais natural dizer e ouvir: *me dê*.

Exercícios

Leia o trecho de uma reportagem:

A história da menina que sobreviveu ao câncer e mobilizou time amador em Gravataí

Diagnosticada com um tumor cerebral aos 13 anos, em 2014, Isadora Ribeiro recebeu força de onde poucos imaginavam para vencer a doença: no futebol amador de **Gravataí**, cidade onde mora. Seu desejo após a primeira cirurgia foi ir ao campo do time do coração, o Grêmio Esportivo Três Estrelas, de onde tiraria energia para reiniciar a vida, mesmo contrariando a recomendação médica de permanecer em casa. Foi recebida como um troféu de Copa do Mundo: entrou nos braços de um jogador, virou mascote do time e música que não sai da cabeça dos torcedores.

"Dá-lhe ô, dá-lhe ô, Isadora, dá-lhe ô", cantava o grupo Bicho Papão, torcida organizada do Três Estrelas, com as batidas graves do bumbo e secas do tarol compondo a trilha sonora.

A menina entrou em campo com 32 pontos na cabeça, máscara cirúrgica, toucas e luva. Um ano depois do episódio que uniu clube, comunidade, família e a menina, o diagnóstico médico foi de que a doença foi controlada. Foi assim que nasceu a história que ficou conhecida na região como "a lenda de Isadora". [...]

— Eles me deram toda a força que precisava. Foi de onde eu tirei coragem para acreditar que eu poderia vencer — resume a garota. [...]

O campo, aos finais de semana, se torna ponto de referência do bairro [...].

O objetivo da mãe, Angélica Ribeiro, 35 anos, é não deixar que seja esquecida "a lenda de Isadora":

— O amor cura e o carinho consola. Foi realmente isso que aconteceu. A semana toda os jogadores passavam nos ajudando, com roupa, comida. Agora podemos ajudar a outras pessoas.

(Disponível em: https://gauchazh.clicrbs.com.br/porto-alegre/noticia/2019/08/a-historia-da-menina-que-sobreviveu-ao-cancer-e-mobilizou-time-amador-em-gravatai-cjyuf9e8r018d01msvtmew571.html. Acesso em: 2/3/2020.)

1. No texto, há ênclise e próclise.

a) Identifique-as.

b) Compare as construções identificadas por você no item *a* às regras de colocação pronominal da norma-padrão. Há alguma diferença? Em caso afirmativo, qual(quais)?

2. Troque ideias com os colegas e o professor e levante hipóteses: Por que os pronomes foram colocados dessa forma no texto lido?

3. Embora a próclise seja a ocorrência mais habitual no Brasil, há construções da fala brasileira cotidiana que ainda utilizam o pronome em colocação enclítica, conforme o exemplo visto no texto em estudo. Indique outras dessas construções.

A colocação pronominal na construção do texto

Leia a seguir seis artigos do Estatuto da Criança e do Adolescente.

> Art. 2º Considera-se criança, para os efeitos desta Lei, a pessoa até doze anos de idade incompletos, e adolescente aquela entre doze e dezoito anos de idade.
>
> Parágrafo único. Nos casos expressos em lei, aplica-se excepcionalmente este Estatuto às pessoas entre dezoito e vinte e um anos de idade.
>
> Art. 3º A criança e o adolescente gozam de todos os direitos fundamentais inerentes à pessoa humana, sem prejuízo da proteção integral de que trata esta Lei, assegurando-se-lhes, por lei ou por outros meios, todas as oportunidades e facilidades, a fim de lhes facultar o desenvolvimento físico, mental, moral, espiritual e social, em condições de liberdade e de dignidade.
>
> Parágrafo único. Os direitos enunciados nesta Lei aplicam-se a todas as crianças e adolescentes, sem discriminação de nascimento, situação familiar, idade, sexo, raça, etnia ou cor, religião ou crença, deficiência, condição pessoal de desenvolvimento e aprendizagem, condição econômica, ambiente social, região e local de moradia ou outra condição que diferencie as pessoas, as famílias ou a comunidade em que vivem. (incluído pela Lei nº 13.257, de 2016)
>
> [...]
>
> Art. 57. O poder público estimulará pesquisas, experiências e novas propostas relativas a calendário, seriação, currículo, metodologia, didática e avaliação, com vistas à inserção de crianças e adolescentes excluídos do ensino fundamental obrigatório.
>
> Art. 58. No processo educacional, respeitar-se-ão os valores culturais, artísticos e históricos próprios do contexto social da criança e do adolescente, garantindo-se a estes a liberdade da criação e o acesso às fontes de cultura.
>
> Art. 59. Os municípios, com apoio dos estados e da União, estimularão e facilitarão a destinação de recursos e espaços para programações culturais, esportivas e de lazer voltadas para a infância e a juventude.
>
> (Disponível em: http://www.planalto.gov.br/ccivil_03/leis/l8069.htm. Acesso em: 5/3/2020.)

1. Segundo o texto:

a) Quais pessoas são consideradas crianças e adolescentes?
b) A quais pessoas o documento pode se estender, excepcionalmente?
c) Há alguma criança ou adolescente que não é protegido por essa lei? Justifique sua resposta com trechos do texto.

2. Há no texto ocorrências de pronomes oblíquos em próclise, ênclise e mesóclise. Releia os termos a seguir.

 I. aplica-se
 II. assegurando-se-lhes
 III. lhes facultar
 IV. respeitar-se-ão

a) Identifique o tipo de colocação pronominal em cada um deles.

b) Analise os contextos dos termos indicados por você e justifique a colocação pronominal empregada, tendo em vista as regras da norma-padrão.

c) Troque ideias com os colegas e o professor: Essas formas são de uso cotidiano ou ocorrem em textos específicos? Justifique sua resposta, considerando a situação de produção do Estatuto da Criança e do Adolescente.

3. Releia os seguintes trechos:

> I. "O poder público *estimulará* pesquisas, experiências e novas propostas"
> II. "No processo educacional *respeitar-se-ão* os valores culturais, artísticos e históricos"
> III. "Os municípios, com apoio dos estados e da União, *estimularão* e *facilitarão* a destinação de recursos"

a) Analise a estrutura dos trechos lidos e conclua: Qual deles está na voz passiva? Justifique sua resposta.

b) Identifique os sujeitos das formas verbais em destaque em cada um dos trechos.

324 Unidade 4 • Sintaxe

Semântica e discurso

1. Certas orações fora da ordem direta só podem ser compreendidas em contexto. Leia as frases a seguir.

> • Comanda o povo o governo.
> • Mordeu o bebê a priminha.
> • Não entende a mãe a filha.

a) Troque ideias com os colegas e o professor e imagine diferentes contextos e sentidos para as três frases.

b) Fazendo uso de preposições, torne o sentido dessas frases mais preciso.

2. Certas palavras, dependendo da posição que ocupam na oração, podem mudar de significado. Dê o significado das palavras destacadas nos pares de frases a seguir.

a) Você tem que ir lá no dia *certo*.
   Certo dia, eis que meu filho chega sem avisar.

b) Dinheiro *algum* o fez mudar de ideia.
   É bom ter sempre *algum* dinheiro de reserva.

Leia a tira a seguir, de Laerte, e responda às questões 3 a 5.

(*Folha de S.Paulo*, 28/2/2012.)

3. Observe a colocação dos pronomes oblíquos na tira:

> "Procurei-vos..."   "Explicar-mo-íeis?"   "Banqueteamo-nos"

a) Em que posição os pronomes foram empregados?
b) Essa colocação está de acordo com a norma-padrão?
c) O que justifica o emprego de *mo* na posição em que se encontra?

4. A linguagem empregada nos quadrinhos revela indícios de que se trata de um português antigo. A palavra *debalde*, por exemplo, é rara no português moderno, e a forma pronominal *mo* — originada da contração dos pronomes oblíquos átonos *me* e *o* — só se encontra em textos literários antigos.

a) O que significa *debalde*?
b) A que se refere o pronome *o*, da contração *mo*?

5. As formas de tratamento e o nível de linguagem usados pelos personagens não são comuns no gênero história em quadrinhos. Considerando a finalidade principal da tira, o que justifica o emprego desses recursos linguísticos?

EM DIA COM O ENEM E O VESTIBULAR

1. (FUVEST-SP)

> O Twitter é uma das redes sociais mais importantes no Brasil e no mundo. (...) Um estudo identificou que as fake news são 70% mais propensas a serem retweetadas do que fatos verdadeiros. (...) Outra conclusão importante do trabalho diz respeito aos famosos bots: ao contrário do que muitos pensam, esses robôs não são os grandes responsáveis por disseminar notícias falsas. Nem mesmo comparando com outros robozinhos: tanto os que espalham informações mentirosas quanto aqueles que divulgam dados verdadeiros alcançaram o mesmo número de pessoas.
>
> Super Interessante, "No Twitter, fake news se espalham 6 vezes mais rápido que notícias verdadeiras". Maio/2019.

No período "Nem mesmo comparando com outros robozinhos: tanto os que espalham informações mentirosas quanto aqueles que divulgam dados verdadeiros alcançaram o mesmo número de pessoas.", os dois-pontos são utilizados para introduzir uma

a) conclusão.
b) concessão.
c) explicação.
d) contradição.
e) condição.

2. (FUVEST-SP)

Leia o trecho extraído de uma notícia veiculada na internet:

> "O carro furou o pneu e bateu no meio fio, então eles foram obrigados a parar. O refém conseguiu acionar a população, que depois pegou dois dos três indivíduos e tentaram linchar eles. O outro conseguiu fugir, mas foi preso momentos depois por uma viatura do 5º BPM", afirmou o major.
>
> Disponível em https://www.gp1.com.br/.

No português do Brasil, a função sintática do sujeito não possui, necessariamente, uma natureza de agente, ainda que o verbo esteja na voz ativa, tal como encontrado em:

a) "O carro furou o pneu".
b) "e bateu no meio fio".
c) "O refém conseguiu acionar a população".
d) "tentaram linchar eles".
e) "afirmou o major".

3. (ENEM)

> ### Slow Food
>
> A favor da alimentação com prazer e da responsabilidade socioambiental, o *slow food* é um movimento que vai contra o ritmo acelerado de vida da maioria das pessoas hoje: o ritmo fast-food, que valoriza a rapidez e não a qualidade. Traduzido na alimentação, o fast-food está nos produtos artificiais, que, apesar de práticos, são péssimos à saúde: muito processados e muito distantes da sua natureza — como os lanches cheios de gorduras, os salgadinhos e biscoitos convencionais etc. etc.
>
> Agora, vamos deixar de lado o fast e entender melhor o *slow food*. Segundo esse movimento, o alimento deve ser:
>
> - bom: tão gostoso que merece ser saboreado com calma, fazendo de cada refeição uma pausa especial do dia;
> - limpo: bom à saúde do consumidor e dos produtores, sem prejudicar o meio ambiente nem os animais;
> - justo: produzido com transparência e honestidade social e, de preferência, de produtores locais.
>
> Deu pra ver que o *slow food* traz muita coisa interessante para o nosso dia a dia. Ele resgata valores tão importantes, mas que muitas vezes passam despercebidos. Não é à toa que ele já está contagiando o mundo todo, inclusive o nosso país.
>
> Disponível em: www.maeterra.com.br. Acesso em: 5 ago. 2017.

Algumas palavras funcionam como marcadores textuais, atuando na organização dos textos e fazendo-os progredir. No segundo parágrafo desse texto, o marcador "agora"

a) define o momento em que se realiza o fato descrito na frase.
b) sinaliza a mudança de foco no tema que se vinha discutindo.
c) promove uma comparação que se dá entre dois elementos do texto.
d) indica uma oposição que se verifica entre o trecho anterior e o seguinte.
e) delimita o resultado de uma ação que foi apresentada no trecho anterior.

326 Unidade 4 • Sintaxe

4. (ENEM)

> João/Zero (Wagner Moura) é um cientista genial, mas infeliz porque há 20 anos atrás foi humilhado publicamente durante uma festa e perdeu Helena (Alinne Moraes), uma antiga e eterna paixão. Certo dia, uma experiência com um de seus inventos permite que ele faça uma viagem no tempo, retornando para aquela época e podendo interferir no seu destino. Mas quando ele retorna, descobre que sua vida mudou totalmente e agora precisa encontrar um jeito de mudar essa história, nem que para isso tenha que voltar novamente ao passado. Será que ele conseguirá acertar as coisas?
>
> Disponível em: http://adorocinema.com.
> Acesso em: 4 out. 2011.

Qual aspecto da organização gramatical atualiza os eventos apresentados na resenha, contribuindo para despertar o interesse do leitor pelo filme?

a) O emprego do verbo *haver*, em vez de *ter*, em "há 20 anos atrás foi humilhado".
b) A descrição dos fatos com verbos no presente do indicativo, como "retorna" e "descobre".
c) A repetição do emprego da conjunção "mas" para contrapor ideias.
d) A finalização do texto com a frase de efeito "Será que ele conseguirá acertar as coisas?".
e) O uso do pronome de terceira pessoa "ele" ao longo do texto para fazer referência ao protagonista "João/Zero".

5. (ENEM)

> O homem disse, Está a chover, e depois, Quem é você, Não sou daqui, Anda à procura de comida, Sim, há quatro dias que não comemos, E como sabe que são quatro dias, É um cálculo, Está sozinha, Estou com o meu marido e uns companheiros, Quantos são, Ao todo, sete, Se estão a pensar em ficar conosco, tirem daí o sentido, já somos muitos, Só estamos de passagem, Donde vêm, Estivemos internados desde que a cegueira começou, Ah, sim, a quarentena, não serviu de nada, Por que diz isso, Deixaram-nos sair, Houve um incêndio e nesse momento percebemos que os soldados que nos vigiavam tinham desaparecido, E saíram, Sim, Os vossos soldados devem ter sido dos últimos a cegar, toda a gente está cega, Toda a gente, a cidade toda, o país,
>
> SARAMAGO, J. **Ensaio sobra a cegueira**.
> São Paulo: Cia. das Letras, 1995.

A cena retrata as experiências das personagens em um país atingido por uma epidemia. No diálogo, a violação de determinadas regras de pontuação

a) revela uma incompatibilidade entre o sistema de pontuação convencional e a produção do gênero romance.
b) provoca uma leitura equivocada das frases interrogativas e prejudica a verossimilhança.
c) singulariza o estilo do autor e auxilia na representação do ambiente caótico.
d) representa uma exceção às regras do sistema de pontuação canônica.
e) colabora para a construção da identidade do narrador pouco escolarizado.

6. (ENEM)

> O senso comum é que só os seres humanos são capazes de rir. Isso não é verdade?
>
> Não. O riso básico – o da brincadeira, da diversão, da expressão física do riso, do movimento da face e da vocalização — nós compartilhamos com diversos animais. Em ratos, já foram observadas vocalizações ultrassônicas – que nós não somos capazes de perceber – e que eles emitem quando estão brincando de "rolar no chão". Acontecendo de o cientista provocar um dano em um local específico no cérebro, o rato deixa de fazer essa vocalização e a brincadeira vira briga séria. Sem o riso, o outro pensa que está sendo atacado. O que nos diferencia dos animais é que não temos apenas esse mecanismo básico. Temos um outro mais evoluído. Os animais têm o senso de brincadeira, como nós, mas não têm senso de humor. O córtex, a parte superficial do cérebro deles, não é tão evoluído como o nosso. Temos mecanismos corticais que nos permitem, por exemplo, interpretar uma piada.
>
> Disponível em http://globonews.globo.com.
> Acesso em 31 maio 2012 (adaptado).

A coesão textual é responsável por estabelecer relações entre as partes do texto. Analisando o trecho "Acontecendo de o cientista provocar um dano em um local específico no cérebro", verifica-se que ele estabelece com a oração seguinte uma relação de

a) finalidade, porque os danos causados ao cérebro têm por finalidade provocar a falta de vocalização dos ratos.
b) oposição, visto que o dano causado em um local específico no cérebro é contrário à vocalização dos ratos.
c) condição, pois é preciso que se tenha lesão específica no cérebro para que não haja vocalização dos ratos.
d) consequência, uma vez que o motivo de não haver mais vocalização dos ratos é o dano causado no cérebro.
e) proporção, já que à medida que se lesiona o cérebro não é mais possível que haja vocalização dos ratos.

7. (ENEM)

> Quem procura a essência de um conto no espaço que fica entre a obra e seu autor comete um erro: é muito melhor procurar não no terreno que fica entre o escritor e sua obra, mas justamente no terreno que fica entre o texto e seu leitor.
> OZ, A. **De amor e** trevas. São Paulo: Cia. das Letras, 2005 (fragmento).

A progressão temática de um texto pode ser estruturada por meio de diferentes recursos coesivos, entre os quais se destaca a pontuação. Nesse texto, o emprego dos dois pontos caracteriza uma operação textual realizada com a finalidade de

a) comparar elementos opostos.
b) relacionar informações gradativas.
c) intensificar um problema conceitual.
d) introduzir um argumento esclarecedor.
e) assinalar uma consequência hipotética.

8. (ITA-SP)

Observe a tirinha a seguir.

(Disponível em: http://bp.blogspot.com/_wBWh8NQAZ78/TBWEMQ8147I/AAAA AAAAACE/zmfW9c8uAKk/s1600/Tirinha_Sensacionalismo.jpg. Acesso em: 12/05/2016.)

Os dois primeiros quadros da tirinha criam no leitor uma expectativa de desfecho que não se concretiza, gerando daí o efeito de humor. Nesse contexto, a conjunção **e** estabelece a relação de

a) conclusão.
b) explicação.
c) oposição.
d) consequência.
e) alternância.

9. (UNICAMP-SP)

Leia o texto a seguir.

> O telejornalismo é um dos principais produtos televisivos. Sejam as notícias boas ou ruins, ele precisa garantir uma experiência esteticamente agradável para o espectador. Em suma, ser um "infotenimento", para atrair prestígio, anunciante e rentabilidade. Porém, a atmosfera pesada do início do ano baixou nos telejornais: Brumadinho, jovens atletas mortos no incêndio do CT do Flamengo, notícias diárias de feminicídios, de valentões armados matando em brigas de trânsito e supermercados. Conjunções adversativas e adjuntos adverbiais já não dão mais conta de neutralizar o *tsunami* de tragédias e violência, e de amenizar as más notícias para garantir o "infotenimento". No jornal, é apresentada matéria sobre uma mulher brutalmente espancada, internada com diversas fraturas no rosto. Em frente ao hospital, uma repórter fala: "mas a boa notícia é que ela saiu da UTI e não precisará mais de cirurgia reparadora na face...". Agora, repórteres repetem a expressão "a boa notícia é que...", buscando alguma brecha de esperança no "outro lado" das más notícias.
> (Adaptado de Wilson R. V. Ferreira, Globo adota "a boa notícia é que..." para tentar se salvar do baixo astral nacional. Disponível em https://http://cinegnose.blogspot.com/2019/02/globo-adota-boa-noticia-e-que-para.html. Acessado em 01/03/2019.)

Considerando a matéria apresentada no jornal, o uso da conjunção adversativa seguido da expressão "a boa notícia é que" permite ao jornalista

a) apontar a gravidade da notícia e compensá-la.
b) expor a neutralidade da notícia e reforçá-la.
c) minimizar a relevância da notícia e acentuá-la.
d) revelar a importância da notícia e enfatizá-la.

10. (FGV-SP)

Leia a tira de *Níquel Náusea*, de Fernando Gonsales.

Folha de S.Paulo, 04/06/2019.

Nas frases "E outra que ele come para digerir de novo" e "Nojinho agora?", o termo "para" introduz no enunciado noção de

a) conformidade, enquanto a pergunta do coelho consiste em uma advertência à garota para que não o segure.
b) finalidade, enquanto a pergunta do coelho representa aceitação da expressão de asco da garota.
c) causa, enquanto a pergunta do coelho expressa desapontamento em relação ao nojo demonstrado pela garota.
d) finalidade, enquanto a pergunta do coelho expressa repulsa em relação ao comportamento da garota.
e) conformidade, enquanto a pergunta do coelho demonstra sua perplexidade diante da atitude da garota.

11. (ITA-SP)

Leia atentamente o trecho destacado de "Presença":

> Ele pousou a mala no chão e pediu um apartamento. Por quanto tempo? Não estava bem certo, talvez uns vinte dias. Ou mais. O porteiro examinou-o da cabeça aos pés. Forçou o sorriso paternal, disfarçando o espanto com uma cordialidade exagerada. Mas o jovem queria um apartamento? Ali, *naquele* hotel?!

Assinale a alternativa correta relativamente ao grifo do pronome demonstrativo e o uso da pontuação.

a) Indicam a enorme distância entre as personagens e o hotel.
b) Sugerem que havia outros hotéis à disposição.
c) Cumprem a função de destacar o absurdo da escolha do jovem.
d) Enfatizam o momento oportuno para as férias do rapaz.
e) Indicam que o porteiro deseja enfaticamente que o jovem se hospedasse naquele hotel

12. (ITA-SP)

> **Proibido para menores de 50 anos**. Nos últimos meses, em meio ao debate sobre as reformas na Previdência, um ponto acabou despertando a atenção. Afinal, existem empregos para quem tem mais de 50 anos? Pendurar as chuteiras nem sempre é fácil. Ás vezes, pode significar uma quebra tão grande na rotina que afeta até mesmo o emocional. Foi a partir de uma experiência familiar nesta linha que o paulistano Mórris Litvak criou a *startup* MaturiJobs. Trata-se de uma agência virtual de empregos, especializada em profissionais com mais de 50 anos.
>
> (*Revista Isto é Dinheiro*. Mercado de Trabalho. Maio/2017. p. 6.)

"Nos últimos meses, em meio ao debate sobre as reformas na Previdência, um ponto acabou despertando a atenção." Na frase transcrita, as vírgulas foram utilizadas para

a) realçar a escrita formal em contraste a escrita informal.
b) separar um termo complementar da oração principal.
c) marcar a sobreposição de várias informações intercaladas.
d) indicar o deslocamento da informação secundária em relação à principal.
e) antecipar o tempo e o espaço físico da informação principal.

(FGV-SP) **Instrução**: Analise a tira para responder às questões de números 13 e 14.

(www2.uol.com.br/laerte/tiras. Adaptado.)

13. O efeito de sentido do jogo de palavras empregado pelo gato Messias, no diálogo com o pai, resulta:

a) da troca de palavras com o mesmo tipo de estrutura.
b) do emprego inusitado de determinados sinônimos.
c) da função da ortografia nas relações interpessoais.
d) do significado conotativo dos termos utilizados.
e) do uso pouco habitual dos substantivos concretos.

14. Sabe-se que, na frase, vocativo é um termo independente, pelo qual se interpela o leitor ou o ouvinte Na tira de Laerte, é possível atribuir ao vocativo, de que se valem pai e filho, a função adicional de:

a) exprimir a reprovação pela situação inusitada instaurada por Messias.
b) restringir drasticamente os limites do diálogo a um ambiente humorístico.
c) identificar as personagens, revelando nome e relação de parentesco.
d) desvelar características peculiares das personagens cômicas da tira.
e) indicar o emprego excessivo de gírias, interjeições e exclamações.

(UFG-GO) Leia a charge para responder às questões 15 e 16.

FOLHA DE S.PAULO. S. Paulo, 14 jun. 2008. p. A2.

15. Analisando as imagens e as falas na charge, conclui-se que a expressão "eu quero" é polissêmica porque seu sentido é estabelecido conforme:

a) a postura política exigida pelos interlocutores.
b) as crenças religiosas das personagens em cena.
c) o valor dos objetos adquiridos pelos fregueses.
d) o lugar ideológico de cada sujeito enunciador.
e) o estilo artístico criado pelo pintor.

16. Observando as falas na charge, é correto afirmar que a mudança de significado dos objetos se dá pela:

a) repetição dos substantivos referentes à encomenda.
b) substituição dos artigos indefinidos por definidos.
c) qualificação da personagem com adjetivos depreciativos.
d) gradação por meio de advérbios na descrição da cena.
e) sucessão de um verbo de ação por um de estado.

17. (FATEC-SP) Leia o texto e responda à questão:

> **Modo de aferventar a couve-flor**
>
> É indispensável, qualquer que seja o fim a que se destine a couve-flor, prepará-la, antes, da seguinte forma: depois de tirar suas folhas, lave-a, deixando por algum tempo num molho de água e vinagre, para largar qualquer bichinho que possa ter. Lave a couve-flor outra vez, antes de ir para a caçarola, a fim de sair bem o gosto do vinagre. Ela pode ser aferventada inteira ou em pedaços. Se for em pedaços, faz-se da seguinte maneira: corta-se a couve-flor em diversos ramos e põe-se numa caçarola com água salgada a ferver em quantidade tal que os pedaços fiquem completamente cobertos de água para não escurecerem.

A função sintática do termo *couve-flor* no trecho – ... corta-se a couve-flor... – é a seguinte:

a) sujeito.
b) objeto direto.
c) objeto indireto.
d) adjunto adnominal.
e) predicativo do objeto.

18. (FATEC-SP) Observe que o trecho destacado, a seguir, funciona como uma oração subordinada adjetiva que encerra uma explicação:

> ... deve ter sido minha mãe, *que era uma fumante inveterada* e acendia um cigarro atrás do outro com um pequeno isqueiro Ronson.

Assinale a alternativa em que se encontra oração de mesma função sintática.

a) quem primeiro me falou sobre as terras-raras acho que deve ter sido minha mãe...
b) certo dia ele me mostrou a "pedra" do isqueiro, retirando-a do mecanismo, e explicou que não era realmente uma pedra...
c) Esse "Misch metal " - consistindo, sobretudo em cério - era uma mistura de meia dúzia de metais todos eles muito semelhantes, e todos eles terras-raras.
d) esse nome curioso, terras-raras, tinha algo de místico, de conto de fadas ...
e) ... e eu imaginava que as terras raras não eram somente raras e preciosas.

19. (FGV-SP) Instrução: Leia o texto para responder à questão.

> Eu lia o meu livrinho quando a sucessão de gritos — "ahhh"... "ehhh"... — picotou a noite de domingo. A impressão que tive foi de alguém sendo esfolado no andar de cima. Não fui o único a saltar da poltrona, assustado, tentando descobrir de onde vinha aquela esganiçada voz feminina: no meu prédio e no que fica ao lado, meia dúzia de pescoços se insinuaram na moldura das janelas enquanto o alarido — "ihhh"... "ohhh"... — prosseguia.
> (Humberto Werneck. "Janela indiscreta" *In: O espalhador de passarinhos & outras crônicas.* Sabará, MG: d. Dubolsinho, 2010. p. 54-5.)

Observando o emprego do pronome relativo que, nas duas ocorrências grifadas no fragmento, é possível afirmar:

a) na primeira ocorrência, substitui um objeto direto; na segunda, vem no lugar de um sujeito.

b) em ambos os casos, a relação que estabelece é de simples e objetiva coordenação.

c) na primeira ocorrência, trata-se do sujeito da ação; na segunda, de um adjunto adverbial.

d) na primeira ocorrência, há uma relação de posse; na segunda, de referência ao receptor da ação.

e) em ambos os casos, a palavra não exerce função sintática, mas de simples realce.

20. (ITA-SP) Considere o trecho abaixo:

> "Após a passagem do fogo, as folhas e gemas (aglomerados de células que dão origem a novos galhos) sofrem necrose e morrem. As gemas que ficam nas extremidades dos galhos são substituídas por gemas internas, que nascem em outros locais, quebrando a linearidade do crescimento."

Nesse trecho, as orações adjetivas permitem afirmar que

I. nem todas as células produzem novos galhos.
II. algumas gemas se localizam nas extremidades dos galhos.
III. todas as gemas internas nascem em outros pontos do galho.

Está(ão) correta(s)

a) apenas a I.
b) apenas I e II.
c) apenas a II.
d) apenas a III.
e) todas.

(FATEC-SP) Considere o trecho para responder às questões de números 21 e 22.

> É indispensável, qualquer que seja o fim a que se destine a couve-flor, prepará-la, antes, da seguinte forma (...)

21. O emprego da palavra *a* no trecho - ... qualquer que seja o fim a que se destine a couve-flor ... – justifica-se da seguinte forma:

a) classifica-se como parte da locução conjuntiva *a que*.

b) funciona como uma preposição regida pelo verbo *destinar-se*.

c) trata-se de um artigo feminino que acompanha a palavra *que*.

d) é empregada com um valor redundante, daí ser uma partícula expletiva.

e) atua como um pronome pessoal oblíquo que substitui a palavra *couve-flor*.

22. A oração principal – É indispensável – mantém correspondência com a oração subordinada *prepará-la, antes da seguinte forma...*, que deve ser classificada como oração subordinada:

a) substantiva predicativa.
b) adverbial concessiva.
c) substantiva subjetiva.
d) adjetiva explicativa.
e) adjetiva restritiva.

(FATEC-SP) Considere o trecho para responder às questões de números 23 e 24.

> Se for em pedaços, faz-se da seguinte maneira: corta-se a couve-flor em diversos ramos e põe-se numa caçarola com água salgada a ferver em quantidade tal que os pedaços fiquem completamente cobertos de água para não escurecerem.

23. A oração – ... para não escurecerem... – indica uma:

a) causa.
b) finalidade.
c) indefinição.
d) comparação.
e) intensificação.

24. A primeira oração do trecho – *Se for em pedaços, faz-se da seguinte maneira...* – sinaliza a presença de:

a) uma imposição.
b) uma hipótese.
c) uma ordem.
d) um pedido.
e) um desejo.

25. (UFAL-AL) É possível reconhecer uma relação semântica de causalidade no seguinte trecho:

a) "Os jornais, creio eu, foram os primeiros a sentir o golpe, os livros logo em seguida, havendo até a previsão de que ele acabará."

b) "Acontece que, mais cedo ou mais tarde, a mídia impressa ficará dependente não dos seus quadros profissionais, de sua estrutura de captação das informações."

c) "Na atual crise que o país atravessa, a imprensa em muitas ocasiões foi caudatária do que os blogs informavam duas, três vezes ao dia."

d) "Com a chegada da internet, suas imensas e inesperadas oportunidades, o monopólio da informação pulverizou-se."

e) "Qualquer pessoa, medianamente informada ou sem informação alguma, pode manter uma fonte de notícias ou comentários com responsabilidade zero, credibilidade zero, coerência zero."

26. (FATEC-SP) Assinale a alternativa em que a expressão entre parênteses substitui a que está destacada no trecho, sem prejuízo de sentido do original.

a) A necessidade nova de cultura, *se* em grande parte produziu apenas, em nossos parnasianos, maior leitura e consequente enriquecimento de temática em sua poesia, teve uma consequência que me parece fundamental. (entretanto)

b) O parnasianismo, entre nós, foi especialmente uma reação de cultura. É *mesmo* isso que o torna simpático... (eventualmente)

c) *Excetuado* um Gonçalves Dias, a nossa poesia romântica é fundamentalmente um lirismo inculto. (Tampouco com)

d) A linguagem falada, *com que* os românticos estavam caminhando vertiginosamente para a fixação estilística de uma língua nacional. (cuja)

e) As academias de arte, [...], *mesmo* criadas muito anteriormente, só nesse período começam a produzir verdadeiros frutos nativos, na pintura, na música. (apesar de)

27. (IFSP-SP) Assinale a alternativa em que se desenvolveu a oração reduzida em destaque de forma coerente com o sentido do texto.

> Na avaliação de profissionais que atuam no campo da adoção, as pessoas começaram a reavaliar seus sonhos de maternidade e paternidade *ao perceber* que aquele bebê loiro e de olhos azuis não existe nos abrigos.

a) ... depois que percebessem...
b) ... quando perceberam...
c) ... ainda que tenham percebido...
d) ... embora houvessem percebido...
e) ... à medida que perceberão...

28. (UEL-PR) Assinale o período em que ocorre a mesma relação de sentido indicada pelos termos destacados em "*Quanto maior* a escolarização, *maior* a participação política.".

a) À medida que o tempo passa, tudo se torna mais claro.
b) Vamos nos unir a fim de que nossa força seja maior.
c) Mesmo preso o ladrão, ainda nos preocupava.
d) Quando acordei hoje, ainda estava chovendo muito.
e) Desde que nos esforcemos muito, o problema se resolverá.

29. (UFSM-RS) Observe o seguinte fragmento: "Nos tempos pré-urna eletrônica, quando os eleitores podiam escrever na cédula, os descontentes tinham como mostrar quem "merecia" mesmo seus votos".

Em qual dos períodos a seguir a palavra destacada tem emprego idêntico ao da palavra destacada no fragmento?

a) *Quando* muito, os votos nulos podem melar uma eleição, se passarem dos 50%.
b) Todos sabem que haverá segundo turno, mas ninguém arrisca *quando*.
c) Nas eleições de 1958, *quando* um rinoceronte ficou em 1º lugar, o voto de protesto passou a se chamar "voto Cacareco".
d) Alguém pode me dizer *quando* começa a valer as novas regras da Lei Eleitoral?
e) Há quem insista no voto nulo, *quando* sabe muito bem que isso não resolve os problemas do país.

30. (UFF-RJ) Não só conectores mas também pausas, marcadas pelos sinais de pontuação, assinalam diferentes tipos de relações sintático-semânticas.

Em "Mas andei lendo livros, e descobri que aquelas cores todas não existem na pena do pavão. Não há pigmentos", a pausa marcada pelo ponto final no primeiro período estabelece com o segundo período uma relação de:

a) explicação.   d) conformidade.
b) temporalidade.   e) comparação.
c) condicionalidade.

31. (FATEC-SP) Leia as seguintes frases:

I. Todos eles, *porém*, encontram dificuldades para superar um gigantesco problema: a censura.
II. A segregação digital, *porém*, começa a ser sacudida por caminhos inesperados.

Sabe-se que um dos traços de oralidade é a repetição de palavras. Supondo que quiséssemos evitar essa repetição, sem alterar o sentido da informação expressa, teríamos que substituir a palavra *porém* na segunda frase. Assinale a alternativa que cumpre esse objetivo.

a) A segregação digital, *portanto*, começa a ser sacudida por caminhos inesperados.
b) A segregação digital, *por conseguinte*, começa a ser sacudida por caminhos inesperados.
c) A segregação digital, *pois*, começa a ser sacudida por caminhos inesperados.
d) A segregação digital, *consoante a isso*, começa a ser sacudida por caminhos inesperados
e) A segregação digital, *todavia*, começa a ser sacudida por caminhos inesperados.

32. (ITA-SP) assinale a opção em que a ausência de vírgula *não* altera o sentido da frase.

a) Não, espere.   d) Amanhã, pode ser.
b) Não, quero ler.   e) Eu quero um, sim.
c) Aceito, obrigado.

5

ESTUDOS DE LINGUAGEM E ESTILÍSTICA

> Uma das características que empobrecem o ensino médio da língua materna é a pouca atenção reservada ao estudo da significação. O tempo dedicado a esse tema é insignificante, comparado àquele que se gasta com 'problemas' como a ortografia, a acentuação, a assimilação de regras gramaticais de concordância e regência, e tantos outros, que deveriam dar aos alunos um verniz de 'usuário culto da língua'. Esse descompasso é problemático quando se pensa na importância que as questões da significação têm, desde sempre, para a vida de todos os dias, e no peso que lhe atribuem hoje, com razão, em alguns instrumentos de avaliação importantes, tais como o Exame Nacional do Ensino Médio, os vestibulares que exigem interpretação de textos e o Exame Nacional de Cursos.
>
> (Rodolfo Ilari. *Introdução à semântica — Brincando com a gramática*. São Paulo: Contexto, 2010. p. 11.)

Introdução à semântica

Construindo o conceito

O texto a seguir é parte de um conto de Marina Colasanti, intitulado "Quase tão leve". Leia-o.

> Não precisou andar muito para chegar ao grande carvalho que se erguia perto do mosteiro. Ali, em fins de tarde, tantos e tão ruidosos eram os pássaros, que cada folha parecia ter asas. O velho olhou longamente os pássaros, àquela hora ocupados com suas crias, seus ninhos, sua interminável caça de insetos. Parecia justo e fácil que se movessem no ar. Talvez sejam mais puros, pensou. E querendo pôr à prova a pureza do seu próprio corpo, permaneceu por longo tempo de pé, debaixo da copa, até ter ombros e cabeça cobertos de excrementos das aves.
>
> Porém aquele corpo magro e pequeno, aquele corpo quase tão leve quanto o de um pássaro, negava-se a dar-lhe a felicidade do voo. E o velho recomeçou a andar. Caminhando, olhava o céu ao qual sentia não mais pertencer. Ouviu o grito do gavião e o viu abater-se, altivo e feroz, sobre uma presa. Até ele, que agride os mais fracos, tem o direito que eu não mereço, pensou contrito. E mais andou. Viu o azul cortado por um bando de patos selvagens em migração. Lá se vão, de uma terra a outra, de um a outro continente, disse em silêncio o velho, enquanto eu não sou digno nem de mínimas distâncias. E mais andou. E viu as andorinhas e viu o melro e viu o corvo e viu o pintassilgo, e a todos saudou, e a todos prestou reverência.
>
> [...] Mas aos poucos a paz iluminava intensíssima sua alma porque, do seu corpo, delgadas e pálidas como se extensão da própria pele, raízes brotavam, logo mergulhando chão adentro. Seu tempo de ar havia acabado. Começava agora para ele o tempo da terra, daquela terra que em breve o acolheria.
>
> (*23 histórias de um viajante*. São Paulo: Global, 2005. p. 150-151.)

1. Leia os pares de frases a seguir, observando o emprego dos verbos *ser*, *estar* e *parecer*.

> • "Ali, em fins de tarde, tantos e tão ruidosos *eram* os pássaros"
>   tão ruidosos *estavam* os pássaros
> • *Era* justo e fácil que se movessem
>   "*Parecia* justo e fácil que se movessem"

Considerando o contexto em que os verbos estão empregados, responda:

a) Que diferença de sentido há entre as duas primeiras frases?

b) Que diferença de sentido há entre as duas últimas frases?

2. Leia as frases, observando os verbos destacados:

> "*permaneceu* por longo tempo de pé"
> Observou os pássaros e *ficou* triste.

Nas duas frases, é indiferente, para o sentido delas, empregar um verbo ou outro? Por quê?

Este capítulo favorece o desenvolvimento das habilidades

EM13LGG101
EM13LGG103
EM13LGG602
EM13LP02
EM13LP06
EM13LP08
EM13LP46
EM13LP49

3. Leia as frases a seguir, observando as palavras destacadas:

> "Ouviu o grito do *gavião*"
> "Viu o azul cortado por um bando de *patos* selvagens"
> "E viu as *andorinhas* e viu o *melro* e viu o *corvo* e viu o *pintassilgo*"

Levando em conta que todo pássaro é uma ave, mas que nem toda ave é um pássaro, responda:

a) Na terceira frase, qual dos elementos não poderia fazer parte do grupo de pássaros?

b) Nas duas primeiras frases, gavião e patos poderiam ser substituídos por aves ou por pássaros?

4. Observe o emprego da palavra *terra* nestes trechos do texto:

> "Lá se vão, de uma *terra* a outra, de um a outro continente"
> "daquela *terra* que em breve o acolheria"

a) Qual é a diferença de sentido entre a palavra *terra* no primeiro e no segundo trechos?

b) No texto, há outras palavras cujo significado se aproxima do que tem a palavra *terra* nos trechos acima. Quais são elas?

■ Conceituando

As palavras têm sentidos que podem variar, dependendo do contexto em que são empregadas. É o caso, por exemplo, da palavra *terra*, que pode assumir sentidos diferentes, de acordo com o contexto. Esse e outros aspectos relacionados ao sentido das palavras são estudados pela **semântica**.

> **Semântica** é a parte da gramática que estuda os aspectos relacionados ao sentido de palavras e enunciados.

Algumas das propriedades das palavras tratadas pela semântica são: sinonímia, antonímia, campo semântico, hiponímia, hiperonímia e polissemia.

Sinonímia e antonímia

Você viu que, na frase "permaneceu por longo tempo de pé", é possível substituir o verbo *permanecer* por *ficar* sem que haja uma alteração de sentido significativa.

Quando em alguns contextos uma palavra pode ser substituída por outra, dizemos que as duas palavras são **sinônimas**.

> **Sinônimos** são palavras de sentidos aproximados que podem, em alguns contextos, ser trocadas uma pela outra.

Sabe-se, entretanto, que não existem sinônimos perfeitos. Veja a seguir um poema de Mário Quintana sobre esse assunto.

Sinônimos

Esses que pensam que existem sinônimos desconfio que não sabem distinguir as diferentes nuanças de uma cor.

(*Poesia completa em um volume*. Rio de Janeiro: Nova Aguilar, 2005. p. 316.)

Capítulo 29 ▪ Introdução à semântica 335

A escolha entre dois sinônimos acaba, na realidade, dependendo de vários fatores. Em discursos mais técnicos, as diferenças de sentido entre palavras sinônimas podem ter grande importância. Na linguagem cotidiana, as palavras *furto* e *roubo*, por exemplo, significam a mesma coisa; em linguagem jurídica, porém, *roubo* se aplica à situação em que a vítima sofre também algum tipo de violência.

Releia outro trecho do texto e observe o sentido das palavras nele destacadas:

> "aquele corpo *magro* e *pequeno*, aquele corpo quase tão *leve* quanto o de um pássaro"

Imagine que a autora tivesse escrito:

> aquele corpo *gordo* e *grande*, aquele corpo quase tão *pesado* quanto o de um leão

Nos dois trechos, há três pares de palavras que se opõem quanto ao sentido — *magro* e *gordo*, *pequeno* e *grande*, *leve* e *pesado* — e, por isso, são antônimas.

> **Antônimos** são palavras de sentidos contrários.

Há palavras antônimas que se opõem ou se excluem, como, por exemplo, *esquerdo* e *direito* (braço *esquerdo*, braço *direito*).

Tão difícil quanto existir um par perfeito de sinônimos é haver um par perfeito de antônimos. Em alguns casos, é mais adequado falar em grau de antonímia. Observe estes pares de antônimos:

> velho — novo   bom — mau

Um objeto velho, por exemplo, pode ser o oposto de um objeto novo. Porém, dizer que um objeto é *menos velho*, em certos casos, pode ser equivalente a dizer que ele é *mais novo*, o que torna relativa a antonímia entre *novo* e *velho*. O mesmo ocorre com o par *bom/mau*.

Além disso, nesses dois casos, a avaliação é sempre subjetiva. Uma pessoa pode ser caracterizada como velha ou nova, por exemplo, dependendo da idade de quem se refere a ela. Da mesma forma, algo que é bom para um pode ser ruim para outro.

Veja este outro caso curioso de antonímia:

> emigrante — imigrante

Aparentemente são antônimos perfeitos, já que a primeira palavra se refere àqueles que saem de determinado lugar (cidade, Estado, país) e a segunda, àqueles que entram. Contudo, o emigrante, no momento em que chega a outro lugar, não passa a ser também, obrigatoriamente, um imigrante?

Campo semântico, hiponímia e hiperonímia

Releia este trecho do texto:

> "[...] Ouviu o grito do gavião e o viu abater-se, altivo e feroz, sobre uma presa. Até ele, que agride os mais fracos, tem o direito que eu não mereço, pensou contrito. E mais andou. Viu o azul cortado por um bando de patos selvagens em migração. Lá se vão, de uma terra a outra, de um a outro continente, disse em silêncio o velho, enquanto eu não sou digno nem de mínimas distâncias. E mais andou. E viu as andorinhas e viu o melro e viu o corvo e viu o pintassilgo, e a todos saudou, e a todos prestou reverência."

Observe que as palavras *gavião, patos, andorinhas, melro, corvo* e *pintassilgo* apresentam certa familiaridade de sentido pelo fato de pertencerem ao mesmo **campo semântico**, ou seja, ao universo relacionado à classe das aves. Já a palavra *ave* tem um sentido mais amplo, que engloba todas as outras. Dizemos, então, que *gavião, patos, andorinhas, melro, corvo* e *pintassilgo* são **hipônimos** de *aves. Aves*, por sua vez, é **hiperônimo** das outras palavras.

> **Hipônimos** e **hiperônimos** são palavras pertencentes a um mesmo campo semântico, sendo o hipônimo uma palavra de sentido mais específico e o hiperônimo uma palavra de sentido mais genérico.

Polissemia

Compare estes trechos do texto:

> "Lá se vão, de uma *terra* a outra, de um a outro continente"
> "daquela *terra* que em breve o acolheria"

Observe que a palavra *terra* apresenta sentidos diferentes nos dois trechos: "região, território", no primeiro trecho, e "chão", no segundo. Apesar disso, há um sentido da palavra que se aplica às duas situações, que é "parte sólida da superfície do globo terrestre". Quando uma palavra tem mais de um sentido, dizemos que ela é polissêmica.

> **Polissemia** é a propriedade que uma palavra tem de apresentar vários sentidos.

Exercícios

1. Há, na língua portuguesa, inúmeras palavras que se referem a *dinheiro*. Por exemplo, quando o Estado é o beneficiário do dinheiro do contribuinte (indivíduos ou instituições), esse dinheiro recebe o nome de *imposto* ou *tributo*.

Identifique no quadro abaixo o beneficiário do dinheiro designado por estes termos:

a) honorários
b) mesada
c) pró-labore
d) anuidade
e) gorjeta
f) juros
g) indenização
h) salário
i) dote
j) lucro
k) renda
l) pensão

garçons	proprietários	sócios
noivas	comerciantes	filhos
autores	queixosos	advogados
escolas	bancos	pensionistas
agiotas	mendigos	empregados em geral

2. Cite as palavras de linguagem popular que você conhece usadas com o significado de dinheiro.

3. Para não pronunciar o nome *diabo*, muitas pessoas o substituem por outros nomes ou expressões, como *capeta, anjo mau, cão, diacho*, etc. Cite outras palavras e expressões da linguagem popular que você conhece usadas para designar essa figura.

(Exercícios adaptados de: Rodolfo Ilari. *Introdução ao estudo do léxico — Brincando com as palavras*. São Paulo: Contexto, 2002.)

A ambiguidade

Observe esta tira:

(Bob Thaves. Frank & Ernest. *O Estado de S. Paulo*, 22/1/2012.)

Na tira aparece uma vitrine, talvez de uma clínica para tratamento de pessoas com dificuldade para dormir. No entanto, a atividade da clínica foi mal compreendida pelo personagem. Em vez de "aprendizagem *para* o sono", ele leu a informação do letreiro como "aprendizagem *durante* o sono", o que deu margem ao comentário no qual revela ter sido um aluno muito sonolento.

Para criar humor, o autor da tira partiu de um texto — o letreiro da vitrine — propositalmente ambíguo.

> **Ambiguidade** é a duplicidade de sentidos que pode haver em um texto, verbal ou não verbal.

Quando empregada intencionalmente, a ambiguidade pode ser um importante recurso de expressão. Quando, porém, é resultado da má organização das ideias, do emprego inadequado de certas palavras ou, ainda, da inadequação do texto ao contexto discursivo, ela provoca falhas na comunicação.

A ambiguidade como recurso de construção

A ambiguidade é utilizada com frequência como recurso de expressão em textos poéticos, publicitários e humorísticos, em quadrinhos e anedotas.

Em tiras, como a vista anteriormente, por exemplo, é comum o uso da ambiguidade como recurso para uma comunicação mais descontraída e divertida.

A ambiguidade como problema de construção

Leia a manchete a seguir.

> **Globo pagará indenização à vítima de pegadinha morta em 2015**
>
> (Disponível em: https://www.metropoles.com/entretenimento/televisao/globo-pagaraindenizacao-a-vitima-de-pegadinha-morta-em-2015. Acesso em: 3/3/2020.)

Apenas pela leitura da manchete, há mais de uma possibilidade de compreensão: a vítima foi morta pela pegadinha em 2015 ou a vítima participou da pegadinha em um ano não informado e morreu depois, em 2015, por outra causa? Isso ocorre porque a correlação entre os termos que compõem a manchete não está clara para o leitor. Seria necessário, portanto, ler a notícia completa para conseguir compreender a situação descrita.

Assim, para evitar mal-entendidos como esse e não produzir enunciados ambíguos não intencionais, é importante observar a forma como construímos nossas frases e conectamos os termos em nossos textos, a fim de que eles sejam claros e precisos tanto quanto possível.

1. No texto que segue há uma ambiguidade. Identifique-a e refaça o trecho, procurando desfazê-la.

> Gastou mais de 12 milhões de dólares herdados do pai, cuja família fez fortuna no ramo de construção de estradas de ferro, com festas, viagens, bebidas e mulheres.
>
> (*Veja*, 10/3/2004.)

2. A frase a seguir foi título de uma matéria jornalística publicada na revista *Veja* de 10/3/2004:

> O que faz uma boa metrópole

Observe que a frase admite duas interpretações. Reescreva-a de duas formas diferentes, de modo que fique bem claro cada um dos sentidos.

3. As frases a seguir são ambíguas. Reescreva-as de modo a desfazer a ambiguidade.

a) Trouxe o remédio para seu pai que está doente neste frasco.

b) Durante o namoro, Tiago pediu a Helena que se casasse com ele muitas vezes.

A ambiguidade na construção do texto

Leia este poema, de Mário Quintana:

> **Jardim interior**
>
> Todos os jardins deviam ser fechados,
> com altos muros de um cinza muito pálido,
> onde uma fonte
> pudesse cantar
> sozinha
> entre o vermelho dos cravos.
> O que mata um jardim não é mesmo
> alguma ausência
> nem o abandono...
> O que mata um jardim é esse olhar vazio
> de quem por eles passa indiferente.
>
> (*Quintana de bolso*. Porto Alegre: L&PM, 2011. p. 132.)

1. Ao lermos o poema, notamos que a palavra *jardim* foi empregada de forma ambígua, possibilitando mais de um significado e mais de uma leitura para o texto.

a) Que elementos do texto aproximam a palavra *jardim* de seu sentido literal, denotativo?

b) Que versos quebram o sentido literal de *jardim*, gerando a ambiguidade?

2. Reveja o título do poema e explique quais sentidos ele pode ter, considerando a ambiguidade explorada nos versos.

3. De acordo com o eu lírico, o que é que mata tanto o jardim real quanto o outro jardim do qual ele fala também?

Semântica e discurso

1. Leia a tira:

(Laerte. *Classificados*. São Paulo: Devir, 2002. v. 2, p. 57.)

Capítulo 29 • Introdução à semântica   339

O humor da tira é construído em torno do duplo sentido que uma palavra adquire no contexto.

a) Qual é essa palavra?

b) Como o dono da casa compreendia essa palavra?

c) Como o afinador de piano compreendia a mesma palavra?

2. O termo *grosso*, empregado na fala do último quadrinho, dialoga diretamente com a ambiguidade identificada por você na questão anterior.

a) Qual é o sentido da palavra *grosso*, nesse contexto?

b) Identifique o sentido da palavra *grosso(a)* em cada uma das expressões a seguir.

> • Vocês fizeram um caldo muito grosso pra essa sopa.
> • O cano é muito grosso, não cabe nessa parede.
> • Olha como o meu pé está grosso!
> • Ele está com uma voz grossa!
> • Ganhou uma grossa quantia de dinheiro no sorteio.

3. Quando alguém pergunta se uma determinada piscina é rasa ou funda, está querendo saber da fundura da piscina (e não da rasura). O que se quer saber em cada uma das perguntas a seguir?

a) Este carro é barato ou caro?

b) Sua casa fica longe ou perto daqui?

c) Este prato culinário é doce ou salgado?

d) O tecido escolhido é liso ou áspero?

e) Esse documento é legítimo ou falso?

f) Esse muro é branco ou colorido?

g) Esse filme é próprio para menores de 18 anos?

h) Seu namorado é fiel ou infiel?

(Exercício adaptado de: Rodolfo Ilari. *Introdução ao estudo do léxico — Brincando com as palavras.* São Paulo: Contexto, 2002.)

4. Como você sabe, as palavras *pequeno* e *grande* são antônimas. No enunciado a seguir, ambas estão empregadas para caracterizar o mesmo ser. Esse emprego é possível?

> Um elefante pequeno é um animal grande.

5. Compare estes dois enunciados:

> Paulo não tem dinheiro.
> Dinheiro Paulo não tem.

As duas frases são construídas pelos mesmos componentes. Apesar disso, diferem quanto ao sentido. Que alteração de sentido a inversão da palavra *dinheiro* provoca?

CAPÍTULO 30

Modalização e impessoalização da linguagem

■ Construindo o conceito

Leia as manchetes de jornal a seguir e seus respectivos subtítulos.

I. Prêmio Jabuti **anuncia** mudanças e homenagem a Conceição Evaristo
Categorias Infantil e Juvenil **foram** separadas e de formação de novos leitores foi ampliada

(Disponível em: https://veja.abril.com.br/blog/meus-livros/premio-jabuti-anuncia-mudancas-e-homenagem-a-conceicao-evaristo/. Acesso em: 19/3/2020.)

II. Conceição Evaristo e Fernanda Young **estão** entre os destaques do Prêmio Jabuti
Confira a lista com os ganhadores da 61ª edição

(Disponível em: https://www.uai.com.br/app/noticia/artes-e-livros/2019/11/29/noticias-artes-e-livros,253666/conceicao-evaristo-e-fernanda-young-estao-entre-os-destaques-do-premio.shtml. Acesso em: 19/3/2020.)

III. Escritora Conceição Evaristo **será** homenageada no Prêmio Jabuti
A mineira Conceição Evaristo **é** um ícone do movimento negro brasileiro

(Disponível em: https://www.correiobraziliense.com.br/app/noticia/diversao-e-arte/2019/11/02/interna_diversao_arte,803098/escritora-conceicao-evaristo-sera-homenageada-no-premio-jabuti.shtml. Acesso em: 19/3/2020.)

IV. '**FICO** FELIZ QUE MINHA VISIBILIDADE **SIRVA** COMO UM MOMENTO DE PENSAR A VISIBILIDADE PARA A AUTORIA NEGRA'
Conceição Evaristo é a grande homenageada do Prêmio Jabuti, no próximo dia 28 de novembro

(Disponível em: https://www.estadao.com.br/infograficos/brasil,fico-feliz-que-minha-visibilidade-sirva-como-um-momento-de-pensar-a-visibilidade-para-a-autoria-negra,1056564. Acesso em: 19/3/2020.)

Este capítulo favorece o desenvolvimento das habilidades

- EM13LGG102
- EM13LGG202
- EM13LGG203
- EM13LGG502
- EM13LGG602
- EM13LP01
- EM13LP02
- EM13LP03
- EM13LP04
- EM13LP05
- EM13LP06
- EM13LP07
- EM13LP38

1. Todas as manchetes se referem a um mesmo fato.
   a) Qual é esse fato?
   b) Deduza: Quais das manchetes são de notícias anteriores ao fato e qual é de uma notícia posterior? Justifique sua resposta com termos dos textos.

2. Observe as formas verbais em destaque nas manchetes.
   a) Identifique aquelas que constroem um efeito de sentido de certeza, de verdade incontestável. Em seguida, levante hipóteses: Qual é a importância desse efeito para uma manchete de jornal?
   b) Qual delas foi empregada no presente, mas faz referência a um fato passado? Justifique sua resposta.
   c) Qual delas evidencia explicitamente o ponto de vista do enunciador? Justifique sua resposta.
   d) Qual delas interpela diretamente o leitor? Justifique sua resposta.

Gabriel Colombara/Divulgação CBL

Capítulo 30 • Modalização e impessoalização da linguagem   341

3. Observe a estrutura de cada uma das manchetes.

a) Explique o emprego do sinal de aspas na manchete IV.

b) Qual das manchetes está na voz passiva? Troque ideias com os colegas e o professor: O agente da ação verbal está explicitado? Justifique sua resposta.

c) Estabeleça a correspondência entre as manchetes e os itens que melhor descrevem cada uma delas:
- Dá destaque à premiação e a suas categorias.
- Dá destaque à visão da pessoa homenageada.
- Dá destaque ao nome da pessoa homenageada.
- Dá destaque ao que ocorreu na premiação.

A escritora Conceição Evaristo recebendo o Prêmio Jabuti.

4. Há algumas palavras utilizadas nas manchetes que evidenciam um posicionamento dos seus autores em relação ao fato mencionado.

a) As manchetes I e II explicitam quem é Conceição Evaristo? Troque ideias com os colegas e o professor: É possível inferir, pelo contexto, quem seja ela?

b) Que termos são utilizados pelas manchetes III e IV para descrever Conceição Evaristo? Esses termos indicam que o enunciador tem uma visão positiva ou negativa da homenageada? Justifique sua resposta.

c) As manchetes III e IV fornecem uma informação sobre a homenageada que não pode ser identificada nas manchetes I e II. Identifique essa informação e explique a relevância dela no contexto.

5. Observe as frases a seguir.

> • Prêmio Jabuti anuncia duas mudanças nas categorias de premiação e uma homenagem a Conceição Evaristo.
> • Prêmio Jabuti anuncia que vai mudar duas categorias de premiação e homenagear Conceição Evaristo.

Troque ideias com os colegas e o professor:

a) Essas frases são propostas de reescrita de qual das manchetes em estudo?

b) Que diferença de sentido as substituições geram na manchete em cada um dos casos?

6. Releia as construções a seguir.

> "Categorias Infantil e Juvenil foram separadas"
> "Conceição Evaristo é a grande homenageada"
> "um momento de pensar a visibilidade para a autoria negra"

a) Identifique os adjetivos utilizados em cada uma delas.

b) Compare as funções dos adjetivos identificados por você em cada uma delas e conclua: Qual deles evidencia um ponto de vista do enunciador sobre a palavra a que se refere? Justifique sua resposta.

c) Qual é a função dos adjetivos nas demais ocorrências?

7. Algumas das manchetes lidas são mais impessoais, outras são mais pessoais. Considerando suas respostas às questões anteriores, troque ideias com os colegas e o professor e estabeleça uma relação entre as manchetes lidas, da mais pessoal para a mais impessoal. Justifique sua resposta.

■ Conceituando

Sempre que produzimos um texto, oral ou escrito, menos ou mais formal, manifestamos, de forma explícita ou não, o nosso ponto de vista em relação ao tópico sobre o qual falamos. Até mesmo a seleção das palavras e a combinação delas em nossos textos dão indícios da nossa avaliação pessoal sobre os assuntos abordados e do quanto entendemos deles ou desejamos construí-los como certos e verdadeiros, mesmo que todas essas escolhas não sejam conscientes ou propositais.

O uso de recursos linguísticos para construir o grau de comprometimento do falante com aquilo que diz, bem como sua avaliação sobre o conteúdo do que diz, é chamado de **modalização**.

> **Modalização** são as marcas que evidenciam o ponto de vista assumido pelo falante sobre o conteúdo de seu enunciado, seu grau de comprometimento com o que diz e sua relação com os interlocutores.
> O grau de comprometimento está relacionado ao valor de verdade e ao grau de certeza que o locutor mostra ter em relação ao conteúdo do texto produzido.

Nas manchetes lidas, a escolha das formas verbais e dos termos utilizados para fazer referência à homenageada contribui para construir não só as imagens do prêmio e da homenageada, mas também a avaliação que o autor do texto tem sobre eles. Ao afirmar, por exemplo, "Prêmio Jabuti anuncia mudanças", a manchete I deixa transparecer a avaliação do enunciador sobre o prêmio como algo grandioso (seria diferente se, em vez da forma verbal *anuncia*, ela usasse *divulga* ou *indica*) e trata o fato como uma verdade dada e incontestável (seria diferente se dissesse "Prêmio Jabuti deve anunciar mudanças" ou "Prêmio Jabuti pode anunciar mudanças").

Da mesma forma, no subtítulo "Conceição Evaristo é a grande homenageada do Prêmio Jabuti", a forma verbal *é* constrói a afirmação como uma verdade, e o adjetivo *grande* define a avaliação do autor sobre a importância da homenagem.

Nessas manchetes, foram empregados dois tipos de modalização. A **modalização apreciativa**, que se refere ao uso, principalmente, de adjetivos, locuções adjetivas, advérbios, locuções adverbiais, orações adjetivas e adverbiais, que caracterizam e especificam objetos do discurso e mostram a avaliação do falante a seu respeito, como a expressão *grande homenageada*, usada na manchete IV. Já a **modalização epistêmica** se refere à construção do valor de verdade e às condições de verdade de uma proposição. O uso do modo presente do indicativo na maioria das formas verbais das manchetes lidas constrói um valor de verdade e de certeza para os fatos noticiados. Já o uso do modo subjuntivo em "que minha visibilidade sirva" (assim como o do futuro do pretérito do indicativo) constrói a ideia de possibilidade, de dúvida, de uma expectativa da enunciadora.

Há ainda a chamada **modalização deôntica**, por meio da qual o enunciador indica o conteúdo do seu discurso como algo que tem (ou não) obrigatoriedade de ocorrer. Observe estes exemplos:

> - A premiação homenageia a escritora. (certeza)
> - Talvez a premiação homenageie a escritora. (possibilidade)
> - Será que a premiação vai homenagear a escritora? (dúvida)
> - A premiação precisa homenagear a escritora. (obrigatoriedade)

Além das estratégias de modalização, você também pôde observar, no estudo de abertura deste capítulo, que há determinadas construções linguísticas e escolhas lexicais que contribuem para a *impessoalização* da linguagem de um texto.

Quando um texto não contém marcas da 1ª pessoa do singular e aparentemente descreve fatos e situações de forma mais objetiva, sem imprimir de forma explícita o envolvimento pessoal do autor do texto e sem estabelecer um diálogo direto com o leitor, consideramos que se trata de uma linguagem que tende à impessoalidade. É o que se vê na maioria das manchetes, em construções como "Categorias Infantil e Juvenil foram separadas" e "Conceição Evaristo e Fernanda Young estão entre os destaques". Construções na voz passiva, como "Escritora Conceição Evaristo será homenageada no Prêmio Jabuti", também imprimem um caráter impessoal ao texto, uma vez que omitem o responsável pela ação verbal. Isso também ocorre por meio do emprego de nominalizações e artigos definidos ou palavras determinantes, como em "Prêmio Jabuti anuncia mudanças e homenagem a Conceição Evaristo". Já o emprego da 1ª pessoa do singular, por sua vez, denota uma visão subjetiva do referido fato, tal como se vê na construção "Fico feliz".

Estratégias de impessoalização da linguagem são recursos linguísticos que contribuem para minimizar, no texto, o envolvimento do enunciador em relação ao conteúdo do que enuncia.

Entre esses recursos, podemos citar:

- o emprego da voz passiva, de verbos no infinitivo e de construções com sujeito indeterminado que possibilitam a omissão do responsável pela ação verbal;
- nominalizações e ausência de artigos definidos, que permitem maior generalização;
- o uso do presente do indicativo, que constrói a ideia de verdade atemporal, sem que o autor precise explicitamente se comprometer com as informações do texto;
- a referência a vozes de autoridade, que dão credibilidade ao que é dito.

Construindo seu itinerário formativo

Impessoalidade e (im)parcialidade na mídia

É muito comum que os grandes jornais, sejam eles impressos, radiofônicos, televisivos, sejam *on-line*, exaltem seu compromisso com a realidade e ratifiquem sua suposta imparcialidade ao narrar os fatos do mundo. Mas será mesmo possível alguém ser totalmente imparcial?

Neste minicurso, vamos analisar de forma mais aprofundada o discurso da grande mídia, comparando diferentes maneiras de se fazer referência a um mesmo fato e debatendo os efeitos de sentido produzidos de acordo com as escolhas linguísticas feitas, bem como os interesses que podem mobilizar uma ou outra escolha.

Essas estratégias, ao construir a ideia de impessoalização e generalização, contribuem para que o texto se destine a um público leitor mais amplo e que seu conteúdo seja interpretado como uma verdade permanente ou como um conhecimento compartilhado por todos.

Exercícios

Leia a tira a seguir e responda às questões 1 e 2.

(Disponível em: http://www.willtirando.com.br/anesia-482/. Acesso em: 20/3/2020.)

1. Na tira, Anésia telefona para sua amiga Dolores. Releia as falas das duas personagens nos três primeiros quadrinhos.

  a) Identifique a forma verbal utilizada por Anésia no 1º quadrinho e explique qual é o sentido dela no contexto.

  b) No 2º quadrinho, Anésia faz um comentário e uma pergunta a Dolores. Que palavra da resposta de Dolores, no 3º quadrinho, indica que ela se mostrou surpresa com a fala de Anésia? Que elemento não verbal do quadrinho confirma essa informação?

  c) Em sua fala, Dolores revela certeza ou dúvida? Justifique sua resposta com termos do texto.

  d) A resposta de Dolores evidencia uma interpretação particular da fala de Anésia no 2º quadrinho. Conclua: De que forma Dolores compreendeu a fala da amiga? Justifique sua resposta.

2. Anésia é uma personagem de tirinha ranzinza e antissocial, que vive tentando se livrar de Dolores, sua fiel amiga de infância. Como é comum nas tiras, nesta também a construção do humor se revela no último quadrinho.

  a) Onde Anésia se encontra nesse quadrinho e o que ela está fazendo?

  b) O termo *um* está em destaque na fala de Anésia. Justifique esse destaque e indique a qual outro termo da tira ele está em oposição direta.

  c) O efeito de humor é construído com base nas diferentes possibilidades de interpretação da fala de Anésia do 2º quadrinho. Considerando a atitude da personagem nesse último quadrinho, conclua: Qual era a intenção dela ao telefonar para Dolores? Que elemento não verbal do 2º quadrinho reforça essa ideia?

Leia os memes a seguir e responda às questões 3 e 4.

I.

(Disponível em: https://me.me/i/queria-convidar-as-pessoas-pra-sair-mas-n%C3%A3o-sei-se-92e4851cf2ce496e824fd11e5b4eb817. Acesso em: 20/3/2020.)

II.

(Disponível em: https://catracalivre.com.br/entretenimento/entenda-o-que-e-um-relacionamento-toxico-por-memes/. Acesso em: 20/3/2020.)

III.

(Disponível em: https://m.imagemwhats.com.br/91-memes-brasileiros-frases-imagens-memes-engracados-prints-de-mensagens-engracados-colecao-703/. Acesso em: 20/3/2020.)

3. Um desses textos simula uma linguagem impessoal, científica, para construir humor.

a) Qual é ele? Identifique o trecho com essa linguagem.

b) Deduza: Quais são os indícios de que se trata de uma simulação e não necessariamente de uma afirmação confiável?

c) Explique de que forma o meme constrói efeito de humor com base nessa afirmação.

d) Quais características dos outros dois memes indicam que eles têm uma linguagem mais pessoal?

4. Observe as formas verbais utilizadas no texto I.

a) Qual é o tempo verbal da forma *queria convidar* e o que seu emprego sugere no contexto?

b) Explique por que o texto inferior quebra a expectativa criada pelo emprego do tempo verbal indicado por você no item *a*, construindo o efeito de humor do texto.

As estratégias de modalização e impessoalização na construção do texto

Leia, a seguir, dois textos que abordam um mesmo fato.

TEXTO 1

Cartilha polêmica pede que homens não se vistam de mulher no carnaval; saiba mais

Fonte: Da redação, com informações do UOL

O Conselho Municipal de Promoção de Igualdade Racial (Compir) de Belo Horizonte tem sido alvo de ataque após lançar uma cartilha nesta última quinta-feira (13/2). Publicada no Diário Oficial do Município (DOM) da capital mineira, a cartilha polêmica demanda práticas não racistas na folia momesca. O texto traz uma série de orientações para a adoção de ações não discriminatórias durante a folia, que passam pelas fantasias, marchinhas e, claro, atitudes.

Agora, por exemplo, não se poderá mais: se vestir de índio. De cigano, também não. Nega maluca e enfermeira sensual? Nem pensar. Iemanjá, de jeito nenhum. Neste ano, homem vestido de mulher também entra na lista de fantasias que devem ser evitadas pelos foliões. Em meio ao alerta, o politicamente correto disputa espaço com a irreverência dos blocos, e o debate divide opinião.

Em entrevista ao jornal O Dia, a secretária executiva do Compir, Cássia Cristina da Silva, ressalta que a medida foi tomada após uma série de denúncias feitas por pessoas que se sentiram ofendidas com algumas representações. "Não estamos moldando o comportamento de ninguém. Não é uma ordem, é uma orientação para que todos possam se divertir e não discriminar ninguém. Os anos estão mudando e essa é uma ótima oportunidade para se aprender e se desconstruir".

(Disponível em: https://aratuon.com.br/noticias/cartilha-polemica-pede-que-homens-nao-se-vistam-de-mulher-no-carnaval-saiba-mais/. Acesso em: 20/3/2020.)

TEXTO 2

Cartilha orienta homens a não se vestirem de mulher no Carnaval

Material chama atenção dos foliões para práticas não discriminatórias nas fantasias, nas marchinhas ou nas atitudes

RANYELLE ANDRADE
ranyelle.andrade@metropoles.com
14/02/2020 20:33,
ATUALIZADO 14/02/2020 21:32

Apesar de ser uma das maiores expressões da cultura brasileira, o Carnaval já foi sinônimo de constrangimento para boa parte da população. No entanto, músicas e fantasias que perpetuam comportamentos machistas, racistas, misóginos ou considerados **apropriação cultural** não são mais tolerados, tanto pelos que promovem quanto pelos que curtem o festim.

Em Belo Horizonte, por exemplo, a própria prefeitura lançou, neste ano, uma cartilha de práticas não racistas para esse período. O texto traz uma série de orientações para a adoção de ações não discriminatórias durante a folia, que passam **pelas fantasias**, marchinhas e, claro, atitudes.

Entre as recomendações, está a de não se **vestir de mulher**, especialmente direcionada a homens cis.

"Além de ser machista e desrespeitoso com as mulheres", a fantasia é "preconceituosa com as pessoas trans e apenas reforça os estereótipos de gênero", explica a publicação.

O material também chama atenção para a prática de *blackface*, quando pessoas brancas são pintadas de preto para caricaturar a população negra; uso de trajes que desconsiderem a história da cultura cigana; e pede respeito à **comunidade LGBTI** e às mulheres.

"Toda forma de desrespeito e depreciação vai contra princípios dos direitos regidos pela Constituição e pelo Estatuto da Igualdade Racial", diz o material.

De acordo com a prefeitura, a nota veiculada no Diário Oficial do Município (DOM) visa fomentar um ambiente de respeito e sem práticas racistas. Além da publicação oficial, o texto será compartilhado **com os blocos** e demais parceiros no Carnaval mineiro.

(Disponível em: https://www.metropoles.com/vida-e-estilo/comportamento/cartilha-orienta-homens-a-nao-se-vestirem-de-mulher-no-carnaval. Acesso em: 20/3/2020.)

---

1. Qual é o principal fato abordado pelos dois textos?

2. Compare os títulos dos dois textos.
   a) Qual deles explicita o ponto de vista do autor sobre a cartilha? Justifique sua resposta.
   b) Identifique e explique as diferenças nas formas verbais utilizadas em cada título, quanto ao tempo e ao modo verbal de cada uma.
   c) Troque ideias com os colegas e o professor: Que efeito de sentido a escolha de cada uma das formas verbais identificadas por você no item *b* constrói em cada título?

3. Releia o 1º parágrafo de cada texto. Qual deles dá indícios de que o autor concorda com a regulamentação das fantasias no carnaval? Justifique sua resposta com termos do texto.

4. Compare o 2º parágrafo do segundo texto ao 1º parágrafo do primeiro texto e observe que há um trecho idêntico nos dois textos. Identifique-o e levante hipóteses: Por que isso ocorre, uma vez que os autores dos dois textos são diferentes?

5. Ambos os textos comentam algumas das orientações da cartilha.

a) Observe as formas de introdução dessas orientações utilizadas pelos dois textos:

> "Agora, por exemplo, não se poderá mais: [...]"
> "Entre as recomendações, está [...]"

Troque ideias com os colegas e o professor: Qual delas é objetiva e direta ao tratar das informações e qual delas parece ter um tom mais pessoal e passional? Justifique sua resposta com base nos trechos.

b) Agora compare a forma como cada um dos textos descreve as orientações da cartilha e responda: Essa descrição mantém o tom de linguagem utilizado na introdução? Justifique sua resposta.

6. Observe o uso das aspas nos dois textos.

a) Qual é a função desse sinal de pontuação em cada um deles?

b) Troque ideias com os colegas e o professor e explique a construção do grau de comprometimento do autor do texto com as afirmações publicadas entre aspas.

c) Tendo em vista os pontos de vista de cada texto como um todo, deduza: Seus autores concordam com o conteúdo das afirmações entre aspas ou discordam dele?

▪ Semântica e discurso

Os quadrinhos a seguir constroem o efeito de humor com base na relação entre as partes verbal e não verbal. Leia-os e responda às questões 1 a 3.

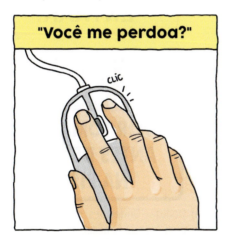

(Disponível em: http://www.willtirando.com.br/nova-pasta-kibe-loco/. Acesso em: 20/3/2020.)

1. Observe as frases da parte superior dos quadrinhos.
   a) Deduza: Que tipo de situação social elas simulam?
   b) Por que as frases estão entre aspas?
   c) Considerando apenas as frases dessa parte superior do 2º e do 4º quadrinho, isoladamente, qual parece ser a relação do enunciador com seu próprio discurso?
      - dúvida
      - projeção futura
      - afirmação
      - possibilidade
      - negação
      - certeza

2. As partes verbal e não verbal no fundo branco dos quadrinhos podem ser consideradas uma representação metafórica do sentimento de uma das pessoas que participam do diálogo. Com base em qual ação, de qual área do conhecimento, essa representação foi construída?

3. No último quadrinho foram empregadas gírias.
   a) Identifique-as e comente o sentido delas no contexto.
   b) Que sentido é construído no texto com o uso dessa variedade?

4. Agora relacione o conteúdo do fundo amarelo com o conteúdo do fundo branco em cada quadrinho.
   a) Qual das opções a seguir descreve melhor a relação existente entre eles?
      - Acordo e conciliação.
      - Contradição e oposição.
      - Complementaridade e concordância.
      - Fragmentação e discordância.
   b) Conclua: Que relação do enunciador com suas falas da parte amarela no 2º e no 4º quadrinho é evidenciada pela combinação de todos os elementos que compõem o texto?

5. Leia os avisos a seguir.

I.

II.

III.

IV.

V.

a) Deduza: Onde eles devem ter sido colocados e qual é a sua finalidade?
b) Quais deles interpelam diretamente o interlocutor? Justifique sua resposta com termos do aviso.
c) Qual deles utiliza uma forma infinitiva com valor de imperativo? Justifique sua resposta.
d) Troque ideias com os colegas e o professor e sugiram uma organização dessas placas entre aquela que dá a ordem mais direta e imperativa e a que modaliza mais a ordem, isto é, que o faz de forma mais indireta e polida.

Coesão e coerência

No capítulo 2 deste livro, você aprendeu os conceitos de coerência e coesão. Vamos agora aprofundar o assunto, observando alguns tipos específicos de coesão textual.

Coesão sequencial e referencial

Construindo o conceito

Leia esta fábula, de Millôr Fernandes:

O dinheiro não traz felicidade

Só e triste vivia o pobre marceneiro José dos Andrajos. Sem parentes, ele morava na sua loja humilde, trabalhando dia e noite para ganhar o que mal e mal lhe bastava para sustentar-se (era como qualquer um).

Mesmo assim, porém, conseguia economizar cinquenta cruzeiros cada mês. No fim do ano, com seiscentos **cruzeiros** juntos, lá ia ele para o "**Fasanelo**... e nada mais", e comprava um bilhete inteiro.

Os que sabiam de sua mania riam dele, mas ele acreditava que era através da loteria e não do trabalho que iria fazer-se independente. E assim foi.

No quinto ano de sua insistência junto à loteria ("insista, não desista."), esta lhe deu cem mil contos. Surgiram fotógrafos e repórteres dos jornais, surgiram os amigos para participar do jantar que ele deu para comemorar sua sorte.

José fechou imediatamente a loja e, daí em diante, sua vida foi uma festa contínua. Saía em passeios de lancha pela manhã, à tarde ia para os bares, à noite para as boates e cabarés, sempre cercado por amigos entusiasmados e senhoras entusiasmadíssimas.

Mas, está visto, no meio de tanta efusão, o dinheiro não durou um ano. E, certo dia, vestido de novo com suas roupas humildes, o nosso marceneiro voltou a abrir sua humilde loja para cair outra vez em seu trabalho estafante e monótono. Tornou a economizar seus cinquenta cruzeiros por mês, aparentemente mais por hábito do que pelo desejo de voltar a tirar a sorte grande, o que, aliás, parecia impossível.

Os conhecidos continuavam zombando dele, agora afirmando-lhe que a oportunidade não bate duas vezes (a oportunidade só bate uma vez. Quem bate inúmeras vezes são as visitas chatas.).

No caso de nosso marceneiro, porém, ela abriu uma exceção. Pois no terceiro ano em que comprava o bilhete, novamente foi assaltado pelos amigos e repórteres que, numa algazarra incrível, festejavam sua estupenda sorte.

Mas, desta vez, o marceneiro não ficou contente como quando foi sorteado pela primeira vez. Olhou para os amigos e jornalistas com ar triste e murmurou: "— Deus do céu; vou ter que passar por tudo aquilo outra vez!?"

MORAL: Para muita gente dá um certo cansaço ter que comparecer à festa da vida.

(Disponível em: https://www.facebook.com/millorfernandes/posts/1060924023979157/. Acesso em: 25/3/2020.)

cruzeiro: moeda usada no Brasil anteriormente ao real.
Fasanelo: nome de lotérica muito conhecida no Rio de Janeiro no passado.

Este capítulo favorece o desenvolvimento das habilidades

EM13LGG102
EM13LGG103
EM13LGG602
EM13LP02
EM13LP06
EM13LP08
EM13LP49

1. Observe o 1º parágrafo do texto.

    a) Nele é apresentado o personagem principal da narrativa. Como ele é retratado?

    b) Há, nesse parágrafo, uma palavra que faz referência ao marceneiro. Qual é essa palavra?

    c) Na frase "Sem parentes, ele morava na sua loja humilde", o pronome *sua* indica posse. No contexto, *sua* se refere à posse de quem?

2. O 2º parágrafo tem com o 1º uma relação de oposição.

    a) Que palavra do 2º parágrafo é responsável por marcar essa oposição?

    b) Em que outros parágrafos se observa o mesmo tipo de relação? Que palavras marcam essa oposição entre parágrafos?

3. Releia estes três fragmentos do texto:

   > "trabalhando dia e noite para ganhar o que mal e mal lhe bastava para sustentar-se".
   >
   > "No quinto ano de sua insistência junto à loteria ('insista, não desista.'), esta lhe deu cem mil contos."
   >
   > "agora afirmando-lhe que a oportunidade não bate duas vezes"

    a) A que ou a quem se refere o pronome *lhe* em cada um dos fragmentos?

    b) A que se refere o pronome *esta*, no segundo fragmento?

4. O texto apresenta os fatos em sequência e de acordo com uma relação de causa e efeito. Além disso, situa-os em relação ao tempo e ao espaço.

    a) O tempo verbal é um importante recurso na organização do texto. Que tempo verbal predomina? Justifique sua resposta.

    b) Identifique no texto alguns indicadores temporais, isto é, palavras e expressões que marcam a passagem do tempo.

5. Como foi observado, há no texto palavras que retomam outras, expressas anteriormente. Esse procedimento de retomada tem o objetivo de tornar o texto mais dinâmico, evitando repetições.

    a) Que expressão foi usada no último parágrafo para retomar a ideia de exploração e frustração apresentada na história?

    b) Na sua opinião, a atitude do marceneiro ao ganhar novamente na loteria foi coerente? Justifique sua resposta.

    c) Troque ideias com os colegas e o professor: Se quisesse de fato conquistar sua independência financeira, que atitude seria a mais coerente por parte do marceneiro?

6. Releia a moral da história.

    a) A qual personagem do texto se refere a expressão *muita gente*?

    b) A que se refere a expressão *festa da vida*?

    c) Identifique a ironia presente na moral da história.

    d) A moral da história é coerente com a abordagem realizada pelo autor? Por quê?

Conceituando

Ao responder às questões anteriores, você observou que a conexão entre palavras e ideias no interior das frases, no interior dos parágrafos e entre um parágrafo e outro é feita por outras palavras ou por algumas expressões.

Como você já estudou, essas conexões, que podem ser feitas entre palavras, frases, parágrafos e partes maiores, configuram o que chamamos de **coesão textual**, costurando as partes do texto como se ele fosse um tecido para formar um todo com sentido completo e coerente. A coesão textual pode ser sequencial ou referencial.

No texto estudado, diferentes palavras e expressões foram utilizadas para fazer referência ao personagem principal: *pobre marceneiro José dos Andrajos*; *ele*; *José*; *nosso marceneiro*; *o marceneiro*. Você viu, por exemplo, no estudo realizado, que as palavras *ele* e *lhe* retomam a palavra *marceneiro*, empregada no 1º parágrafo. Em "ele morava na *sua* loja", o pronome possessivo *sua* estabelece uma relação de posse entre o marceneiro e a loja. Em diversos momentos do texto, apenas a forma verbal indica que se trata do personagem, que fica implícito. Esse recurso é denominado *elipse*, e pode ser visto em trechos como "*Saía* em passeios de lancha pela manhã, à tarde *ia* para os bares", "no terceiro ano em que *comprava* o bilhete, novamente foi *assaltado* pelos amigos e repórteres", entre outros. Você viu também que o pronome demonstrativo *esta*, em "*esta* lhe deu cem mil contos", retoma o substantivo *loteria*, expresso anteriormente. As conjunções *mas* e *porém* (2º, 6º, 8º e 9º parágrafos) estabelecem uma oposição entre parágrafos. Além disso, o emprego dos verbos no passado está relacionado com a sequência de fatos que aconteceram no tempo.

Chamamos de *referente* o elemento retomado ou anunciado ao longo dos textos. Tais elementos são retomados ou anunciados para que o texto tenha progressão e continuidade. Essa retomada, conforme você viu, pode ser feita por repetição, substituição (por pronomes, palavras com valor de sinônimo ou hiperônimos) ou por elipse.

Substituição	Sinônimo — palavra com sentido próximo: marceneiro, carpinteiro.
	Hiperônimo — palavra com sentido mais amplo ou genérico, que engloba outras (loja: marcenaria, padaria, loteria).
Elipse	Ausência do termo, que fica pressuposto e pode ser inferido pelo interlocutor: "O pobre marceneiro trabalhava muito, mas ganhava pouco".

Esses diferentes tipos de conexão — repetições, uso de certos pronomes e conjunções, correlação entre os tempos verbais — são responsáveis pela articulação do texto tanto no nível gramatical, em seus aspectos sintáticos (como regência e concordância), quanto no nível semântico. As retomadas são ainda importantes para que o texto possa ter continuidade e progressão de ideias.

Além de analisar os elementos coesivos presentes no texto, ao estudar a fábula "O dinheiro não traz felicidade", você também buscou encontrar coerência na atitude do marceneiro, assim como analisou a coerência entre a moral do texto e o conteúdo dele. Como você já estudou, coerência é a articulação de ideias que permite aos interlocutores, em determinada situação discursiva, aprender o todo significativo que é o texto. A coerência de um texto depende não apenas da presença ou ausência de elementos coesivos, mas também do contexto discursivo no qual os textos estão inseridos. Assim, na fábula estudada, embora a atitude do marceneiro pareça, a princípio, incoerente, ela é coerente no contexto, visto que é utilizada para ilustrar uma crítica social feita pelo autor do texto.

Concluímos, portanto, que:

> **Coerência textual** é a conexão entre as ideias de um texto, e **coesão textual** são as conexões gramaticais que ligam palavras, frases e partes de um texto.

> **Coesão sequencial** corresponde aos mecanismos linguísticos utilizados para estabelecer sentido entre as partes de um texto.

> **Coesão referencial** é aquela em que os termos do texto remetem e retomam um ao outro, dando fluência e continuidade ao texto.

A coerência e o contexto discursivo

Além da não contradição e dos conectores, outro aspecto importante para avaliar a coerência de um texto é o *contexto discursivo*. Imagine, por exemplo, as falas seguintes, ditas por uma mãe a seus filhos:

> — Está armando uma chuva muito forte. Por isso, ninguém sai de casa!
> — Está armando uma chuva muito forte. Por isso, vamos sair de casa!

Os dois enunciados estão estruturalmente bem-formados, pois fazem uso do recurso coesivo *por isso*; portanto, pode-se considerar que ambos apresentam coesão. Entretanto, pelo sentido das falas, tendemos a julgar como coerente apenas o primeiro enunciado, pelo fato de geralmente pressupormos que, se uma chuva muito forte está por vir, as pessoas não devem sair de casa.

Vejamos agora estas duas manchetes de jornal, publicadas na mesma semana e que se referem a um mesmo dia de chuva forte no Estado de São Paulo:

Secretário pede para população não sair de casa por causa da chuva em SP

(Disponível em: https://noticias.uol.com.br/cotidiano/ultimas-noticias/2020/02/10/secretario-pede-para-pessoas-ficarem-em-casa-por-causa-da-chuva-em-sp.htm. Acesso em: 11/2/2020.)

Mais de 1.300 pessoas tiveram que deixar suas casas devido às chuvas no estado de SP

(Disponível em: https://g1.globo.com/sp/sao-paulo/noticia/2020/02/12/mais-de-1300-tiveram-de-deixar-suas-casa-devido-as-chuvas-no-estado-de-sp.ghtml. Acesso em: 11/2/2020.)

Em uma primeira e rápida leitura, as duas manchetes podem parecer contraditórias entre si. Mas uma análise mais cuidadosa comprova que elas são complementares: isso porque, no contexto discursivo da primeira manchete, ficar em casa equivale a segurança (por exemplo, não transitar por ruas alagadas ou que podem alagar), ao passo que, no contexto discursivo da segunda manchete, ficar em casa implica risco (por exemplo, ser soterrado por um desabamento).

Como se vê, coerência e coesão são fatores de textualidade regulados também pelo contexto discursivo e não podem, portanto, ser avaliadas em frases isoladas, desvinculadas dos textos em que estavam originalmente inseridas, desconsiderando-se a situação de comunicação.

Exercícios

Leia a seguinte anedota para responder às questões 1 a 3.

Um rapaz possuía dois passarinhos: um que cantava demais e outro que não cantava nada... Certo dia, o rapaz resolveu vendê-los em uma feira; colocou-os expostos para que todos os vissem, e então um dos passarinhos começou a cantar sem parar, enquanto o outro ficava constantemente calado.

Um senhor chegou para o rapaz e perguntou:

— Quanto custam as avezinhas, meu jovem?

O rapaz respondeu:

— Esse que tá cantando custa cinquenta reais e o calado custa cem...

O senhor estranhou:

— Ué! Por que o passarinho que está calado custa mais do que o que está cantando?

— Porque o que tá calado é o compositor.

(Donaldo Buchweitz, org. *Piadas para você morrer de rir*. Belo Horizonte: Leitura, 2001. p. 74.)

1. Observe o 1º parágrafo do texto.

a) Que palavras retomam e especificam a expressão *dois passarinhos* na sequência após o dois-pontos?

b) Na primeira frase, a palavra *rapaz* vem acompanhada pelo artigo *um*; na segunda, pelo artigo *o*. Explique por quê.

c) A quem se refere o pronome *os* nas expressões *vendê-los*, *colocou-os*, *os vissem*?

d) Levante hipóteses: Qual é a função da palavra *então* na sequência da narrativa?

e) O que sugere a palavra *enquanto* e para que é usada?

2. No texto, as expressões *um rapaz* e *dois passarinhos* são retomadas mais de uma vez. Identifique as palavras e expressões que as retomam.

3. Observe as formas verbais empregadas no texto.

a) Que tempos verbais são usados nos trechos correspondentes ao discurso do narrador? E no discurso dos personagens?

b) Que efeito de sentido resulta do emprego desses tempos verbais?

Leia, a seguir, o trecho inicial de uma crônica de Antonio Prata e responda às questões 4 a 6.

Na TV, pela milionésima vez, Cinderela brinca com a mãe. No sofá, minha filha abre um sorriso, mas logo seu rosto se turva e ela salta pro meu colo. "Eu sei por que você quis colo", digo, tentando consolá-la. "Porque você lembrou que a mãe da Cinderela vai morrer e ficou triste." Ela me olha pasma, como se eu tivesse lido os seus pensamentos.

Explico que não preciso ser mágico para entender como uma menina de seis anos se sente a respeito de uma filha que perde a mãe. Ela diz que fica muito, muito, muito triste sempre que chega a parte em que a mãe da Cinderela morre. Comento que é triste, mesmo, mas que depois fica tudo bem, ela consegue fazer o vestido com a ajuda dos ratinhos, a fada madrinha os transforma em cavalos da carruagem de abóbora, ela vai ao baile, se apaixona pelo príncipe, se livra da madrasta e das irmãs malvadas e acaba tendo uma vida feliz. Enquanto ouve, minha filha fita o chão e vai desnublando: consigo ver o brilho do sapato de cristal dentro da sua cabeça. Ela sorri e se aconchega no meu colo.

("Debaixo de sete chaves". *In*: https://www1.folha.uol.com.br/colunas/antonioprata/2020/01/debaixo-de-sete-chaves.shtml. Acesso em: 16/3/2020.)

4. Releia o 1º parágrafo.

a) Que palavras e expressões são empregadas pelo autor para fazer referência à filha?

b) Troque ideias com os colegas e o professor: Qual é a diferença entre os termos utilizados para fazer referência à filha nas falas reproduzidas entre aspas e na voz do autor como narrador da situação vivida? Justifique essa diferença.

5. Observe as ocorrências do pronome *ela* no 2º parágrafo.

a) Quais são os seus referentes no contexto? Como é possível recuperar esse referente em cada uma das ocorrências?

b) Identifique outros termos empregados pelo autor nesse parágrafo para fazer referência aos elementos citados por você no item *a*, especificando seus respectivos referentes.

6. Releia este trecho:

> "Comento que é triste, mesmo, **mas** que depois fica tudo bem, ☐ ela consegue fazer o vestido com a ajuda dos ratinhos, a fada madrinha os transforma em cavalos da carruagem de abóbora, ☐ ela vai ao baile, se apaixona pelo príncipe, se livra da madrasta **e** das irmãs malvadas e acaba tendo uma vida feliz."

a) Que relação é estabelecida pela palavra *mas* entre os trechos que ela conecta? Justifique sua resposta com base no sentido do texto.

b) E que relação é estabelecida pela palavra *e* no final do texto? Por quais palavras e expressões ela poderia ser substituída, nesse contexto?

c) Entre as opções a seguir, quais palavras poderiam ser utilizadas para explicitar as relações entre as ideias do trecho, substituindo os símbolos ☐, na ordem em que aparecem:
- depois, porque
- porque, contudo
- porque, depois
- entretanto, porque

Capítulo 31 • Coesão e coerência 353

A coesão e a coerência na construção do texto

Leia o texto a seguir.

Posologia e contraindicações: vide bula

O riso, antes restrito a piadas, comédias e conversas informais, tornou-se "assunto sério", material de pesquisa. E, depois de muitos estudos acerca desse tema, comprovou-se a estreita ligação entre o senso de humor e a vida harmônica da sociedade: aquele que mantém o sorriso no rosto está mais apto a lidar com seus próprios problemas e a se relacionar com os outros.

Primeiramente, o bom humor afasta o desespero trazido pelos obstáculos cotidianos que a vida impõe. Frente a situações difíceis e penosas, é comum que as pessoas tenham reações incoerentes e descontroladas, como considerar tudo incontornável. Nesses casos, o riso funciona como uma luz que clareia a questão e aponta bons caminhos. Enfim, os dotados de senso de humor se mostram menos rígidos e mais proativos na resolução dos problemas do dia a dia.

A segunda capacidade importante desse estado de espírito é plenamente notada nas relações interpessoais. O riso, por constituir uma linguagem universal, já representa um forte fator de aproximação, enquanto o bom humor tem papel essencial na manutenção de qualquer amizade ou "coleguismo". Devido ao poder de flexibilidade que essa característica concede, aqueles que a possuem também costumam tolerar mais as diferenças e lidar melhor com as pessoas.

Há, contudo, limites para o humor; não se deve confundir risos descontraídos com gargalhadas maníacas e constantes. Muitas pessoas veem a vida como uma piada eterna, na tentativa de escapar dos obstáculos encontrados, e têm dificuldades para distinguir os momentos em que é preciso manter uma postura séria e lutar pelo que se deseja.

Tanto nas questões individuais quanto nas interpessoais, o bom humor tornou-se pré-requisito, pois traz consigo uma gama enorme de qualidades indispensáveis para a vida em sociedade. Deve-se apenas atentar ao "vício do riso" para não o transformar em obsessão. Em todos os outros casos, rir é mesmo o melhor remédio e não tem contraindicações.

(*Guia do Estudante — Redação vestibular 2008*. São Paulo: Abril, 2008. p. 44.)

1. O texto inicia-se com uma afirmação.

    a) Que nova ideia é introduzida depois a respeito dessa afirmação?

    b) Que palavra retoma a palavra *riso* no 1º parágrafo?

2. O 2º parágrafo do texto inicia-se com a expressão *Primeiramente*. Qual é o papel dessa expressão nesse parágrafo? Indique a resposta correta.

    a) Dar continuidade ao texto, retomando a ideia apresentada no 1º parágrafo.

    b) Introduzir um exemplo, dando progressão ao texto.

    c) Mudar de assunto, introduzindo um exemplo.

3. No 3º parágrafo do texto:

    a) Que expressão retoma a ideia apresentada no 2º parágrafo, mostrando, através da enumeração, que haverá uma continuidade do que foi dito nele?

    b) Considerando-se os parágrafos anteriores, há informações novas nesse parágrafo? Justifique.

4. A sequência de um texto se constrói com um duplo movimento: um de retomada (continuidade) e outro de acréscimo de novas informações (progressão). Releia o 4º parágrafo.

   a) Que palavra faz uma ressalva ao que foi discutido nos parágrafos anteriores?
   b) Que informação nova é acrescentada ao texto, garantindo sua progressão?
   c) Levante hipóteses: Por que o autor, tendo defendido o riso nos parágrafos anteriores, resolve fazer uma ressalva em relação a ele?

5. Observe o parágrafo final. Qual é o papel dele no texto?

Semântica e discurso

Leia a tira a seguir.

(Disponível em: http://bichinhosdejardim.com/wp-content/uploads/2020/02/bdj-190729-web.jpg. Acesso em: 27/3/2020.)

1. Observe a expressão facial da joaninha nos quadrinhos e indique quais sentimentos ela manifesta em cada um deles.

2. Em sua fala em todos os quadrinhos, a joaninha vai enumerando vários elementos que, na visão dela, estão presentes na vida das pessoas.

   a) O que esses elementos têm em comum?
   b) Quais desses elementos têm caráter positivo e quais têm caráter negativo?
   c) No contexto, esses termos têm entre si uma relação de sinonímia ou de antonímia?

3. A palavra *mas* é utilizada no 2º e no 4º quadrinhos.

   a) Qual é o sentido usualmente estabelecido por essa palavra entre os termos que conecta em um texto?
   b) Na tira, a palavra *mas* desempenha a função que você indicou no item *a*? Justifique sua resposta.

4. Troque ideias com os colegas e o professor:

   a) Qual é o sentido da palavra *coach*, empregada no último quadrinho? Se necessário, faça uma pesquisa.
   b) O que sugere o ponto de interrogação no final da fala da joaninha no último quadrinho?

5. Com base em suas respostas às questões anteriores, conclua:

   a) Por que, no contexto, a joaninha é considerada "a pior coach do mundo"?
   b) De que forma o emprego da conjunção *mas* duas vezes na tira contribui para a construção do humor?

6. Considerando o uso da palavra *mas* como recurso coesivo e a coerência da tirinha como um todo, responda:

   a) O emprego da palavra *mas* pela joaninha cria um problema de coerência, no discurso da personagem? Justifique sua resposta.
   b) Considerando a tira como um todo, o emprego da palavra *mas* cria um problema de coerência textual? Justifique sua resposta.

Figuras de linguagem

■ Construindo o conceito

Leia esta tira:

(Disponível em: http://bichinhosdejardim.com/o-que-e/. Acesso em: 9/3/2020.)

1. A minhoca Mauro faz algumas perguntas ao caracol Caramelo.

   a) A que Caramelo compara todos os sentimentos?

   b) As definições dadas por ele são objetivas ou subjetivas? Justifique sua resposta.

   c) Considerando as respostas de Caramelo, qual (quais) desses sentimentos é (são) ruim (ruins) e qual (quais) é (são) bom (bons)?

2. Observe as partes verbal e não verbal da tira.

   a) Descreva as paisagens e as feições dos personagens nos três primeiros quadrinhos.

   b) Agora descreva a paisagem e as feições dos personagens no último quadrinho.

   c) Conclua: Qual é a relação entre os desenhos e o conteúdo das falas na tira em estudo?

3. Leia as frases a seguir.

   > I. Mágoa e raiva são sentimentos humanos.
   > II. A mágoa é tipo uma nuvem, densa e sombria.
   > III. A raiva é um estrondo de trovões ameaçadores.
   > IV. Hoje o céu está repleto de nuvens densas e sombrias e já ouvi um estrondo de trovões.

   Troque ideias com os colegas e o professor:

   a) Em quais delas as palavras estão empregadas em uma linguagem mais direta, com seu sentido mais habitual?

   b) Em quais delas as palavras foram empregadas com uma linguagem mais poética, subjetiva, por meio da qual as palavras compõem imagens e ganham novos sentidos?

   c) O que permitiu a Caramelo, nos dois primeiros quadrinhos, aproximar mágoa a nuvem densa e sombria e raiva a estrondo de trovões ameaçadores?

   d) Qual das frases lidas contém uma comparação explícita? E qual delas contrapõe dois elementos sem explicitar a comparação? Justifique sua resposta.

4. O efeito de humor da tira se constrói na contraposição entre as imagens que Caramelo cria com suas falas nos três primeiros quadrinhos e a imagem que ele cria com sua fala no quadrinho final.

Este capítulo favorece o desenvolvimento das habilidades

EM13LGG102
EM13LGG103
EM13LGG602
EM13LP01
EM13LP02
EM13LP06
EM13LP08
EM13LP46
EM13LP49

a) Explique por que é possível considerar que Caramelo personifica o amor em sua fala do último quadrinho.

b) Quais itens da fala de Caramelo permitem relacionar o amor aos sentimentos expressos anteriormente e como se dá essa relação?

5. Considerando quem são os personagens da tira e o contexto no qual elas vivem, conclua: Que efeito a linguagem utilizada por Caramelo confere às respostas dadas por ele a Mauro?

■ Conceituando

Quando dizemos "A raiva é um sentimento humano", estamos empregando a palavra *raiva* com o sentido que lhe é comum, corriqueiro. Entretanto, na tira estudada, quando o caracol Caramelo diz "A raiva é um estrondo de trovões ameaçadores", ele não descreve objetivamente o que é a *raiva* e constrói outro sentido, uma imagem, uma analogia que expressa, com sensibilidade, a visão que ele próprio tem sobre esse sentimento. O mesmo ocorre quando ele compara a mágoa a "uma nuvem, densa e sombria", ou quando diz que "o amor sai toda manhã com um suéter e um guarda-chuva".

Como se observa, palavras e expressões são empregadas na tira com um sentido novo, figurado, constituindo, assim, construções compostas de **figuras de linguagem**.

> **Figura de linguagem** é uma forma de expressão que consiste no emprego de palavras em sentido figurado, isto é, em um sentido diferente daquele em que convencionalmente são empregadas.

As figuras de linguagem são normalmente utilizadas para tornar mais expressivo o que queremos dizer. Empregadas tanto na língua escrita quanto na língua falada, ampliam o significado de uma palavra, suprem a falta de termos adequados, criam significados diferentes.

Neste capítulo, você vai estudar algumas figuras de linguagem.

Comparação e metáfora

Leia estes versos, de Fernando Pessoa:

> Minha alma é como um pastor,
> Conhece o vento e o sol
> E anda pela mão das Estações
> A seguir e a olhar.
> (*Obra poética*. Rio de Janeiro: Aguilar, 1965. p. 203.)

Observe que o eu lírico compara o termo *alma* a *pastor*, aproximando-os pela sua semelhança, de modo que as características de *pastor* sejam atribuídas a *alma*. Note também que nos versos há uma **comparação** feita de modo explícito, por meio de um elemento comparativo expresso, que é *como*.

Eliminando a comparação e empregando o segundo termo (*pastor*) com o valor do primeiro (*alma*), temos uma **metáfora**:

> Minha alma é um pastor.

Nessa construção, há uma comparação implícita entre os dois seres, pois o elemento comparativo fica subentendido. Alma é pastor em virtude de certa semelhança entre os dois elementos: na situação dos versos, relacionada ao fato de ambos conhecerem o sol e o vento e andarem em todas as estações, a seguir e a olhar.

Há também outro tipo de metáfora: o que ocorre com a supressão de um termo e o emprego de outro no lugar dele. Observe nos seguintes versos a presença desse tipo de metáfora, constituída pelo emprego da expressão *mar azul* em sentido figurado.

> Beber a água
> do mar azul
> dos teus olhos.
> Taí uma coisa difícil.
>
> (João Claudio Arendt. In: Vera Aguiar, coord. Poesia fora da estante. Porto Alegre: Projeto, 2002. v. 2, p. 80.)

> **Comparação** é a figura de linguagem que consiste em aproximar dois seres em razão de alguma semelhança existente entre eles, de modo que as características de um sejam atribuídas ao outro, e sempre por meio de um elemento comparativo expresso: *como, tal qual, semelhante a, que nem*, etc.

> **Metáfora** é a figura de linguagem que consiste no emprego de uma palavra em um sentido que não lhe é comum ou próprio, sendo esse novo sentido resultante de uma relação de *semelhança*, de *intersecção* entre dois termos.

Metonímia

Leia estes versos:

> Que tarde!
> Além do calor e da prova,
> aquela minissaia
> sentada bem ao meu lado!
>
> Assim não há memória
> que resista...
>
> (Carlos Queiroz Telles. Sementes de sol. São Paulo: Moderna, 2003. p. 16.)

Observe que, no 3º verso, o eu lírico, em vez de empregar a palavra *garota*, utiliza a palavra *minissaia*, que tem com a garota uma relação de interdependência, de implicação, pois são as garotas que geralmente usam minissaia. Temos, assim, uma **metonímia**.

> **Metonímia** é a figura de linguagem que consiste na substituição de uma palavra por outra em razão de haver entre elas uma relação de *interdependência*, de *inclusão*, de *implicação*.

A metonímia ocorre quando substituímos:
- o efeito pela causa, e vice-versa:
  Pedro é alérgico a poeira e a *cigarro*. (fumaça)
- o nome do autor pelo nome da obra:
  Nas horas vagas, ouvíamos *Mozart*. (a música)
- o continente (o que está fora) pelo conteúdo:
  O nenê comeu dois *pratos*. (alimento)
- a marca pelo produto:
  Menino, você quer um *chiclete*? (goma de mascar)
- o concreto pelo abstrato:
  Só ele tem *cabeça* para resolver isso. (inteligência, sagacidade)
- o lugar pelo produto característico de determinado local:
  A mulher foi ao *correio*. (serviço está por lugar)
- a parte pelo todo:
  Mil *olhos* apreensivos seguiam a partida de futebol. (pessoas, torcedores)
- o singular pelo plural:
  O *brasileiro* é bem-humorado. (os brasileiros)
- a matéria pelo objeto:
  A um sinal do maestro, os *metais* iniciaram o concerto. (instrumentos de sopro feitos de metal)

Metonímias visuais

Os sistemas de pictogramas (imagens ou grupos de imagens que integram uma escrita sintética, resumida) costumam empregar a metonímia como recurso para orientar usuários em guias turísticos, terminais de transportes, postos rodoviários, ginásios de esportes, etc. Assim, uma cesta e uma bola podem ser usadas para representar o basquete; talheres, para representar um restaurante; uma cama, para representar hospedagem; uma mamadeira, para indicar o berçário, etc.

A metáfora e a metonímia na mídia

Os recursos mais empregados na mídia brasileira, seja em anúncios, seja em capas de revistas, são a metáfora e a metonímia. Observe, no anúncio do Greenpeace (uma organização não governamental), ao lado, a presença de metonímia. A figura de um palito de fósforo com graduação sugere metonimicamente um termômetro, que se relaciona com a temperatura ambiente. Como o palito está parcialmente queimado, a figura sugere calor, que, por sua vez, remete ao aquecimento global, fenômeno ambiental que vem sendo fortemente combatido pela entidade por meio de campanhas e anúncios.

(*Revista* Greenpeace, abril-maio-junho 2011.)

Antítese

Leia os versos a seguir, de Vinícius de Moraes.

> Maior amor nem mais estranho existe
> que o meu —— que não sossega a coisa amada
> e quando a sente alegre, fica triste,
> E se a vê descontente, dá risada.
>
> ("Soneto do amor maior". In: *Nova antologia poética de Vinicius de Moraes.* Seleção e organização: Antonio Cícero e Eucanaã Ferraz. São Paulo: Cia. das Letras, Editora Schwarcz, 2008. p. 64. VM Empreendimentos Artísticos e Culturais Ltda.)

Observe que o eu lírico emprega palavras e expressões que se opõem quanto ao sentido: *alegre* se opõe a *triste*; *descontente*, a *dar risada*. Temos, nesses casos, **antíteses**.

> **Antítese** é a figura de linguagem que consiste no emprego de palavras que se opõem quanto ao sentido.

Paradoxo

Leia estes versos, de Fernando Pessoa:

> Sempre que olho para as cousas e penso no que os
> [homens pensam delas,
> Rio como um regato que soa fresco numa pedra.
> Porque o único sentido oculto das cousas
> É elas não terem sentido oculto nenhum.
>
> (*Obra poética. cit.*, p. 223.)

Os dois últimos versos apresentam elementos que, apesar de se excluírem mutuamente, se fundem, constituindo afirmações aparentemente sem lógica. Temos, assim, um **paradoxo**.

> **Paradoxo** é a figura de linguagem que consiste no emprego de palavras ou expressões que, embora opostas quanto ao sentido, se fundem em um enunciado.

Personificação ou prosopopeia

Leia os versos a seguir, de Castro Alves:

> Já viste às vezes, quando o sol de maio
> Inunda o vale, o matagal, a **veiga**?
> Murmura a relva: "Que suave raio!"
> Responde o ramo: "Como a luz é meiga!"
>
> (*Poesias completas de Castro Alves.* Rio de Janeiro: Edições de Ouro. p. 58.)

veiga: planície fértil e cultivada, várzea.

No 3º e no 4º verso da estrofe, a relva e o ramo aparecem personificados, pois a eles são atribuídas ações — murmurar e responder — próprias dos seres humanos. Temos, nesse caso, situações de **personificação**.

Nas fábulas, a personificação é abundante, uma vez que nelas os animais ganham características humanas: falam, pensam, brigam, têm sentimentos, desejos.

> **Personificação** ou **prosopopeia** é a figura de linguagem que consiste em atribuir linguagem, sentimentos e ações próprias dos seres humanos a seres inanimados ou irracionais.

Hipérbole

Leia os versos a seguir, de Vinícius de Moraes.

> Pois há menos peixinhos a nadar no mar
> Do que os beijinhos que darei
> Na sua boca
>
> (Disponível em: http://letras.terra.com.br/vinicius-de-moraes/87381. Acesso em: 9/3/2020.)

Observe que o eu lírico, com a intenção de impressionar seu (sua) amado(a), exagera ao dizer o número de beijos que dará. Temos, nesse caso, uma **hipérbole**.

> **Hipérbole** é a figura de linguagem que consiste em expressar uma ideia com exagero.

Eufemismo

Certas palavras, quando empregadas em determinados contextos, são consideradas desagradáveis, ou por apresentarem uma ideia muito negativa ou por chocarem quem ouve. Por isso, muitas pessoas as substituem por palavras ou expressões mais suaves, mais delicadas, que, embora tenham o mesmo sentido, causam menor impacto. É o caso, por exemplo, do emprego de *falecer*, *entregar a alma a Deus*, *descansar*, etc. no lugar de *morrer*.

Leia estes versos, de Camões:

> Alma minha gentil que te partiste
> Tão cedo desta vida [...]

Nos versos de Camões, o eu lírico refere-se a *morrer*, empregando o verbo *partir*. Temos, nesse caso, um **eufemismo**.

> **Eufemismo** é a figura de linguagem que consiste no emprego de uma palavra ou expressão no lugar de outra palavra ou expressão considerada desagradável ou chocante.

Ironia

Leia estes versos, de Mário de Andrade:

> Moça linda bem tratada,
> Três séculos de família
> Burra como uma porta:
> Um amor.
>
> (Disponível em: https://www.escritas.org/pt/t/4639/moca-linda-bem-tratada. Acesso em: 9/3/2020.)

Observe que o eu lírico é irônico nesses versos quando resume, na expressão *um amor*, a beleza, a fineza, a tradição familiar e a "inteligência" da moça. Temos, nesse caso, **ironia**.

> **Ironia** é a figura de linguagem que consiste em afirmar o contrário do que se quer dizer.

A ironia em outras linguagens

A ironia não é específica da linguagem verbal e pode se dar em diferentes situações. A base desse recurso de linguagem é o deslocamento contextual em determinada situação, em que se espera um tipo de comportamento e acaba ocorrendo outro. Observe um exemplo na tira abaixo. A expressão "*Super* obrigado", do último quadrinho, é irônica porque o comandante, ao ser interrompido por uma pergunta banal de seu subalterno e com isso perder uma conta que já passava do número 4 mil, se sentiu furioso, e não agradecido. Portanto, ele expressa o oposto do que está pensando e sentindo.

(Disponível em: https://www.portallos.com.br/2009/08/27/hq-mais-tiras-do-minotauro-laerte/. Acesso em: 9/3/2020.)

Exercícios

Leia o texto a seguir, que promove uma campanha do agasalho.

(Disponível em: http://atc.esp.br/campanha-do-agasalho-do-atc-ja-esta-recebendo-doacoes/. Acesso em: 9/3/2020.)

1. A metonímia é empregada como recurso em várias partes do texto.
   a) O que representa a mão segurando um coração à esquerda?
   b) Identifique outras duas imagens que constroem relações metonímicas com termos verbais nesse texto.

2. Releia a frase central do texto:

   "Tire a solidariedade do armário!"

   a) Explique a metonímia contida nela.
   b) Identifique, entre as frases a seguir, extraídas de outras campanhas do agasalho, aquelas que empregam esse mesmo recurso:
   - Aqueça o coração de alguém.
   - Aqueça o corpo de alguém.
   - Doe um agasalho.
   - Faça um inverno mais quente.
   - Deposite as roupas doadas em um dos locais cadastrados.
   - Aquecendo vidas, vestindo corações.

3. Leia a seguir quatro poemas de Noé Ribeiro. Identifique e explique quais das figuras de linguagem listadas a seguir são utilizadas em cada um.

   metáfora   paradoxo   antítese   metonímia
   personificação   hipérbole   eufemismo   ironia

   a)

   Companheiros de viagem

   Quando estavam vivos,
   Mal nos víamos.
   Agora que já se foram,
   Somos inseparáveis.

   (*Múltiplas vozes*. São Paulo:
   Estúdio Editores.com, 2017. p. 68.)

b)

Luminosidade
São teus olhos azuis
Que iluminam o quarto

(*Múltiplas vozes*. São Paulo: Estúdio Editores.com, 2017. p. 61.)

c)

Pra que pressa?
O fim do caminho é o abismo.
O que vale é o percurso.

(*Múltiplas vozes*. São Paulo: Estúdio Editores.com, 2017. p. 49.)

d)

Excelência
Colecionou insucessos a vida inteira
Agora só falta o reconhecimento

(*Coisas da vida*. São Paulo: Estúdio Editores.com, 2017. p. 20.)

Leia a tira a seguir e responda às questões 4 a 6.

(Luis Fernando Verissimo. *As cobras em: Se Deus existe que eu seja atingido por um raio*. Porto Alegre: L&PM, 1997. p. 38.)

4. As cobras estão tomando sol.
   a) Que fato se opõe ao desfrute desse prazer?
   b) Que palavra da fala do 2º quadrinho indica essa oposição?

5. O humor da tira está no 3º quadrinho. Depois que o lemos, a frase do 2º quadrinho adquire duplo significado.
   a) Que palavra do 2º quadrinho é responsável por isso?
   b) Qual é o significado dessa palavra antes e depois da leitura do 3º quadrinho?

6. O humor da fala do 3º quadrinho se sustenta também na dupla significação de uma palavra.
   a) Que palavra é essa?
   b) Que significado ela tem, considerando-se apenas o contexto do 2º quadrinho? E no contexto do 3º quadrinho?
   c) Em qual dos contextos essa palavra é tomada no sentido metafórico?

Há algumas figuras de linguagem que estão essencialmente ligadas à sintaxe dos enunciados, isto é, à forma como eles são construídos. Conheça algumas delas.

Elipse e zeugma

Leia este poema, de Chacal:

Anatomia

pego a palavra no ar
no pulo paro
vejo aparo burilo
no papel reparo
e sigo compondo o verso

(*Tudo (e mais um pouco)*. São Paulo: Ed. 34, 2016. p. 201.)

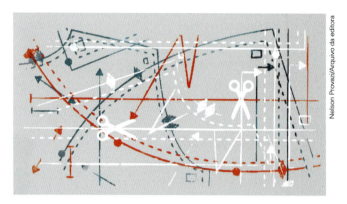

Observe que nenhuma das formas verbais conjugadas na 1ª pessoa do singular tem o sujeito (eu) explícito, embora ele possa ser facilmente apreendido no contexto do poema.

Esse é um exemplo de **elipse**. Já o complemento das formas verbais *vejo*, *aparo* e *burilo* é a expressão *a palavra*, já mencionada anteriormente, no primeiro verso. Trata-se, nesse caso, de **zeugma**.

> **Elipse** é a figura de linguagem que consiste na omissão de um termo facilmente identificável, seja pelo contexto, seja pela estrutura da frase.

> **Zeugma** é um tipo particular de elipse, na qual o termo omitido já foi expresso anteriormente.

Inversão ou hipérbato

Ainda no poema de Chacal, é possível observar, no 2º e no 4º verso, duas frases compostas em uma ordenação diferente daquela que conhecemos como ordem direta do português, sujeito + verbo + complemento. Perceba que, nesses dois casos, o verbo vem no final da frase — "no pulo paro" e "no papel reparo" —, que, na ordem direta, seriam "(eu) paro no pulo" e "(eu) reparo no papel". Esse recurso é conhecido como **inversão** ou **hipérbato**.

> **Inversão** ou **hipérbato** é a figura de linguagem que consiste na construção da frase com os termos em uma sequência diferente da chamada ordem direta do português (sujeito + verbo + complementos).

Assíndeto

Leia os versos a seguir, de Roseana Murray.

Metade de mim é fada,
a outra metade é bruxa.
[...]
Uma é séria; a outra sorri;
uma voa, a outra é pesada.
Uma sonha dormindo,
a outra sonha acordada.

(*Pera, uva ou maçã?*. São Paulo: Scipione, 2005. p. 52.)

Observe que o eu lírico descreve a si mesmo como um ser contraditório. E emprega orações justapostas, separadas por vírgula ou por ponto e vírgula, sem usar conjunções coordenativas, que, pelo contexto, seriam *e* ou *mas*. Temos, nesse caso, um **assíndeto**.

> **Assíndeto** é a figura de linguagem que consiste no emprego de orações coordenadas justapostas, isto é, sem o uso de conjunções.

Polissíndeto

Leia estes versos, de Vinícius de Moraes:

> E o olhar estaria ansioso esperando
> E a cabeça ao sabor da mágoa balançando
> E o coração fugindo e o coração voltando
> E os minutos passando e os minutos
> [passando...
>
> (*Nova antologia poética*. São Paulo: Companhia das Letras, 2009. p. 16.)

O eu lírico sugere, com uma sequência de ações ininterruptas, expressas por meio de orações iniciadas pela conjunção *e*, o estado de ânimo de uma pessoa que espera por alguém ou alguma coisa. Temos, nesse caso, um **polissíndeto**.

> **Polissíndeto** é a figura de linguagem que consiste na repetição, com finalidade enfática, de uma conjunção coordenativa.

Aliteração, assonância e paronomásia

Há três recursos poéticos que também são considerados figuras de linguagem: a aliteração, a assonância e a paronomásia. A aliteração consiste na repetição de fonemas consonantais, como ocorre nos versos de Vinícius de Moraes com a repetição do fonema /s/; a assonância consiste na repetição de fonemas vocálicos; e a paronomásia, no emprego de palavras semelhantes na forma ou no som próximas umas das outras. Veja essas figuras no capítulo 33, "A versificação", que trata do verso e de seus recursos musicais.

Anáfora

Leia os versos abaixo, de Castro Alves.

> Depois o areal extenso...
> Depois o oceano de pó...
> Depois no horizonte imenso
> Desertos... desertos só...
>
> (Alberto da Costa e Silva. *Castro Alves — Um poeta sempre jovem*. São Paulo: Companhia das Letras, 2006. p. 108.)

A repetição da palavra *depois* no início dos versos produz um efeito de sentido especial: leva o olhar do leitor a estender-se por um deserto interminável. Esse tipo de repetição é chamado de **anáfora**.

> **Anáfora** é a figura de linguagem que consiste na repetição intencional de palavras no início de períodos, frases ou versos.

Gradação

Leia este fragmento de texto, de Marina Colasanti:

> [...] E num estalar de juntas que se soltam, de amarras que se desfazem, o guerreiro moveu-se, levantou a cabeça, ergueu o tronco, pôs-se de pé. [...]
>
> (*23 histórias de um viajante*. São Paulo: Global, 2005. p. 47.)

O emprego de verbos correspondentes a ações que aumentam gradativamente de intensidade contribui, no fragmento, para dar ideia da recuperação física do personagem. Temos, nesse caso, uma **gradação**.

> **Gradação** é a figura de linguagem que consiste na disposição de palavras ou expressões em uma sequência que dá ideia de progressão.

Exercícios

Leia o anúncio a seguir, de uma marca de canetas, e responda às questões 1 e 2.

(Disponível em: http://www.putasacada.com.br/galeria/propaganda-149-escoladecriativosrefinaria-use_bic. Acesso em: 10/3/2020.)

1. O enunciado central do anúncio é composto de duas frases.
   a) Há uma forma verbal implícita na 2ª oração. Identifique-a.
   b) Qual é a figura de linguagem em que essa omissão consiste? Justifique sua resposta.
   c) Explique o sentido das preferências apontadas por esse enunciado no contexto do anúncio.

2. Troque ideias com os colegas e o professor e, considerando todo o contexto, explique a metonímia visual contida nesse anúncio.

3. Leia o poema a seguir, de Noé Ribeiro.

Despreparado

Mesmo com tanto velório,
mesmo com tanto exemplo,
mesmo com tanto ensaio,
ainda não aprendi a morrer

(*Coisas da vida*. São Paulo: Estúdio Editores.com, 2017. p. 23.)

   a) Identifique duas figuras de linguagem, relacionadas especificamente à estrutura dos versos, empregadas no poema em estudo.
   b) Troque ideias com os colegas e o professor: Que efeito de sentido é construído no poema pela repetição empregada nos três primeiros versos, associada ao termo *ainda* com o qual começa o último verso?
   c) Observe o título do poema: A quem ele se refere? Justifique sua resposta e explique a relação entre o título e o conteúdo dos versos.
   d) É possível considerar que há certo humor no poema em estudo. Justifique essa afirmação.

Leia a tira a seguir e responda às questões 4 a 7.

(Disponível em: http://sem-angeli-chiclete-com-banana.blogspot.com/search?updated-max=2012-01-01T18:25:00-08:00&max-results=100. Acesso em: 10/3/2020.)

4. No 1º quadrinho, Luke diz que vai criar um *blog*.

  a) Qual será a finalidade desse *blog* para ela?

  b) Explique a crítica existente na tira sobre os usos que algumas pessoas fazem da internet.

5. Identifique, na tira, as seguintes figuras de linguagem. Justifique suas respostas.

  a) gradação
  b) metáfora
  c) elipse
  d) zeugma

6. O humor da tira é construído também com base na fala da personagem no último quadrinho.

  a) O que há em comum entre a expressão *esvaziar a bexiga* e as demais ações mencionadas por Luke nos quadrinhos anteriores?

  b) Por que é possível considerar que essa fala rompe com a expectativa do leitor?

7. Considerando suas respostas às questões 4 e 5, conclua: Como algumas das figuras de linguagem exploradas na tira contribuem para a construção do humor?

As figuras de linguagem na construção do texto

O anúncio a seguir divulga a inauguração de salas de cinema em um luxuoso *shopping center* de São Paulo. Leia-o e responda às questões.

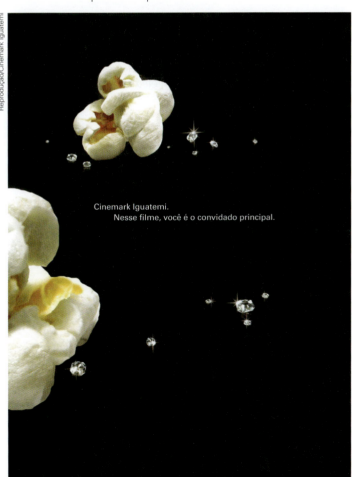

1. Há duas figuras em destaque no anúncio: pipocas e diamantes.

  a) Que relação existe entre pipoca e cinema?

  b) Logo, que figura de linguagem corresponde a essa relação?

2. No enunciado verbal se lê:

> "Nesse filme, você é o convidado principal".

  a) No meio cinematográfico, o que é normalmente um "convidado especial"?

  b) Que relação existe entre os diamantes, o perfil do *shopping* e a expressão "convidado especial"?

  c) A que figura de linguagem os diamantes correspondem, visualmente?

Semântica e discurso

Leia o anúncio a seguir e responda às questões 1 a 3.

(Disponível em: http://www.putasacada.com.br/galeria/pecas/2019/bangboo-rentabilidade_3.jpg. Acesso em: 9/3/2020.)

1. A expressão *Pagamento de sobras* corresponde à divisão de lucros feita pelas cooperativas aos produtores rurais a elas filiados. Considere os elementos da situação de comunicação e responda:

   a) Quem é a instituição responsável pelo anúncio?

   b) Deduza: Qual é o ramo de atuação dessa instituição? Justifique sua resposta com elementos do texto.

   c) O anúncio se dirige a algum público específico? Justifique sua resposta.

   d) Qual é a finalidade desse anúncio?

   e) Com base em qual figura de linguagem se dá a formação da expressão *pagamento de sobras*?

2. Observe as partes verbal e não verbal do texto.

   a) Que objeto o desenho em pontilhado branco representa?

   b) Com quais palavras do texto verbal esse desenho tem correspondência direta? Justifique sua resposta.

   c) Explique a relação desse desenho com a fotografia sobre a qual ele foi desenhado.

   d) Que figura de linguagem pode ser identificada na relação desse desenho com os demais elementos do anúncio analisados nos itens anteriores?

3. Releia a frase central do anúncio:

> "O cooperado investe no campo e o campo responde com rentabilidade."

   a) Identifique e explique a personificação contida nessa frase.

   b) Troque ideias com os colegas e o professor e explique de que forma o uso dessa figura de linguagem contribui para o caráter persuasivo do anúncio.

368 Unidade 5 ▪ Estudos de linguagem e estilística

CAPÍTULO 33

Versificação

■ Construindo o conceito

A seguir você vai conhecer parte de um poema de Casimiro de Abreu, poeta brasileiro do século XIX. Após uma primeira leitura silenciosa, leia em voz alta, procurando prestar atenção nos sons e ritmos que ele apresenta. A seguir, responda ao que se pede.

A valsa

Tu, ontem,
Na dança
Que cansa,
Voavas
Co'as faces
Em rosas
Formosas
De vivo,
Lascivo
Carmim;
Na valsa
Tão falsa,
Corrias,
Fugias,
Ardente,
Contente,
Tranquila,
Serena,
Sem pena
De mim!

Quem dera
Que sintas
As dores
De amores
Que louco
Senti!
Quem dera
Que sintas!...
— Não negues,
Não mintas...
— Eu vi!...

Valsavas:
— Teus belos
Cabelos,
Já soltos,
Revoltos,
Saltavam,
Voavam,
Brincavam
No colo
Que é meu;
E os olhos
Escuros
Tão puros,
Os olhos
Perjuros
Volvias,
Tremias,
Sorrias,
P'ra outro
Não eu!

Quem dera
Que sintas
As dores
De amores
Que louco
Senti!
Quem dera
Que sintas!...
— Não negues,
Não mintas...
— Eu vi!...

Meu Deus!
Eras bela
Donzela,
Valsando,
Sorrindo,
Fugindo,
Qual **silfo**
Risonho
Que em sonho
Nos vem!
Mas esse
Sorriso
Tão liso
Que tinhas
Nos lábios
De rosa,
Formosa,
Tu davas,
Mandavas
A quem?!

Quem dera
Que sintas
As dores
De amores
Que louco
Senti!
Quem dera
Que sintas!...
— Não negues,
Não mintas...
— Eu vi!...

Calado,
Sozinho,
Mesquinho,
Em zelos
Ardendo,
Eu vi-te
Correndo
Tão falsa
Na valsa
Veloz!
Eu triste
Vi tudo!
Mas mudo
Não tive
Nas galas
Das salas,
Nem falas,
Nem cantos,
Nem prantos,
Nem voz!

Quem dera
Que sintas
As dores
De amores
Que louco
Senti!
[...]

(*Poesia completa de Casimiro de Abreu*. Rio de Janeiro: Ediouro, s. d. p. 63-6).

carmim: cor vermelha.
lascivo: sensual, voluptuoso.
perjuro: falso.
silfo: gênio do ar na mitologia céltica e germânica da Idade Média.

1. O poema é a expressão dos sentimentos vividos pelo eu lírico durante um baile. Como o eu lírico se sentiu durante o baile? Por que ele se sentiu assim?

Capítulo 33 • Versificação   369

2. O poema está organizado em *estrofes*, isto é, em grupos de versos separados por um espaço em branco. Cada uma das estrofes é formada por um grupo de versos (as linhas poéticas).

a) Quantas estrofes há na parte lida do poema?
b) Quantos versos há em cada estrofe?

3. Entre o final de versos há uma semelhança sonora, como ocorre entre *dança* e *cansa*, a que chamamos rima. Identifique na 1ª estrofe outros exemplos de rima.

4. Assim como as rimas, o *ritmo* confere forte musicalidade ao texto. Observe, nos versos a seguir, como as sílabas destacadas são pronunciadas com maior intensidade:

"Tu, **on**tem
Na **dan**ça
Que **can**sa,
Vo**a**vas"

a) Identifique, no seguinte trecho da 1ª estrofe, a sílaba tônica de cada verso.

"Co'as faces
Em rosas
Formosas
De vivo,
Lascivo
Carmim;
Na valsa
Tão falsa,

Corrias,
Fugias,
Ardente,
Contente,
Tranquila,
Serena,
Sem pena
De mim!"

b) Leia em voz alta os versos acima e compare o ritmo observado na leitura ao ritmo da valsa. Que semelhança você nota entre o ritmo desse tipo de música e o ritmo do poema?

Conceituando
O verso e seus recursos musicais

Segundo o poeta Carlos Drummond de Andrade, "entre coisas e palavras — principalmente entre palavras — circulamos". As palavras, entretanto, não circulam entre nós como folhas soltas no ar. Elas são organizadas em textos, por meio dos quais podem criar significados capazes de transmitir ideias, sentimentos, desejos, emoções.

Muitas delas se combinam de tal forma que fica evidente terem sido selecionadas com a finalidade de compor imagens, sugerir formas, cores, odores, sons, permitindo múltiplas sensações, leituras e interpretações. Isso é o que observamos quando lemos, ouvimos ou vemos um poema, forma de composição que se destaca também por uma espécie de melodia e de ritmo que emanam do modo como as palavras são arranjadas.

O **poema** é um gênero textual que se constrói não apenas com ideias e sentimentos, mas também por meio do emprego do verso e de seus recursos musicais — a sonoridade e o ritmo das palavras — e de palavras com sentido figurado, conotativo.

A musicalidade que caracteriza os textos poéticos é resultado da utilização de recursos presentes na poesia de todos os tempos, tais como a métrica, o ritmo, a rima, a aliteração e a assonância.

O que é poesia?

Talvez ninguém consiga dar uma resposta definitiva a essa pergunta. Entretanto, a poesia está em toda parte: nas canções de ninar, nas cantigas de roda, nos travalínguas, nas parlendas, nos provérbios, nas quadrinhas populares, nas propagandas, nas letras de música, nos livros...

O conceito de poesia varia de acordo com a época, o movimento literário e também de escritor para escritor.

O poeta francês Mallarmé, por exemplo, definiu poesia como a "suprema forma da beleza". Para o americano Edgar Allan Poe, é a "criação rítmica da beleza". Cassiano Ricardo diz: "Pouco importa, contudo, definir o que seja poesia. O que importa, literariamente, é que ela encontre o seu núcleo no poema, feito e trabalhado precisamente para consegui-la. Ela é indefinível, porém definidora".

O verso e a estrofe

Os recursos formais empregados no poema "A valsa" — versos, estrofes, rimas e ritmo, entre outros — são comuns a diferentes tipos de poema (quadrinhas, sonetos, rondós, madrigais, noturnos, etc.), a letras de música e, embora mais raramente nos dias de hoje, a peças de teatro escritas em verso.

Verso é uma sucessão de sílabas ou fonemas formando uma unidade rítmica e melódica que corresponde, normalmente, a uma linha do poema.

Os versos organizam-se em estrofes. **Estrofe** ou **estância** é um agrupamento de versos.

Na parte estudada do poema "A valsa", há oito estrofes.

O número de versos agrupados em cada estrofe pode variar. De acordo com o número de versos, as estrofes recebem denominações específicas.

- **dístico**: dois versos
- **terceto**: três versos
- **quarteto** ou **quadra**: quatro versos
- **quintilha**: cinco versos
- **sexteto** ou **sextilha**: seis versos
- **sétima** ou **septilha**: sete versos
- **oitava**: oito versos
- **nona**: nove versos
- **décima**: dez versos

As formas fixas

Uma das composições de forma fixa mais conhecidas é o **soneto**, em que os versos são agrupados em duas quadras e dois tercetos. O soneto geralmente desenvolve uma ideia até o penúltimo verso e no último, considerado *chave de ouro*, apresenta uma síntese do que foi desenvolvido.

Na língua portuguesa, destacam-se como sonetistas Camões, Antero de Quental, Bocage e Vinicius de Morais.

Outros poemas de forma fixa são, por exemplo, a **balada** (três oitavas e uma quadra), o **vilancete** (um terceto e outros tipos de estrofe, à escolha do poeta), o **rondó** (apenas quadras, ou então quadras combinadas com oitavas).

Um tipo curioso de forma fixa é o **haicai**, poema de origem japonesa. Constituído por uma estrofe de três versos, ele deve ter 17 sílabas, distribuídas do seguinte modo: 1º verso: 5 sílabas; 2º verso: 7 sílabas; 3º verso: 5 sílabas.

Veja este haicai, de Yataro Kobayashi, poeta japonês do século XVIII:

Vem cá passarinho
E vamos brincar nós dois
Que não temos ninho.

(*In*: Millôr Fernandes. *Hai-Kais* Porto Alegre: L&PM, 1997. p. 5.)

A melodia que caracteriza o verso é o resultado de alguns recursos encontrados na poesia de todos os tempos. Os mais importantes são: a métrica, o ritmo, a rima, a aliteração, a assonância, a paronomásia e o paralelismo.

Métrica

Métrica é a medida dos versos, isto é, o número de sílabas poéticas que os versos apresentam.

Para determinar a medida de um verso, dividimos o verso em sílabas poéticas, processo que recebe o nome de *escansão*.

Por ter base na oralidade — fala ou canto —, a divisão silábica poética obedece a princípios diferentes dos da divisão silábica gramatical: as vogais átonas são agrupadas numa única sílaba, e a contagem das sílabas deve ser feita até a última sílaba tônica.

Compare a divisão silábica gramatical à divisão em sílabas poéticas destes versos do poema "A valsa":

Divisão silábica gramatical			
As	do	res	
1	2	3	
De	a	mo	res
1	2	3	4

Divisão silábica poética			
As	do	res	
1	2	3	
De a	mo	res	
1	2		

No verso "De amores" há quatro sílabas gramaticais, mas apenas duas sílabas poéticas. Isso ocorre porque, nessa divisão, sempre que entre o final de uma sílaba e o início de outra há o encontro de duas ou mais vogais tônicas ou átonas, as duas sílabas são consideradas como uma única sílaba. Além disso, a contagem vai até a última sílaba tônica do verso; nesse caso, até a sílaba *mo*, da palavra *amores*.

De acordo com o número de sílabas poéticas, os versos recebem as seguintes denominações: *monossílabo* (uma sílaba), *dissílabo* (duas sílabas), *trissílabo* (três sílabas), *redondilha menor* ou *pentassílabo* (cinco sílabas), *redondilha maior* ou *heptassílabo* (sete sílabas), *octossílabo* (oito sílabas), *decassílabo* (dez sílabas), *alexandrino* (doze sílabas), etc.

O verso cuja métrica se repete é chamado de *verso regular*. No século XX, os poetas modernos criaram o *verso livre*, que não obedece a uma regularidade métrica. Assim, há poemas que apresentam versos de tamanhos variados, como o poema abaixo, de Cacaso.

> **Happy end**
>
> o meu amor e eu
> nascemos um para o outro
> agora só falta quem nos apresente
>
> (Cacaso. *Lero-lero*. Rio de Janeiro: 7 Letras; São Paulo: Cosac & Naify. 2002. p. 114.)

Ritmo

Ao ouvirmos uma melodia qualquer, percebemos que ela foi composta em determinado ritmo. Um poema também tem ritmo, que lhe é dado pela alternância das sílabas acentuadas e não acentuadas, isto é, sílabas que apresentam maior ou menor intensidade quando pronunciadas. O conceito poético de sílaba acentuada nem sempre coincide com o conceito gramatical de sílaba tônica, pois a acentuação de uma sílaba poética é determinada pela sequência melódica a que ela pertence.

Observe, ao lado, o ritmo dos versos do poema "A valsa". As sílabas acentuadas estão destacadas.

> "Quem **de**ra
>
> Que **sin**tas
>
> As **do**res
>
> De a**mo**res"

372 Unidade 5 ▪ Estudos de linguagem e estilística

No poema "A valsa", a métrica e o ritmo são regulares, pois os versos são dissílabos e a sílaba acentuada é sempre a segunda.

O ritmo em outras linguagens

O ritmo não é exclusividade da poesia. Ele existe também na música, na arquitetura e em outras artes visuais, desde que haja uma repetição regular de determinado elemento. Na fotografia ao lado, o ritmo é criado pela recorrência regular das formas no espaço.

Rima

A **rima** é um recurso musical baseado na semelhança sonora das palavras no final dos versos e, às vezes, no interior dos versos (rima interna).

Quando incidem no final dos versos, as rimas, dependendo da estrutura sonora, podem classificar-se em *interpoladas*, *alternadas* e *emparelhadas*, segundo sua organização em esquemas ABBA, ABAB e AABB, respectivamente. Observe as rimas e sua organização em esquema no refrão do poema "A valsa", ao lado.

"Quem dera	A
Que sintas	B
As dores	C
De amores	C
Que louco	D
Senti!	E
Quem dera	A
Que sintas!...	B
— Não negues,	F
Não mintas...	B
— Eu vi!..."	E

Os versos que não apresentam rimas entre si são chamados de versos brancos. Veja um exemplo desse tipo de verso neste poema de Rubem Braga:

> Não quero ser Deus, nem Pai nem Mãe de Deus,
> Não quero nem lírios nem mundos
> Sou pobre e superficial como a Rua do Catete.
> Quero a pequena e amada agitação,
> A inquieta esquina, aves e ovos, pensões,
> Os bondes e tinturarias, os postes,
> Os transeuntes, o ônibus Laranjeiras,
> Único no mundo que tem a honra de pisar na Rua do Catete.
>
> (*Livro de versos*. 3. ed. Rio de Janeiro: Record, 1998. p. 5.)

Aliteração

É a repetição constante de um mesmo fonema consonantal. Observe como o poeta Castro Alves alitera o fonema /b/ nestes versos:

> Auriverde pendão de minha terra
> Que a *b*risa do *B*rasil *b*eija e *b*alança

Capítulo 33 • Versificação 373

Assonância

É a repetição constante de um mesmo fonema vocálico. Observe a assonância do fonema vocálico /a/ nestes versos de Cruz e Souza:

> Ó Formas alvas, brancas, Formas claras

Paronomásia

É o emprego de palavras semelhantes na forma ou no som, mas de sentidos diferentes, próximas umas das outras. Veja:

> Trocando em miúdos, pode guardar
> As *sobras* de tudo que chamam lar
> As *sombras* de tudo que fomos nós
>
> (Chico Buarque. *In*: Adélia Bezerra de Menezes Bolle, org. *Chico Buarque de Hollanda*. São Paulo: Abril Educação, 1980. p. 45.)

> Ah pregadores! Os de cá
> achar-vos-eis com mais *paço*;
> os de lá, com mais *passos*.
>
> (Pe. Antônio Vieira.)

Paralelismo

É a repetição de palavras ou estruturas sintáticas maiores (frases, orações, etc.) que se correspondem quanto ao sentido. Observe o paralelismo nos versos ao lado, da canção "Sem fantasia", de Chico Buarque.

> *Vem que eu te quero* fraco
> *Vem que eu te quero* tolo
> *Vem que eu te quero* todo meu.
>
> (*In*: Adélia Bezerra de Menezes Bolle, org., *op. cit.*, p. 23.)

Exercícios

Leia a tira a seguir, de Laerte, e responda às questões 1 e 2.

(*Folha de S.Paulo*, 26/2/2012.)

1. Reescreva as falas do personagem, dispondo-as em versos.

a) Quantos versos você obteve?

b) Que critérios você utilizou para fazer a disposição das falas em versos?

2. Observe o esquema de rimas e de ritmo do poema.

a) De que tipo são as rimas?

b) Em que sílabas poéticas, pela ordem, incidem as sílabas tônicas?

c) Que nome é dado ao tipo de verso utilizado?

Leia este poema de Fernando Pessoa e responda às questões 3 a 6.

III / Pierrot bêbedo

Nas ruas da feira,
Da feira deserta,
Branqueia e clareia
As ruas da feira
Na noite entreaberta.

Sóa lua alva
Branqueia e clareia
A paisagem calva
Alegria alheia.

Bêbeda branqueia
Como pela areia
Nas ruas da feira,
Da feira deserta,
Na noite já cheia
De sombra entreaberta.

A lua baqueia
Nas ruas da feira
Deserta e incerta...

("Cancioneiro". *In: Obra poética.* Rio de Janeiro: Aguilar, 1965. p. 135.)

3. A respeito da organização formal do poema, responda:

   a) Quantas estrofes ele tem?
   b) As estrofes apresentam o mesmo número de versos?

4. O poema apresenta uma forte musicalidade, o que se deve ao emprego de um conjunto de recursos como métrica, rima e ritmo.

   a) Qual é a métrica utilizada pelo poeta?
   b) Há rimas no poema? Se sim, como elas se organizam em cada estrofe?
   c) Como ocorre o ritmo nesses versos?

5. As repetições — de versos inteiros ou de partes do verso, de fonemas consonantais e fonemas vocálicos — também contribuem para a sonoridade do poema. Identifique um exemplo:

   a) de verso que se repete por inteiro.
   b) de paralelismo.
   c) de assonância.
   d) de aliteração.

6. A repetição de palavras e de versos resulta na simplicidade de ideias do poema. Explique a relação entre o título do poema e suas ideias.

O poema no espaço

Além de trabalhar com a sonoridade, com a rima, com o ritmo e com as imagens, o poeta também pode fazer uso de outros recursos, como os visuais e gráficos.

Isso quer dizer que o poeta pode organizar seus versos de uma maneira incomum, de modo que mostrem, por exemplo, o formato de alguma coisa, ou explorar diferentes tipos de letra, criando novos sentidos.

Muitos poemas do nosso tempo não são feitos apenas para serem lidos, mas também para serem vistos, como uma fotografia, uma pintura, um cartaz. Por meio de um trabalho com letras, com palavras e seu significado, procuram transmitir, além de emoções e sentimentos, também movimento, cor, forma, etc.

Os poemas que fazem uso desses recursos são chamados **poemas concretos**. Veja (e leia) o poema ao lado e os outros dois a seguir, observando como os poetas incorporam aspectos visuais à poesia.

pelo
branco
magnólia

( )
azul
manhã
vermelho
olha

(Paulo Leminski. In: Fred Góes e Álvaro Marins, org. *Melhores poemas de Paulo Leminski*. 6. ed. São Paulo: Global, 2002. p. 88.)

```
              p
             lu
            plv
           pluv i
          pluvia
         pluvial
        fluvial
       fluvial
      fluvial
     fluvial
    fluvial
   fluvial
  fluvial
```

(Augusto de Campos. www.algumapoesia.com.br/poesia/poesianet066.htm. Acesso em: 27/12/2011.)

(Augusto de Campos. www.jayrus.art.br/Apostilas/LiteraturaBrasileira/VanguardasPoeticas/Augusto_de_Campos_poesia.htm. Acesso em: 27/12/2011.)

376　Unidade 5 • Estudos de linguagem e estilística

A poesia de tradição oral: o cordel

Na poesia popular brasileira de tradição oral, destaca-se a **literatura de cordel**, um tipo de poesia muito conhecido e apreciado em todo o Nordeste brasileiro.

Normalmente o poema de cordel é produzido oralmente e depois impresso em pequenos folhetos, ilustrados com xilogravura. O nome desse tipo de poesia se deve ao modo tradicional de expor os folhetos, isto é, pendurados em cordel (corda fina) ou barbante.

A estrutura da poesia de cordel não é rígida, porém a forma mais comum são estrofes de seis ou sete versos, geralmente redondilhas maiores (sete versos). As rimas costumam acontecer em versos alternados. Veja, como exemplo, os versos a seguir, do poeta José Antônio dos Santos, que conta, em sua *História da literatura de cordel*, como surgiu o cordel no Brasil. Aproveite para observar a métrica (redondilhas) e as rimas no 2º, no 4º e no 6º versos.

Receita para cordel

O verso para cordel
Fica bem em septilha,
Mas faltando ingrediente
Pode ser feito em sextilha,
Faça por essa receita
Que fica uma maravilha.

Não esqueça de botar
Um pouco de alegria,
Humor é fundamental
Para a boa poesia,
Se o colega duvidar
Confirme com Zé Maria.

[...]

Desenvolva seu cordel
Com humildade e amor,
Coloque tempero bom
Para agradar o leitor,
Pois ele é quem avalia
A receita do autor.

Se você tem esse dom
Só precisa aprimorar,
Se nasceu pra ser poeta
A rima não vai faltar,
Você acha inspiração
Sem precisar se esforçar.

Uma pitada de rima
Você tem que acrescentar,
Métrica se faz relevante
Para o verso não quebrar,
Na cobertura uma capa
Para melhor ilustrar.

(Mundim do Vale.
http://mundocordel.blogspot.com/2007/12/poetas-em-mundocordel.html.)

[...]

Na Europa medieval
Surgiram os menestréis
Por serem bons trovadores
às musas eram fiéis
E prendiam seus livrinhos
Pendurados em cordéis.

Pois a palavra cordel
Significa cordão
Onde o Cordel era exposto
No meio da multidão
O trovador andarilho
Fazia declamação.

E o povo gostava
De poemas de bravezas
Contando muitas histórias
De encantadas princesas
Também de príncipes valentes
E suas grandes proezas.

[...]

Eis a origem da nossa
Poesia Popular
Pro Brasil, os portugueses
Trouxeram algum exemplar
E pras novas gerações
Puderam repassar.

[...]

(*História da literatura de cordel.* Fortaleza: Tupynanquim, maio 2007. p. 2-3.)

Cordel: do varal à internet

Se você quiser conhecer mais poemas de cordel, acesse os *sites*:
- www.camarabrasileira.com/cordel.htm
- www.secrel.com.br/jpoesia/cordel.html
- http://mundocordel.blogspot.com/2007/12/poetas-em-mundocordel.html

Os recursos poéticos na construção do texto

Leia este poema, de Libério Neves:

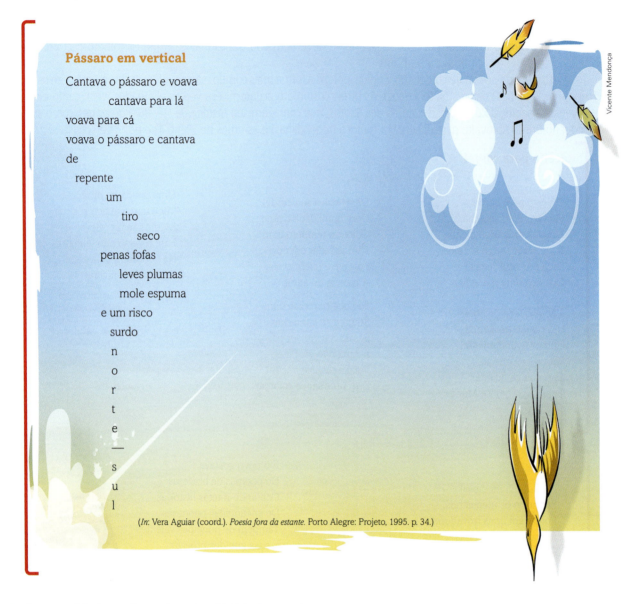

Pássaro em vertical

Cantava o pássaro e voava
    cantava para lá
voava para cá
voava o pássaro e cantava
de
  repente
    um
      tiro
        seco
  penas fofas
    leves plumas
     mole espuma
e um risco
  surdo
   n
   o
   r
   t
   e
   —
   s
   u
   l

(*In*: Vera Aguiar (coord.). *Poesia fora da estante*. Porto Alegre: Projeto, 1995. p. 34.)

1. O poema lido é narrativo, pois conta a história de um pássaro.
  a) Quantas estrofes tem o poema?
  b) De que trata cada uma das estrofes?

2. Observe os quatro primeiros versos do poema. Entre eles, é possível notar pares de versos que mantêm entre si paralelismos criados a partir da métrica, do ritmo e da repetição de palavras.
  a) Quais desses versos possuem o mesmo número de sílabas poéticas?
  b) Quais desses versos possuem o mesmo tipo de ritmo?

3. Observe a disposição gráfica e a inversão de palavras nos quatro primeiros versos do poema. O que sugere, quanto aos movimentos do pássaro:
  a) a diferença entre os versos quanto à métrica?
  b) a disposição visual das expressões "para lá" e "para cá"?
  c) a repetição do 1º verso — "Cantava o pássaro e voava" — no 4º verso, mas com as palavras em outra ordem?

4. Observe a disposição gráfica das palavras da frase "de repente um tiro seco".

a) O que aconteceu com o pássaro?

b) O que sugere a disposição visual desses versos quanto ao movimento do pássaro?

5. Releia os versos "penas fofas / leves plumas / mole espuma".

a) O que eles representam quanto ao movimento que o pássaro vinha fazendo?

b) Que semelhanças sonoras existem entre as palavras desses versos?

c) Nesses versos, por três vezes foi empregado o fonema /p/. Retire do poema outras palavras em que o mesmo fonema tenha sido empregado e identifique o nome desse recurso sonoro.

6. Releia a última estrofe do poema:

a) O que sugere a palavra *surdo*, nesse contexto?

b) A palavra *surdo*, da 2ª estrofe, está em oposição a qual palavra da 1ª estrofe?

c) O que sugere a disposição gráfica da expressão "norte-sul"?

d) Que relação essa disposição tem com o título do poema?

7. O poema narra, em síntese, a trajetória de um pássaro que é morto por um caçador. Os recursos empregados pelo poeta — as imagens, a métrica, a aliteração, o ritmo, os paralelismos e a disposição gráfica — criam efeitos de sentido diferentes para essa história. Que papel desempenham esses recursos na construção do sentido do poema?

Noite de São João

Vamos ver quem é que sabe
soltar fogos de S. João?
Foguetes, bombas, chuvinhas,
chios, chuveiros, chiando,
    chiando,
    chovendo
    chuvas de fogo!
Chá — Bum!

O delegado proibiu bombas,
    foguetes, busca-pés.

Chamalotes checoslavos
    enchem o chão
    de chamas rubras.

Chagas de enxofre chinesas
    chiam,
    choram,
    cheiram,
numa chuva de chispas,
chispas de todos os tons,
listas de todas as cores
    e no fim
    sempre um
  Tchi — Bum!
[...]

Noite de São João (1961), de Alberto da Veiga Guignard.

Um tiro chocho chamusca
     o dedinho
      do Zezinho
        Chi!
Não chore!
  [...]

Vamos agora, Zezinho,
ver quem sabe soltar fogos,
foguetinhos de assobio,
sem lágrimas meu coração?
    — Chuvinhas?
    — Chuvinhas!
E enquanto chove lá fora
   a chuva fina do céu,
  chovem cá dentro
    chuveiros
      charutos dinamarqueses,
chorões de chispas vermelhas,
enxames de vespas chiam,
  chiam, chiam,
bailam, bailam lá-coxia,
cruzam-se em xis
   morrem no chão.
[...]

(*In: Poemas*. Rio de Janeiro: Record. © by Maria Thereza Alves Jorge de Lima e Lia Corrêa Lima Alves de Lima.)

■ Semântica e discurso

Leia em voz alta o seguinte fragmento de um poema de Jorge de Lima e responda às questões 1 a 3.

1. O poema apresenta forte musicalidade. O emprego de recursos sonoros como ritmo, aliterações e repetições de palavras cumpre um papel importante na construção desse texto.

   a) Identifique no poema duas onomatopeias e indique o que imitam.

   b) Que fonema consonantal é constantemente repetido no poema?

   c) Destaque dois exemplos de repetições.

   d) Explique a importância desses recursos na construção do poema.

2. A 2ª estrofe do poema compõe-se de uma frase escrita em letra diferente, em itálico.

   a) Considerando o assunto do poema, que ideia ela encerra?

   b) Levante hipóteses: Quem provavelmente disse essa frase?

   c) Ela provocou alguma alteração?

3. Esse poema retrata uma festa, provavelmente uma festa junina, em homenagem a São João. O fragmento, entretanto, não mostra o final. Como seria? Empregando versos curtos, dê um desfecho ao poema, sugerindo o término da festa de fogos de artifício, ou, se quiser, tecendo um comentário sobre ela. Ao concluir, compare seu trabalho ao dos colegas.

Análise linguística

Ao longo deste livro, você estudou os conteúdos gramaticais de forma relativamente independente entre si, em capítulos didaticamente separados a fim de que os conceitos fossem compreendidos de forma mais aprofundada, em sua especificidade. Nos textos que circulam em nossa sociedade, entretanto, os recursos linguísticos são empregados de forma interligada, assim como nas questões de exames vestibulares e concursos, em geral. Portanto, quando nos engajamos em uma leitura ou uma produção textual em nossa vida cotidiana, com objetivos claros e definidos, saber lidar com esses variados recursos conjuntamente nos proporciona maior autonomia no trabalho com a linguagem.

Conhecer tópicos gramaticais como os que estudamos neste volume pode contribuir para o exercício de uma prática de análise linguística mais efetiva, mas é essencial que tal conhecimento tenha em vista a compreensão e o uso eficiente dos recursos linguísticos na construção de sentidos dos textos. E é por isso que, neste capítulo, convidamos você a ler e analisar textos diversos, buscando perceber estratégias de uso da linguagem e relacionando conteúdos diversificados.

Você vai ver que em cada estudo há, antes das questões, *tags* com os principais assuntos ali explorados, e por meio delas você pode voltar ao sumário e localizar os capítulos correspondentes, caso queira relembrar o conteúdo ou esclarecer alguma dúvida. Vamos lá?

Este capítulo favorece o desenvolvimento das habilidades

EM13LGG101
EM13LGG102
EM13LGG103
EM13LGG104
EM13LGG202
EM13LGG203
EM13LGG302
EM13LGG401
EM13LGG402
EM13LP01
EM13LP02
EM13LP03
EM13LP06
EM13LP07
EM13LP08
EM13LP09
EM13LP10
EM13LP38
EM13LP46

Leia o texto a seguir e responda às questões 1 e 2.

(Disponível em: https://alemparaiba.mg.gov.br/2020/05/por-amor-nao-venha-me-visitar-em-tempo-de-pandemia-de-covid-19-e-buscando-evitar-disseminacao-do-virus-prefeitura-de-alem-paraiba-lanca-a-campanha-para-o-dia-das-maes/. Acesso em: 22/4/2021.)

> **Principais conteúdos abordados no estudo:**
> #Verbos   #LinguagemComunicaçãoeInteração
> #Conjunção   #SujeitoEPredicado
> #ImpessoalizaçãoDaLinguagem

1. Relacione as partes verbal e não verbal do texto.
   a) Quem é o responsável por ele?
   b) Deduza: Em qual época do ano ele foi publicado e com qual função? Justifique sua resposta.

2. O texto em estudo faz parte de uma campanha. Releia a frase central.
   a) Qual é o principal apelo dessa campanha?
   b) Explique por que a frase utilizada causa estranheza no leitor.
   c) Que tipo de conteúdo se espera que seja divulgado nessa data?

Agora leia a notícia a seguir, que divulgou a campanha, e responda às questões 3 a 5.

(Disponível em: https://alemparaiba.mg.gov.br/2020/05/por-amor-nao-venha-me-visitar-em-tempo-de-pandemia-de-covid-19-e-buscando-evitar-disseminacao-do-virus-prefeitura-de-alem-paraiba-lanca-a-campanha-para-o-dia-das-maes/. Acesso em: 22/4/2021.)

3. Considerando as informações dadas na notícia, inclusive as informações que constam do endereço do *site* de onde o texto foi extraído, responda:

a) Em qual contexto sócio-histórico a campanha foi veiculada?

b) Qual das palavras a seguir, utilizada no 1º parágrafo, é responsável por marcar a oposição entre o que a campanha faz e o que seria o esperado?
- Mais
- Mas
- Devido

c) Segundo o texto, por que a prefeitura decidiu fazer essa campanha?

4. Observe o emprego da 1ª pessoa do plural na notícia.

a) Identifique a primeira ocorrência no texto.

b) Encontre as demais ocorrências, troque ideias com os colegas e o professor e deduza: A quem essa 1ª pessoa se refere no contexto? Justifique sua resposta.

c) Por meio de quais termos e expressões o referente indicado por você no item *b* era nomeado no texto anteriormente ao uso das formas em 1ª pessoa?

5. Considerando suas respostas às questões anteriores, troque ideias com os colegas e o professor e conclua: No contexto, qual efeito de sentido é construído pela mudança de foco nas pessoas do discurso e nas formas verbais utilizadas?

6. Entre os textos a seguir, identifique aquele que foi publicado com o mesmo objetivo do texto lido, no mesmo contexto histórico.

(Disponível em: http://www.tce.sc.gov.br/content/homenagem-pelo-dia-das-m%C3%A3es-%E2%80%9Ctrabalho-mais-dif%C3%ADcil-do-mundo%E2%80%9D-0#prettyPhoto[galeria]/0/. Acesso em: 22/4/2021.)

(Disponível em: https://www.facebook.com/governoparana/photos/a.322635941170501/2654335324667206/?type=3&theater. Acesso em: 22/4/2021.)

(Disponível em: https://pt-br.facebook.com/NacaoJuridica/photos/a.153413011467318/1054178518057425/?type=3&theater. Acesso em: 21/4/2021.)

384 Unidade 5 • Estudos de linguagem e estilística

Leia esta tira e responda às questões 7 a 10.

(Disponível em: http://bichinhosdejardim.com/wp-content/uploads/2020/07/bdj-200618-web.jpg. Acesso em: 22/4/2021.)

> **Principais conteúdos abordados no estudo:**
> #LinguagemComunicaçãoeInteração   #FormaçãoDePalavras
> #Verbos   #Semântica

7. Releia a palavra sublinhada no 1º quadrinho.
   a) Essa palavra existe no vocabulário do português brasileiro?
   b) Qual é a origem dessa palavra, segundo a joaninha?
   c) Deduza: Qual é o processo de formação dessa palavra?
   - derivação prefixal e sufixal
   - derivação imprópria
   - composição por justaposição
   - composição por aglutinação

8. Relacione as partes verbal e não verbal da tira e explique de que forma elas se complementam.

9. A fala da joaninha no 2º quadrinho dá um conselho aos interlocutores.
   a) Quais formas verbais são responsáveis por esse tom de conselho? Em qual modo verbal elas estão conjugadas e a quem elas se referem no contexto?
   b) Explique a relação desse modo verbal com a finalidade da fala da joaninha nesse quadrinho.
   c) Troque ideias com os colegas e o professor: Qual é a função de um roteiro?
   d) Considerando suas respostas aos itens anteriores, conclua: Por que essa fala da joaninha pode ser considerada irônica?

10. Agora releia o último quadrinho.
   a) A fala da joaninha nesse quadrinho pode ser considerada irônica em dois sentidos, tanto em si mesma quanto em relação aos demais quadrinhos da tira. Explique essa afirmação.
   b) Identifique, entre os pares de palavras a seguir, aquelas que, por serem antagônicas, reforçam a ironia da fala:
   - mandar – conquistar
   - lista – exercícios
   - exercícios – vadiagem
   - pleno – máster

Capítulo 34 ▪ Análise linguística   385

Leia, a seguir, o trecho de um texto de Leandro Karnal e responda às questões 11 a 13.

> Acordo. Vejo algo que me irrita ou move minhas fibras morais mais fundas. Tenho raiva. Encontro um culpado. Vejo que mais gente compartilha do meu sentimento. Pego uma foto, crio uma frase, redireciono um post, recebo curtidas, mais indignação. Leio, satisfeito, que, enfim, o mundo não está perdido. Ainda existem pessoas de bem com poder de rebeldia... como eu. Termino meu café e sigo para o trabalho. [...] Nada mais no meu dia dialoga com o ato matinal de odiar. Temos capacidade de extravasar. Mais raramente, conseguimos uma indignação que saia da sala de estar.
>
> (Disponível em: https://cultura.estadao.com.br/noticias/geral,dois-minutos-de-odio,70003409162. Acesso em: 22/4/2021.)

Principais conteúdos abordados no estudo:

#CoesãoECoerência #OraçõesCoordenadas
#PeríodoComposto #OraçõesSubordinadasSubstantivas
#Pontuação #Semântica

11. O parágrafo lido contém uma sequência de orações curtas sobrepostas, separadas por vírgulas ou pontos.

a) Das quatro primeiras orações, três são períodos simples e curtos. Quais são elas?

b) Estabeleça a correlação entre os períodos compostos a seguir e sua classificação sintática:

A. "Pego uma foto, crio uma frase, redireciono um post, recebo curtidas"

B. "Termino meu café e sigo para o trabalho."

C. "Temos capacidade de extravasar."

D. "Vejo que mais gente compartilha do meu sentimento."

I. Período composto de uma oração principal e uma oração subordinada substantiva completiva nominal.

II. Período composto de uma oração principal e uma oração subordinada substantiva objetiva direta.

III. Período composto de quatro orações coordenadas assindéticas.

IV. Período composto de uma oração coordenada assindética e uma oração coordenada aditiva.

c) Compare os períodos compostos por subordinação e por coordenação identificados por você no item *b* e conclua: Qual dessas formas de construção apresenta as ações justapostas, uma ao lado da outra?

d) Troque ideias com os colegas e o professor: Qual efeito de sentido é produzido no parágrafo por essa forma de construção?

12. Releia este trecho:

> "Leio, satisfeito, que, enfim, o mundo não está perdido. Ainda existem pessoas de bem com poder de rebeldia... como eu."

a) Reescreva a segunda frase, seguindo as regras da norma-padrão e trocando a forma empregada do verbo *existir* por uma forma do verbo:

• haver • encontrar-se

b) Explique a ironia contida no trecho, considerando o conteúdo de todo o parágrafo lido.

c) Identifique outras frases do parágrafo que também contêm ironia. Justifique sua resposta.

13. O parágrafo lido faz uma crítica à forma como algumas pessoas usam a internet. Troque ideias com os colegas e o professor:

a) Qual comportamento é criticado no texto?

b) Por que, considerando o texto, esse comportamento é digno de crítica?

Leia o meme a seguir e responda às questões 14 a 17.

(Disponível em: https://www.facebook.com/ArtesDepressao/posts/2936980159764729. Acesso em: 22/4/2021.)

> **Principais conteúdos abordados no estudo:**
> #LinguagemComunicaçãoeInteração
> #IntertextoEInterdiscurso   #VariaçãoLinguística   #FormaçãoDePalavras
> #Substantivos   #Verbos   #Pontuação

14. Sobre a parte não verbal do meme:

a) Qual personagem histórico e religioso é retratado?

b) O que sugere o gesto feito pela pessoa retratada?

c) Essa imagem é uma tela do pintor renascentista Ticiano Vecello. Deduza qual o nome da tela, entre as opções a seguir.
- *São João Batista no deserto*, de 1542.
- *Cristo carregando a cruz*, de 1565.
- *Maria Madalena Penitente*, de 1565.
- *Bênção de Cristo*, de 1570.

15. O texto verbal do meme é composto de partes diversas. Deduza:

a) Por que parte do texto superior foi escrita entre aspas?

b) A qual texto a parte inferior escrita em letras maiúsculas e números faz referência? Como deve ser lida essa parte em voz alta?

c) A que correspondem as sequências "@artesdepressao" e "Artes Depressão"? Por que o mesmo conteúdo foi escrito duas vezes e de forma diferente?

16. O texto verbal do meme faz uso de dois neologismos, isto é, palavras novas, criadas a partir de outra já existente.

a) Identifique esses neologismos.

b) Indique a qual classe gramatical esses neologismos pertencem, justificando sua resposta com elementos morfológicos.

c) De qual palavra da língua esses neologismos derivam? Dê a classificação morfológica dessa palavra.

Capítulo 34 ▪ Análise linguística   387

17. Considerando a função dos memes nas redes sociais e as respostas dadas por você às questões anteriores, conclua:

a) Qual é o sentido da frase escrita na parte superior do meme?

b) De que forma o texto inferior do meme altera o texto original a que faz referência?

c) Qual sentido é construído no meme pela alteração identificada por você no item **b**?

Leia, a seguir, trechos da letra da canção "Passarinhos", de Emicida, e responda às questões 18 a 22. Se possível, ouça a canção completa antes de realizar o estudo.

> **Principais conteúdos abordados no estudo:**
> #SonsELetras #VariaçãoLinguística #FormaçãoDePalavras #Adjetivos
> #Verbos #ConcordânciaVerbalENominal #FigurasDeLinguagem

Despencados de voos cansativos
Complicados e pensativos
Machucados após tantos crivos
Blindados com nossos motivos
Amuados, reflexivos
E dá-lhe antidepressivos
Acanhados entre discos e livros
Inofensivos
[...]
E no meio disso tudo
Tamo tipo

Passarinhos soltos a voar dispostos
A achar um ninho
Nem que seja no peito um do outro
[...]

Cidades são aldeias mortas, desafio *nonsense*
Competição em vão que ninguém vence
Pense num formigueiro, vai mal
quando pessoas viram coisas,
cabeças viram degrau
No pé que as coisa vão, Jão
Doideira, daqui a pouco resta madeira nem
p'os caixão
[...]

Água em escassez bem na nossa vez
Assim não resta nem as barata (é memo)
Injustos fazem leis e o que resta p'ocês
Escolher qual veneno te mata
Pois somos tipo

Passarinhos soltos a voar dispostos
A achar um ninho
Nem que seja no peito um do outro

(Transcrito do canal oficial do Emicida no YouTube. Disponível em: https://www.youtube.com/watch?v=Gd-g5c_CV3M. Acesso em: 22/4/2021.)

18. Nas duas primeiras estrofes predomina o emprego de palavras pertencentes a uma determinada classe gramatical.

a) Qual é essa classe?

b) A quem essas palavras se referem e qual é a função delas no contexto?

c) Identifique, entre os versos a seguir, aqueles que são explicitamente metafóricos.

- "Despencados de voos cansativos"
- "Complicados e pensativos"
- "Machucados após tantos crivos"
- "Blindados com nossos motivos"
- "Amuados, reflexivos"
- "Acanhados entre discos e livros"

d) Troque ideias com os colegas e o professor e explique o sentido do verso "E dá-lhe antidepressivos", no contexto.

19. Releia os versos que introduzem as duas ocorrências do refrão no trecho:

> "Tamo tipo"   "Pois somos tipo"

a) Identifique as formas verbais empregadas em cada verso.

b) Uma dessas formas não está escrita conforme a norma-padrão. Identifique qual é ela e levante hipóteses: Por que isso ocorre?

c) Troque ideias com os colegas e o professor: É possível considerar que se trata de uma variação na forma de fazer a concordância verbal? Justifique sua resposta.

d) A forma verbal identificada por você no item *b* foi formada por um processo de:
- derivação imprópria
- redução
- justaposição

e) Indique outro termo ou expressão na letra da canção que se forma pelo mesmo processo identificado por você no item *d*.

20. No refrão, o eu lírico estabelece uma comparação.

a) Quais elementos compõem essa comparação?

b) Considerando a letra da canção, por que os elementos comparados se aproximam?

c) Qual palavra empregada na canção é responsável pela introdução dessa comparação?

d) A palavra indicada por você no item *c* é uma gíria. Por quais outras palavras ela poderia ser substituída em um contexto de fala mais formal?

21. Ao ouvir a canção, é possível perceber que a palavra *dispostos* é pronunciada com o primeiro *o* fechado.

a) De qual palavra ela é derivada?

b) Como deve ser a pronúncia dessa palavra segundo gramáticas e dicionários?

c) Levante hipóteses: Por que, na canção, ela é pronunciada dessa forma?

d) A palavra *soltos* tem essa mesma alteração na pronúncia, segundo a norma-padrão?

e) Indique entre os pares de palavras a seguir aqueles que formam plural de forma semelhante a *dispostos*, considerando a pronúncia.
- olho — olhos
- socorro — socorros
- moço — moços

22. Releia esta estrofe:

> "Cidades são aldeias mortas, desafio *nonsense*
> Competição em vão que ninguém vence
> Pense num formigueiro, vai mal quando pessoas viram coisas
> Cabeças viram degrau
> No pé que as coisa vão, Jão
> Doideira, daqui a pouco resta madeira nem p'os caixão"

a) Identifique frases e expressões nominais nas quais a concordância se faz com a marcação do plural em todos os termos.

b) Agora identifique expressões nominais nas quais a concordância se faz com a marcação do plural apenas no primeiro termo.

c) Troque ideias com os colegas e o professor: Por que a concordância foi feita dessas duas formas na canção?

d) Identifique mais um exemplo de cada um desses dois tipos de concordância na letra.
- Concordância conforme a norma-padrão
- Concordância marcada em apenas um dos elementos

EM DIA COM O ENEM E O VESTIBULAR

1. (FUVEST-SP)

Mafalda, Quino.

O efeito de humor presente nas falas das personagens decorre

a) da quebra de expectativa gerada pela polissemia.
b) da ambiguidade causada pela antonímia.
c) do contraste provocado pela fonética.
d) do contraste introduzido pela neologia.
e) do estranhamento devido à morfologia.

2. (ENEM)

O mundo revivido

Sobre esta casa e as árvores que o tempo
esqueceu de levar. Sobre o curral
de pedra e paz e de outras vacas tristes
chorando a lua e a noite sem bezerros.

Sobre a parede larga deste açude
onde outras cobras verdes se arrastavam,
e pondo o sol nos seus olhos parados
iam colhendo sua safra de sapos.

Sob as constelações do sul que a noite
armava e desarmava: as Três Marias,
o Cruzeiro distante e o Sete-Estrelo.

Sobre este mundo revivido em vão,
a lembrança de primos, de cavalos,
de silêncio perdido para sempre.

DOBAL, H. *A província deserta.*
Rio de Janeiro: Artenova, 1974.

No processo de reconstituição do tempo vivido, o eu lírico projeta um conjunto de imagens cujo lirismo se fundamenta no

a) inventário das memórias evocadas afetivamente.
b) reflexo da saudade no desejo de voltar à infância.
c) sentimento de inadequação com o presente vivido.
d) ressentimento com as perdas materiais e humanas.
e) lapso no fluxo temporal dos eventos trazidos à cena.

3. (ENEM)

Pérolas absolutas

Há, no seio de uma ostra, um movimento – ainda que imperceptível. Qualquer coisa imiscuiu-se pela fissura, uma partícula qualquer, diminuta e invisível. Venceu as paredes lacradas, que se fecham como a boca que tem medo de deixar escapar um segredo. Venceu. E agora penetra o núcleo da ostra, contaminando-lhe a própria substância. A ostra reage, imediatamente. E começa a secretar o nácar. É um mecanismo de defesa, uma tentativa de purificação contra a partícula invasora. Com uma paciência de fundo de mar, a ostra profanada continua seu trabalho incansável, secretando por anos a fio o nácar que aos poucos se vai solidificando. É dessa solidificação que nascem as pérolas.

As pérolas são, assim, o resultado de uma contaminação. A arte por vezes também. A arte é quase sempre a transformação da dor. [...] Escrever é preciso. É preciso continuar secretando o nácar, formar a pérola que talvez seja imperfeita, que talvez jamais seja encontrada e viva para sempre encerrada no fundo do mar. Talvez estas, as pérolas esquecidas, jamais achadas, as pérolas intocadas e por isso absolutas em si mesmas, guardem em si uma parcela faiscante da eternidade.

SEIXAS, H. *Uma ilha chamada livro.*
Rio de Janeiro: Record, 2009 (fragmento)

Considerando os aspectos estéticos e semânticos presentes no texto, a imagem da pérola configura uma percepção que

a) reforça o valor do sofrimento e do esquecimento para o processo criativo.
b) ilustra o conflito entre a procura do novo e a rejeição ao elemento exótico.
c) concebe a criação literária como trabalho progressivo e de autoconhecimento.

390 Unidade 5 ▪ Estudo de Linguagem e estilística

d) expressa a ideia de atividade poética como experiência anônima e involuntária.

e) destaca o efeito introspectivo gerado pelo contato com o inusitado e com o desconhecido.

4. (ENEM)

> **Receita**
>
> Tome-se um poeta não cansado,
> Uma nuvem de sonho e uma flor,
> Três gotas de tristeza, um tom dourado,
> Uma veia sangrando de pavor.
> Quando a massa já ferve e se retorce
> Deita-se a luz dum corpo de mulher,
> Duma pitada de morte se reforce,
> Que um amor de poeta assim requer.
>
> SARAMAGO, J. *Os poemas possíveis.*
> Alfragide: Caminho, 1997.

Os gêneros textuais caracterizam-se por serem relativamente estáveis e podem reconfigurar-se em função do propósito comunicativo. Esse texto constitui uma mescla de gêneros, pois

a) introduz procedimentos prescritivos na composição do poema.

b) explicita as etapas essenciais à preparação de uma receita.

c) explora elementos temáticos presentes em uma receita.

d) apresenta organização estrutural típica de um poema.

e) utiliza linguagem figurada na construção do poema.

5. (UNICAMP-SP)

Entre os versos de Gilberto Gil transcritos a seguir, podemos identificar uma relação paradoxal em:

a) "Sou viramundo virado / pelo mundo do sertão."

b) "Louvo a luta repetida / da vida pra não morrer."

c) "De dia, Diadorim, / de noite, estrela sem fim."

d) Toda saudade é presença / da ausência de alguém."

6. (FUVEST-SP)

> **Sonetilho do falso**
> **Fernando Pessoa**
>
> Onde nasci, morri.
> Onde morri, existo.
> E das peles que visto
> muitas há que não vi.
>
> 5 Sem mim co mo sem ti
> posso durar. Desisto
> de tudo quanto é misto
> e que odiei ou senti.
>
> Nem Fausto nem Mefisto,
> 10 à deusa que se ri
> deste nosso oaristo*,
> eis-me a dizer: assisto
> além, nenhum, aqui,
> mas não sou eu, nem isto.
>
> Carlos Drummond de Andrade. *Claro Enigma.*
>
> *conversa íntima entre casais.

O oxímoro é uma "figura em que se combinam palavras de sentido oposto que parecem excluir-se mutuamente, mas que, no contexto, reforçam a expressão" (HOUAISS, 2001). No poema "Sonetilho do falso Fernando Pessoa", o emprego dessa figura de linguagem ocorre em:

a) "Onde morri, existo" (L. 2).

b) "E das peles que visto / muitas há que não vi" (L. 3-4).

c) "Desisto / de tudo quanto é misto / e que odiei ou senti" (L. 6-8).

d) "à deusa que se ri / deste nosso oaristo" (L. 10-11).

e) "mas não sou eu, nem isto" (L. 14).

7. (FVG-SP)

No trecho "Certamente, falta-lhes / não seu que atributo essencial, posto se apresentem nobres / e graves, por vezes. Ah, espantosamente graves, / até sinistros", destaca-se o emprego do seguinte recurso expressivo:

a) personificação.

b) eufemismo.

c) onomatopeia.

d) gradação.

e) sinestesia.

8. (UNICAMP-SP)

Leia o poema "Mar Português", de Fernando Pessoa.

> **MAR PORTUGUÊS**
>
> Ó mar salgado, quanto do teu sal
> São lágrimas de Portugal!
> Por te cruzarmos, quantas mães choraram,
> Quantos filhos em vão rezaram!
> Quantas noivas ficaram por casar
> Para que fosses nosso, ó mar!
>
> Valeu a pena? Tudo vale a pena
> Se a alma não é pequena.
> Quem quer passar além do Bojador
> Tem que passar além da dor.
> Deus ao mar o perigo e o abismo deu,
> Mas nele é que espelhou o céu.
>
> Disponível em http://www.jornaldepoesia.jor.br/fpesso03.html.7

No poema, a apóstrofe, uma figura de linguagem, indica que o enunciador:

a) convoca o mar a refletir sobre a história das navegações portuguesas.
b) apresenta o mar como responsável pelo sofrimento do povo português.
c) revela ao mar sua crítica às ações portuguesas no período das navegações.
d) projeta no mar sua tristeza com as consequências das conquistas de Portugal.

9. (UNICAMP-SP)

Cem anos depois

Vamos passear na floresta
Enquanto D. Pedro não vem.
D. Pedro é um rei filósofo,
Que não faz mal a ninguém.

Vamos sair a cavalo,
Pacíficos, desarmados:
A ordem acima de tudo.
Como convém a um soldado.

Vamos fazer a República,
Sem barulho, sem litígio,
Sem nenhuma guilhotina,
Sem qualquer barrete frígio.

Vamos, com farda de gala,
Proclamar os tempos novos,
Mas cautelosos, furtivos,
Para não acordar o povo.

José Paulo Paes, O melhor poeta da minha rua, em Fernando Paixão (sel. e org.), *Para gostar de ler*. São Paulo: Ática, 2008, p.43.

O tom irônico do poema em relação à história do Brasil põe em evidência

a) o modo como a democracia surge no Brasil por interferência do Imperador.
b) a maneira despótica como os republicanos trataram os símbolos nacionais.
c) a postura inconsequente que sempre caracterizou os governantes do Brasil.
d) a forma astuciosa como ocorreram os movimentos políticos no Brasil.

10. (FUVEST-SP)

Eu amo a rua. Esse sentimento de natureza toda íntima não vos seria revelado por mim se não julgasse, e razões não tivesse para julgar, que este amor assim absoluto e assim exagerado é partilhado por todos vós. Nós somos irmãos, nós nos sentimos parecidos e iguais; nas cidades, nas aldeias, nos povoados, não porque soframos, com a dor e os desprazeres, a lei e a polícia, mas porque nos une, nivela e agremia o amor da rua. É este mesmo o sentimento imperturbável e indissolúvel, o único que, como a própria vida, resiste às idades e às épocas. Tudo se transforma, tudo varia — o amor, o ódio, o egoísmo. Hoje é mais amargo o riso, mais dolorosa a ironia. Os séculos passam, deslizam, levando as coisas fúteis e os acontecimentos notáveis. Só persiste e fica, legado das gerações cada vez maior, o amor da rua.

João do Rio. *A alma encantadora das ruas*.

Em "nas cidades, nas aldeias, nos povoados" (linhas 6 e 7), "hoje é mais amargo o riso, mais dolorosa a ironia" (linhas 14 e 15) e "levando as coisas fúteis e os acontecimentos notáveis" (linhas 16 e 17), ocorrem, respectivamente, os seguintes recursos expressivos:

a) eufemismo, antítese, metonímia.
b) hipérbole, gradação, eufemismo.
c) metáfora, hipérbole, inversão.
d) gradação, inversão, antítese.
e) metonímia, hipérbole, metáfora.

(UNIFESP-SP) Instrução: Leia o texto para responder às questões de números 11 a 13.

De tudo que é nego torto
Do mangue e do cais do porto
Ela já foi namorada
O seu corpo é dos errantes
Dos cegos, dos retirantes
É de quem não tem mais nada
Dá-se assim desde menina
Na garagem, na cantina
Atrás do tanque, no mato
É a rainha dos detentos
Das loucas, dos lazarentos
Dos moleques do internato
E também vai amiúde
Co'os velhinhos sem saúde
E as viúvas sem porvir
Ela é um poço de bondade
E é por isso que a cidade
Vive sempre a repetir
Joga pedra na Geni
Joga pedra na Geni
Ela é feita pra apanhar
Ela é boa de cuspir
Ela dá pra qualquer um
Maldita Geni

Chico Buarque. *Geni e o zepelim*.

11. A partir do início do fragmento selecionado, uma série de versos consecutivos vai caracterizando a personagem Geni numa mesma direção semântica e segundo uma mesma lógica, até que um determinado verso provoca uma ruptura significativa nessa trajetória, criando uma intensa oposição de sentido no poema. Esse verso está transcrito em:

a) Dá-se assim desde menina.
b) E a rainha dos detentos.
c) Ela é um poço de bondade.
d) Joga pedra na Geni.
e) Ela dá pra qualquer um.

12. Indique a alternativa que identifica corretamente, de modo respectivo, a métrica e a natureza predominante das rimas.

a) Heptassílabos – rima toante.
b) Octossílabos – rima toante.
c) Hexassílabos – rima consoante.
d) Octossílabos – rima consoante.
e) Heptassílabos – rima consoante.

13. Indique a alternativa que apresenta a função sintática do verso "De tudo que é nego torto".

a) Adjunto adverbial de modo.
b) Objeto indireto.
c) Predicativo do sujeito.
d) Adjunto adnominal.
e) Complemento nominal.

(MACK-SP) Texto para as questões 14 e 15.

> O amor é feio
> Tem cara de vício
> Anda pela estrada
> Não tem compromisso
> [...]
> O amor é lindo
> Faz o impossível
> O amor é graça
> Ele dá e passa
>
> A. Antunes, C. Brown, M. Monte,
> "O amor é feio".

14. Cotejando a letra da canção com os famosos versos camonianos *Amor é fogo que arde sem se ver / É ferida que dói e não se sente*, afirma-se corretamente que:

a) Assim como Camões, os compositores tematizam o amor, valendo-se de uma linguagem espontânea, coloquial, como prova o uso da expressão cara de vício.

b) O caráter popular da canção é acentuado pelo uso de redondilhas, traço estilístico ausente nos versos camonianos citados.

c) A concepção de amor como sentimento contraditório, típica de Camões, está ausente na letra da canção, uma vez que seus versos não se compõem de paradoxos.

d) A ideia de que a dor do amor não é sentida pelos amantes, presente nos versos de Camões, é parafraseada nos versos *Anda pela estrada / Não tem compromisso*.

e) canção recupera o tom solene e altissonante presente nos versos camonianos.

15. As alternativas abaixo citam aspecto estilístico presente no texto, *exceto* o uso de:

a) estrutura paralelística *(O amor é feio / O amor é lindo)*.
b) rimas externas e internas *(vício / compromisso; cara / estrada)*.
c) conjunções coordenadas *(O amor é feio / Tem cara de vício)*.
d) processo metafórico *(Anda pela estrada / Não tem compromisso)*.
e) estrofes simétricas (quartetos).

16. (UECE-CE) Leia os textos 1 (poema de Horácio Dídimo) e 2 (propaganda de advertência contra o câncer de mama):

TEXTO 1

> **identidade**
> um dia
> com a ajuda de Deus
> não haverá mais diferença
> entre mim e eu

TEXTO 2

> O câncer de mama tem cura, se você se tocar.

A questão a seguir envolve os textos 1 e 2. Indique a opção que traz uma afirmação **incorreta** a respeito desses textos.

a) Pode-se dar mais de um sentido aos termos *mim e eu* (texto 1), o que abre o poema para mais de uma leitura. O mesmo se pode dizer da expressão *se tocar* e do texto em que ela aparece (texto 2).

b) O título — *identidade* — poderá orientar uma das leituras do poema (texto 1).

c) Os textos 1 e 2 têm os mesmos propósitos comunicativos.

d) Os textos 1 e 2 usam pelo menos um recurso linguístico coincidente – ambiguidade.

17. (UFCE-CE) Releia a quarta estrofe do poema ["A triste partida", de Patativa do Assaré]:

> Sem chuva na terra
> descamba janeiro
> até fevereiro
> no mesmo verão
> reclama o roceiro
> dizendo consigo:
> meu Deus é castigo
> não chove mais não

Indique a alternativa que apresenta todas as informações corretas acerca da construção da estrofe, no tocante ao:

	número de versos	número de sílabas de cada verso	esquema de rimas
a)	oitava	cinco	ABBCBDDC
b)	oitava	sete	ABBCBDDC
c)	oitava	cinco	ABBCADDC
d)	décima	seis	ABBCADDC
e)	décima	sete	ABBCBDDC

18. (UNIFESP-SP) Considere o texto e analise as três afirmações seguintes.

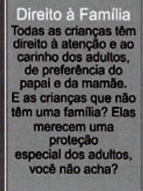

www.tvcultura.com.br. Adaptado.

I. A frase *Toda criança deve ser assistida quanto ao seu direito à atenção e ao carinho dos adultos* está correta quanto aos sentidos propostos no texto e também quanto à regência.

II. Deve-se interpretar a referência do pronome *você* como *criança*, conforme sugerido pelo título do texto.

III. As duas orações que compõem as perguntas estabelecem entre si relação de adversidade.

Está correto apenas o que se afirma em:

a) I.

b) II.

c) III.

d) I e II.

e) II e III.

19. (UNICAMP-SP) Em transmissão de um jornal noturno televisivo (RedeTV, 7/10/2008), um jornalista afirmou: "Não há uma só medida que o governo possa tomar."

a) Considerando que há duas possibilidades de interpretação do enunciado acima, construa uma paráfrase para cada sentido possível de modo a explicitá-los.

b) Compare o enunciado citado com: *Não há uma medida que só o governo possa tomar*. O termo 'só' tem papel fundamental na interpretação de um e outro enunciado. Descreva como funciona o termo em cada um dos enunciados. Explique.

20. (FUVEST-SP) Considere as seguintes frases, extraídas de diferentes matérias jornalísticas, e responda ao que se pede.

I. Nos últimos meses, o debate sobre o aquecimento global vem, com perdão do trocadilho, esquentando.

II. Preso vigia acusado de matar empresário.

a) Identifique, na frase I, o trocadilho a que se refere o redator e explique por que ele pede perdão por tê-lo produzido.

b) É correto afirmar que na frase II ocorre ambiguidade? Justifique sua resposta.

21. (UERJ-RJ) Figuras de linguagem – por meio dos mais diferentes mecanismos – ampliam o significado de palavras e expressões, conferindo novos sentidos ao texto em que são usadas.

A alternativa que apresenta uma figura de linguagem construída a partir da equivalência entre um todo e uma de suas partes:

a) "que um homem e uma mulher ali estejam, pálidos, se movendo na penumbra como dentro de um sonho?"

b) "Entretanto a cidade, que durante uns dois ou três dias parecia nos haver esquecido, voltava subitamente a atacar."

c) "batia com os nós dos dedos, cada vez mais forte, como se tivesse certeza de que havia alguém lá dentro."

d) "Mas naquela manhã ela se sentiu tonta, e senti também minha fraqueza;"

22. (UFPA-PA) Considerando-se os grupos de palavras em destaque, a mudança de posição do adjetivo em relação ao substantivo mudaria por completo o sentido em:

a) "E o que significa o caso desse **simples vendedor** de praia?"

b) "Ele representa o **melhor exemplo** de como o empresário deve tratar o consumidor."

c) "O fornecedor tem como alvo o final de seu negócio o consumidor, devendo respeitar seus **reais desejos** e necessidades [...]"

d) "O lucro é decorrência do **bom relacionamento** com o consumidor."

e) "É bom lembrar: um consumidor satisfeito é um **cliente fiel**."

23. (UNICAMP-SP) A carta abaixo reproduzida foi publicada em outubro de 2007, após declaração sobre a legalização do aborto feita por Sérgio Cabral, governador do Estado do Rio de Janeiro.

> Sobre a declaração do governador fluminense, Sérgio Cabral, de que "as mães faveladas são uma fábrica de produzir marginais", cabe indagar: essas mães produzem marginais apenas quando dão à luz ou também quando votam?
>
> Juarez R. Venitez, Sacramento-MG,
> seção Painel do Leitor,
> *Folha de S.Paulo*, 29/10/2007.

a) Há uma forte ironia produzida no texto da carta. Destaque a parte do texto em que se expressa essa ironia. Justifique.

b) Nessa ironia, marca-se uma crítica à declaração do governador do Rio de Janeiro. Entretanto, em função da presença de uma construção sintática, a crítica não incorre em uma oposição. Indique a construção sintática que relativiza essa crítica. Justifique.

24. (ITA-SP) Assinale a opção em que a frase apresenta figura de linguagem semelhante à da fala de Helga no primeiro quadrinho.

(Em: Folha de S.Paulo, 21/3/2005.)

a) O país está coalhado de pobreza.

b) Pobre homem rico!

c) Tudo, para ele, é nada!

d) O curso destina-se a pessoas com poucos recursos financeiros.

e) Não tenho tudo que amo, mas amo tudo que tenho.

Apêndice

Ora, o cientista busca respostas, o pensador nem sempre, e o poeta nunca. Cientista e pensador aplicam a mente a dados, com uma determinada visão e com algum fim. [...]

Assim se constrói o conhecimento — pedra sobre pedra, e com argamassa.

A pedra é rocha, é segura, hoje ou há milhares de anos, a argamassa não é (ou pode faltar argamassa!). E se os princípios são imutáveis, e sempre idênticos, a descoberta e a posse deles se alteram — e criam a história. E é aí que se abebera a nossa mente. Ou seja: Assim caminha a humanidade, exatamente com muita história e pouca geografia, ou seja, mais com as cabeças do que com os pés!...

(Maria Helena de Moura Neves. *A gramática passada a limpo*: conceitos, análises e parâmetros. São Paulo: Parábola, 2012. p. 36-7.)

CAPÍTULO 35 — Tabelas

Classificação dos fonemas vocálicos

Quanto à zona de articulação	Anteriores			Mediais			Posteriores		
Quanto ao papel das cavidades bucal e nasal	orais		nasais	orais		nasais	orais		nasais
Quanto ao timbre	abertas	fechadas	fechadas	abertas	fechadas	fechadas	abertas	fechadas	fechadas
Representação fonológica	/ɛ/	/e/	/ẽ/	/a/		/ã/	/ɔ/	/o/	/õ/
		/i/	/ĩ/					/u/	/ũ/

Classificação dos fonemas consonantais

Quanto ao papel das cavidades bucal e nasal	orais						nasais
Quanto ao modo de articulação	oclusivas		constritivas				
			fricativas		laterais	vibrantes	
Quanto ao papel das cordas vocais	surdas	sonoras	surdas	sonoras	sonoras	sonoras	sonoras
Quanto ao ponto de articulação — bilabiais	/p/	/b/					/m/
labiodentais			/f/	/v/			
linguodentais	/t/	/d/					/n/
alveolares			/s/	/z/	/l/	/ɾ/	
palatais			/ʃ/	/ʒ/	/ʎ/		/ɲ/
velares	/k/	/g/				/R/	

O aparelho fonador

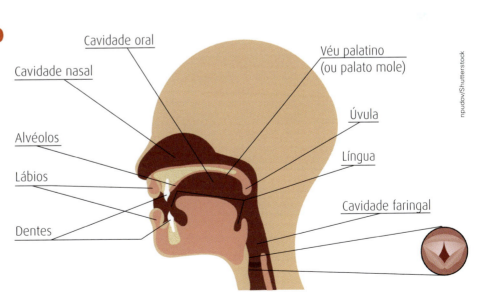

Cavidade oral • Cavidade nasal • Alvéolos • Lábios • Dentes • Véu palatino (ou palato mole) • Úvula • Língua • Cavidade faringal

Símbolos utilizados internacionalmente na transcrição gráfica

Fonemas vocálicos

FONEMA (SÍMBOLO)	PRONÚNCIA	LETRAS COM QUE SE GRAFAM OS FONEMAS	EXEMPLOS
/a/	"á"	a	as
/ɛ/	"é"	e	pés
/e/	"ê"	e	lê
/i/	"i"	i, e	pi
/ɔ/	"ó"	o	pó
/o/	"ô"	o	avô
/u/	"u"	u, o	tu
/ã/	"ã"	ã, an, am	lã
/ẽ/	"ẽ"	en, em	lendo
/ĩ/	"ĩ"	in, im	fim
/õ/	"õ"	õ, on, om	longe
/ũ/	"ũ"	un, um	um

Fonemas semivocálicos

FONEMA (SÍMBOLO)	PRONÚNCIA	LETRAS COM QUE SE GRAFAM OS FONEMAS	EXEMPLOS
/y/	"i"	e, i	mãe, foi
/w/	"u"	o, u	mágoa, vou

Fonemas consonantais

FONEMA (SÍMBOLO)	PRONÚNCIA	LETRAS COM QUE SE GRAFAM OS FONEMAS	EXEMPLOS
/p/	"pê"	p	pato
/b/	"bê"	b	bala
/t/	"tê"	t	taco
/d/	"dê"	d	data
/k/	"quê"	c, qu	casaco, quente
/g/	"guê"	g, gu	gato, guerra
/f/	"fê"	f	fato
/v/	"vê"	v	vovô
/s/	"sê"	s, x, c, ç, ss, sc, sç, xc	sapo, excesso
/z/	"zê"	z, s, x	azedo, exemplo
/ʃ/	"xê"	ch, x	chave, taxa

/ʒ/	"jê"	j, g	jato, gelo
/l/	"lê"	l	alado
/ʎ/	"lhê"	lh	alho
/m/	"mê"	m	mato
/n/	"nê"	n	nada
/ɲ/	"nhê"	nh	aranha
/R/	"rrê"	rr	amarro
/r/	"rê"	r	caro

Radicais, prefixos e sufixos

A maioria dos radicais, prefixos e sufixos da língua portuguesa origina-se principalmente do grego e do latim. Há, a seguir, a relação de alguns, com significado e exemplos correspondentes.

Radicais gregos

RADICAL	SIGNIFICADO	EXEMPLOS
acro	alto, elevado	acrofobia
aero	ar	aeronave
agogo	que conduz	demagogo
algia	dor	nevralgia
antropo	homem	antropologia
arcaio	antigo	arcaísmo
auto	próprio	autobiografia, autorregulagem, auto-hipnose
baro	pressão, peso	barômetro
biblio	livro	biblioteca
bio	vida	biologia, biossatélite, bio-histórico
caco	feio, mau	cacófato
cali	belo	caligrafia
cardia	coração	taquicardia
cefalo	cabeça	encefalite
cito	célula	citoplasma
cracia	força, poder	democracia
crono	tempo	cronologia
da(c)tilo	dedo	datilografia
deca	dez	década
demo	povo	demografia
derma	pele	dermatologista
dinamo	força	dinamômetro
eco	casa	economia
entero	intestino	entérico

ergo	trabalho	ergofobia
etno	raça, nação	etnia
eto	costume	ética
fago	que come	antropófago
filo	amigo	filósofo
fobo	que teme	hidrófobo
fone	voz, som	telefone
foto	luz	fotografia
gastro	estômago	gastrite
geno	nascimento	genética
geo	terra	geólogo
gero	velho	geriatria
gine	mulher	gineceu
glossa, glota	língua	glossário, poliglota
hidro	água	hidrômetro
helio	sol	heliografia
hema	sangue	hemácia
hipno	sono	hipnose
hipo	cavalo	hípico
icono	imagem	iconoclasta
latria	adoração	idolatria
leuco	branco	leucócito
lipo	gordura	lipemia
logia	estudo	diálogo
logo	palavra	biologia
mania	inclinação	maníaco
megalo	grande	megalomania
metro	medida	cronômetro
micro	pequena quantidade	micro-ondas
miso	que odeia	misantropo
morfo	forma	amorfo
necro	morto	necrópsia
nefro	rim	nefrite
neo	novo	neolatino
neuro	nervo	neurologia
odonto	dente	odontologia
oligo	pouco	oligarquia
orto	reto, correto	ortografia
pato	doença	patologia

piro	fogo	pirotécnico
poli	muitos	poligamia
pseudo	falso	pseudoprofeta
psico	alma	psicologia
quilo	mil	quilômetro
rino	nariz	rinite
sofia	sabedoria	filosofia
tanato	morte	tanatofobia
taqui	rápido	taquigrafia
terapia	cura	laborterapia
xeno	estrangeiro	xenofobia
zoo	animal	zoologia

Show de *pirotecnia* na virada do ano na praia de Copacabana.

Radicais latinos

RADICAL	SIGNIFICADO	EXEMPLOS
agri	campo	agronegócio
ambi	ambos	ambíguo
animi	alma	anímico
beli	guerra	bélico
capiti	cabeça	capital
cida	o que mata	homicida
cola	que habita	silvícola
fico	que faz ou produz	maléfico
frater	irmão	fraternidade
gena	nascido em	alienígena

igni	fogo	ignívoro
ludo	jogo	ludoterapia
mater	mãe	maternidade
oni	todo	onipotente
opera	obra, trabalho	operário
pater	pai	paterno
pluri	vários	pluricelular
pluvi	chuva	pluvial
populo	povo	popular
puer	criança	puericultura
sui	a si mesmo	suicida
uni	um	unitário
vago	que vaga	noctívago
vermi	verme	vermífugo
video	que vê	vidente
voci	voz	vociferar
volo	que quer	benévolo
voro	que come	herbívoro

Tampão que permite a captação de águas *da chuva* em ruas e avenidas.

Prefixos gregos

RADICAL	SIGNIFICADO	EXEMPLOS
a-, an-	privação, negação	anônimo, analfabeto
ana-	repetição, separação	anáfora, análise, anacrônico
anfi-	duplicidade	anfiteatro
anti-	oposição	antídoto, antirreligioso, antissocial
apo-	separação	apóstata
arqui-, arce-	posição superior	arquétipo, arcebispo

cata-	movimento para baixo, ordem	cataclismo, catálogo
di-	duas vezes	dilema
dia-	através de	diálogo
dis-	dificuldade	dispneia
en-, em-	inclusão	energia, embrião
endo-	posição interior	endocárdio
epi-	posição superior	epitáfio
eu-, ev-	excelência	euforia, evangelho
ex-, ec-, exo-	movimento para fora	exôdo, eclipse, exógeno
hemi-	metade	hemisfério
hiper-	posição superior, excesso	hipertensão
hipo-	posição inferior	hipoteca
meta-	mudança	metamorfose
para-	proximidade	paralelo
peri-	em torno de	perímetro
pro-	posição anterior	prólogo
sin-, sim-, si-	simultaneidade	sintonizar, simpatia, sílaba

Prefixos latinos

RADICAL	SIGNIFICADO	EXEMPLOS
ab-, abs-	afastamento, separação	abjurar, abstêmio, ab-rogar
ad-, a-	aproximação, direção	advérbio, apodrecer, ad-renal
ambi-	duplicidade	ambidestro
ante-	posição anterior	anteceder, antessala
bene-, ben-, bem-	bem, bom	benévolo, benfeitor, bem-apessoado
bis-, bi-	duas vezes	bisavô, bimestre
circum-, circun-	em redor de	circunferência, circum-escolar
cis-	posição aquém	cisplatino
com-, con-, co-	companhia, combinação	companheiro, condômino, coautor
contra-	oposição, ação contrária	contradizer, contrarregra
de-, des-, dis-	movimento para baixo, afastamento, negação, ação contrária	decadência, desleal, dissidente
ex-, es-, e-	movimento para fora, mudança, separação	exilar, escorrer, emigrar
extra-	posição exterior, superioridade	extraordinário
in-, im-, i-, em-, en-	movimento para dentro, posição interna	ingerir, importar, inalar, embarcar, enterrar
in-, im-, i-	negação	incapaz, imberbe, irregular
inter-, entre-	posição intermediária	inter-regional, intercalar, entrelinha
intra-, intro-	movimento para dentro	intramuscular, intrometer
justa-	posição ao lado de	justapor

o-, ob-	oposição; posição em frente	opor, obstáculo
per-	movimento através de, muito, duração	percorrer, perdurar, pernoitar
post-, pos-	posição posterior	póstumo, pós-escrito
pre-	anterioridade, superioridade	preconceito, predileto, preencher
pro-	posição em frente, movimento para a frente	progresso, propor, proeminente
re-	repetição, intensidade	recomeçar, reescrever, readmitir
retro-	movimento para trás	retroceder
semi-	metade, quase	seminu, semirrígido, semiárido
sub-, sob-, so-	posição inferior	subsolo, sobpor, sub-reitor, sub-rogar
super-, sobre-	posição superior	superprodução, sobrancelha
trans-, tras-, tra-, tres-	através de, além de	transgredir, trasladar, traduzir, tresnoitar
ultra-	além de, excesso	ultravioleta
vice-, vis-	substituição	vice-governador, visconde

Correspondência entre radicais e prefixos gregos e latinos

Alguns radicais e prefixos têm correspondência na significação. Entre outros, é o caso, por exemplo, dos radicais *psico* (grego) e *animi* (latino), cuja significação é *alma*; e dos prefixos *di-* (grego) e *bi-* (latino), que têm o mesmo significado, isto é, *dois*.

Sufixos

A maioria dos sufixos presentes na língua portuguesa é de origem latina. Os sufixos podem ser nominais e verbais: os *nominais* formam substantivos e adjetivos; os *verbais* formam verbos. O sufixo *-mente* é o único *adverbial*.

Na relação a seguir, há alguns sufixos e seus significados.

- *-aça, -aço, -alhão, -anzil, -ão, -arra, -ázio* indicam aumento: barcaça, balaço, brincalhão, corpanzil, pobretão, bocarra, copázio.
- *-acho, -ebre, -ejo, -eto, -eta, -ico, -inha, -inho, -zinho, -zinha* indicam diminuição: riacho, casebre, lugarejo, poemeto, saleta, burrico, caixinha, livrinho, chapeuzinho, avezinha.
- *-dor, -eiro, -ista, -tor, -ário* indicam profissão: vendedor, jornaleiro, dentista, escultor, bibliotecário.
- *-ato, -aria, -tório, -tério* indicam lugar: orfanato, padaria, dormitório, batistério.
- *-ano, -ão, -eiro, -ês, -eu* indicam origem, nacionalidade: baiano, alemão, brasileiro, chinês, europeu.
- *-al, -ama, -edo, -eiro* indicam coleção: cafezal, dinheirama, arvoredo, formigueiro.
- *-ear, -entar, -icar, -itar* são utilizados na formação de verbos: espernear, amamentar, bebericar, saltitar.

Luz *ultravioleta* permite identificar notas falsificadas.

Coletivos

acervo: de obras artísticas (livros, discos, quadros, etc.)

álbum: de autógrafos, de fotografias, de selos

alcateia: de lobos

antologia: de textos escolhidos

armada: de navios de guerra

arquipélago: de ilhas

arsenal: de armas e munições

assembleia: de pessoas, de parlamentares

avalancha: de massas (terras, neves, etc.) que se desprendem

banca: de examinadores

banda: de músicos

bateria: de peças de guerra, de peças de cozinha, de instrumento de percussão

cacho: de bananas, de uvas, de cabelos encaracolados

cáfila: de camelos

cancioneiro: de poesias, de canções

caravana: de viajantes

cardume: de peixes

carrilhão: de sinos

claque: de pessoas pagas para aplaudir ou apupar um espetáculo

clero: de religiosos

código: de leis, de regras

colônia: de imigrantes, de bactérias, de formigas

concílio: de bispos

congregação: de religiosos, de professores

congresso: de deputados e senadores, ou de profis- sionais

coro: de cantores

discoteca: de discos

elenco: de atores

enxame: de abelhas

enxoval: de roupas e complementos

esquadra: de navios de guerra

esquadrilha: de aviões

fauna: de todos os animais de uma região

feixe: de lenha

flora: de todas as plantas de uma região

frota: de navios, de ônibus, de carros

galeria: de quadros, estátuas e objetos de arte em geral

girândola: de foguetes de artifício

hemeroteca: de jornais e revistas arquivados

horda: de indisciplinados, de desordeiros, de aventureiros, de bandidos ou de invasores

junta: de médicos ou especialistas, de bois

júri: de jurados

manada: de animais de grande porte

mapoteca: de mapas

matilha: de cães

molho: de chaves

monturo: de coisas repugnantes: de lixo, de carniça

multidão: de pessoas

pinacoteca: de quadros

plateia: de espectadores

plêiade: de pessoas ilustres: poetas, escritores, jornalistas

ramalhete: de flores

rebanho: de ovelhas

repertório: de músicas, de peças teatrais

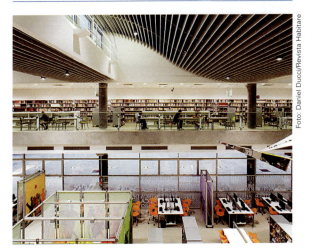

Biblioteca São Paulo.

réstia: de alho ou de cebola

revoada: de quaisquer aves em voo

seleta: de textos escolhidos

súcia: de gente ordinária

tripulação: de marinheiros

universidade: de escolas superiores, de faculdades

vara: de porcos

viveiro: de aves ou peixes confinados

vocabulário: de palavras

Locuções adjetivas e adjetivos correspondentes

de abismo: abissal

de abutre: vulturino

de açúcar: sacarino

da água: aquático

de águia: aquilino

da alma: anímico

de aluno: discente

de anjo: angelical

de árvore: arbóreo

de asas: alado

de astros: sideral

sem barba: imberbe

de bispo: episcopal

de bronze: brônzeo ou êneo

de cabeça: cefálico

do cabelo: capilar

de cal: calcário

do campo: rural

de cavalo: equestre, equino

de chumbo: plúmbeo

da chuva: pluvial

da cidade: urbano

do coração: cardíaco, cordial

de criança: infantil, pueril

de dedo: digital

de enxofre: sulfúrico, sulfuroso

de espelho: especular

das estrelas: estelar

de fábrica: fabril

Imagem do espaço *sideral*.

sem fé: incrédulo, descrente

de filho: filial

de fogo: ígneo

da garganta: gutural

de gato: felino

de gelo: glacial

de guerra: bélico

de idade: etária

da Igreja: eclesiástico

de ilha: insular

de irmão: fraternal

de lago: lacustre

de leão: leonino	*sem pavor*: impávido
de lebre: leporino	*de pirata*: predatório
de leite: lácteo	*de prata*: argentino, argênteo
de limão: cítrico	*de professor*: docente
da lua: lunar	*com pus*: purulento
de macaco: simiesco	*dos quadris*: ciático
de macho: másculo	*de rio*: fluvial
de madeira: lígneo	*de rocha*: rupestre
de mãe: materno, maternal	*sem sal*: insípido, insosso
da maioria: majoritário	*de selo*: filatélico
da manhã: matinal, matutino	*de sentido*: semântico
de marfim: ebóreo, ebúrneo	*de som*: fonético
das margens dos rios: ribeirinho	*sem sono*: insone
de mestre: magistral	*da Terra (planeta)*: terráqueo
da minoria: minoritário	*da terra*: terrestre ou terreno
da moeda: monetário	*da terra (solo)*: telúrico
do nariz: nasal	*do vento*: eólio
sem odor: inodoro	*de verão*: estival
de ouro: áureo	*de víbora*: viperino
de pântano: palustre	*da voz*: vocal
do paraíso: paradisíaco	

Numerais

| ALGARISMOS || NUMERAIS ||
Arábicos	Romanos	Cardinais	Ordinais
1	I	um	primeiro
2	II	dois	segundo
3	III	três	terceiro
4	IV	quatro	quarto
5	V	cinco	quinto
6	VI	seis	sexto
7	VII	sete	sétimo
8	VIII	oito	oitavo
9	IX	nove	nono
10	X	dez	décimo
11	XI	onze	décimo primeiro ou undécimo

12	XII	doze	décimo segundo ou duodécimo
13	XIII	treze	décimo terceiro
14	XIV	catorze ou quatorze	décimo quarto
15	XV	quinze	décimo quinto
16	XVI	dezesseis	décimo sexto
17	XVII	dezessete	décimo sétimo
18	XVIII	dezoito	décimo oitavo
19	XIX	dezenove	décimo nono
20	XX	vinte	vigésimo
21	XXI	vinte e um	vigésimo primeiro
30	XXX	trinta	trigésimo
40	XL	quarenta	quadragésimo
50	L	cinquenta	quinquagésimo
60	LX	sessenta	sexagésimo
70	LXX	setenta	septuagésimo
80	LXXX	oitenta	octogésimo
90	XC	noventa	nonagésimo
100	C	cem	centésimo
200	CC	duzentos	ducentésimo
300	CCC	trezentos	trecentésimo
400	CD	quatrocentos	quadringentésimo
500	D	quinhentos	quingentésimo
600	DC	seiscentos	seiscentésimo ou sexcentésimo
700	DCC	setecentos	setingentésimo
800	DCCC	oitocentos	octingentésimo
900	CM	novecentos	noningentésimo ou nongentésimo
1 000	M	mil	milésimo

Se multiplica (multiplicativo) ou se divide (fracionário) por	Multiplicativos	Fracionários
2	duplo, dobro, dúplice	meio, metade
3	triplo, tríplice	terço
4	quádruplo	quarto
5	quíntuplo	quinto
6	sêxtuplo	sexto
7	sétuplo	sétimo
8	óctuplo	oitavo
9	nônuplo	nono
10	décuplo	décimo
11	undécuplo	undécimo, onze avos
12	duodécuplo	duodécimo, doze avos
100	cêntuplo	centésimo

Gêmeos quíntuplos da Turquia

Formação dos tempos verbais simples

Em português, há dois tempos primitivos — o presente do indicativo e o pretérito perfeito do indicativo — e uma forma nominal — o infinitivo impessoal — dos quais derivam todos os tempos e formas nominais.

Tempos derivados do presente do indicativo

Do *presente do indicativo* deriva o *presente do subjuntivo*.

- *1.ª conjugação:* troca-se a vogal final do presente do indicativo por *-e*.
- *2.ª e 3.ª conjugações*: troca-se a vogal final da 1.ª pessoa do presente do indicativo por *-a*.
Veja:

1.ª CONJUGAÇÃO		2.ª CONJUGAÇÃO		3.ª CONJUGAÇÃO	
Presente do indicativo	**PRESENTE DO SUBJUNTIVO**	**Presente do indicativo**	**PRESENTE DO SUBJUNTIVO**	**Presente do indicativo**	**PRESENTE DO SUBJUNTIVO**
penso	pense	vendo	venda	parto	parta
pensas	penses	vendes	vendas	partes	partas
pensa	pense	vende	venda	parte	parta
pensamos	pensemos	vendemos	vendamos	partimos	partamos
pensais	penseis	vendeis	vendais	partis	partais
pensam	pensem	vendem	vendam	partem	partam

Constituem exceções os verbos *haver, ir, ser, estar, querer* e *saber*, que no presente do indicativo e no presente do subjuntivo se conjugam assim:

- **haver**: hei, hás, há, havemos, haveis, hão / haja, hajas, haja, hajamos, hajais, hajam
- **ir**: vou, vais, vai, vamos, ides, vão / vá, vás, vá, vamos, vades, vão
- **ser**: sou, és, é, somos, sois, são / seja, sejas, seja, sejamos, sejais, sejam
- **estar**: estou, estás, está, estamos, estais, estão / esteja, estejas, esteja, estejamos, estejais, estejam
- **querer**: quero, queres, quer, queremos, quereis, querem / queira, queiras, queira, queiramos, queirais, queiram
- **saber**: sei, sabes, sabe, sabemos, sabeis, sabem / saiba, saibas, saiba, saibamos, saibais, saibam

Do *presente do indicativo* e do *presente do subjuntivo* originam-se o *imperativo afirmativo* e o *negativo*. Veja, como exemplo, a formação do imperativo do verbo *dizer*, observando que:

- no *imperativo* não existe a 1.ª pessoa do singular;
- no *imperativo afirmativo* as formas da 2.ª pessoa (do singular e do plural) originam-se do presente do indicativo sem *-s*; as demais são as mesmas do presente do *subjuntivo*;
- no *imperativo negativo* as formas de todas as pessoas coincidem com as do *presente* do *subjuntivo*.

PRESENTE DO INDICATIVO	IMPERATIVO AFIRMATIVO	PRESENTE DO SUBJUNTIVO	IMPERATIVO NEGATIVO
eu digo	—	eu diga	—
tu dizes	→ dize tu	tu digas	→ não digas tu
ele diz	diga você ←	ele diga	→ não diga você
nós dizemos	digamos nós ←	nós digamos	→ não digamos nós
vós dizeis	→ dizei vós	vós digais	→ não digais vós
eles dizem	digam vocês ←	eles digam	→ não digam vocês

O verbo *ser*, nas formas da 2.ª pessoa (*tu* e *vós*) do imperativo, apresenta exceções: *sê* (tu), *sede* (vós). As demais pessoas formam-se do mesmo modo que os outros verbos.

Tempos derivados do pretérito perfeito do indicativo

Do tema do *pretérito perfeito do indicativo* derivam:

- o *pretérito mais-que-perfeito do indicativo*, juntando-se ao tema as desinências *-ra, -ras, -ra, -ramos, -reis, -ram*;

- o *pretérito imperfeito do subjuntivo*, juntando-se ao tema as desinências *-sse, -sses, -sse, -ssemos, -sseis, -ssem*;
- o *futuro do subjuntivo*, acrescentando-se ao tema as desinências *-r, -res, -r, -rmos, -rdes, -rem*.

Como modelo, observe a formação destes tempos do verbo fazer:

PRETÉRITO PERFEITO DO INDICATIVO	PRETÉRITO MAIS-QUE-PERFEITO DO INDICATIVO	PRETÉRITO IMPERFEITO DO SUBJUNTIVO	FUTURO DO SUBJUNTIVO
fiz	fizera	fizesse	fizer
fizeste	fizeras	fizesses	fizeres
fez	fizera	fizesse	fizer
fizemos	fizéramos	fizéssemos	fizermos
fizestes	fizéreis	fizésseis	fizerdes
fizeram	fizeram	fizessem	fizerem

Tempos derivados do infinitivo impessoal

Do *infinitivo impessoal* derivam:
- O *futuro do presente do indicativo*, juntando-se ao tema as desinências *-rei, -rás, -rá, -remos, -reis, -rão*;
- O *futuro do pretérito do indicativo*, juntando-se ao tema as desinências *-ria, -rias, -ria, -ríamos, -ríeis, -riam*;
- O *infinitivo pessoal*, juntando-se ao tema as desinências *-es* (2.ª p. do sing.) e *-mos, -des, -em* (respectivamente 1.ª, 2.ª e 3.ª p. do plural), em todas as conjugações;
- O *pretérito imperfeito do indicativo*, juntando-se, na 1.ª conjugação, as desinências *-va, -vas, -va, -vamos, -veis, -vam*; e, na 2.ª e na 3.ª conjugações, *-ia, -ias, -ia, -íamos, -íeis, -iam*.

(Disponível em: http://bichinhosdejardim.com/jfp-noticias-ruins/. Acesso em: 22/4/2021.)

Como modelo, observe a formação do futuro do presente, do futuro do pretérito do indicativo e do infinitivo pessoal do verbo *estudar*.

INFINITIVO IMPESSOAL	FUTURO DO PRESENTE DO INDICATIVO	FUTURO DO PRETÉRITO DO INDICATIVO	INFINITIVO PESSOAL
estudar	estudarei	estudaria	estudar
	estudarás	estudarias	estudares
	estudará	estudaria	estudar
	estudaremos	estudaríamos	estudarmos
	estudareis	estudaríeis	estudardes
	estudarão	estudariam	estudarem

Como modelo, observe a formação do pretérito imperfeito do indicativo nas três conjugações:

Capítulo 35 ▪ Tabelas 411

INFINITIVO IMPESSOAL				PRETÉRITO IMPERFEITO DO INDICATIVO		
1ª conj.	2ª conj.	3ª conj.	1ª conj.	2ª conj.	3ª conj.
lavar	perceber	abrir	lavava	percebia	abria
			lavavas	percebias	abrias
			lavava	percebia	abria
			lavávamos	percebíamos	abríamos
			laváveis	percebíeis	abríeis
			lavavam	percebiam	abriam

Os verbos *dizer, fazer, trazer* e derivados perdem o *-ze* no futuro do presente e no futuro do pretérito: direi, diria; farei, faria; trarei, traria.

Os verbos *ser, ter, vir* e *pôr* tomam, no pretérito imperfeito do indicativo, respectivamente, estas formas: era, eras...; tinha, tinhas...; vinha, vinhas...; punha, punhas...

Formação dos tempos verbais compostos

Modo indicativo

- *Pretérito perfeito composto:* formado pelo presente do indicativo do verbo auxiliar *ter* + o particípio do verbo principal: tenho cantado, tens cantado, tem cantado, temos cantado, tendes cantado, têm cantado.
- *Pretérito mais-que-perfeito composto:* formado pelo imperfeito do indicativo do verbo auxiliar *ter* (ou *haver*) + o particípio do verbo principal: tinha cantado, tinhas cantado, tinha cantado, etc.
- *Futuro do presente composto:* formado pelo futuro do presente simples do verbo auxiliar *ter* (ou *haver*) + o particípio do verbo principal: terei cantado, terás cantado, terá cantado, etc.
- *Futuro do pretérito composto:* formado pelo futuro do pretérito simples do verbo auxiliar *ter* (ou *haver*) + o particípio do verbo principal: teria cantado, terias cantado, teria cantado, etc.

Modo subjuntivo

- *Pretérito perfeito composto:* formado pelo presente do subjuntivo do verbo auxiliar *ter* (ou *haver*) + o particípio do verbo principal: tenha cantado, tenhas cantado, tenha cantado, etc.
- *Pretérito mais-que-perfeito* composto: formado pelo imperfeito do subjuntivo do verbo auxiliar *ter* (ou *haver*) + o particípio do verbo principal: tivesse cantado, tivesses cantado, tivesse cantado, etc.
- *Futuro composto:* formado pelo futuro do subjuntivo do verbo auxiliar *ter* (ou *haver*) + o particípio do verbo principal: tiver cantado, tiveres cantado, tiver cantado, etc.

Formas nominais

- *Infinitivo impessoal composto:* formado pelo infinitivo impessoal do verbo *ter* (ou *haver*) + o particípio do verbo principal: ter cantado.
- *Infinitivo pessoal composto:* formado pelo infinitivo pessoal do verbo *ter* (ou *haver*) + o particípio do verbo principal: ter cantado, teres cantado, ter cantado, termos cantado, terdes cantado, terem cantado.
- *Gerúndio composto:* formado pelo gerúndio do verbo auxiliar *ter* (ou *haver*) + o particípio do verbo principal: tendo cantado.

Principais verbos irregulares

Apresentamos, a seguir, os principais verbos irregulares em algumas pessoas e tempos.

Aderir
- presente do indicativo: adiro, aderes, adere, aderimos, aderis, aderem
- pretérito perfeito do indicativo: aderi, aderiste, aderiu, aderimos, aderistes, aderiram
- presente do subjuntivo: adira, adiras, adira, adiramos, adirais, adiram

Averiguar
- presente do indicativo: averiguo/averíguo, averiguas/averíguas, averigua/averígua, averiguamos, averiguais, averiguam/averíguam
- pretérito perfeito do indicativo: averiguei, averiguaste, averiguou, averiguamos, averiguastes, averiguaram
- presente do subjuntivo: averigue/averígue, averigues/averígues, averigue/averígue, averiguemos, averigueis, averiguem/averíguem

Caber
- presente do indicativo: caibo, cabes, cabe, cabemos, cabeis, cabem
- pretérito perfeito do indicativo: coube, coubeste, coube, coubemos, coubestes, couberam
- futuro do presente do indicativo: caberei, caberás, caberá, caberemos, cabereis, caberão

Construir
- presente do indicativo: construo, constróis, constrói, construímos, construís, constroem
- pretérito perfeito do indicativo: construí, construíste, construiu, construímos, construístes, construíram
- presente do subjuntivo: construa, construas, construa, construamos, construais, construam

Crer
- presente do indicativo: creio, crês, crê, cremos, credes, creem
- pretérito perfeito do indicativo: cri, creste, creu, cremos, crestes, creram
- presente do subjuntivo: creia, creias, creia, creiamos, creiais, creiam

Dar
- presente do indicativo: dou, dás, dá, damos, dais, dão
- pretérito perfeito do indicativo: dei, deste, deu, demos, destes, deram
- presente do subjuntivo: dê, dês, dê, demos, deis, deem

Dizer
- presente do indicativo: digo, dizes, diz, dizemos, dizeis, dizem
- pretérito perfeito do indicativo: disse, disseste, disse, dissemos, dissestes, disseram
- futuro do presente do indicativo: direi, dirás, dirá, diremos, direis, dirão

Fazer
- presente do indicativo: faço, fazes, faz, fazemos, fazeis, fazem
- pretérito perfeito do indicativo: fiz, fizeste, fez, fizemos, fizestes, fizeram
- futuro do presente do indicativo: farei, farás, fará, faremos, fareis, farão

Ir
- presente do indicativo: vou, vais, vai, vamos, ides, vão
- pretérito perfeito do indicativo: fui, foste, foi, fomos, fostes, foram
- futuro do presente do indicativo: irei, irás, irá, iremos, ireis, irão
- futuro do subjuntivo: for, fores, for, formos, fordes, forem

Odiar
- presente do indicativo: odeio, odeias, odeia, odiamos, odiais, odeiam
- pretérito perfeito do indicativo: odiei, odiaste, odiou, odiamos, odiastes, odiaram
- presente do subjuntivo: odeie, odeies, odeie, odiemos, odieis, odeiem

Poder
- presente do indicativo: posso, podes, pode, podemos, podeis, podem
- pretérito perfeito do indicativo: pude, pudeste, pôde, pudemos, pudestes, puderam
- presente do subjuntivo: possa, possas, possa, possamos, possais, possam

Pôr
- presente do indicativo: ponho, pões, põe, pomos, pondes, põem
- pretérito perfeito do indicativo: pus, puseste, pôs, pusemos, pusestes, puseram
- futuro do presente do indicativo: porei, porás, porá, poremos, poreis, porão
- imperfeito do subjuntivo: pusesse, pusesses, pusesse, puséssemos, pusésseis, pusessem

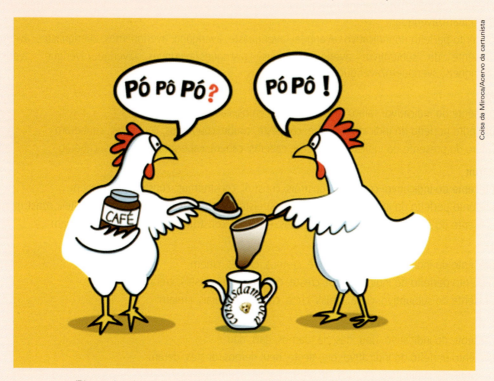

(Disponível em: http://coisasdamiroca.centerblog.net/9928-tirinha-po-po-po-po-39. Acesso em: 31/8/2021.)

Querer
- presente do indicativo: quero, queres, quer, queremos, quereis, querem
- pretérito perfeito do indicativo: quis, quiseste, quis, quisemos, quisestes, quiseram
- presente do subjuntivo: queira, queiras, queira, queiramos, queirais, queiram

Requerer
- presente do indicativo: requeiro, requeres, requer, requeremos, requereis, requerem
- pretérito perfeito do indicativo: requeri, requereste, requereu, requeremos, requerestes, requereram
- presente do subjuntivo: requeira, requeiras, requeira, requeiramos, requeirais, requeiram

Saber
- presente do indicativo: sei, sabes, sabe, sabemos, sabeis, sabem
- pretérito perfeito do indicativo: soube, soubeste, soube, soubemos, soubestes, souberam
- presente do subjuntivo: saiba, saibas, saiba, saibamos, saibais, saibam

Trazer
- presente do indicativo: trago, trazes, traz, trazemos, trazeis, trazem
- pretérito perfeito do indicativo: trouxe, trouxeste, trouxe, trouxemos, trouxestes, trouxeram
- presente do subjuntivo: traga, tragas, traga, tragamos, tragais, tragam

Valer
- presente do indicativo: valho, vales, vale, valemos, valeis, valem
- presente do subjuntivo: valha, valhas, valha, valhamos, valhais, valham

Ver
- presente do indicativo: vejo, vês, vê, vemos, vedes, veem
- pretérito perfeito do indicativo: vi, viste, viu, vimos, vistes, viram
- futuro do presente do indicativo: verei, verás, verá, veremos, vereis, versão
- futuro do subjuntivo: vir, vires, vir, virmos, virdes, virem

Vir
- presente do indicativo: venho, vens, vem, vimos, vindes, vêm
- pretérito perfeito do indicativo: vim, vieste, veio, viemos, viestes, vieram
- futuro do presente do indicativo: virei, virás, virá, viremos, vireis, virão
- futuro do subjuntivo: vier, vieres, vier, viermos, vierdes, vierem

Principais verbos defectivos

Apresentamos, a seguir, os principais verbos defectivos em algumas pessoas e tempos.

Abolir
- presente do indicativo: não se conjuga na 1.ª pessoa do singular: aboles, abole, abolimos, abolis, abolem
- pretérito perfeito do indicativo: aboli, aboliste, aboliu, abolimos, abolistes, aboliram
- presente do subjuntivo: não há

Falir
- presente do indicativo: só possui a 1.ª e a 2.ª pessoa do plural: falimos, falis
- pretérito perfeito do indicativo: fali, faliste, faliu, falimos, falistes, faliram
- presente do subjuntivo: não há

Precaver
- presente do indicativo: só possui a 1.ª e a 2.ª pessoa do plural: precavemos, precaveis
- pretérito perfeito do indicativo: precavi, precaveste, precaveu, precavemos, precavestes, precaveram
- presente do subjuntivo: não há

Reaver
- presente do indicativo: só possui a 1.ª e a 2.ª pessoa do plural: reavemos, reaveis
- pretérito perfeito do indicativo: reouve, reouveste, reouve, reouvemos, reouvestes, reouveram
- presente do subjuntivo: não há

Conjugação dos verbos auxiliares

Há, a seguir, a conjunção completa dos principais verbos auxiliares: *ser, estar, ter* e *haver*.

MODO INDICATIVO							
Presente				**Pretérito perfeito**			
sou	estou	tenho	hei	fui	estive	tive	houve
és	estás	tens	hás	foste	estiveste	tiveste	houveste
é	está	tem	há	foi	esteve	teve	houve
somos	estamos	temos	havemos	fomos	estivemos	tivemos	houvemos
sois	estais	tendes	haveis	fostes	estivestes	tivestes	houvestes
são	estão	têm	hão	foram	estiveram	tiveram	houveram
Pretérito imperfeito				**Pretérito mais-que-perfeito**			
era	estava	tinha	havia	fora	estivera	tivera	houvera
eras	estavas	tinhas	havias	foras	estiveras	tiveras	houveras
era	estava	tinha	havia	fora	estivera	tivera	houvera
éramos	estávamos	tínhamos	havíamos	fôramos	estivéramos	tivéramos	houvéramos
éreis	estáveis	tínheis	havíeis	fôreis	estivéreis	tivéreis	houvéreis
eram	estavam	tinham	haviam	foram	estiveram	tiveram	houveram
Futuro do presente				**Futuro do pretérito**			
serei	estarei	terei	haverei	seria	estaria	teria	haveria
serás	estarás	terás	haverás	serias	estarias	terias	haverias
será	estará	terá	haverá	seria	estaria	teria	haveria
seremos	estaremos	teremos	haveremos	seríamos	estaríamos	teríamos	haveríamos
sereis	estareis	tereis	havereis	seríeis	estaríeis	teríeis	haveríeis
serão	estarão	terão	haverão	seriam	estariam	teriam	haveriam

MODO SUBJUNTIVO			
Presente			
seja	esteja	tenha	haja
sejas	estejas	tenhas	hajas
seja	esteja	tenha	haja
sejamos	estejamos	tenhamos	hajamos
sejais	estejais	tenhais	hajais
sejam	estejam	tenham	hajam

MODO SUBJUNTIVO

Pretérito imperfeito

fosse	estivesse	tivesse	houvesse
fosses	estivesses	tivesses	houvesses
fosse	estivesse	tivesse	houvesse
fôssemos	estivéssemos	tivéssemos	houvéssemos
fôsseis	estivésseis	tivésseis	houvésseis
fossem	estivessem	tivessem	houvessem

MODO SUBJUNTIVO

Futuro

for	estiver	tiver	houver
fores	estiveres	tiveres	houveres
for	estiver	tiver	houver
formos	estivermos	tivermos	houvermos
fordes	estiverdes	tiverdes	houverdes
forem	estiverem	tiverem	houverem

MODO IMPERATIVO

Afirmativo

sê tu	está tu	tem tu	há tu
seja você	esteja você	tenha você	haja você
sejamos nós	estejamos nós	tenhamos nós	hajamos nós
sede vós	estai vós	tende vós	havei vós
sejam vocês	estejam vocês	tenham vocês	hajam vocês

MODO IMPERATIVO

Negativo

não sejas tu	não estejas tu	não tenhas tu	não hajas tu
não seja você	não esteja você	não tenha você	não haja você
não sejamos nós	não estejamos nós	não tenhamos nós	não hajamos nós
não sejais vós	não estejais vós	não tenhais vós	não hajais vós
não sejam vocês	não estejam vocês	não tenham vocês	não hajam vocês

FORMAS NOMINAIS

Infinitivo	ser	estar	ter	haver
Gerúndio	sendo	estando	tendo	havendo
Particípio	sido	estado	tido	havido

Verbos que apresentam duplo particípio

INFINITIVO	PARTICÍPIO REGULAR	PARTICÍPIO IRREGULAR
aceitar	aceitado	aceito, aceite
acender	acendido	aceso
benzer	benzido	bento
eleger	elegido	eleito
entregar	entregado	entregue
enxugar	enxugado	enxuto
expressar	expressado	expresso
expulsar	expulsado	expulso
extinguir	extinguido	extinto
frigir	frigido	frito
ganhar	ganhado	ganho
isentar	isentado	isento
imprimir	imprimido	impresso
incorrer	incorrido	incurso
matar	matado	morto
omitir	omitido	omisso
romper	rompido	roto
salvar	salvado	salvo
soltar	soltado	solto
submergir	submergido	submerso
suspender	suspendido	suspenso
tingir	tingido	tinto

"Eu já teria..." "... *aceitado* ou *aceito* sua proposta?"

Abreviaturas

Abreviatura é o nome que se dá à escrita reduzida de uma palavra ou expressão. Há, a seguir, uma lista das mais comuns.

A/C — ao(s) cuidado(s) de	*i.e.* — isto é
a.C. — antes de Cristo	*ltda.* — limitada
ap. ou *apart.* — apartamento	*min.* — minuto(s)
av. — avenida	*MM.* — Meritíssimo
bibl. — bibliografia, bibliográfico ou biblioteca	*nº* — número
cap., caps. — capítulo, capítulos	*nac.* — nacional
c/c — conta-corrente	*N. da/do E.* — Nota da Editora; Nota do Editor
cent. — centavo	*N. do T.* — Nota do Tradutor
cf. ou *cfr.* — confira, confronte, compare	*obs.* — observação, observações
cit. — citação, citado(s), citada(s)	*op. cit.* — *opus citatum* (obra citada)
cód. — código	*p.* ou *pág., pp.* ou *págs.* — página, páginas
créd. — crédito	*pal.* — palavra(s)
D. — Dom, Dona	*P.D.* — pede deferimento
d.C. — depois de Cristo	*p. ex.* — por exemplo
DD. — Digníssimo	*P.F.* — por favor
Dr., Dr.ª — Doutor, Doutora	*pg.* — pago
dz. — dúzia(s)	*pl.* — plural
E.D. — espera deferimento	*p.p.* — por procuração; próximo passado
e.g. — *exempli gratia* (por exemplo)	*P.S.* — *post scriptum* (pós-escrito)
etc. — et coetera (e outros)	*rem.te* — remetente
ex. — exemplo(s)	*s.d.* — sem data
Ex.ª — Excelência	*séc.* — século
gen. — general	*Sr., Sr.ª* — Senhor, Senhora
h — hora(s)	*TV* — televisão
hab. — habitante	*V.* — você
ib. ou *ibid.* — ibidem (no mesmo lugar)	*V.S.ª* — Vossa Senhoria
id. — idem (a mesma coisa)	*W.C.* — *water-closet* (banheiro)

Placa de avenida da cidade de São Paulo.

Valores semânticos das conjunções coordenativas e subordinativas

No quadro a seguir há um resumo com as classificações e os sentidos mais usuais das conjunções. Utilize-o para fins de consulta.

Conjunções coordenativas		**Aditivas:** ligam dois termos ou duas orações, estabelecendo entre eles uma relação de adição: *e, nem (e não), que, não só... mas também*, etc. Ex.: Ele não respondeu às minhas cartas *nem* me telefonou.
		Adversativas: ligam dois termos ou duas orações, estabelecendo entre eles uma relação de oposição, contraste, ressalva: *mas, porém, todavia, contudo, no entanto, entretanto*, etc. Ex.: A mulher chamou imediatamente o médico, *porém* não foi atendida.
		Alternativas: ligam palavras ou orações, estabelecendo entre elas uma relação de separação ou exclusão: *ou, ou... ou, já... já, ora... ora, quer... quer*, etc. Ex.: O mecânico *ora* limpava o motor do carro, *ora* juntava outras peças espalhadas pelo chão.
		Conclusivas: ligam duas orações de modo que a segunda exprime conclusão em relação ao que se afirmou na primeira: *logo, pois* (no meio ou no fim da oração), *portanto, por conseguinte, por isso, assim*, etc. Ex.: Meu irmão estudou muito o ano inteiro; *logo*, deve ir bem nos exames.
		Explicativas: ligam duas orações de modo que a segunda justifica ou explica o que se afirmou na primeira: *que, porque, porquanto, pois* (no início da oração). Ex.: Vá rápido, *pois* já está começando a chover.
Conjunções subordinativas		**Integrantes:** são as conjunções *que* e *se* quando introduzem orações que funcionam como sujeito, objeto direto, objeto indireto, predicativo, complemento nominal ou aposto da oração principal. Ex.: Acredito *que* ele terá sucesso em Paris. / Não sei *se* chegarei a tempo./ Tinha receio de *que* chegasse tarde demais ao espetáculo./ O problema é *que* estamos atrasados.
	Adverbiais	**Causais:** iniciam oração que indica a causa, o motivo, a razão do efeito expresso na oração principal: *que* (= porque), *porque, como, visto que, já que, uma vez que*, etc. Ex.: Pediu ajuda aos advogados, *porque* não conhecia aquela lei.
		Comparativas: iniciam oração que estabelece uma comparação em relação a um elemento da oração principal: *como, que, do que* (depois de *mais, menos, maior, menor, melhor, pior*), *qual* (depois de *tal*), *quanto* (depois de *tanto* ou *tão*), *assim como, bem como*. Ex.: Maria é *tão* inteligente *quanto* Ana.
		Concessivas: iniciam oração que indica um fato contrário ao expresso na oração principal, mas insuficiente para impedir sua realização: *embora, conquanto, ainda que, mesmo que, se bem que, por mais que*, etc. Ex.: Ele vai levar a ideia até o fim, *por mais que* você tente convencê-lo a mudar.
		Condicionais: iniciam oração que expressa uma condição para que ocorra o fato expresso na oração principal: *se, caso, contanto que, salvo se, a menos que*, etc. Ex.: *Se* eu tivesse companhia, iria hoje ao teatro.
		Conformativas: iniciam oração que estabelece uma ideia de conformidade em relação ao fato expresso na oração principal: *conforme, como, segundo*, etc. Ex.: Fizemos a pesquisa, *conforme* a orientação do professor de Ciências.
		Consecutivas: iniciam a oração que indica uma consequência, um efeito do fato expresso na oração principal: *que* (precedido dos advérbios de intensidade *tal, tão, tanto, tamanho*), *de forma que, de modo que*, etc. Ex.: Trabalhei tanto hoje, *que* estou morto de cansaço.
		Finais: iniciam oração que apresenta uma finalidade em relação ao fato expresso na oração principal: *para que, a fim de que, porque* (= para que), *que*, etc. Ex.: Chegue mais cedo *a fim de que* possamos preparar a pauta da reunião.
		Proporcionais: iniciam oração que indica concomitância, simultaneidade ou proporção em relação a outro fato: *à proporção que, à medida que, enquanto*, etc. Ex.: O medo das pessoas crescia, *à medida que* o temporal aumentava.
		Temporais: iniciam oração que indica o momento, a época da ocorrência de certo fato: *quando, antes que, depois que, até que, logo que, desde que*, etc. Ex.: *Enquanto* a mãe preparava o lanche, o filho arrumava a mesa.

Orações coordenadas e subordinadas

Orações coordenadas sindéticas	**Aditivas**: estabelecem em relação à oração anterior uma noção de acréscimo, adição: Separe o lixo e acerte na lata. São introduzidas pelas conjunções coordenativas aditivas: *e, nem (e não), que, não só... mas também*, etc.
	Adversativas: estabelecem em relação à oração anterior uma noção de oposição, contraste, ressalva: Separou todo o lixo, mas a coleta não passou. São introduzidas pelas conjunções coordenativas adversativas: *mas, porém, todavia, contudo, no entanto, entretanto*, etc.
	Alternativas: expressam alternância, ligando orações que indicam ideias que se excluem: Neste cesto, ou você joga o lixo úmido, ou joga o lixo seco. São introduzidas pelas conjunções coordenativas alternativas: *ou, ou... ou, já... já, ora... ora, quer... quer*, etc.
	Conclusivas: expressam ideia de conclusão relativa à declaração feita na oração anterior: Todos estão separando o lixo; portanto, mais material será aproveitado e reciclado. São introduzidas pelas conjunções coordenativas conclusivas: *logo, pois* (no meio ou no fim da oração), *portanto, por conseguinte, por isso, assim*, etc.
	Explicativas: expressam ideia de explicação relativa à declaração feita na oração anterior: Vamos reaproveitar e reciclar, pois o tempo do desperdício já se foi. São introduzidas pelas conjunções coordenativas explicativas: *que, porque, porquanto, pois* (no início da oração).
Orações subordinadas substantivas	**Subjetiva**: exerce a função de sujeito da oração de que depende ou na qual se insere: Parece / que o seguro de saúde auxiliará algumas empresas. or. principal / or. subord. substantiva subjetiva
	Objetiva direta: exerce a função de objeto direto do verbo da oração principal: suj. VTD O seguro evita / que você desperdice recursos da sua empresa. or. principal / or. subord. substantiva objetiva direta
	Objetiva indireta: exerce a função de objeto indireto do verbo da oração principal: suj. VTDI OD O anúncio convence os empresários / de que é vantagem contratar o seguro saúde. or. principal / or. subord. substantiva objetiva indireta
	Predicativa: exerce a função de predicativo de um termo que é sujeito da oração principal: suj. VL O problema é / que a empresa já tem muitos outros gastos. or. principal / or. subord. substantiva predicativa
	Completiva nominal: exerce a função de complemento nominal de um substantivo ou adjetivo da oração principal: VL predicativo Estou convencida / de que o seguro saúde será bom para a empresa. or. principal / or. subord. substantiva completiva nominal
	Apositiva: exerce a função de aposto de um nome da oração principal: VTDI OI OD Dei-lhe um conselho: / (que) contrate o seguro saúde. or. principal / or. subord. substantiva apositiva

Orações subordinadas adverbiais

Causais: indicam a causa, o motivo, a razão do efeito expresso na oração principal:

Arrependeu-se *porque* comeu muito doce.

São introduzidas pelas conjunções subordinativas causais: que (= porque), porque, como, visto que, já que, uma vez que, etc.

Comparativas: estabelecem uma comparação em relação a um elemento da oração principal:

O brigadeiro de banana é tão gostoso *quanto* o de chocolate.

São introduzidas pelas conjunções subordinativas comparativas: como, que, do que (depois de mais, menos, maior, menor, melhor, pior), qual (depois de tal), quanto (depois de tanto ou tão), assim como, bem como.

Concessivas: indicam um fato contrário ao expresso na oração principal, mas insuficiente para impedir sua realização:

Ele continua magro, *por mais que* coma doces.

São introduzidas pelas conjunções subordinativas concessivas: embora, conquanto, ainda que, mesmo que, se bem que, por mais que, etc.

Condicionais: expressam uma hipótese ou condição para que ocorra o fato expresso na oração principal:

Se eu tivesse comido o brigadeiro, teria engordado mais ainda.

São introduzidas pelas conjunções subordinativas condicionais: se, caso, contanto que, salvo se, a menos que, etc.

Conformativas: estabelecem uma ideia de concordância, de conformidade entre um fato nelas mencionado e outro expresso na oração principal:

Fizemos o brigadeiro *conforme* as orientações da receita.

São introduzidas pelas conjunções subordinativas conformativas: conforme, como, segundo, etc.

Consecutivas: expressam uma consequência, um efeito do fato mencionado na oração principal:

Comi tanto no almoço, *que* dispensei a sobremesa.

São introduzidas pelas conjunções subordinativas consecutivas: que (precedido dos advérbios de intensidade tal, tão, tanto, tamanho), de forma que, de modo que, etc.

Finais: indicam uma finalidade relativa ao fato expresso na oração principal:

Coma alimentos mais saudáveis *a fim de que* tenha uma melhor qualidade de vida.

São introduzidas pelas conjunções subordinativas finais: para que, a fim de que, porque (= para que), que, etc.

Proporcionais: indicam uma proporção, uma concomitância, simultaneidade em relação ao fato expresso na oração principal:

A saúde das pessoas melhora, *à medida que* se alimentam de forma mais saudável.

São introduzidas pelas conjunções subordinativas proporcionais: à proporção que, à medida que, enquanto, etc.

Temporais: indicam o momento, a época, o tempo de ocorrência do fato expresso na oração principal:

Quando sobe na balança, sempre se arrepende.

São introduzidas pelas conjunções subordinativas temporais: quando, antes que, depois que, até que, logo que, desde que, etc.

Bibliografia

Azeredo, José Carlos. *Iniciação à sintaxe do português*. 9. ed. Rio de Janeiro: Zahar, 2007.

Bagno, M. *Gramática de bolso do português brasileiro*. São Paulo: Parábola Editorial, 2013.

Bagno, M. *O preconceito linguístico*. 2. ed. São Paulo: Loyola, 1999.

Bakhtin, Mikhail. *Marxismo e filosofia da linguagem*. São Paulo: Hucitec, 1979.

Bechara, Evanildo. *Moderna gramática portuguesa*. São Paulo: Nacional, 2004.

Brasil. Secretaria de Educação Média e Tecnologia. *Parâmetros curriculares nacionais*: ensino médio. Brasília: MEC/SEMTEC, 1999.

Castilho, Ataliba. *Gramática do português brasileiro*. São Paulo: Contexto, 2010.

Cunha, Celso. *Gramática da língua portuguesa*. MEC/Fename, 1972.

Fávero, Leonor L.; Koch, Ingedore G. V. *Linguística textual*. 2. ed. São Paulo: Cortez, 1988.

Fiorin, José Luiz. *As astúcias da enunciação*. São Paulo: Ática, 1996.

Fiorin, José Luiz. *Elementos de análise do discurso*. 5. ed. São Paulo: Contexto/Edusp, 1996.

Flores, Valdir do N. et alii. *Enunciação e gramática*. São Paulo: Contexto, 2008.

Franchi, Carlos et alii. *Mas o que é mesmo "Gramática"?*. São Paulo: Parábola, 2006.

Geraldi, João Wanderley (org.). *O texto na sala de aula*. São Paulo: Ática, 1997.

Ilari, Rodolfo. *A linguística e o ensino da língua portuguesa*. 4. ed. São Paulo: Martins Fontes, 1992.

Ilari, Rodolfo. *Introdução ao estudo da semântica*: brincando com a gramática. São Paulo: Contexto, 2001.

Ilari, Rodolfo. *Introdução ao estudo do léxico*: brincando com as palavras. São Paulo: Contexto, 2002.

Ilari, Rodolfo; Basso, Renato. *O português da gente*: a língua que estudamos, a língua que falamos. São Paulo: Contexto, 2006.

Ilari, Rodolfo. Geraldi, J. W. *Semântica*. 3. ed. São Paulo: Ática, 1987.

Kleiman, A.; Sepulveda, C. *Oficina de Gramática*: metalinguagem para principiantes. Campinas: Pontes, 2012.

Koch, Ingedore. *A coerência textual*. São Paulo: Contexto, 1991.

Koch, Ingedore; Travaglia, Luiz C. *Texto e coerência*. 4. ed. São Paulo: Cortez, 1995.

Luft, Celso Pedro. *Gramática resumida*. Porto Alegre: L&PM, 1976.

Luft, Celso Pedro. *Língua e liberdade*. Porto Alegre: L&PM, 1985.

Martins, Maria Helena (org.). *Questões de linguagem*. 5. ed. São Paulo: Contexto, 1996.

Mateus, Maria Helena M. et alii. *Gramática da língua portuguesa*. 2. ed. Lisboa: Caminho, 1989.

Mendonça, Márcia. Análise linguística no ensino médio: um novo olhar, um outro objeto. *In*: Bunzen, C.; Mendonça, M. (orgs.). *Português no ensino médio e formação do professor*. São Paulo: Parábola, 2006.

Neves, Maria Helena de Moura. *A gramática revelada em textos*. São Paulo: Editora Unesp, 2018.

Neves, Maria Helena de Moura. *Gramática de usos do português*. São Paulo: Editora Unesp, 2000.

Neves, Maria Helena de Moura. *Gramática e interação*: uma proposta para o ensino de gramática no 1º e no 2º graus. São Paulo: Cortez, 1996.

Neves, Maria Helena de Moura. *Gramática na escola*. 2. ed. São Paulo: Contexto, 1991.

Neves, Maria Helena de Moura. *Guia de uso do português*: confrontando regras e usos. São Paulo: Editora Unesp, 2003.

Neves, Maria Helena de Moura. *Que gramática estudar na escola?* São Paulo: Contexto, 2003.

Neves, Maria Helena de Moura. *Texto e gramática*. São Paulo: Contexto, 2006.

Perini, Mário A. *Para uma nova gramática do português*. 3. ed. São Paulo: Ática, 1986.

Possenti, Sírio. *Por que (não) ensinar gramática na escola*. Campinas: Mercado de Letras, 1996.

Possenti, Sírio. *Questões de linguagem*: passeio gramatical dirigido. São Paulo: Parábola, 2011.

Riolfi, Claudia et alii. *Ensino de língua portuguesa*. São Paulo: Thomson Learning, 2008.

Travaglia, Luiz Carlos. *Gramática e interação*: uma proposta para o ensino de gramática no 1º e 2º graus. São Paulo: Cortez, 1996.

Travaglia, Luiz Carlos. *Gramática*: ensino plural. São Paulo: Cortez, 2003.

Vieira, Silvia R.; Brandão, Silvia F. *Ensino de gramática*: descrição e uso. São Paulo: Contexto, 2007.

Vygotsky, L. S. *Pensamento e linguagem*. São Paulo: Martins Fontes, 1993.